OLD CORFU

ΠΑΛΙΑ ΚΕΡΚΥΡΑ

PHOTOGRAPHS BY
MARIA VICTORIA DOUKA

ACC ART BOOKS

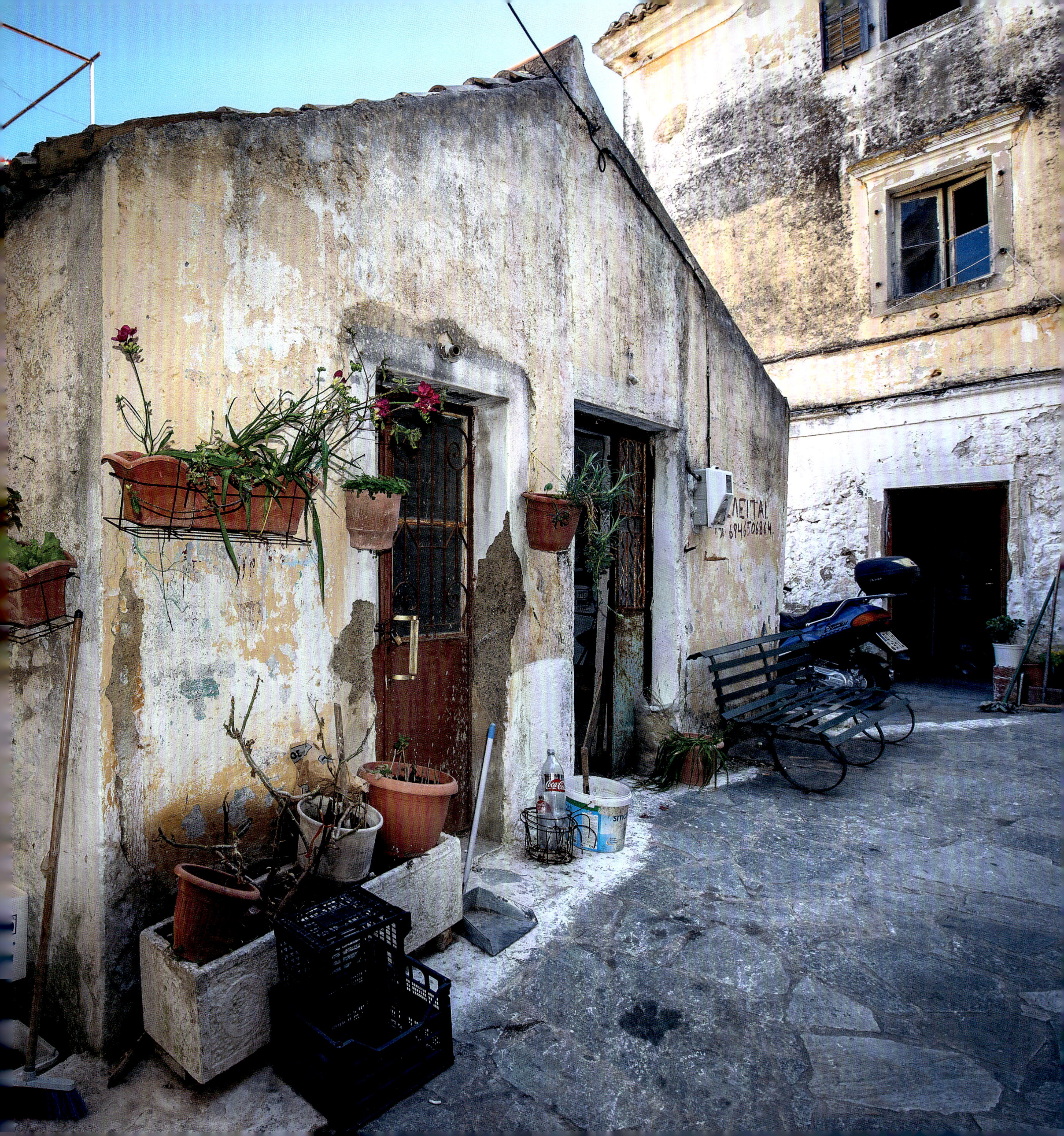
ΛΕΙΤΑΙ
694650686
Coca-Cola

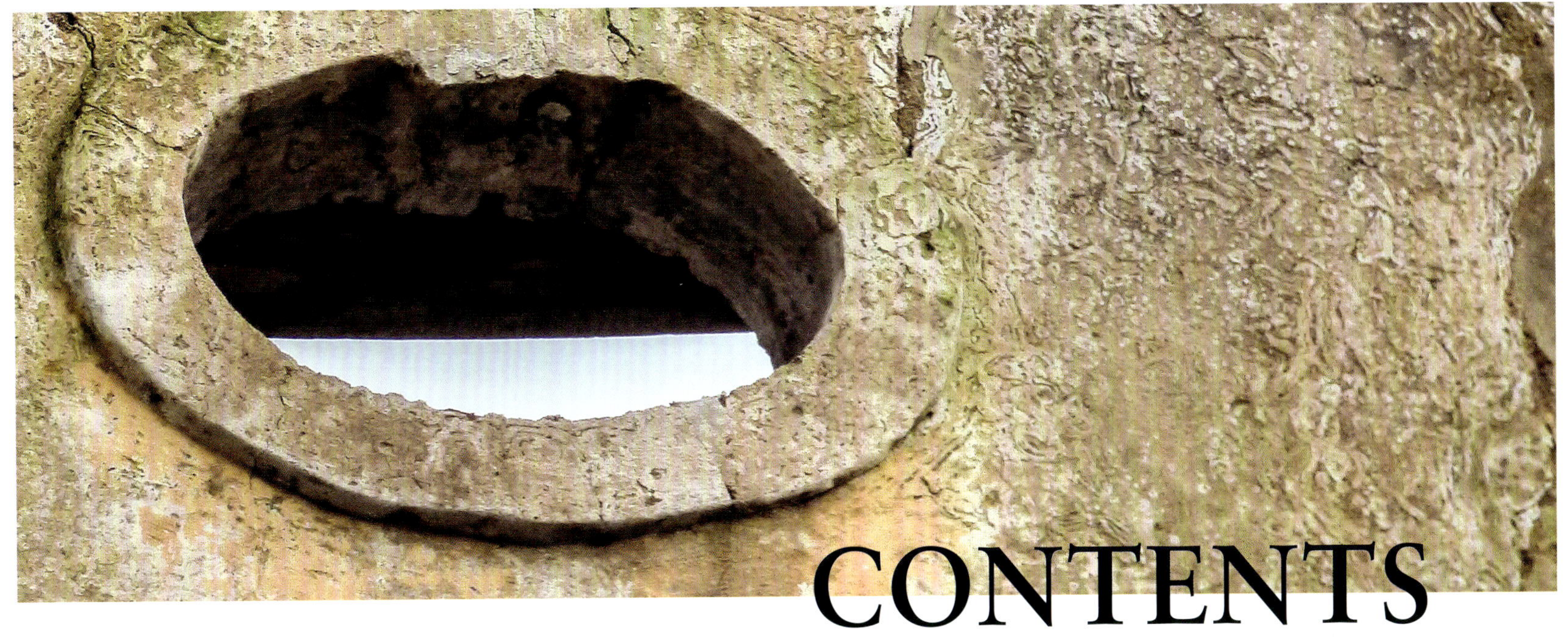

CONTENTS

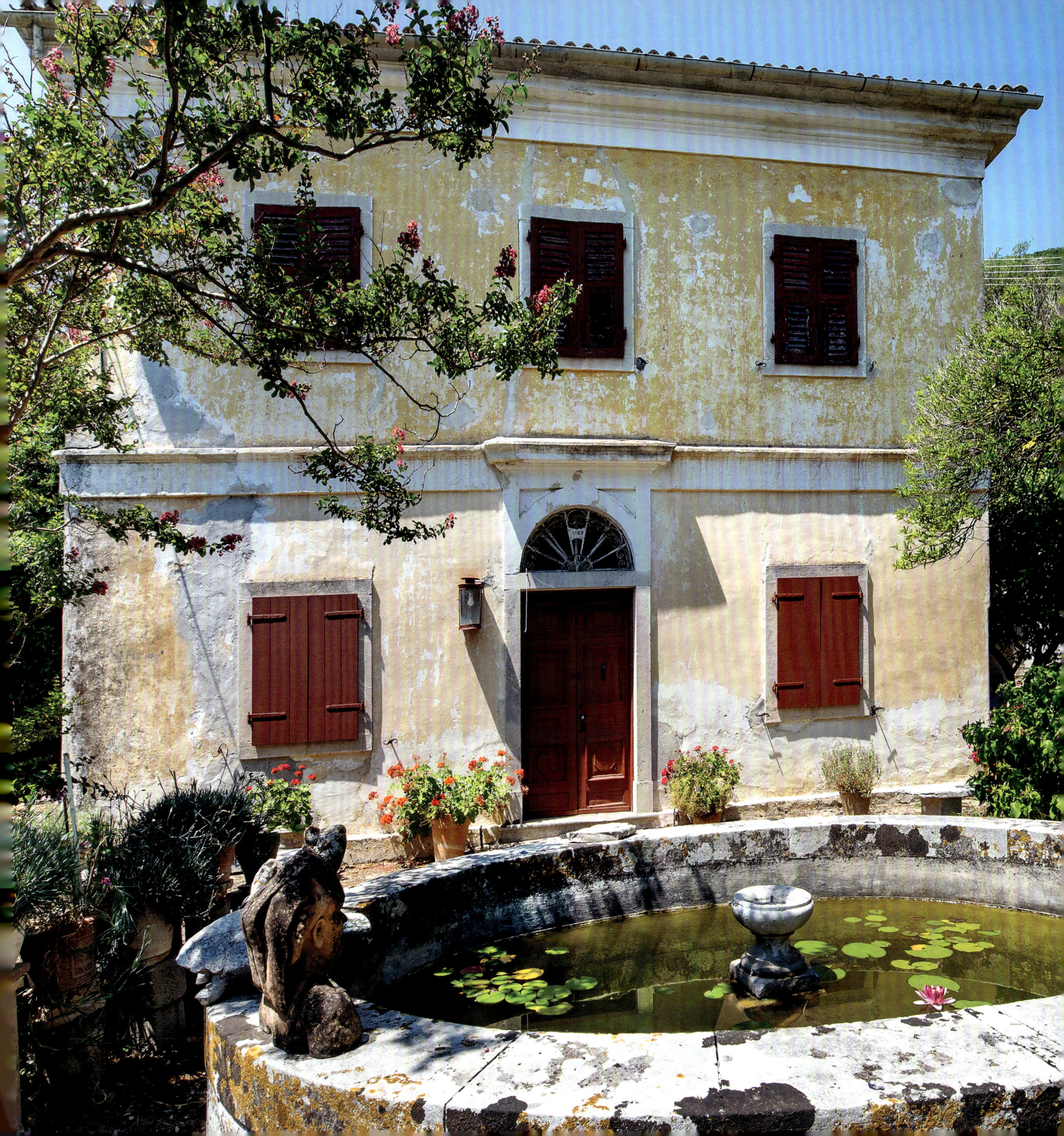

INTRODUCTION
ΕΙΣΑΓΩΓΗ

Gradually the magic of the island settled over us as gently and clingingly as pollen.

- Gerald Durrell

Corfu has been a stepping stone from the West to the East for thousands of years. The island has been influenced by various civilizations, including the ancient Greeks, Romans, Byzantines, Normans, Venetians, French, and British. Corfu's local name is *Corcyra*, or in modern Greek *Kerkyra*, after a Nymph who was carried there by her powerful admirer, Poseidon. From here, Odysseus set out on his night-time journey home to Ithaka. Here, the great and destructive Peloponnesian War for the hegemony of the Greek world began. From here, Augustus launched his victorious naval battle against Mark Antony and Cleopatra. It was from Corfu that the notorious Fourth Crusade departed, resulting in the destruction of Constantinople. The Ionian islands were highly prized by Napoleon. Never conquered by the Turks due to the power of its ties to Venice, even today the narrow streets of Corfu Town resemble Venice without the water. The beauty of this island, ever soft and moist, with its many hidden beaches and olive groves and charming back-country villages, draws visitors in great numbers every summer. Corfu's history is rich and yet its architectural beauty is fading before our eyes. In this book, we hope to capture that charming, slow, graceful, decline in all its subtle splendour.

Η Κέρκυρα για χιλιάδες χρόνια ένα σκαλοπάτι απ' τη Δύση στην Ανατολή όπου διάφοροι πολιτισμοί άφησαν τα ίχνη τους, αρχαίοι Έλληνες, Ρωμαίοι, Βυζαντινοί, Νορμανδοί, Ενετοί, Γάλλοι και Βρετανοί. Κέρκυρα ή Κόρκυρα πήρε τ' όνομα της νύμφης που ο Ποσειδώνας ερωτεύτηκε παράφορα και έφερε στο νησί. Απ' την Ομηρική νήσο ο Οδυσσέας ξεκίνησε νύχτα για την Ιθάκη. Κι' εδώ άρχισε ο σπουδαίος και ολέθριος Πελοποννησιακός πόλεμος για την ηγεμονία του Ελληνικού κόσμου. Κι' από δω απέπλευσε Ο Καίσαρ Αύγουστος για τη ναυμαχία που νίκησε τον Μάρκο Αντώνιο και την Κλεοπάτρα. Η διαβόητη Τετάρτη Σταυροφορία που κατέστρεψε την Κωνσταντινούπολη ξεκίνησε απ' την Κέρκυρα. Τα Ιόνια νησιά ήταν πολύτιμα για τον Ναπολέοντα. Ποτέ δεν κατακτήθηκε απ' τους Οθωμανούς χάρη στο δεσμό της με την Βενετία κι' ακόμα σήμερα τα στενά δρομάκια της πόλης μοιάζουν μιά Βενετία χωρίς τα νερά. Η ομορφιά του νησιού, πάντα απαλή και δροσάτη, με τις κρυφές παραλίες, τους ελαιώνες, και τα γοητευτικά, απόμερα χωριουδάκια, ελκύει πλήθος επισκέπτες κάθε καλοκαίρι. Νησί με τόσο πλούσια ιστορία κι όμως η όμορφη αρχιτεκτονική της κληρονομιά ξεθωριάζει μπροστά στα μάτια μας. Ελπίζουμε σ' αυτή την έκδοση να συλλάβουμε τη γοητευτική, σιγανή και εύχαρη παρακμή με ολάκερο το διακριτικό μεγαλείο της.

OLD BUILDINGS
ΠΑΛΙΑ ΚΤΙΣΜΑΤΑ

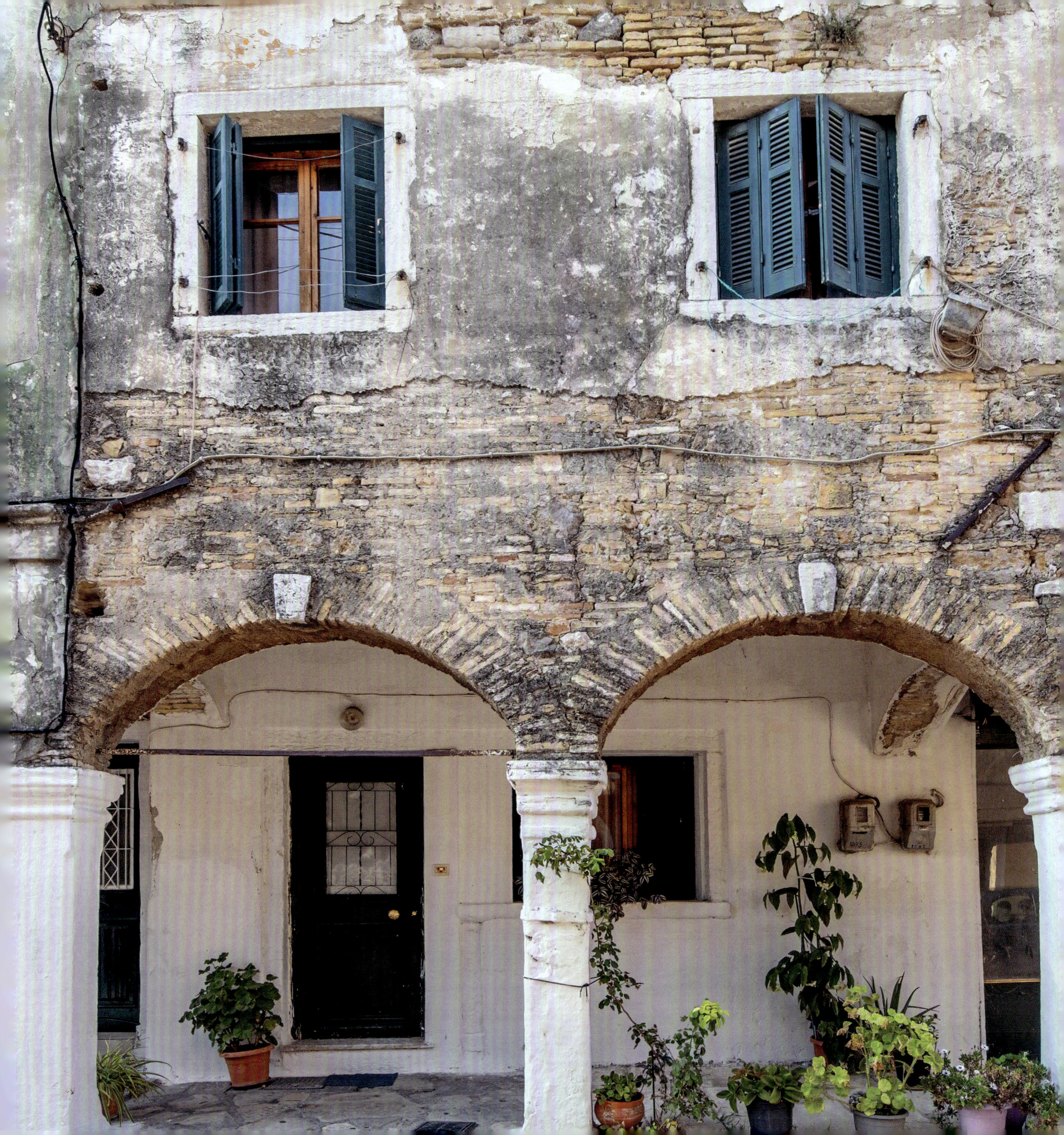

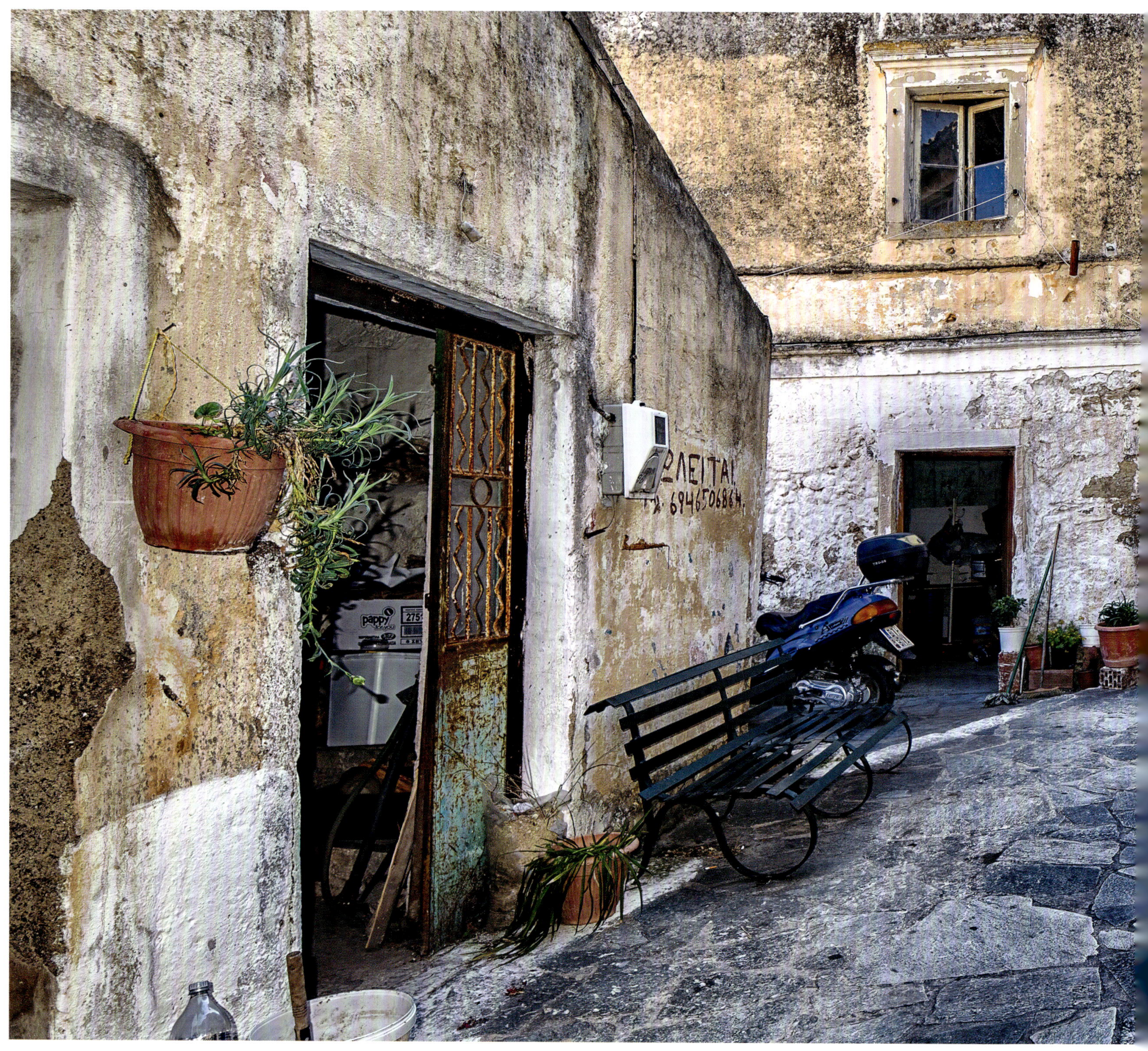
ΩΛΕΙΤΑΙ.
6946506864.

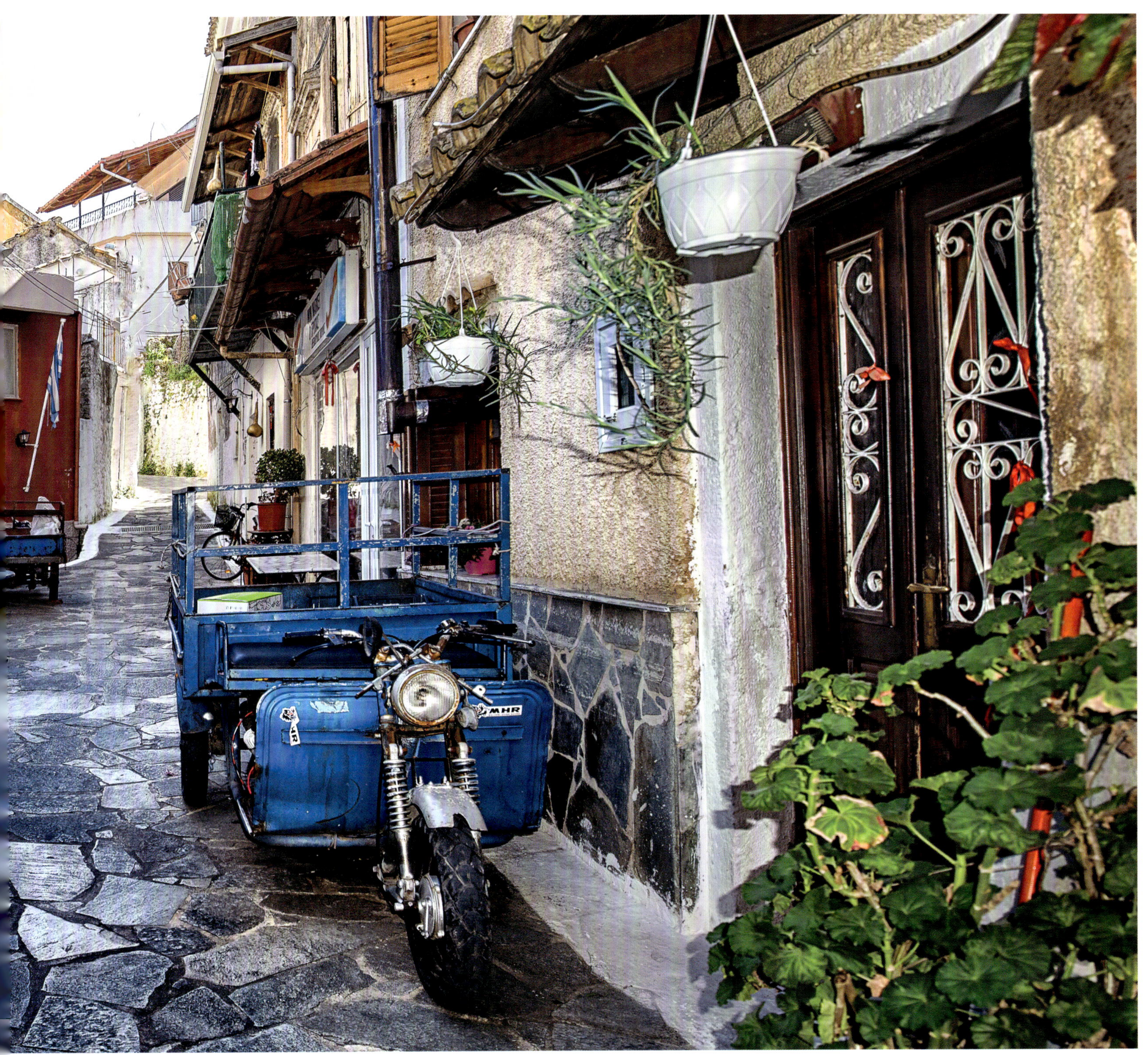

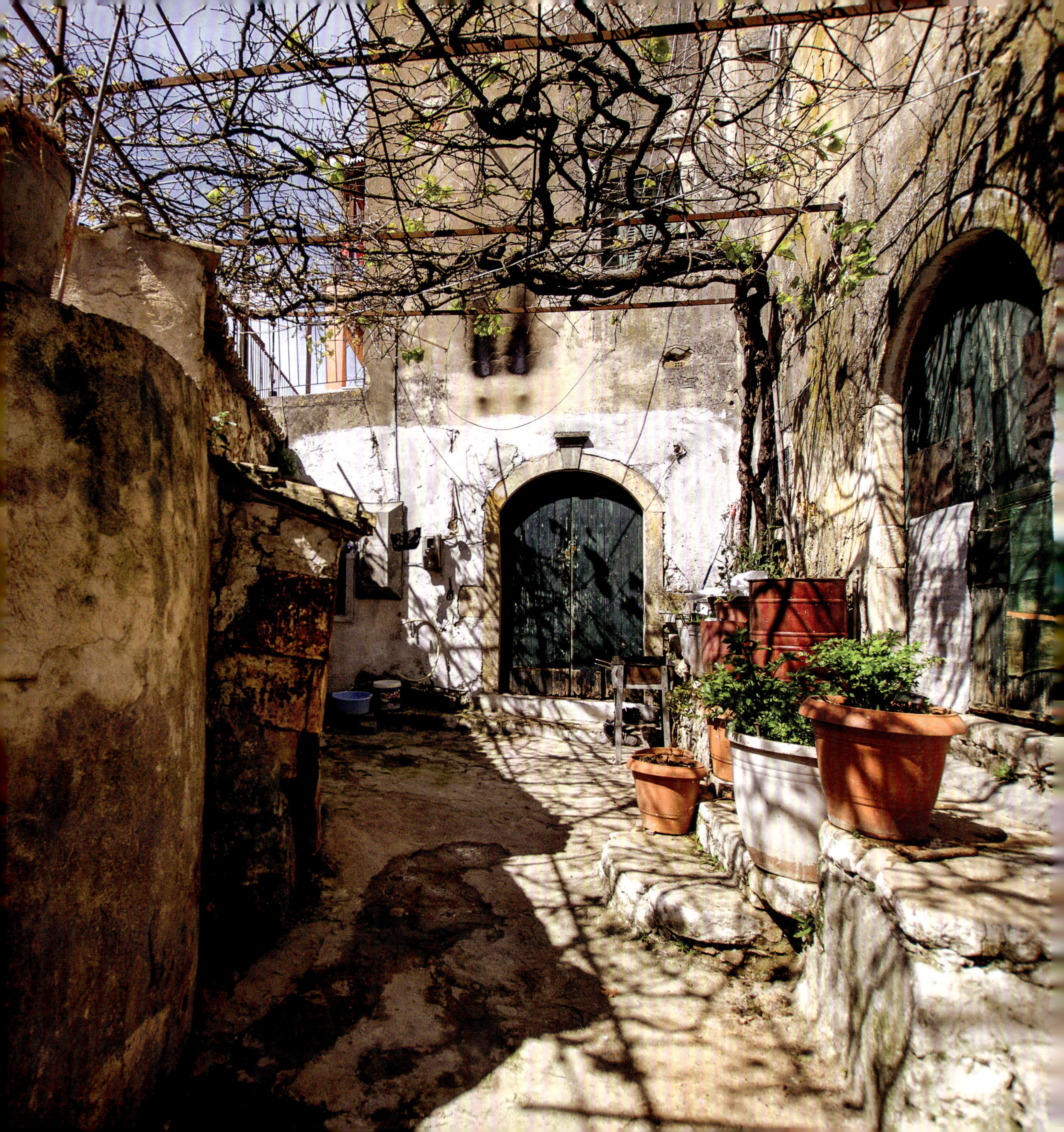

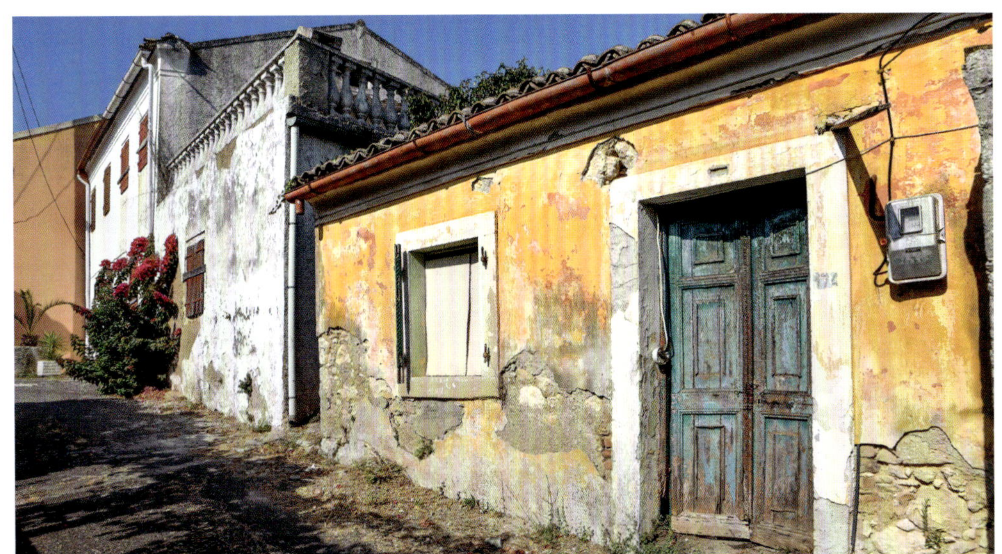

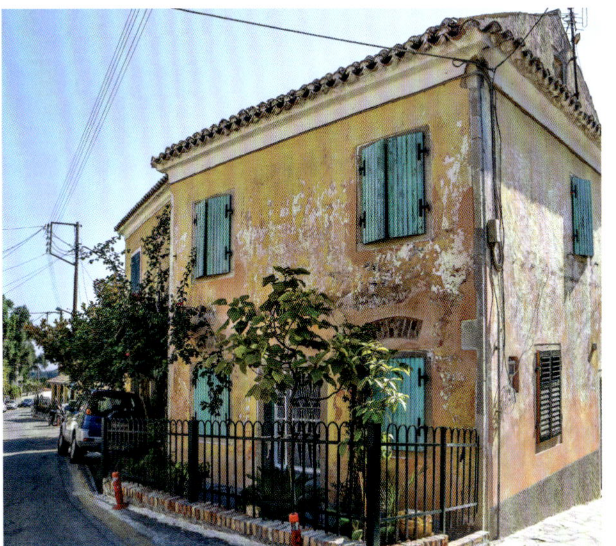

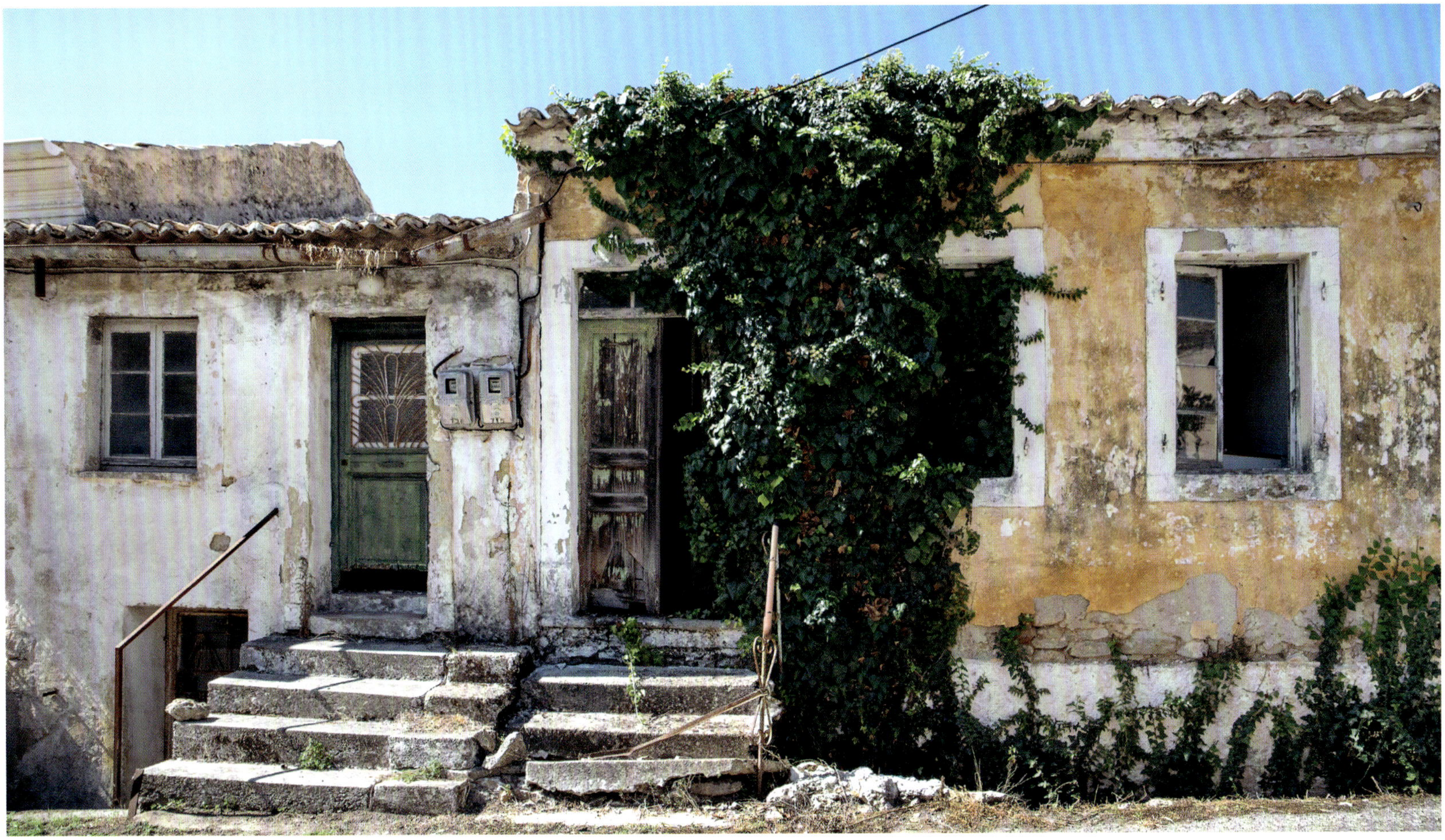

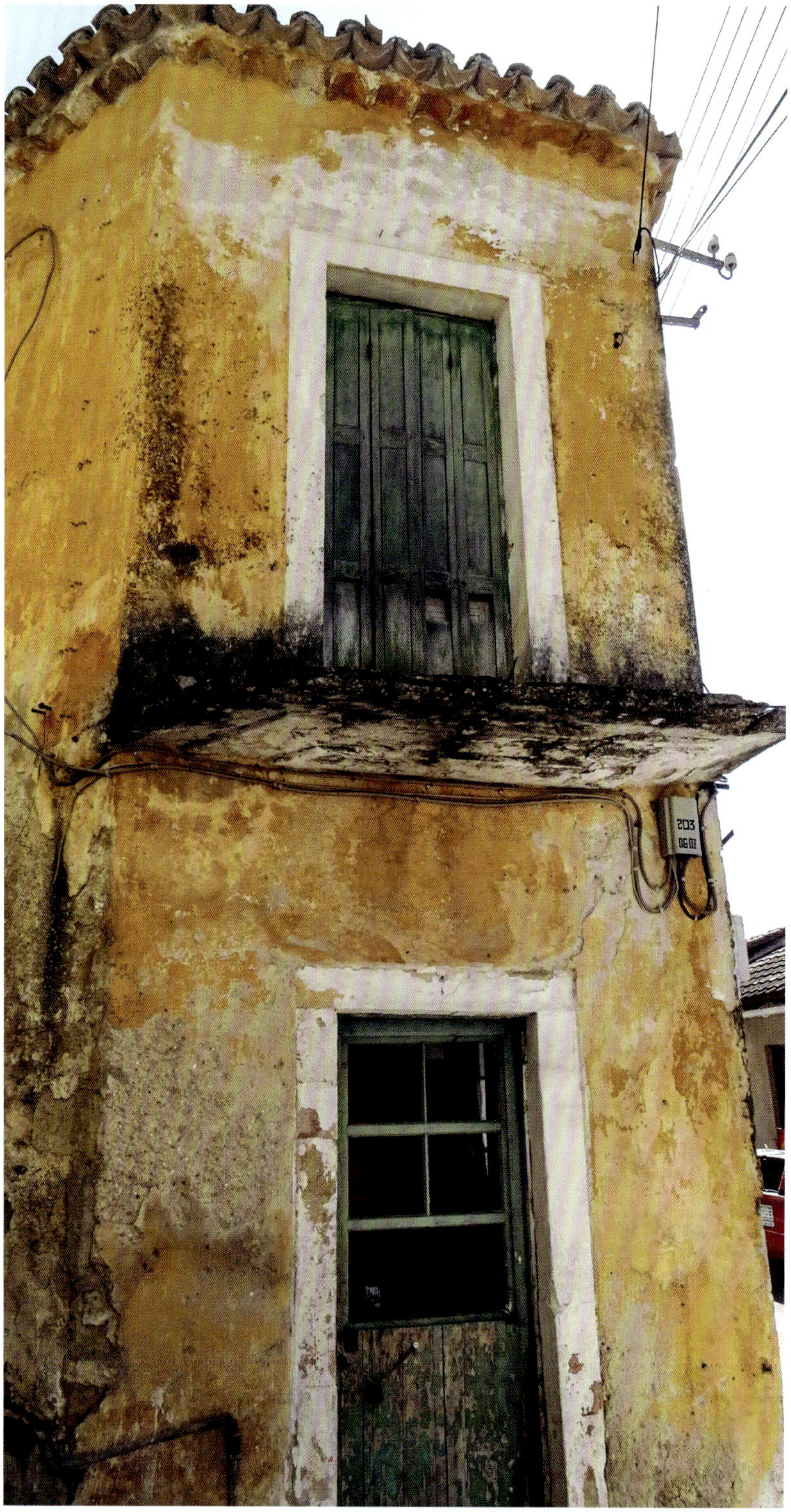

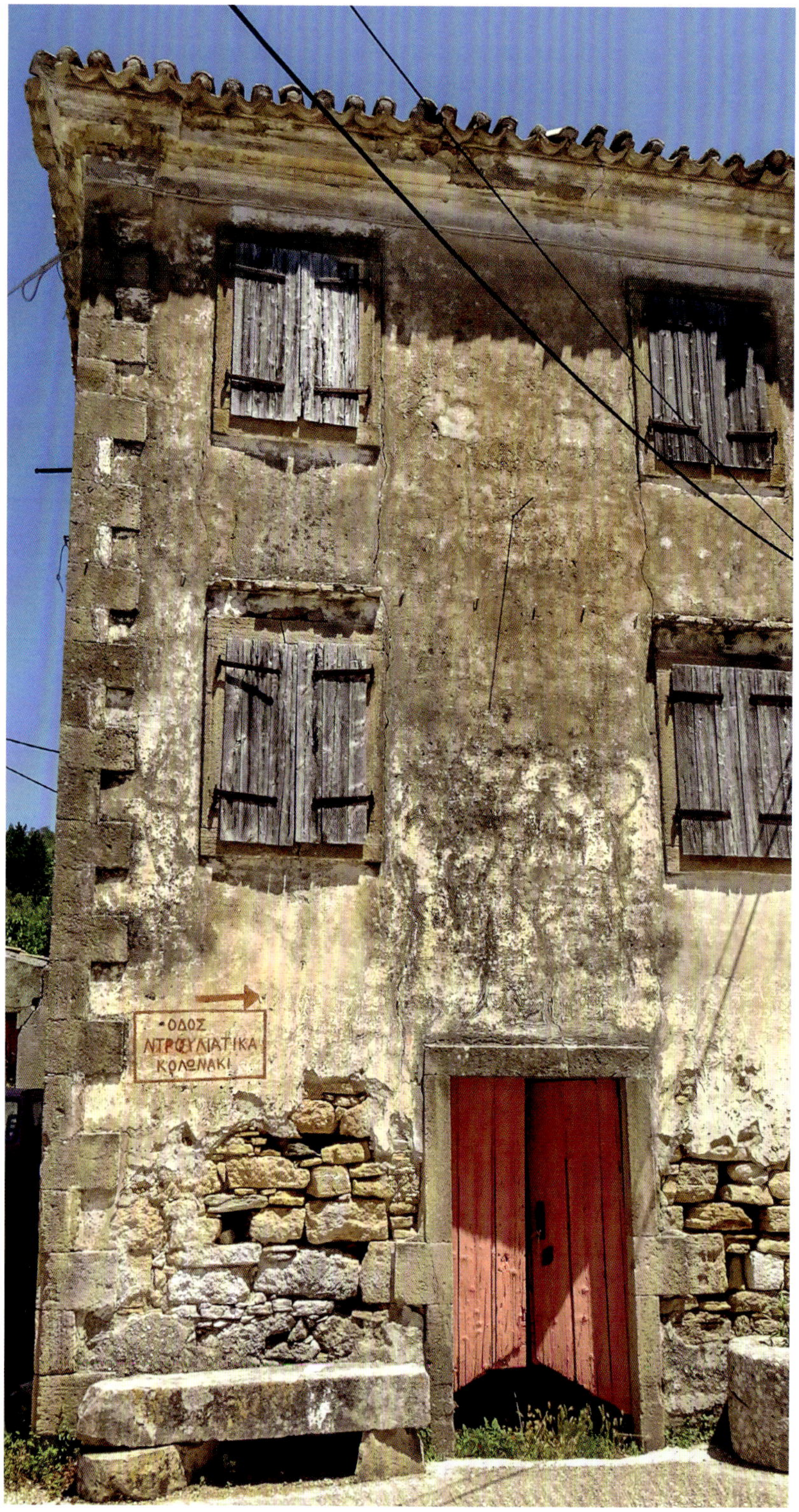
ΟΔΟΣ
ΝΤΡΟΥΛΙΑΤΙΚΑ
ΚΟΛΩΝΑΚΙ

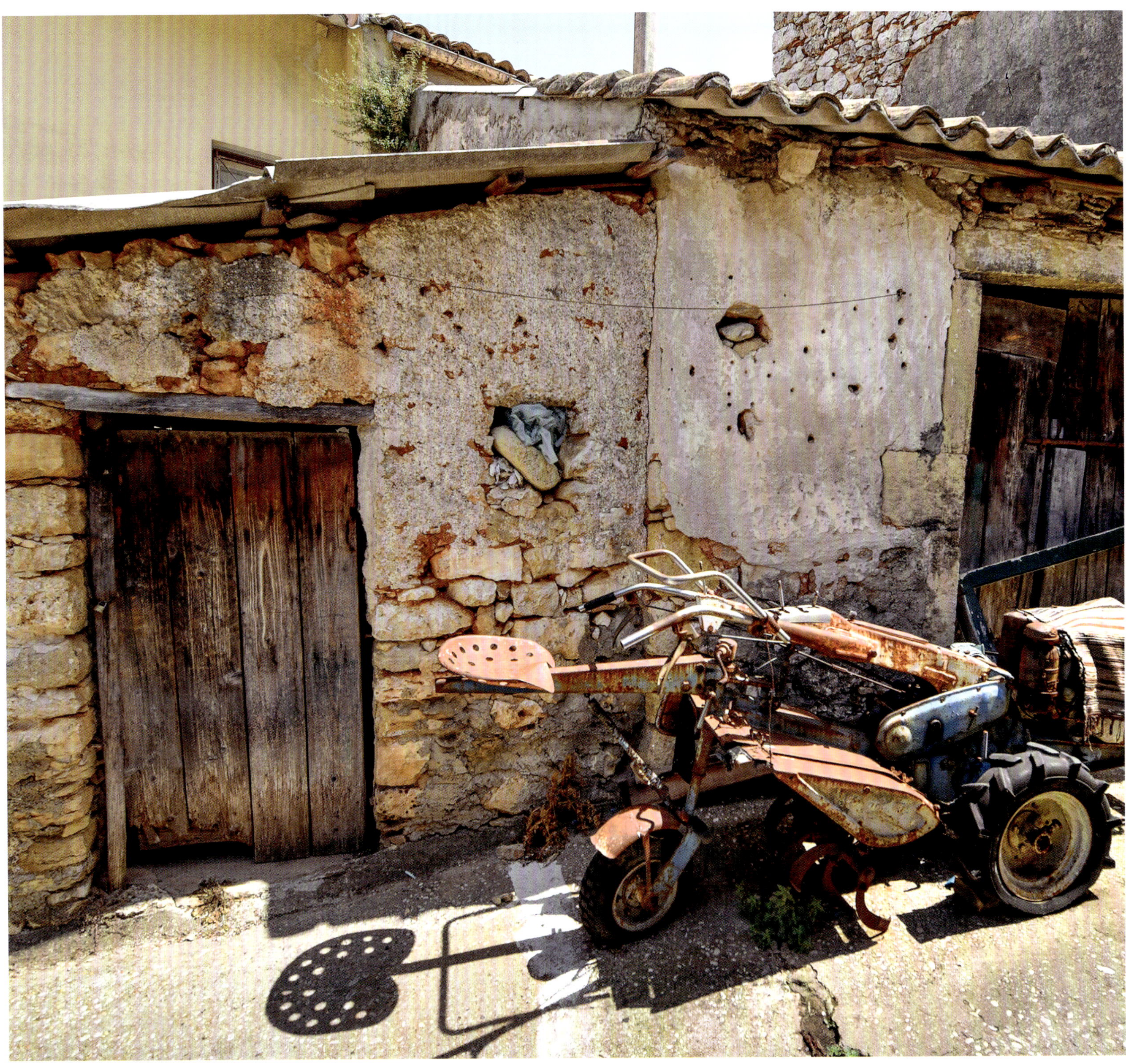

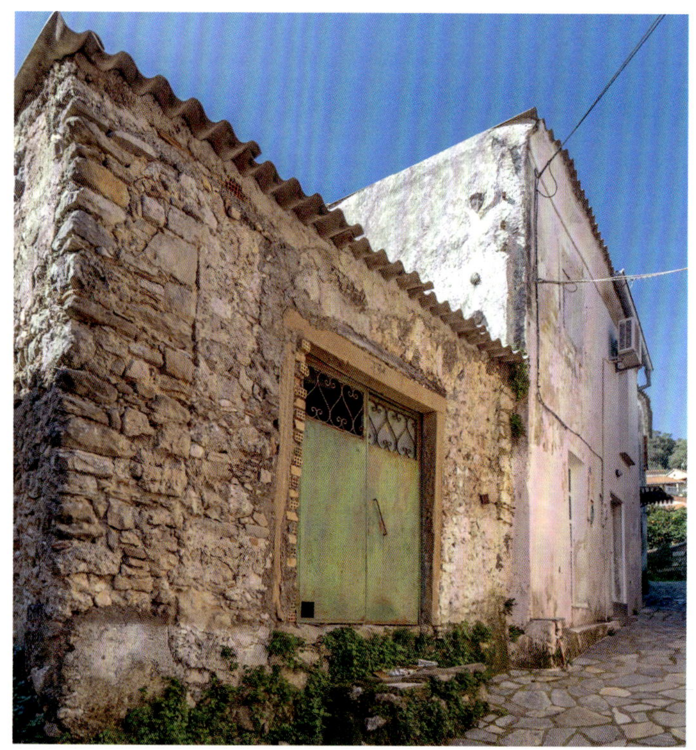

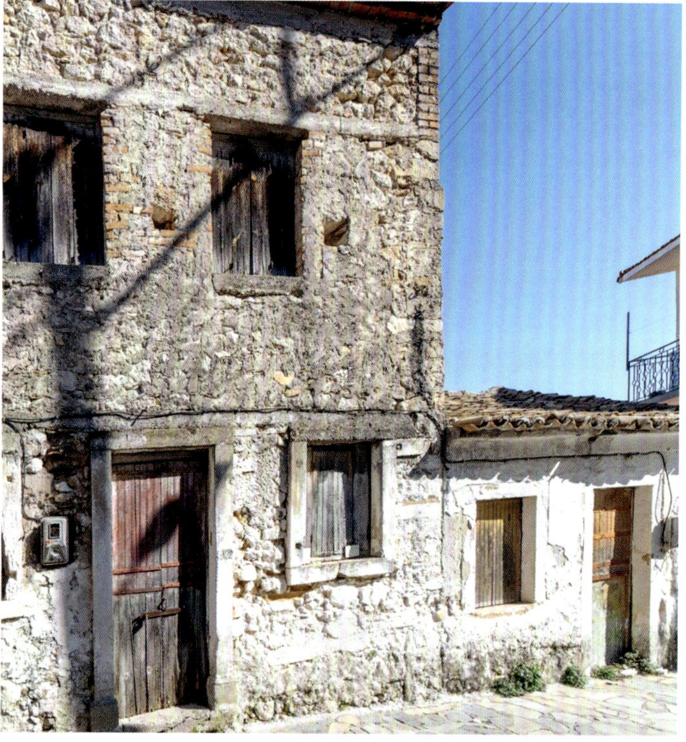

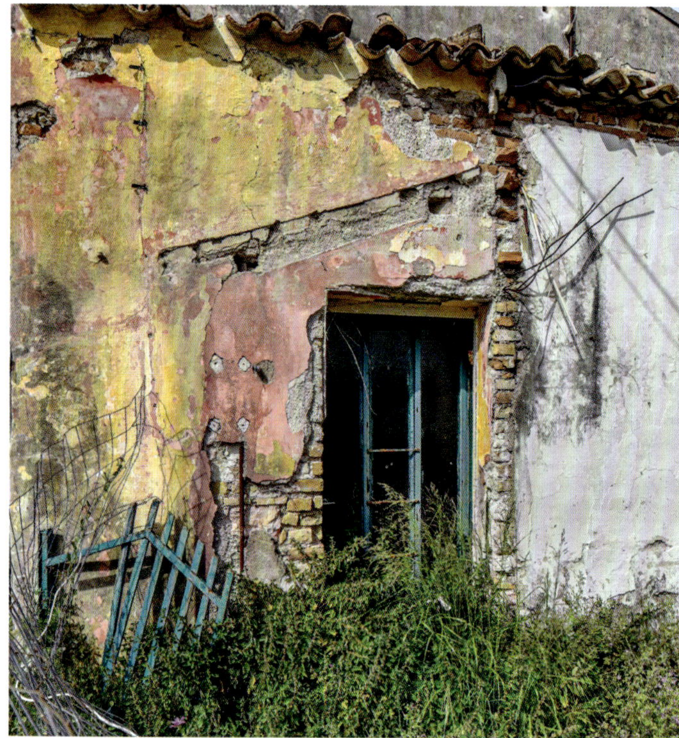

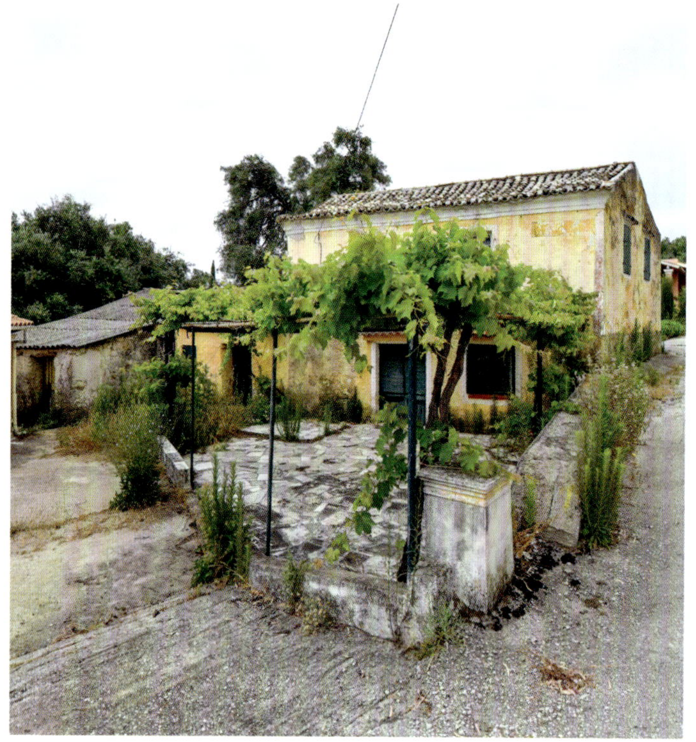

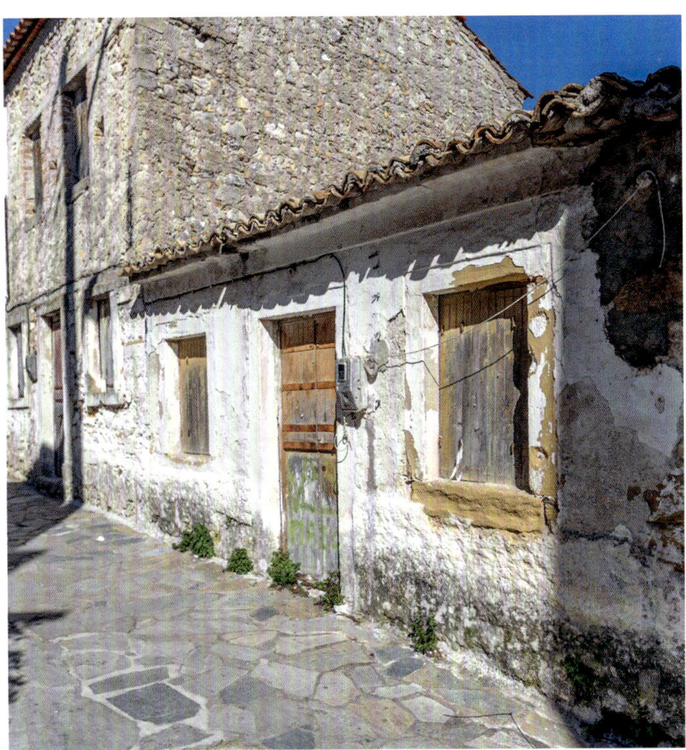

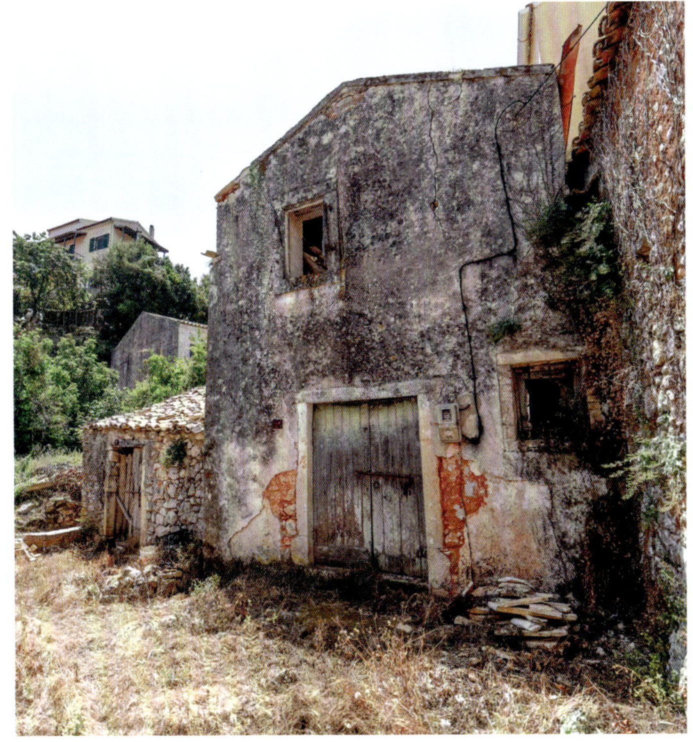

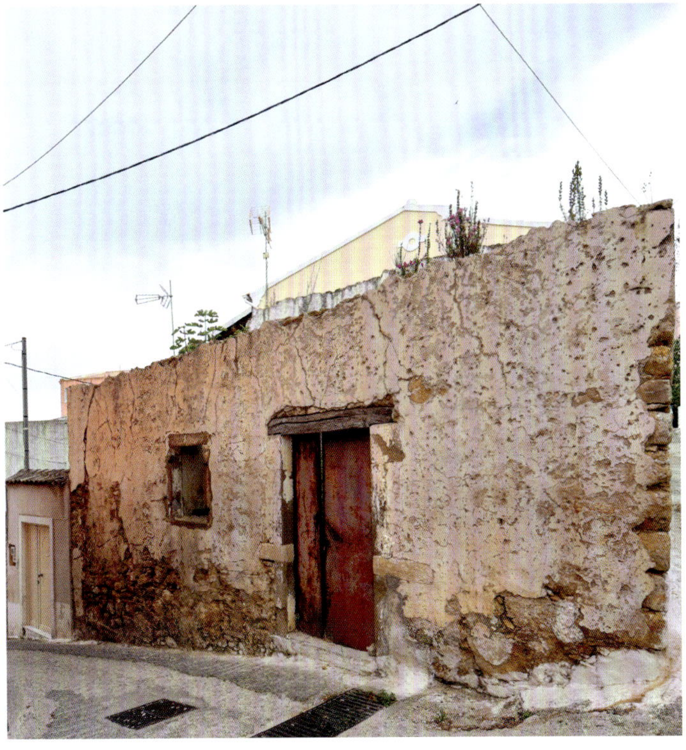

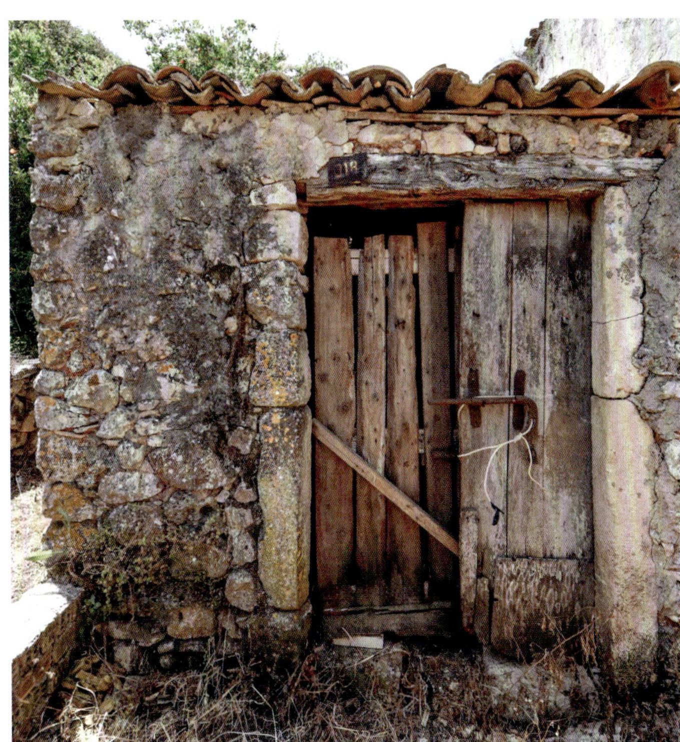

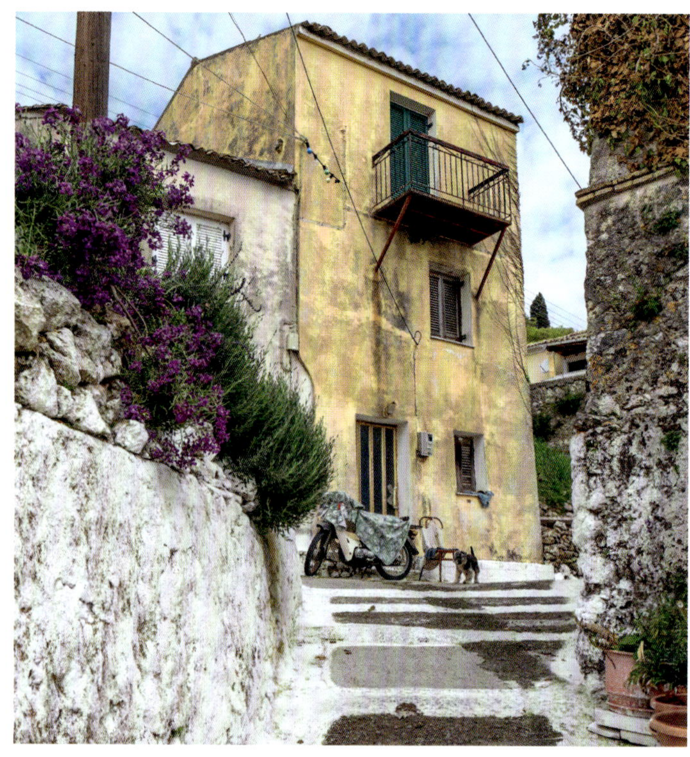

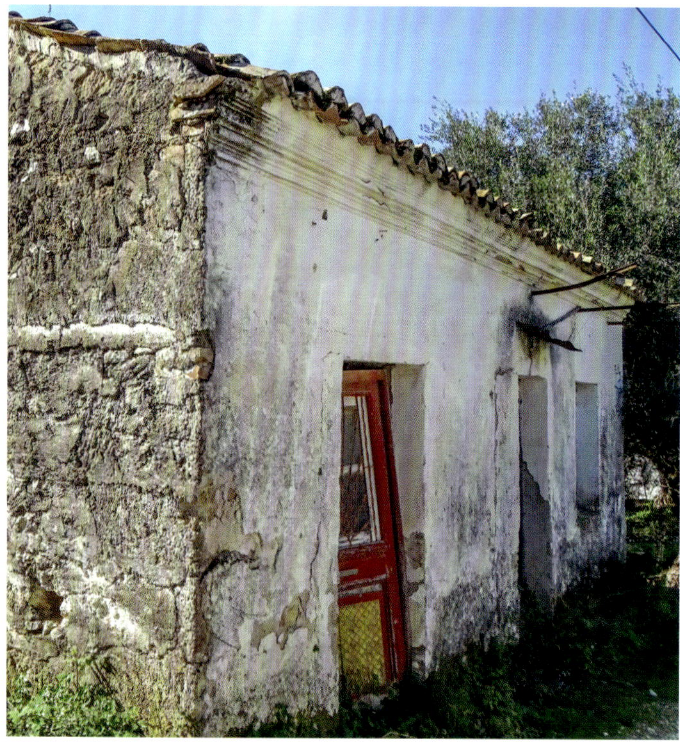

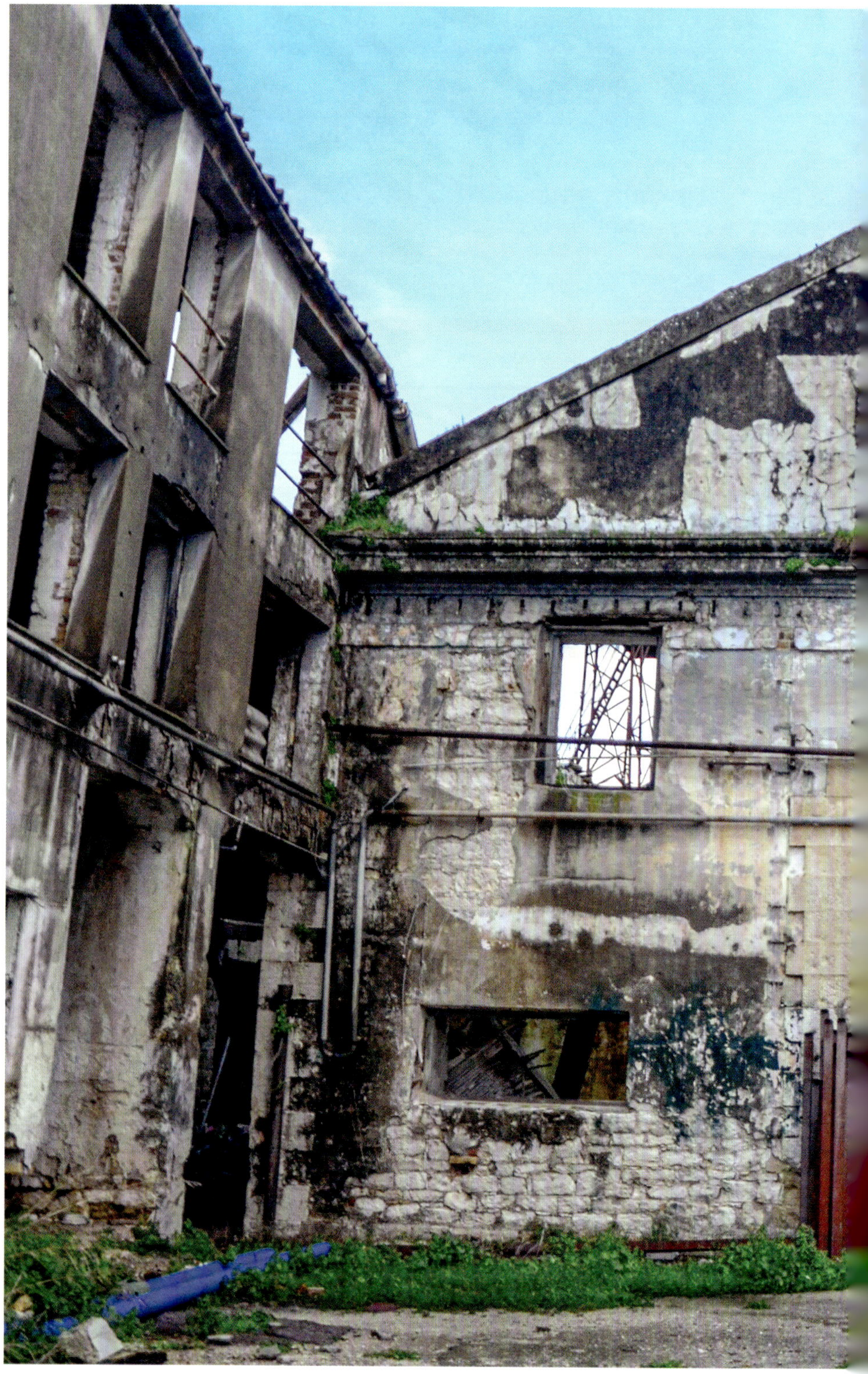

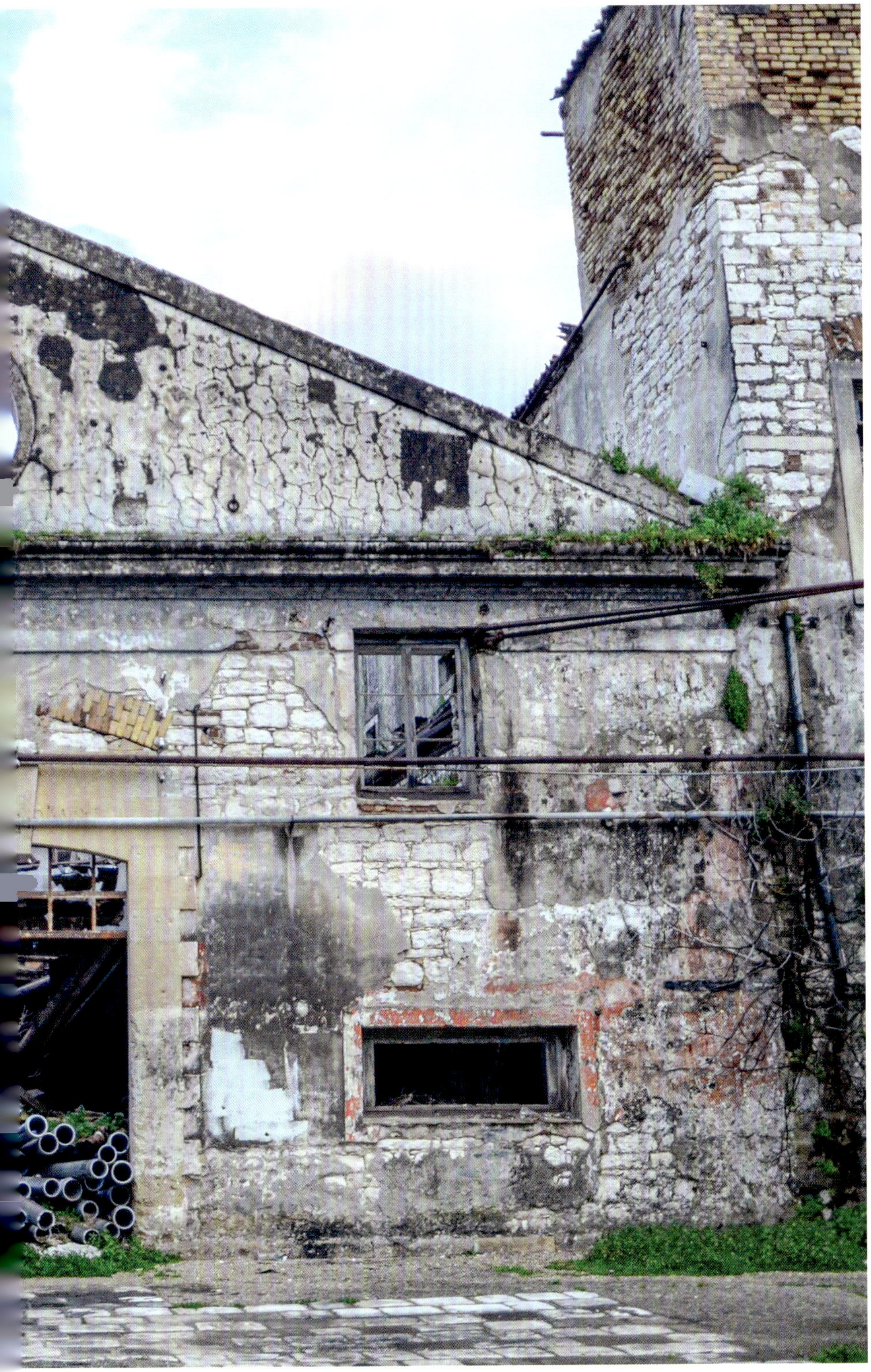

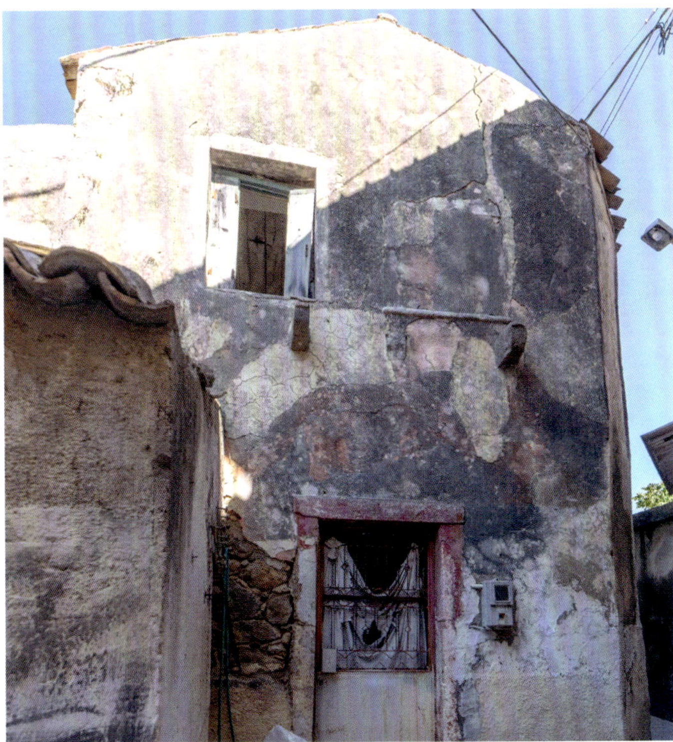

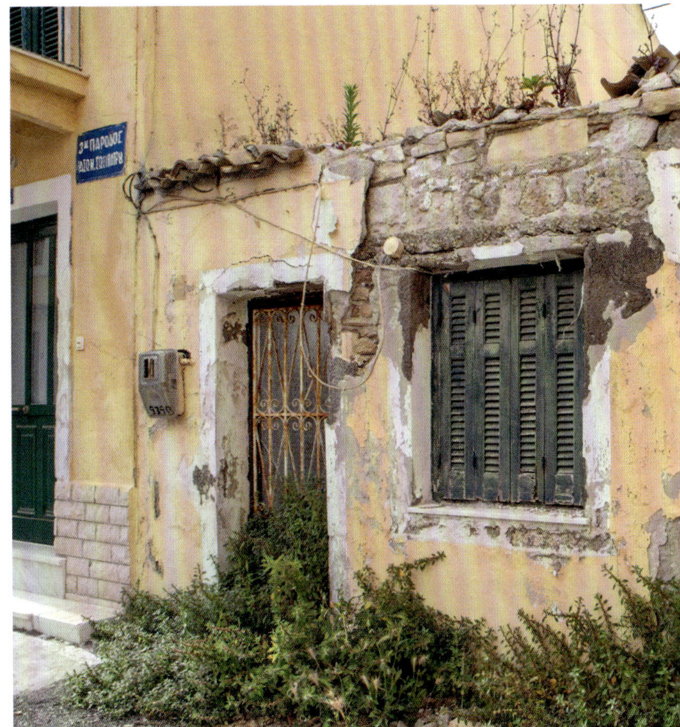

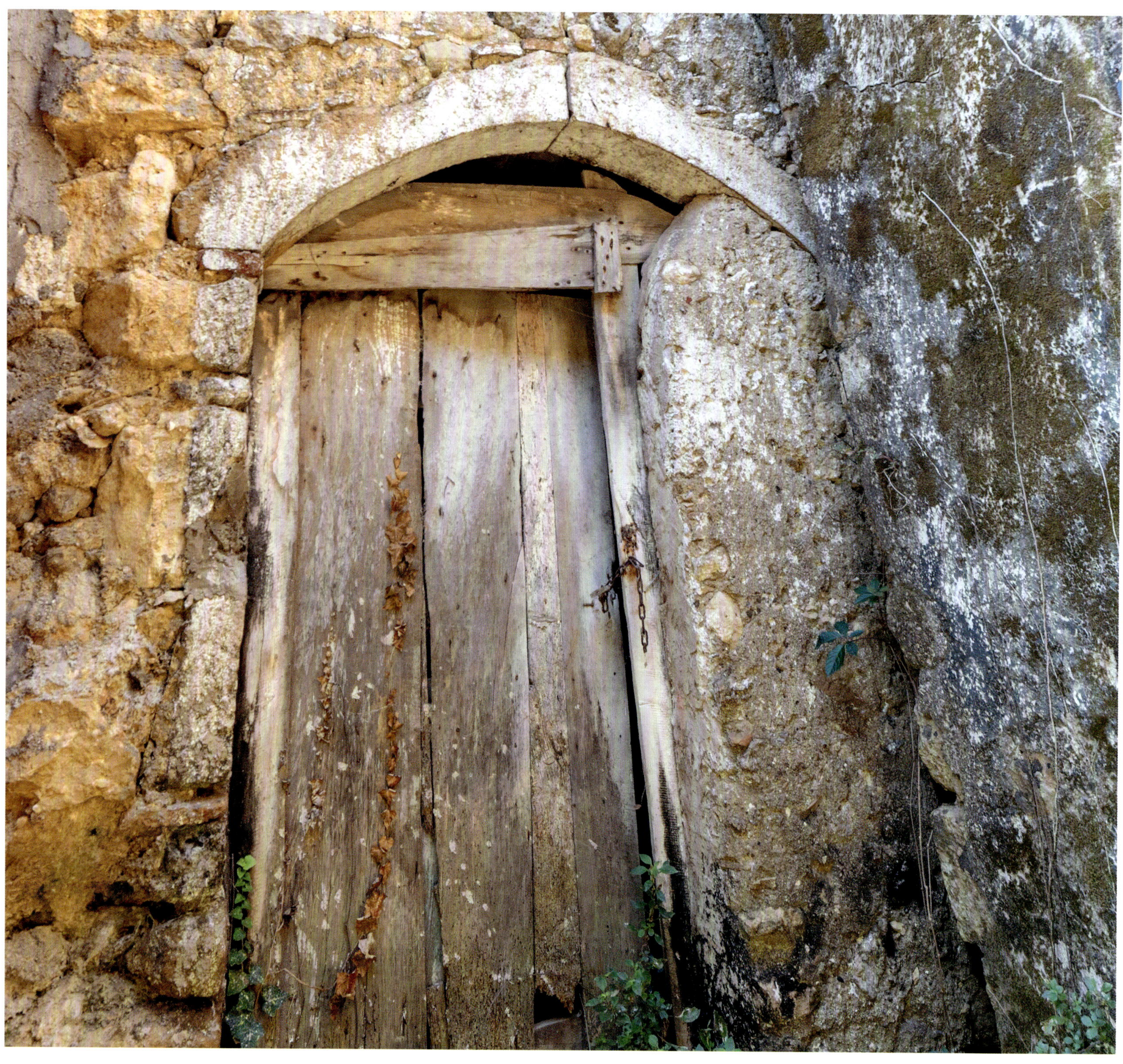

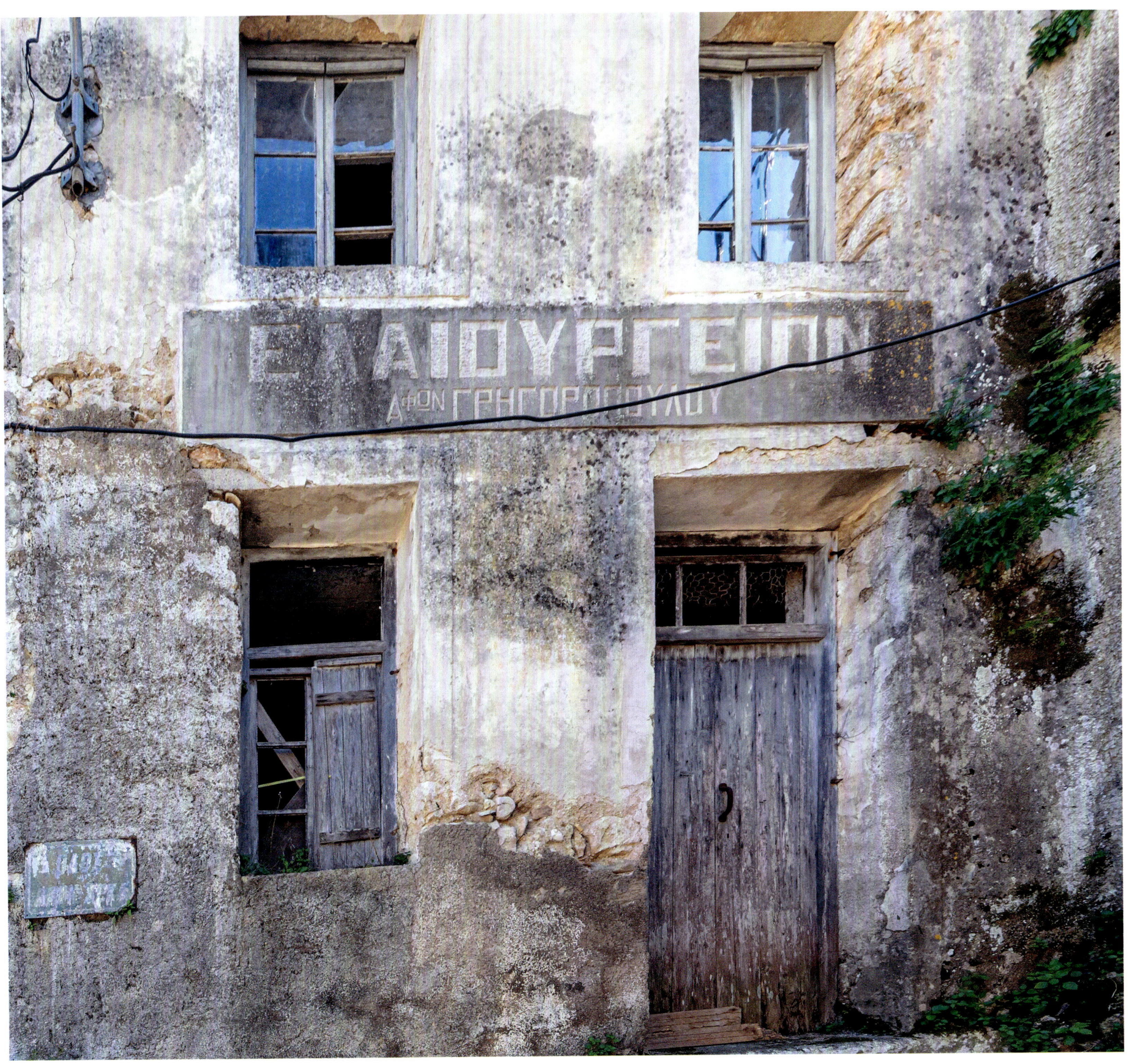
ΕΛΑΙΟΥΡΓΕΙΟΝ

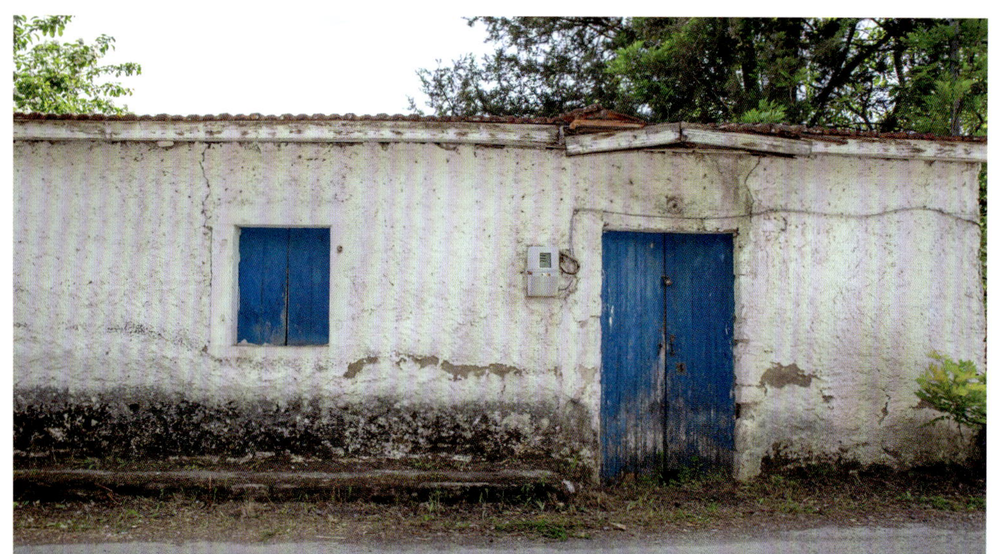

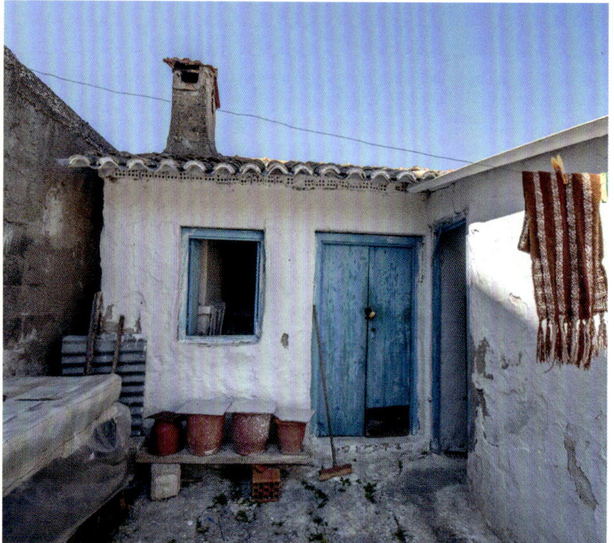

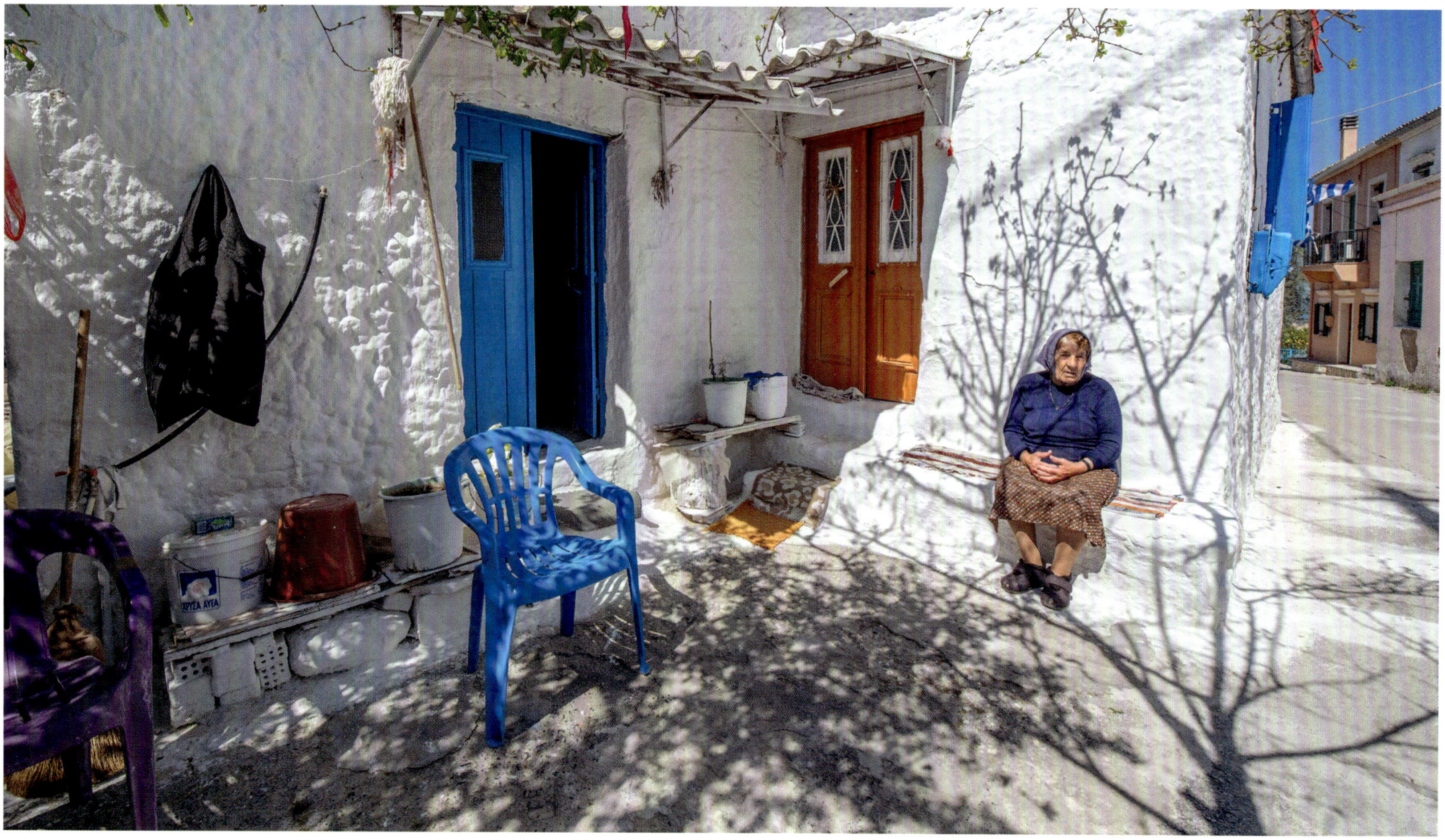

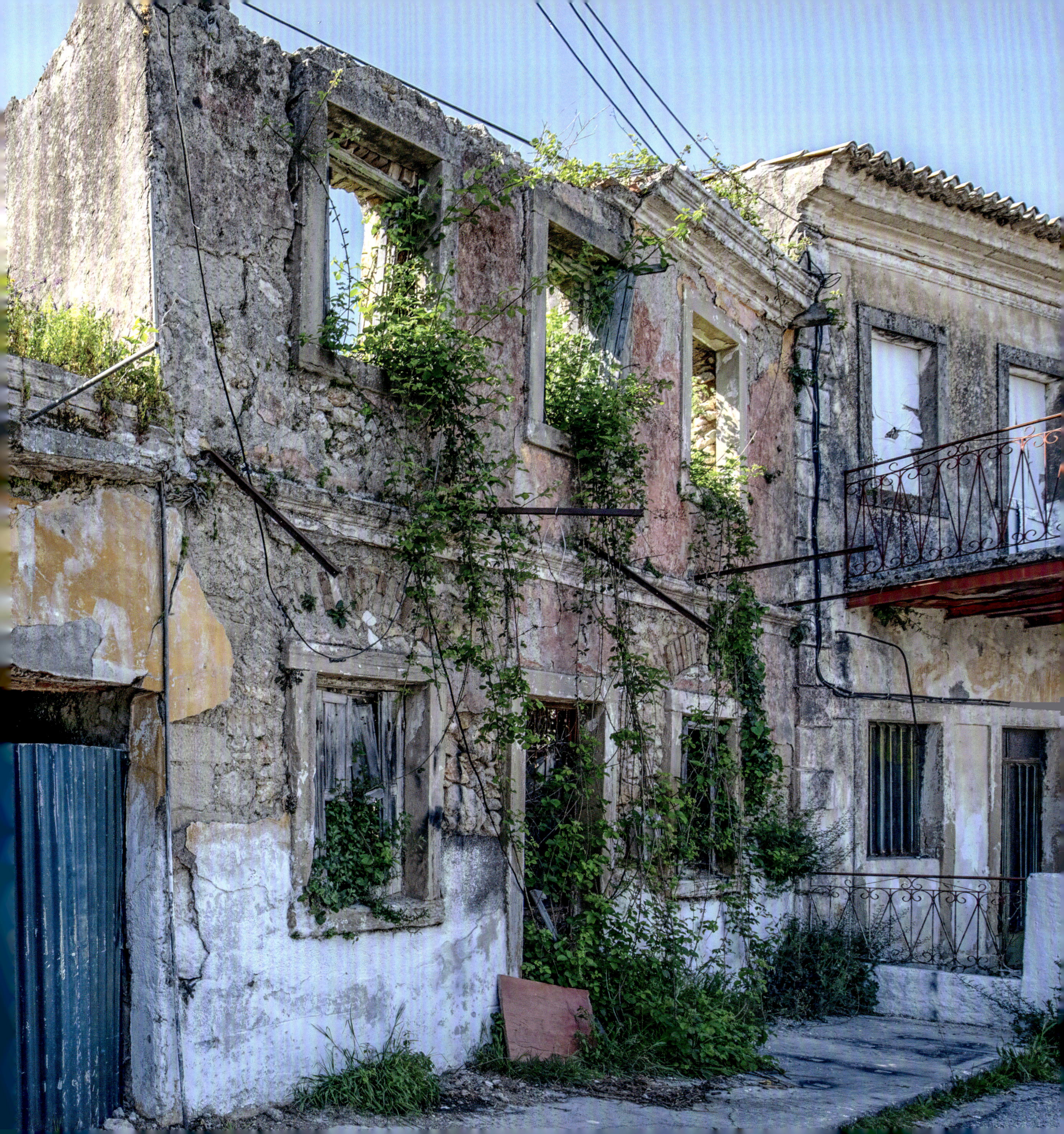

GATES
ΠΟΡΤΟΝΙΑ

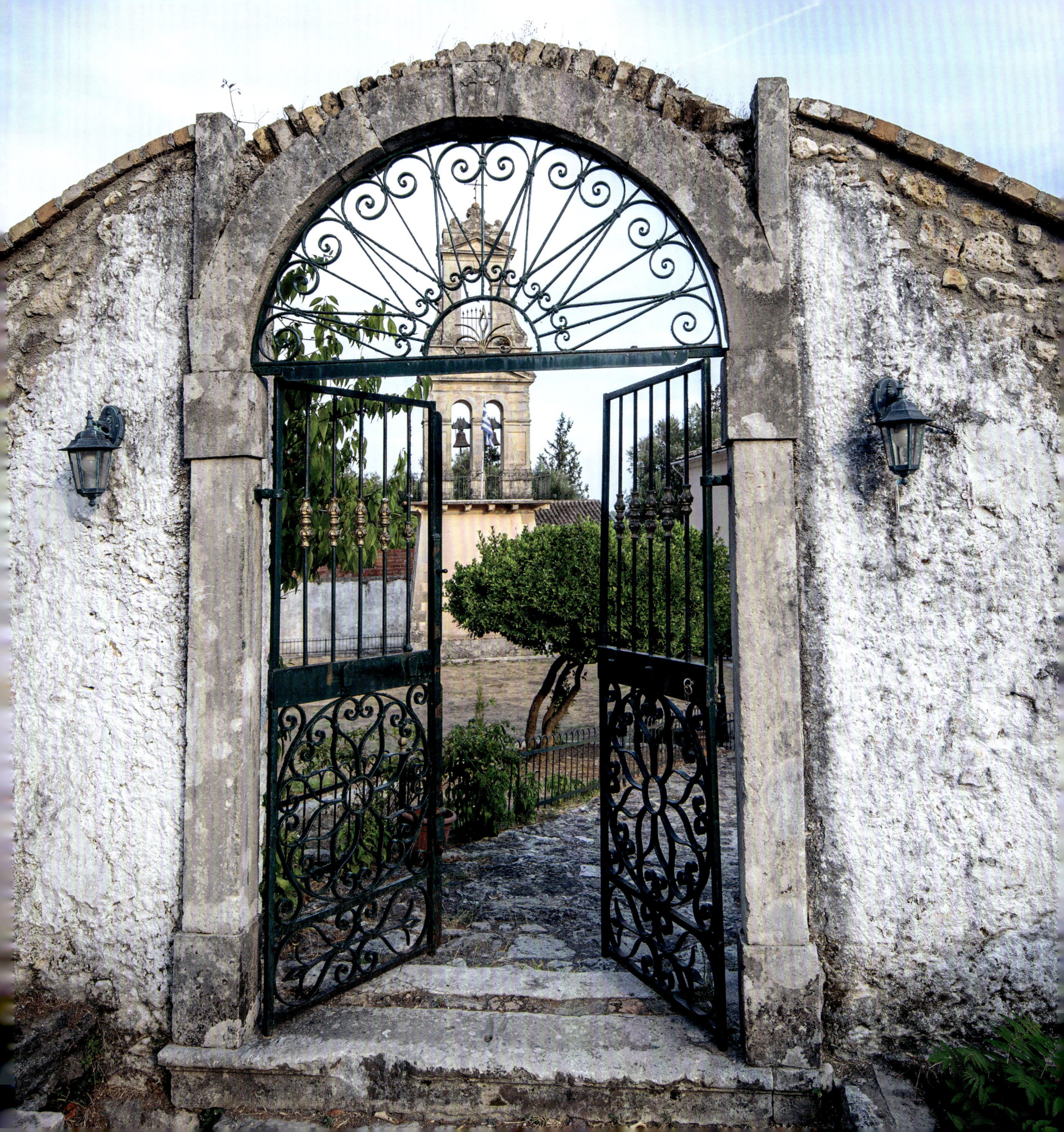

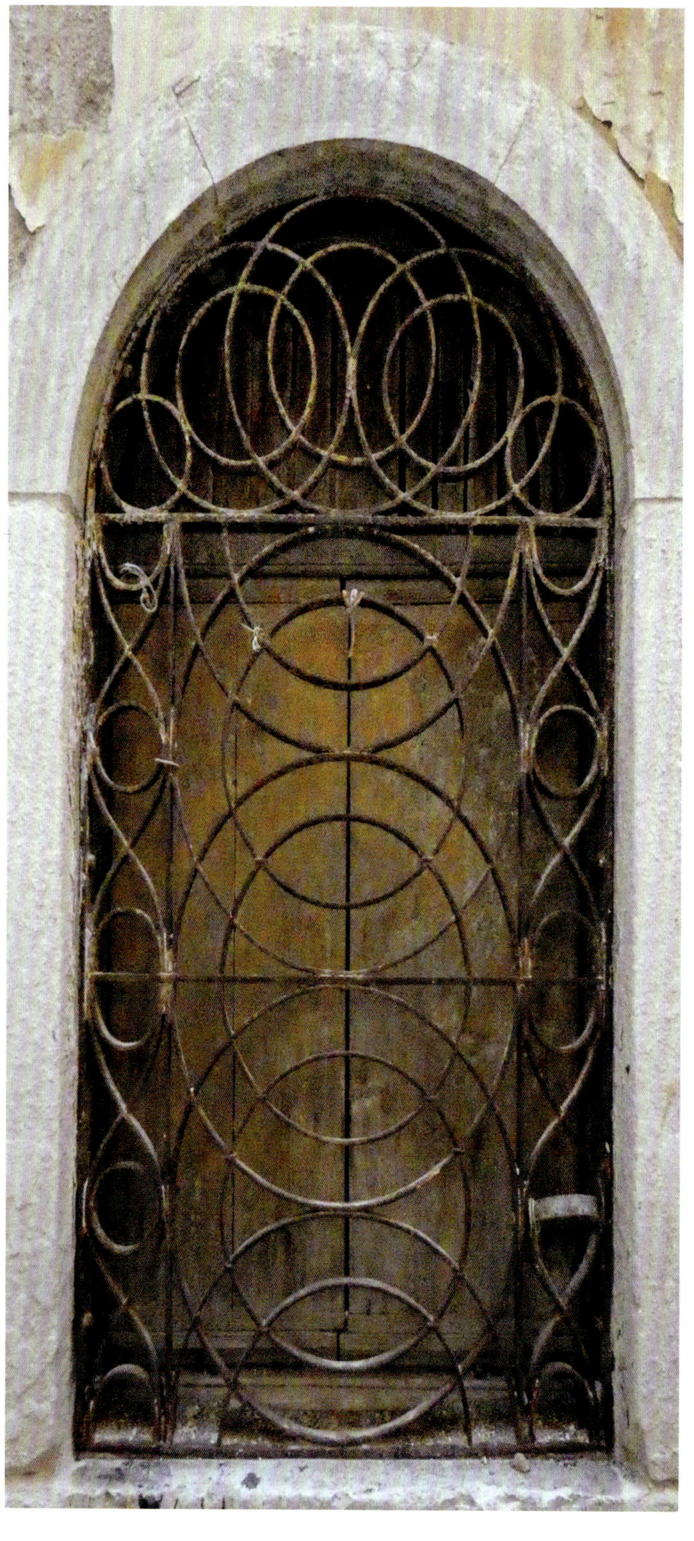

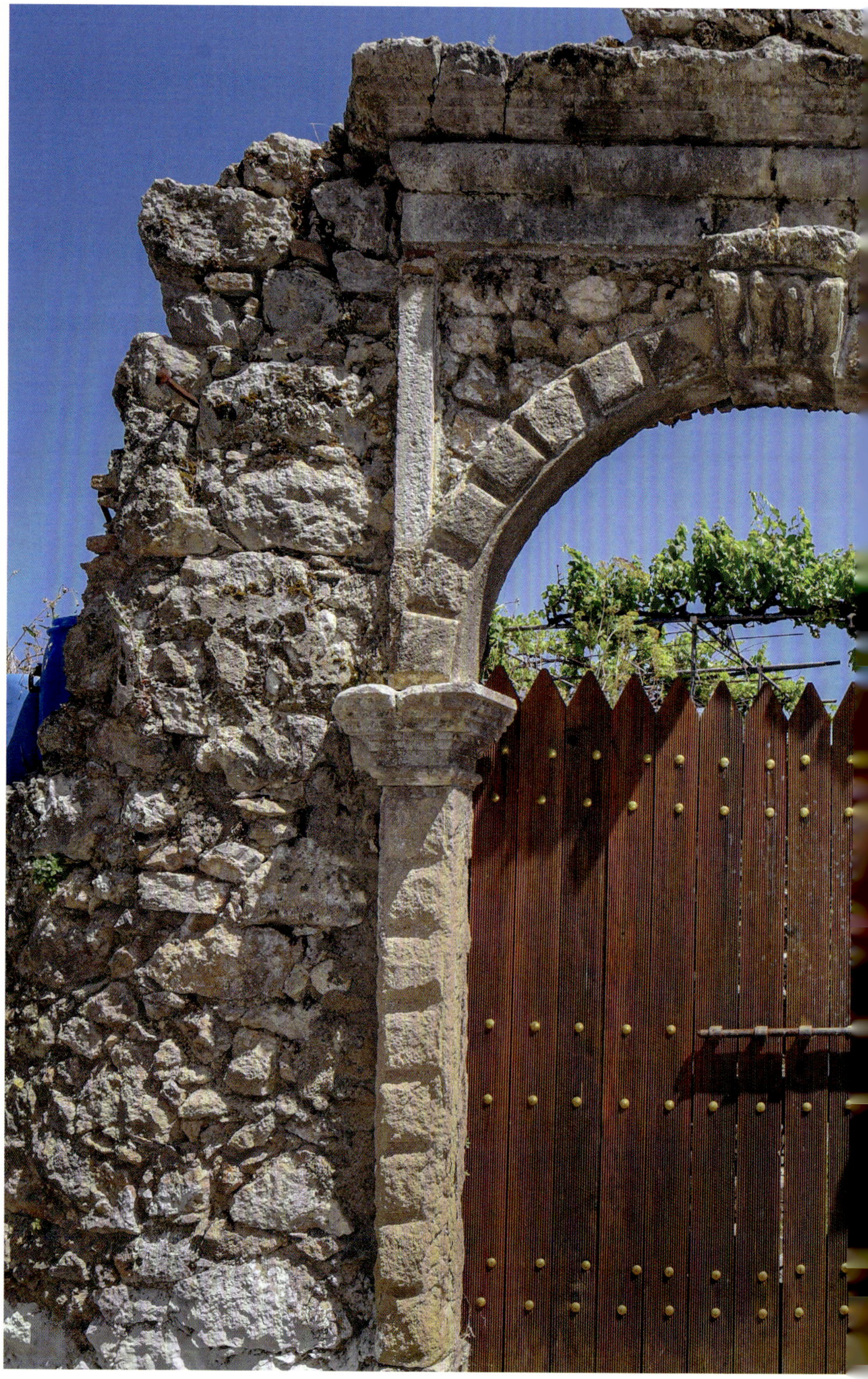

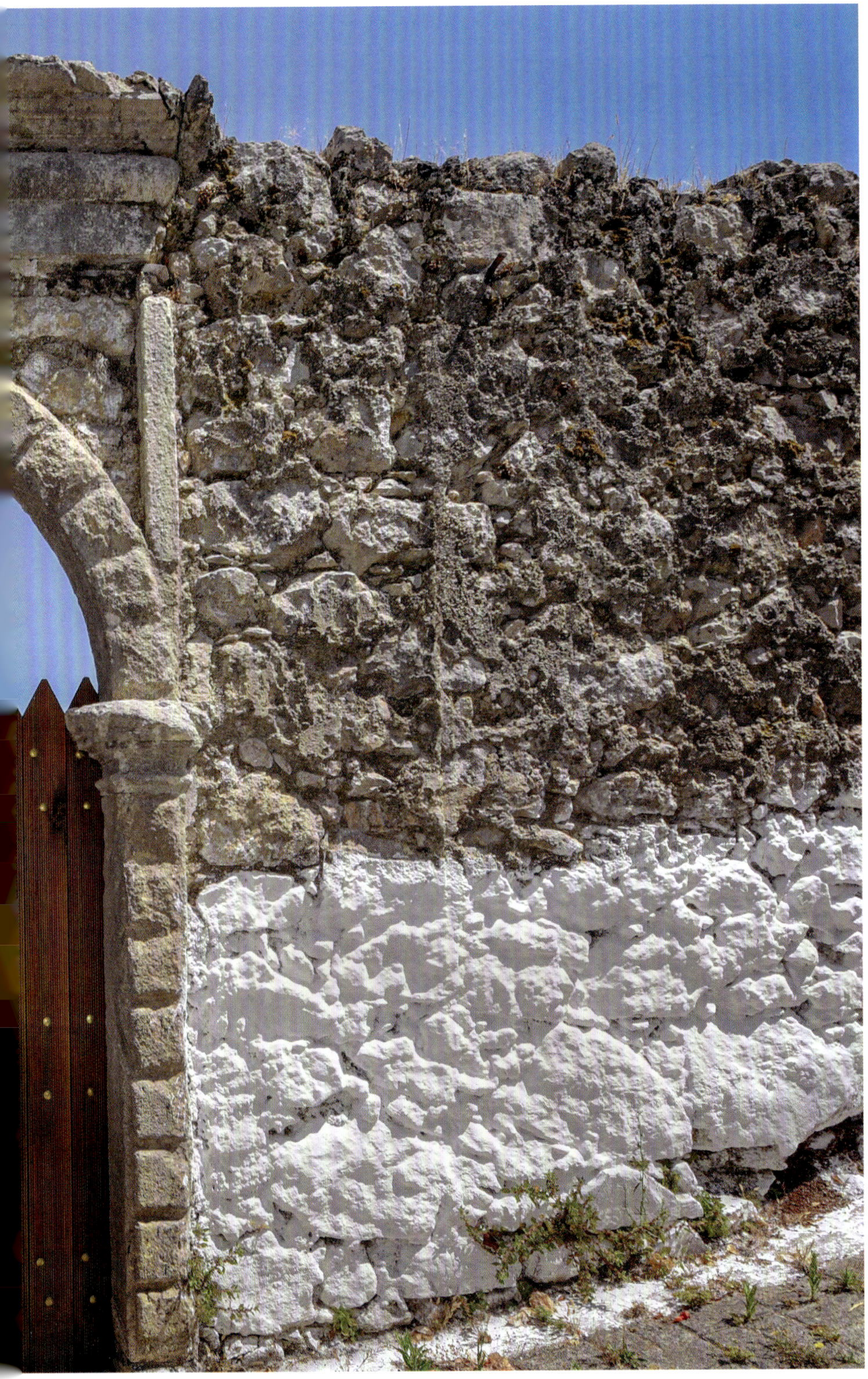

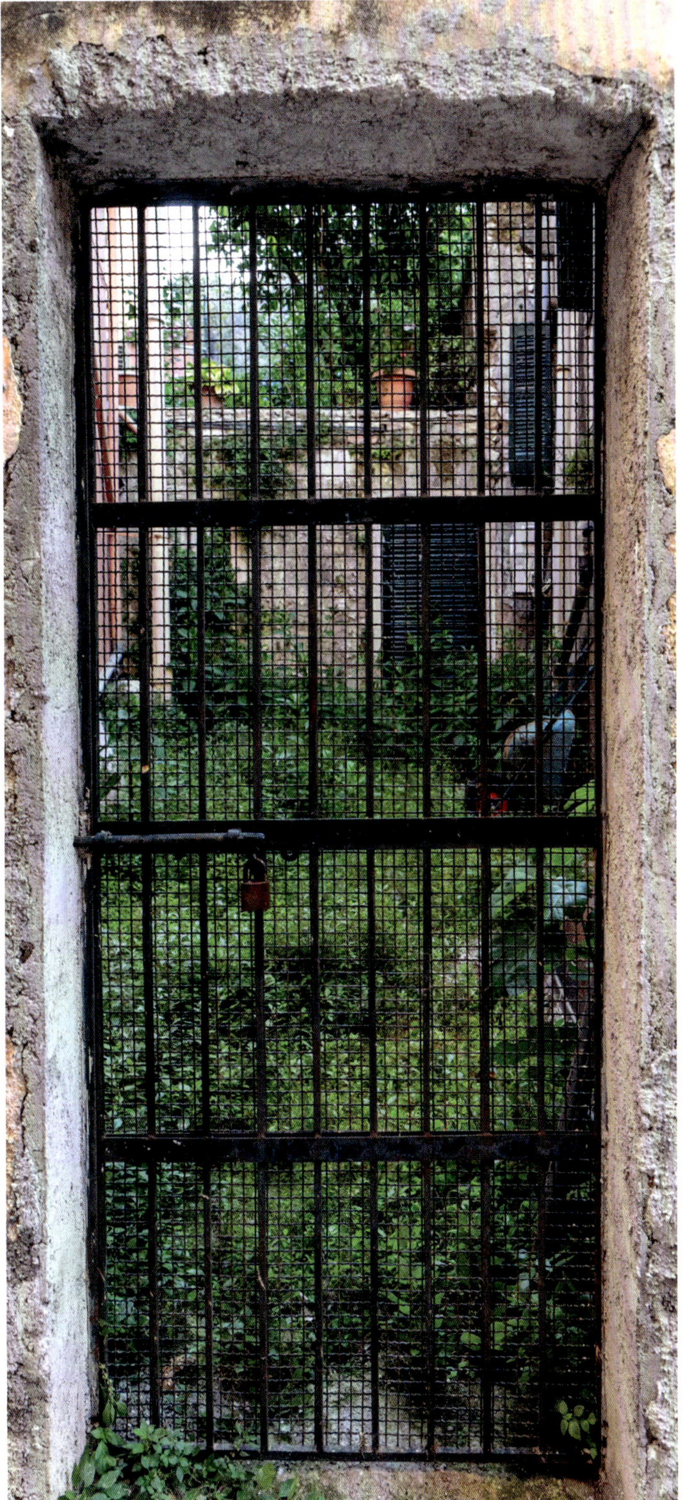

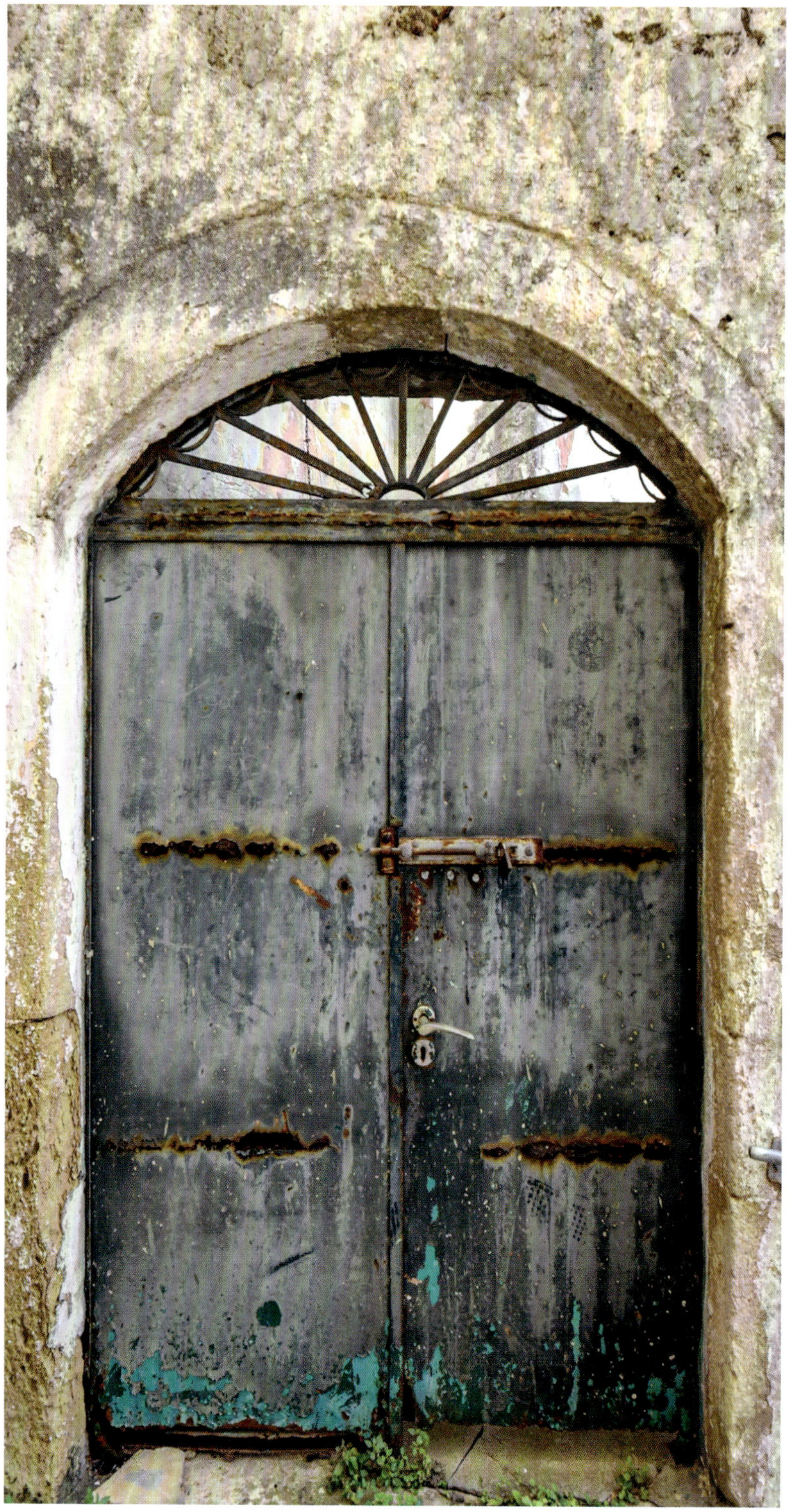

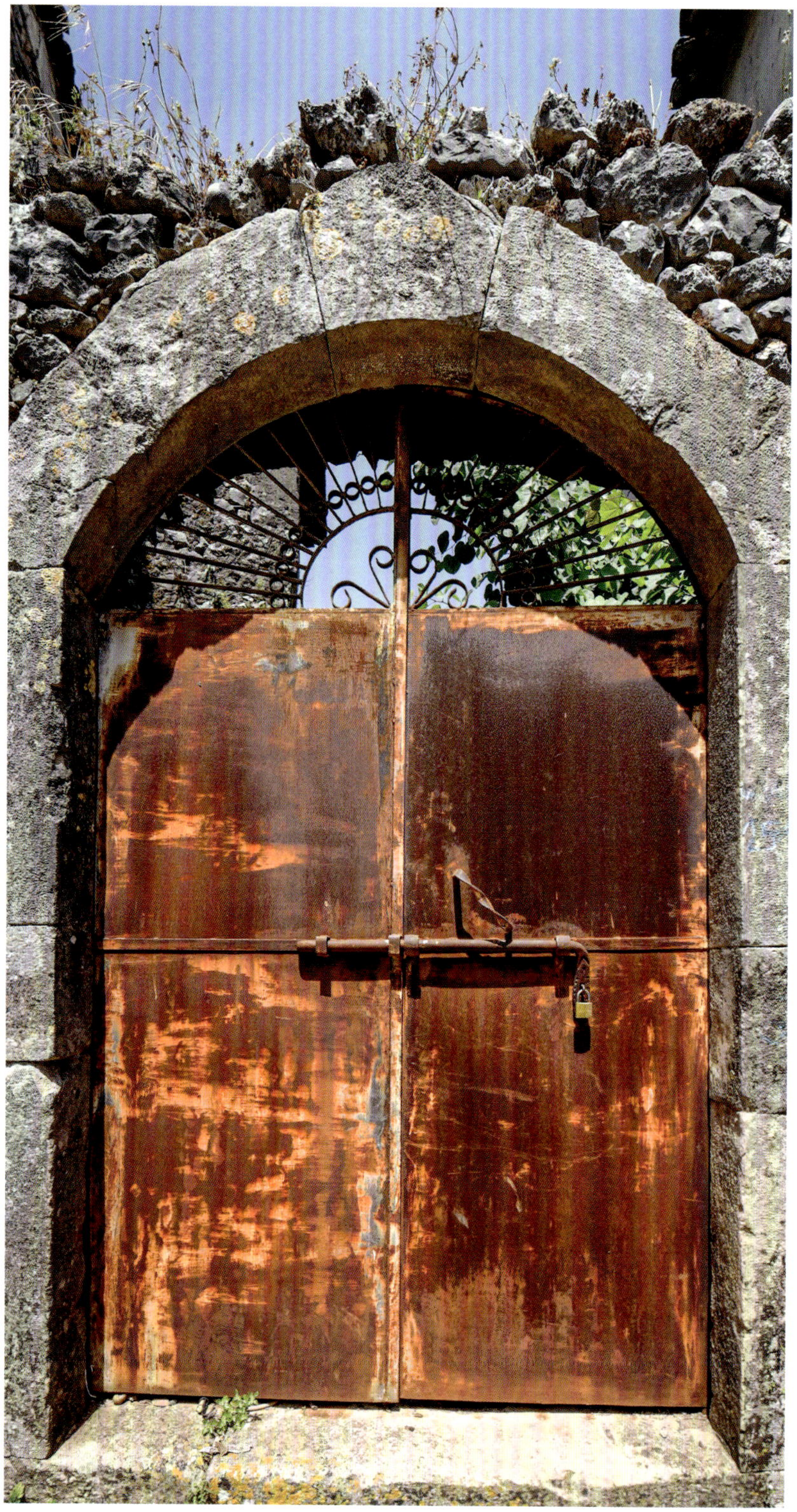

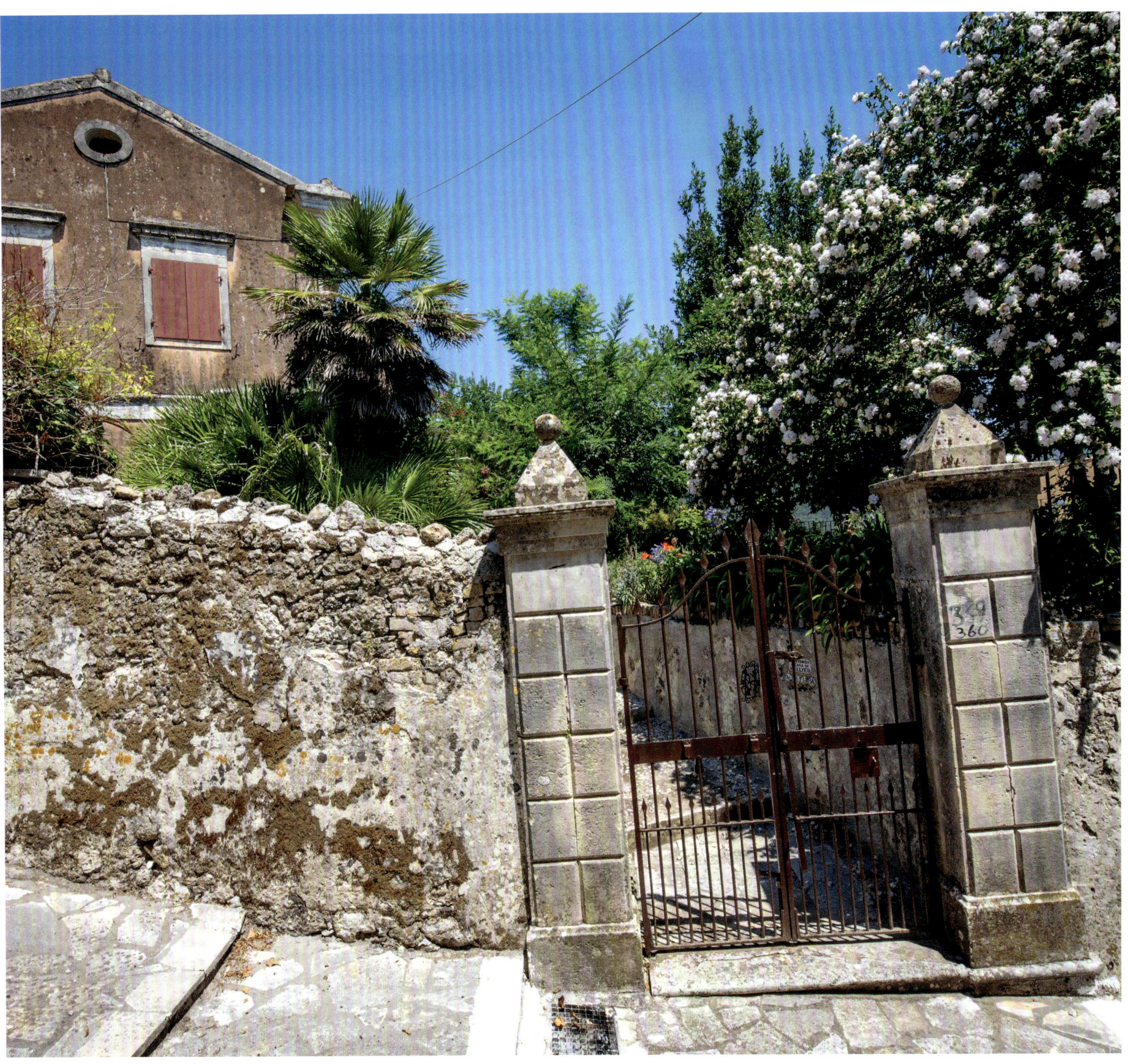

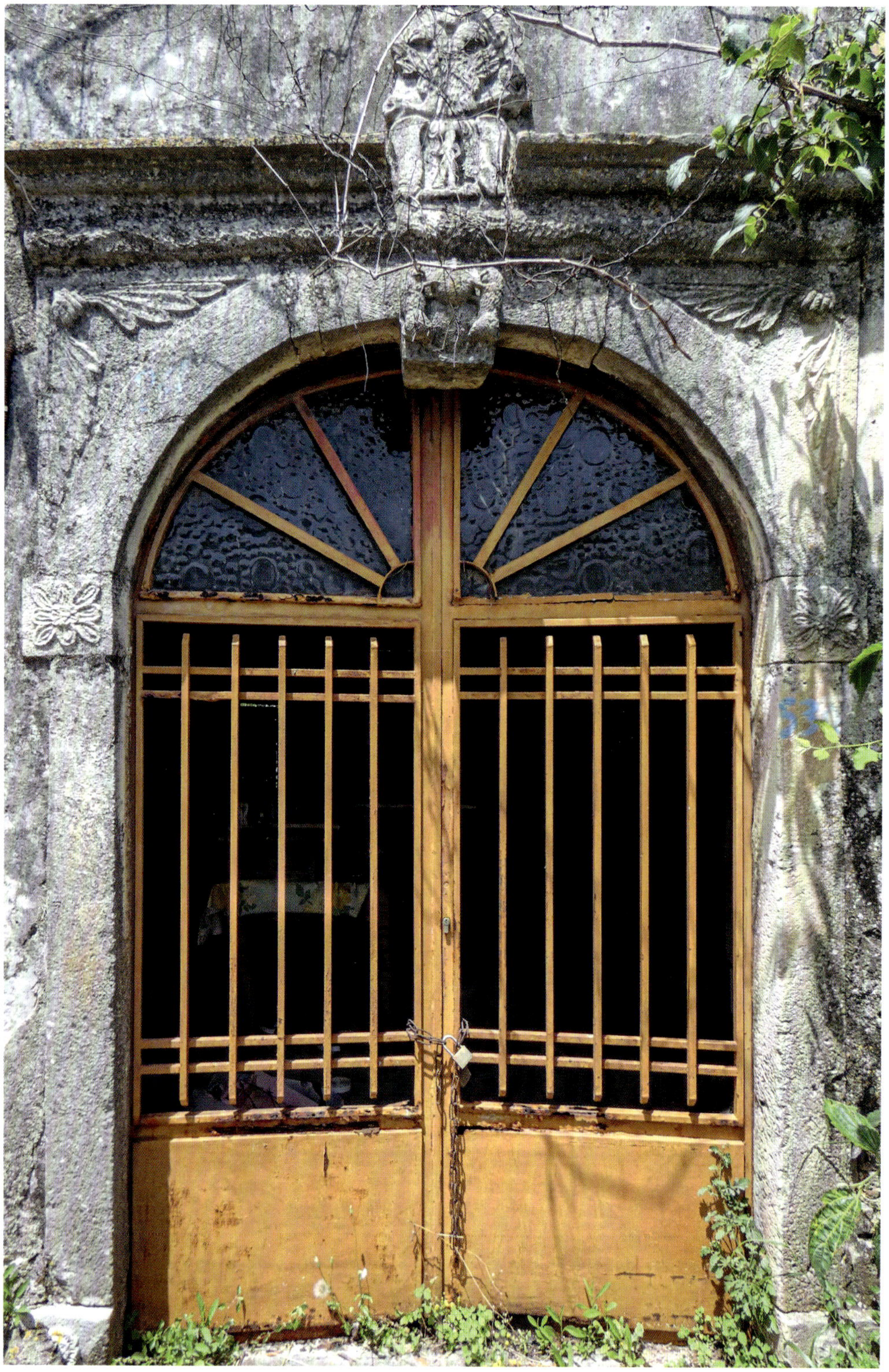

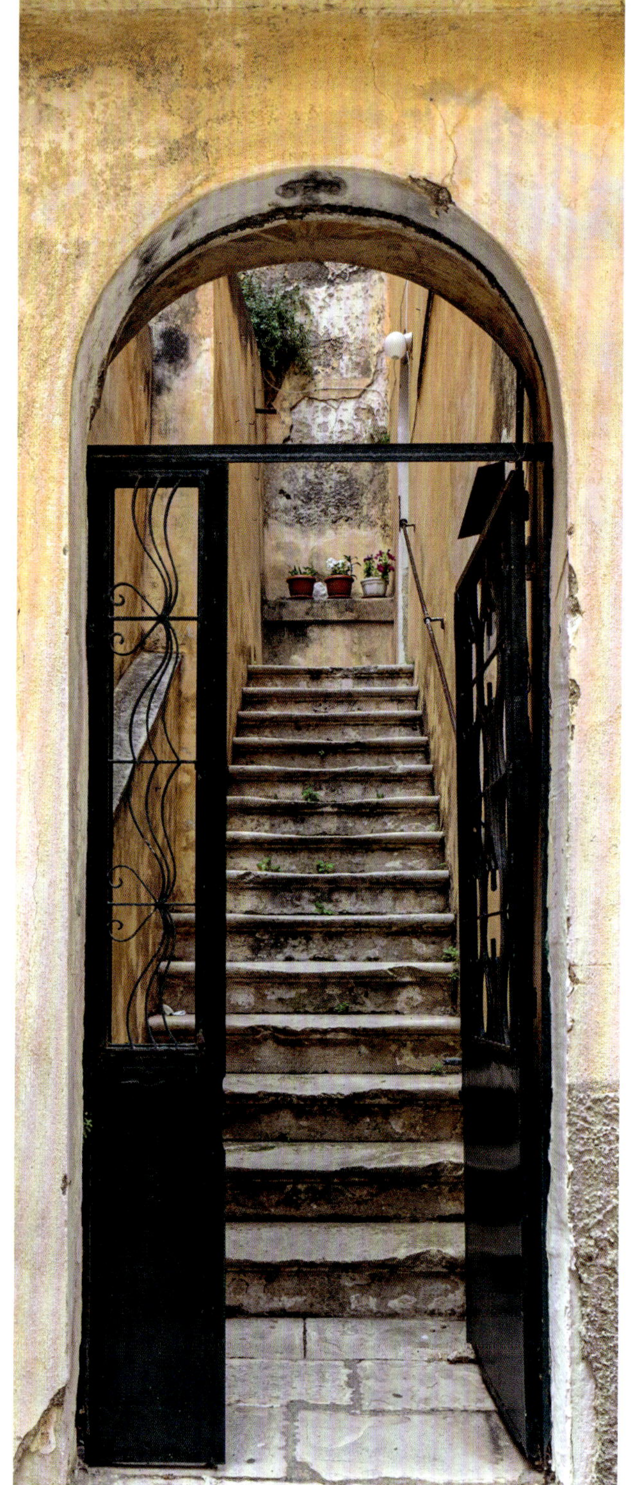

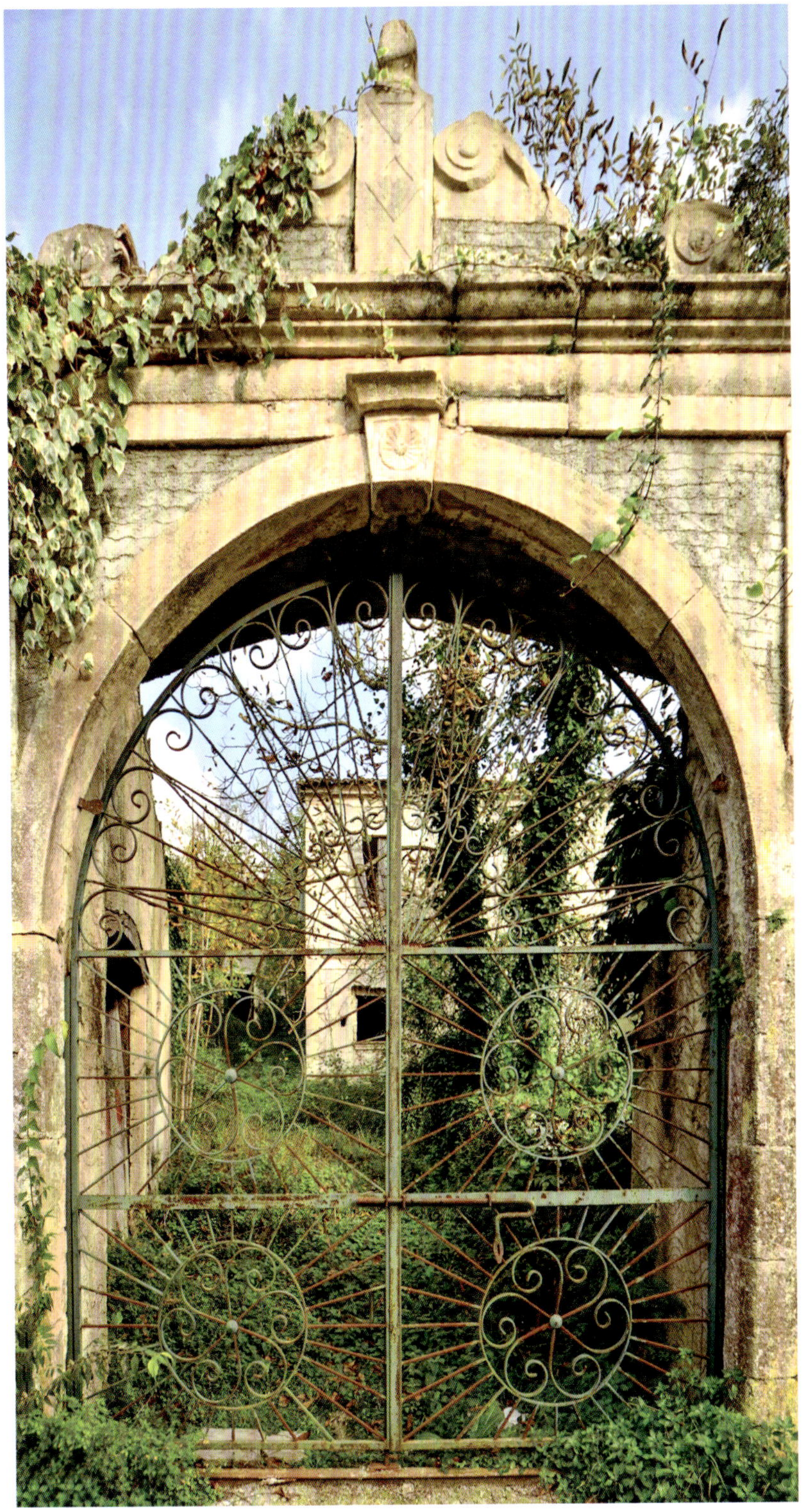

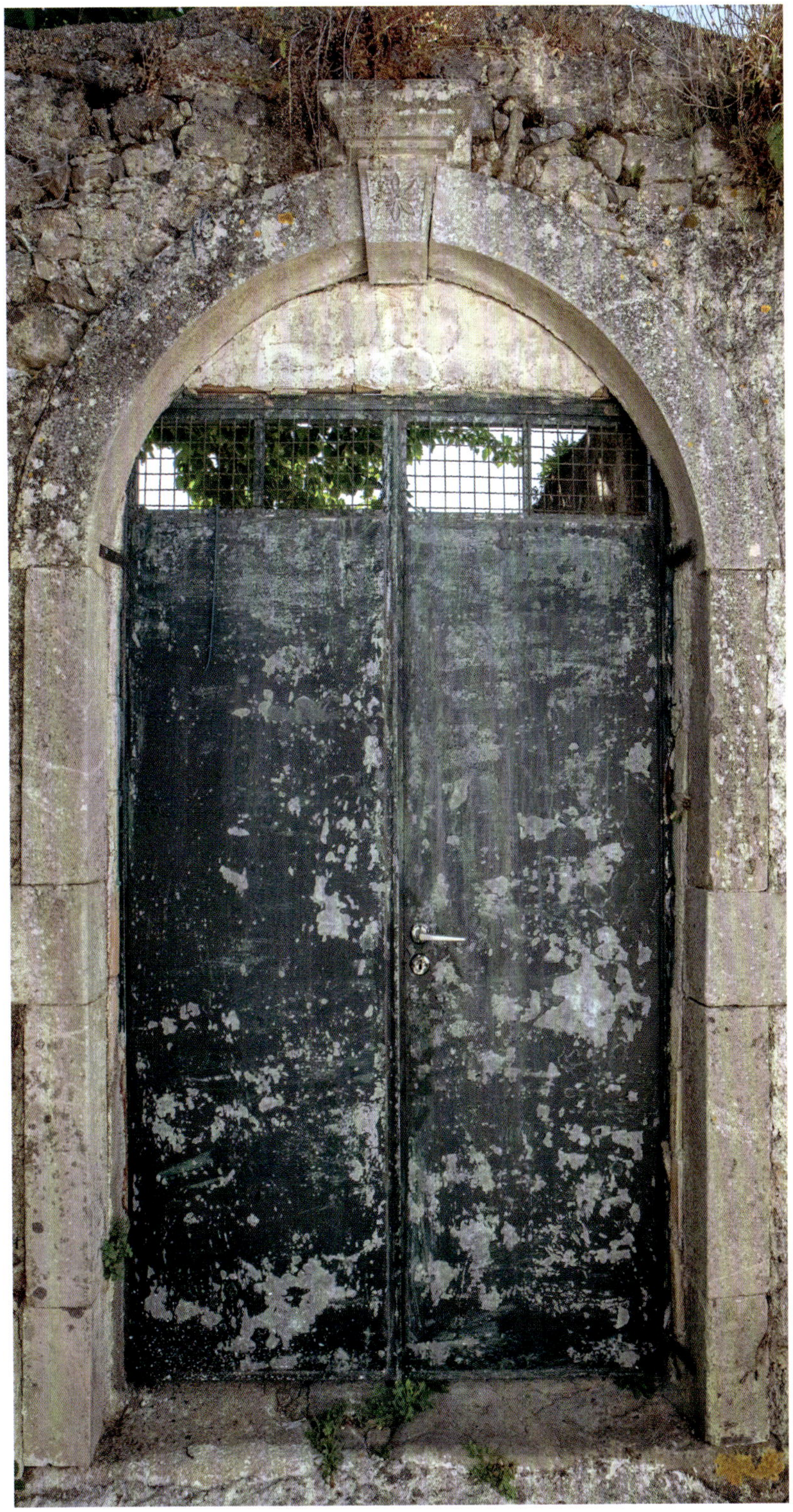

DOORS
ΞΩΠΟΡΤΕΣ

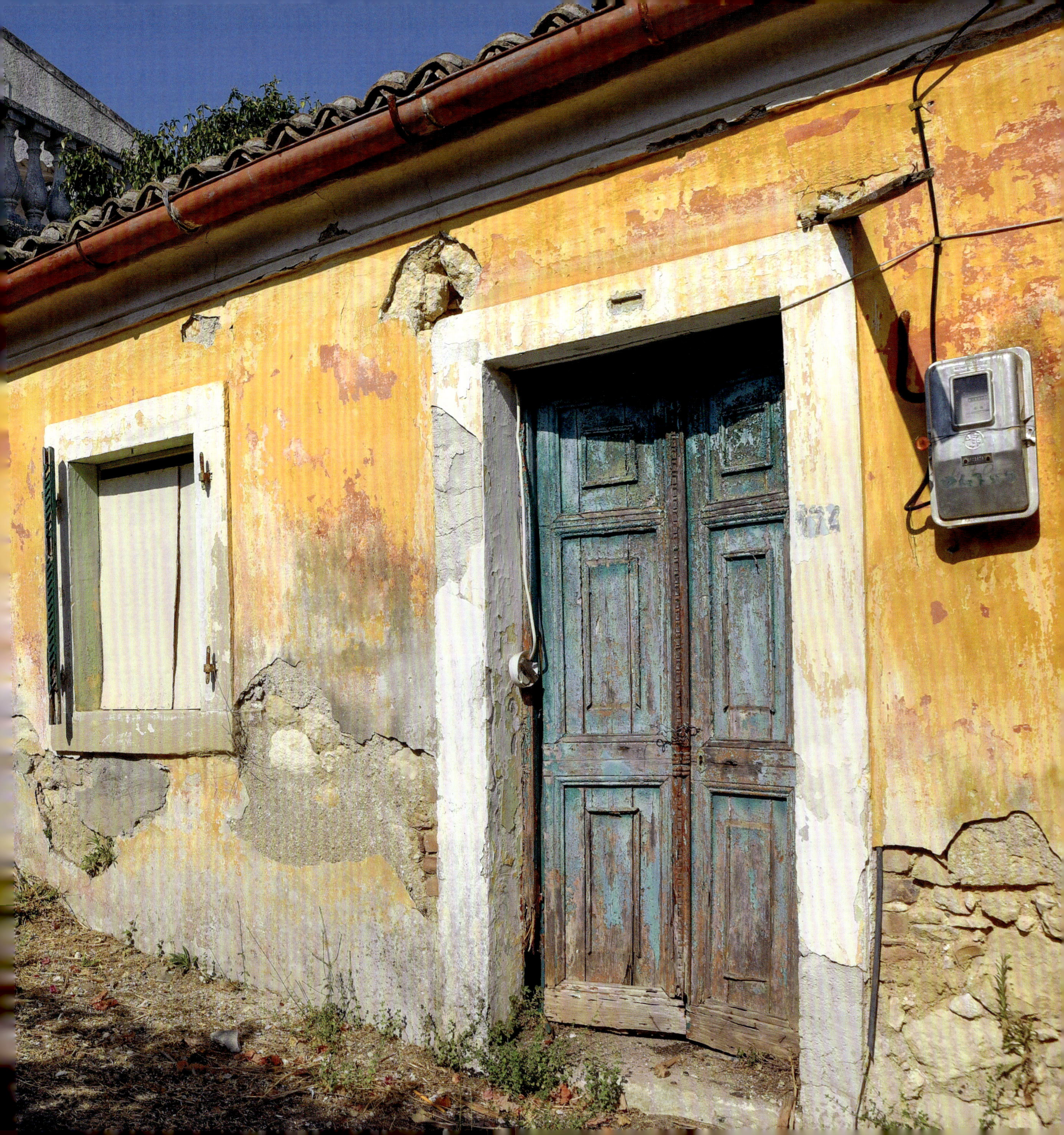

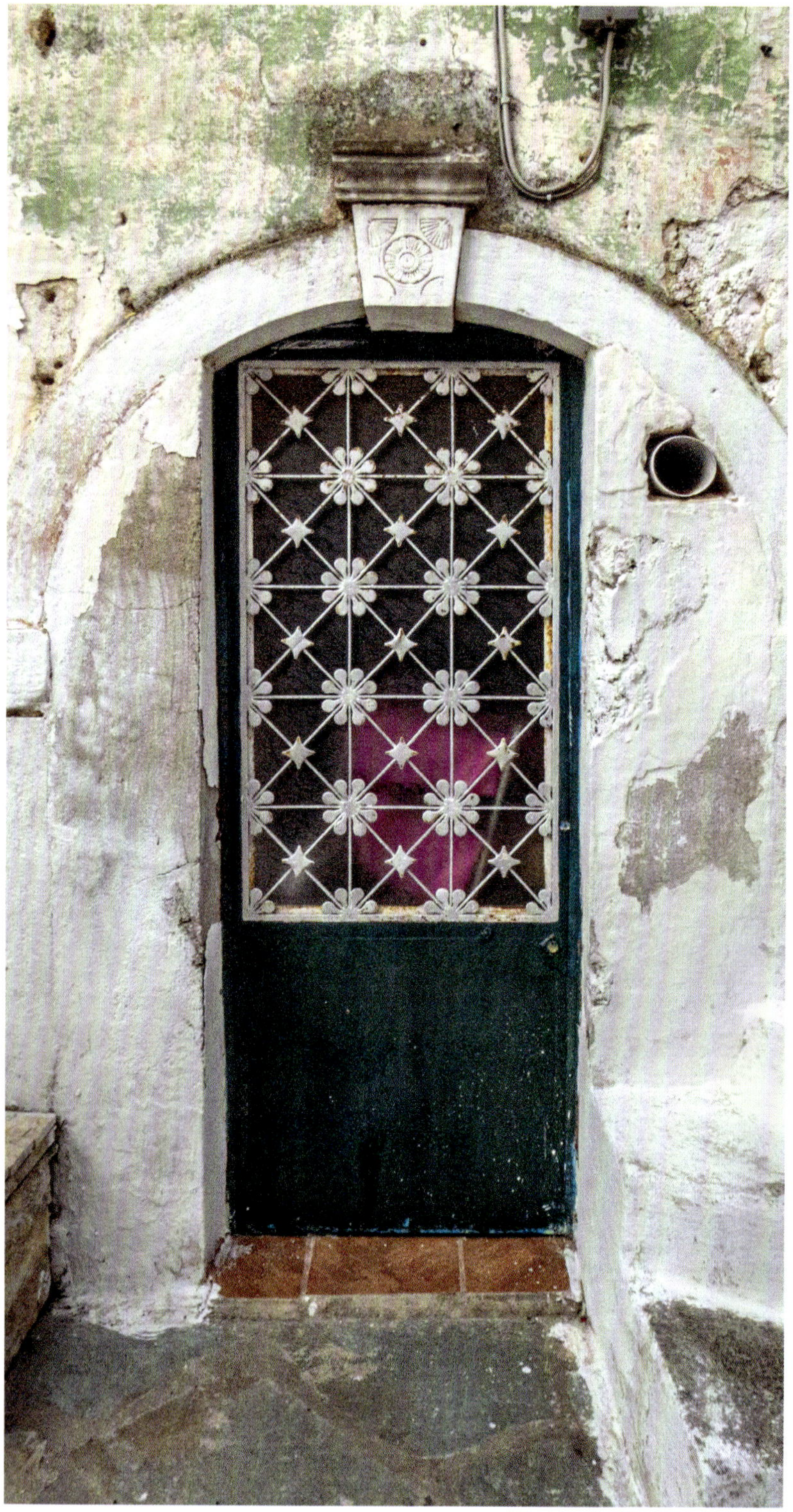

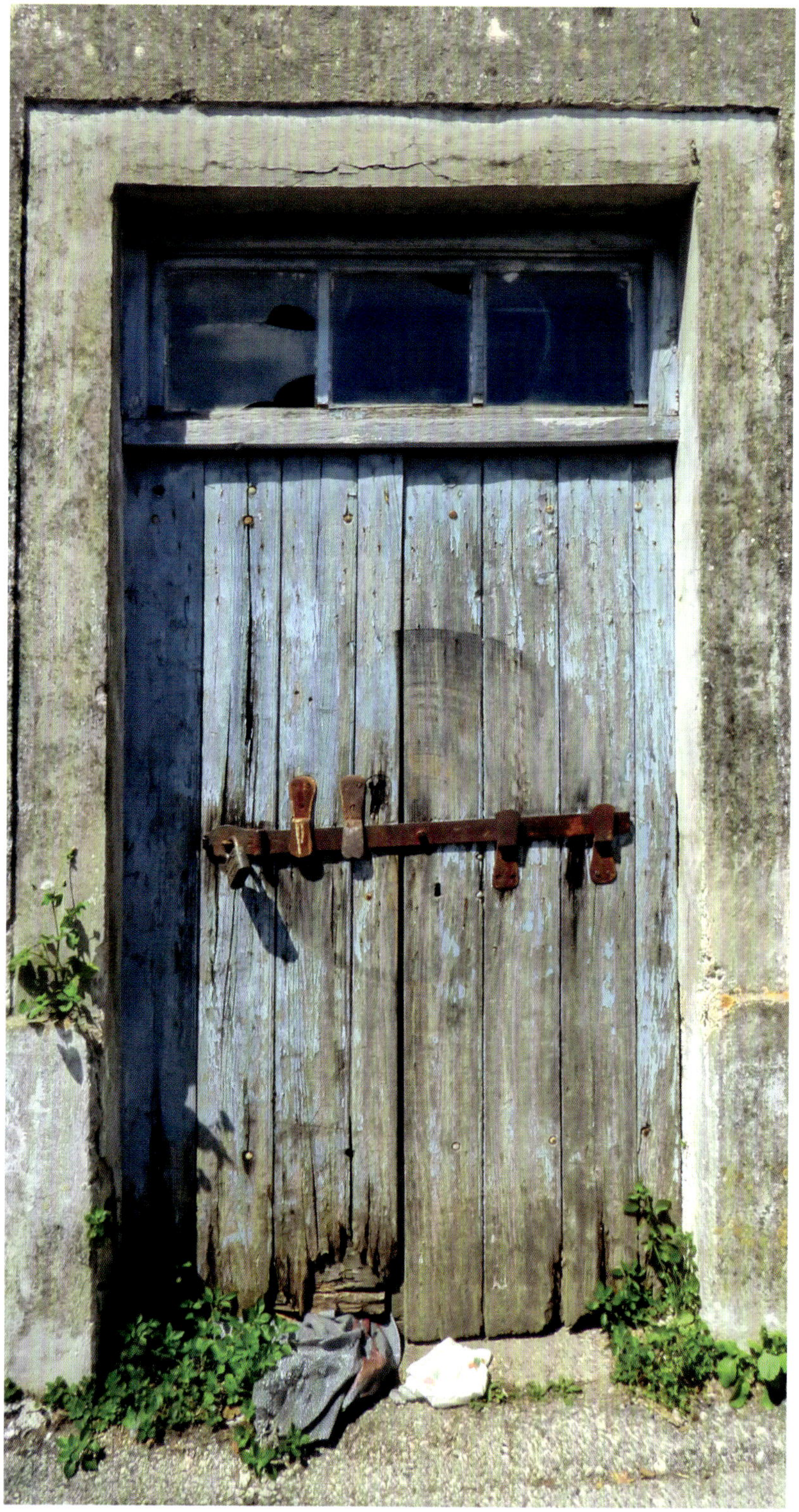

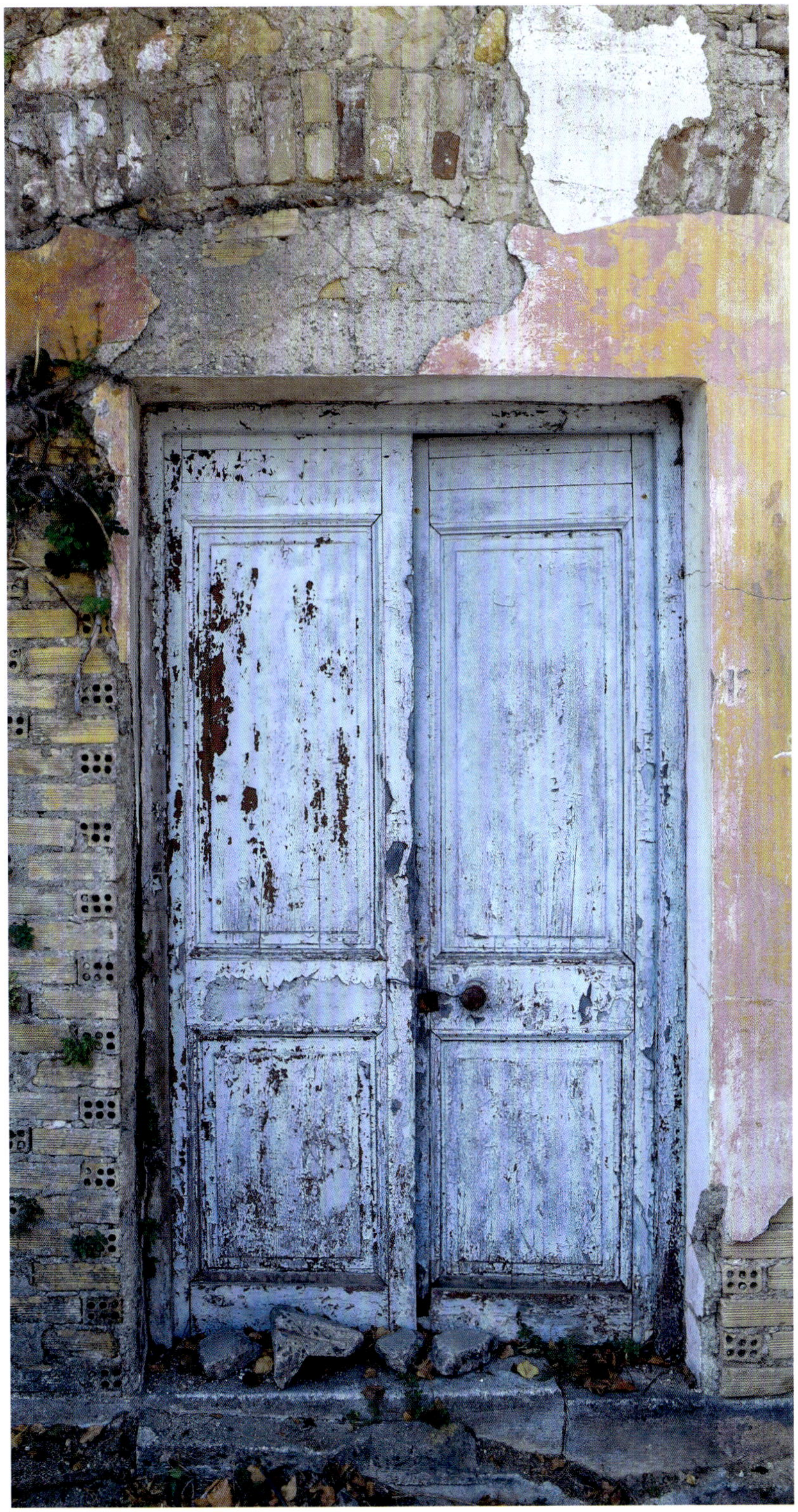

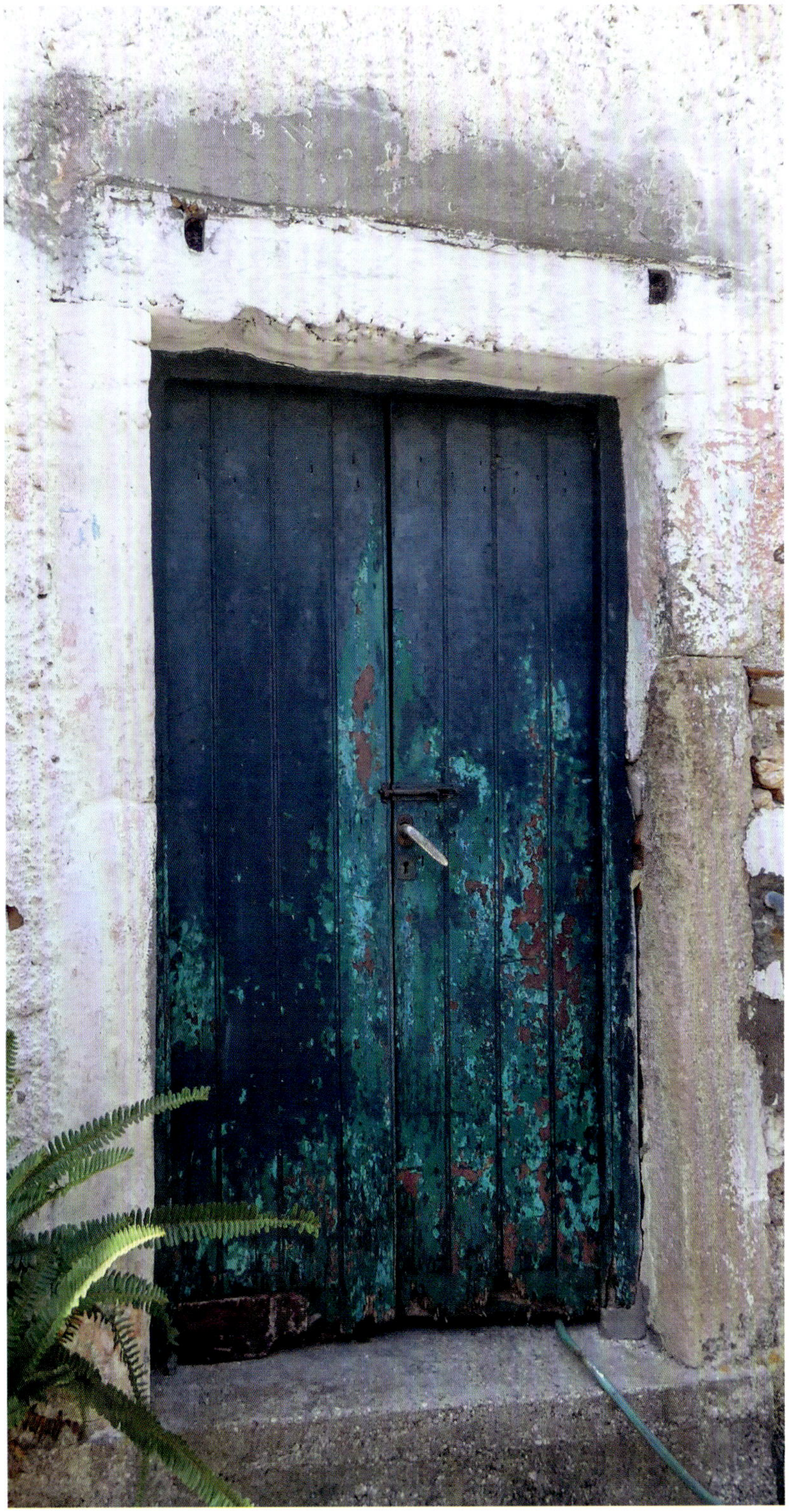

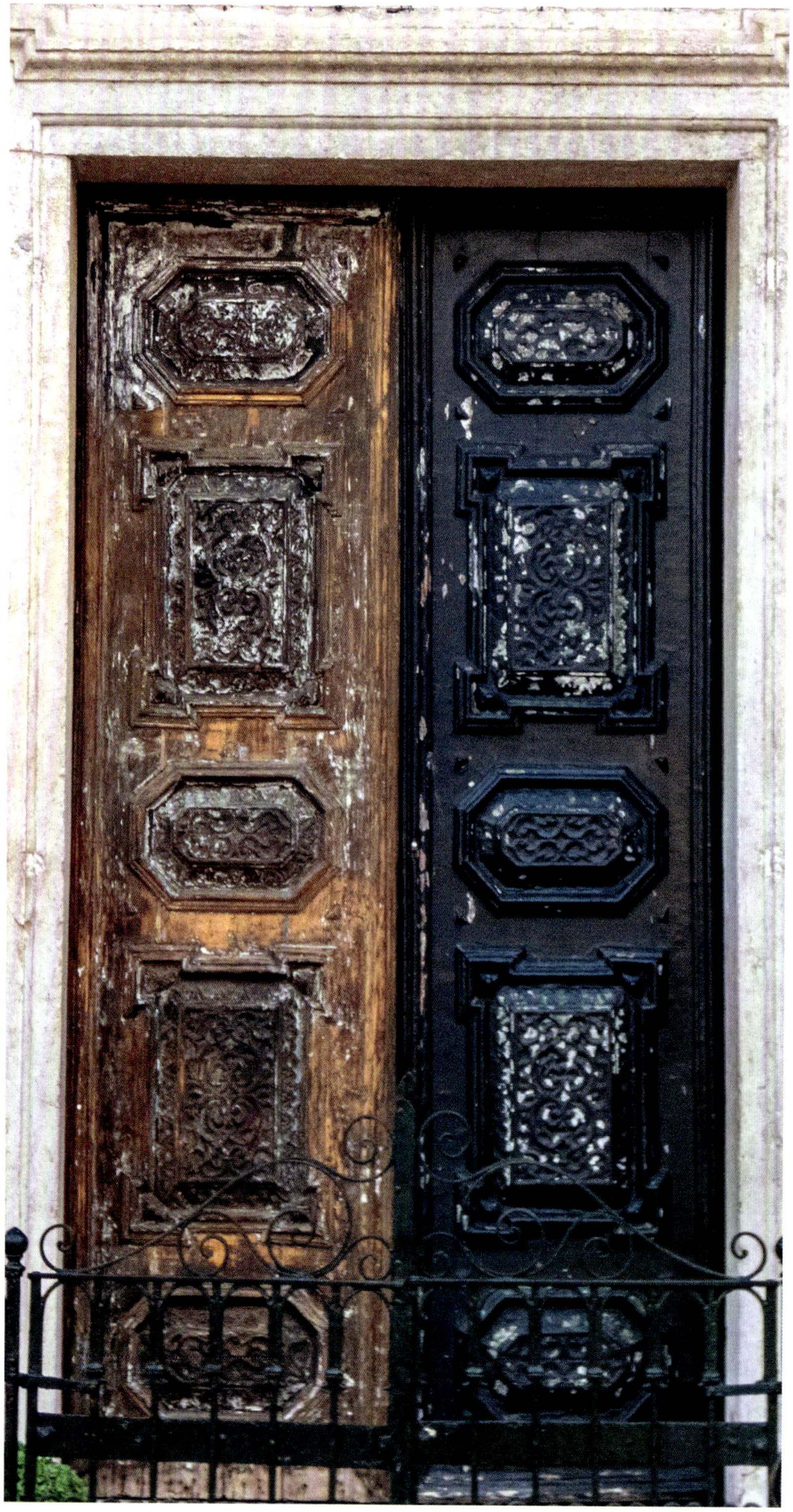

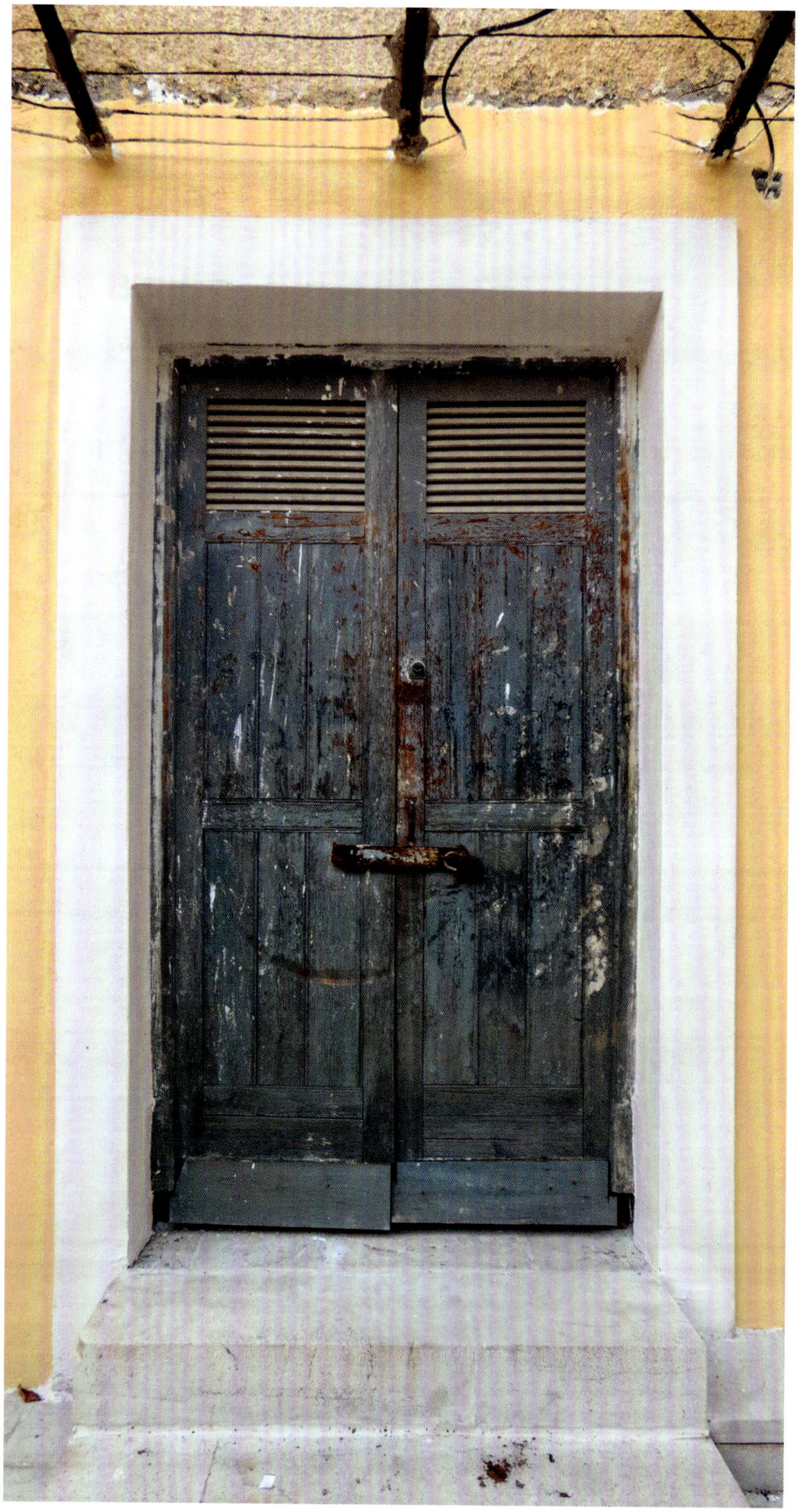

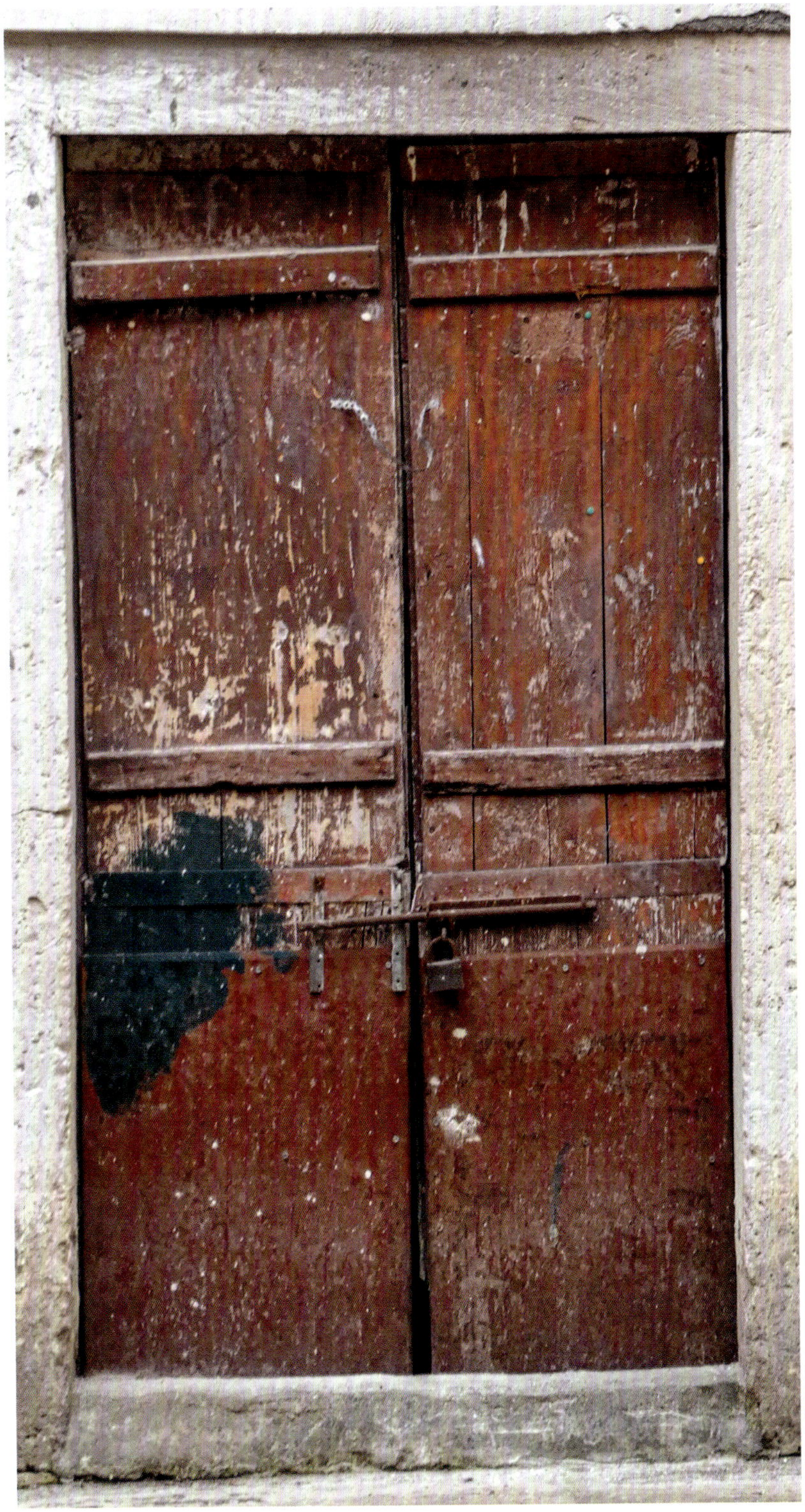

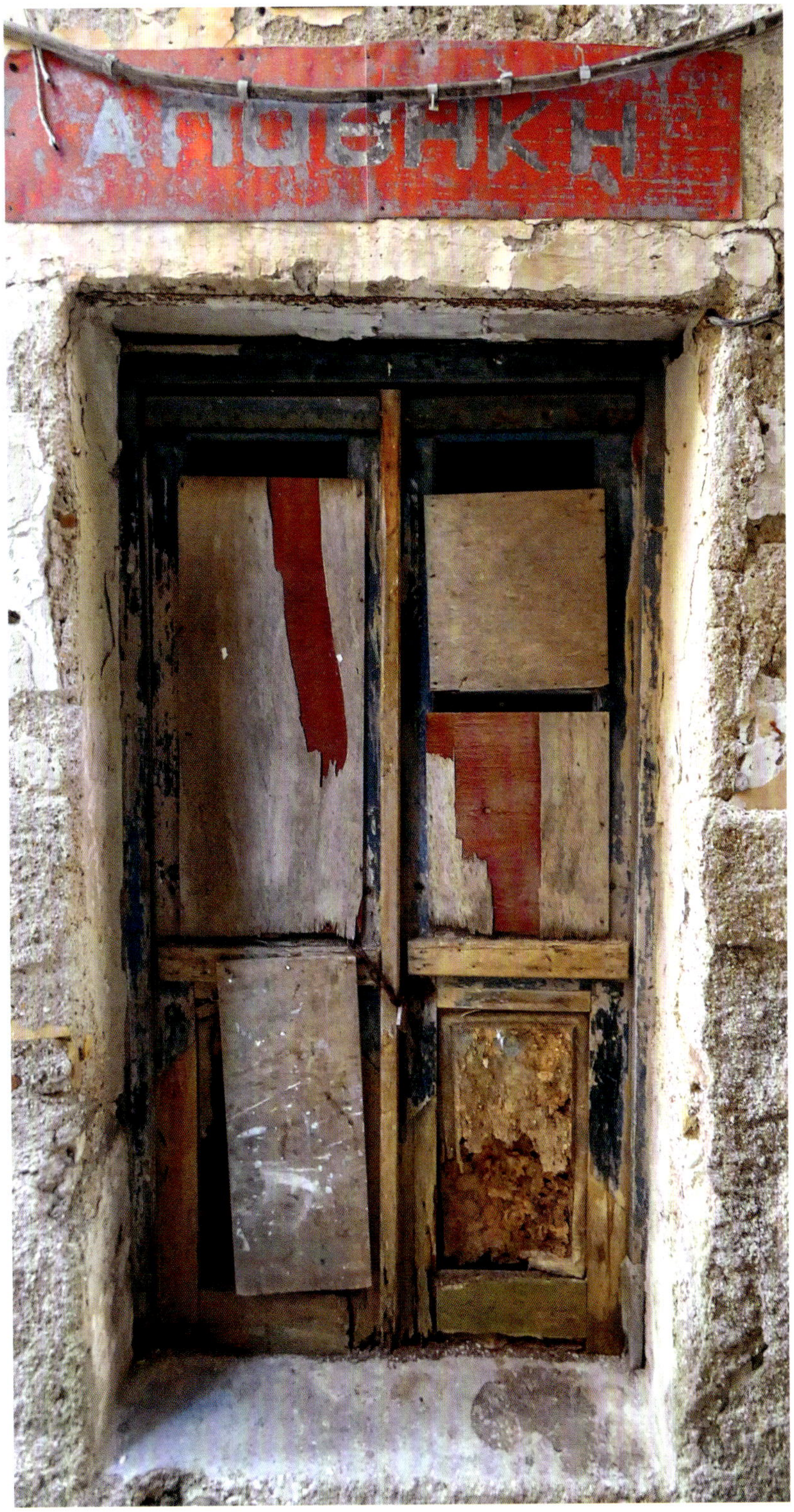

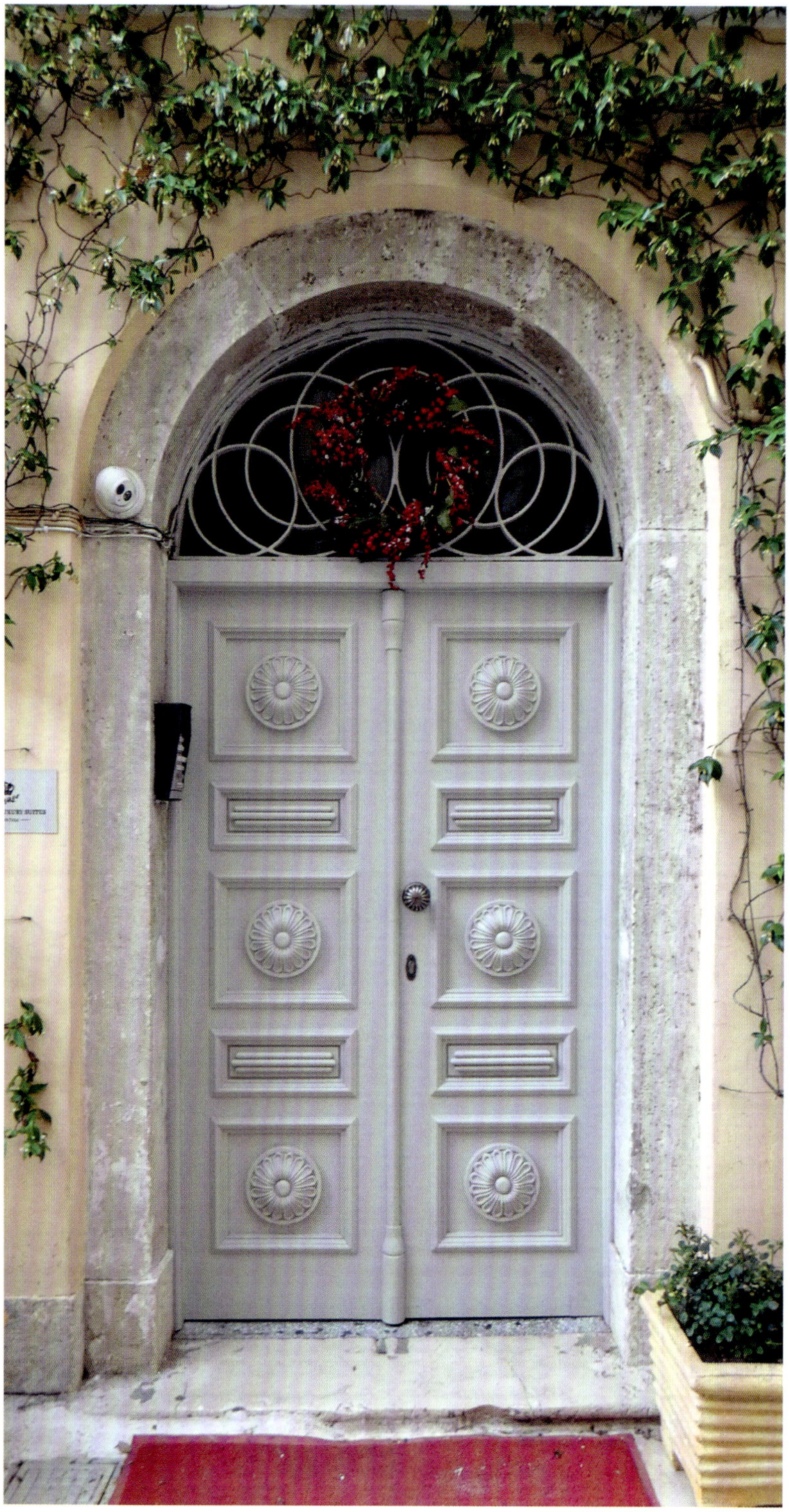

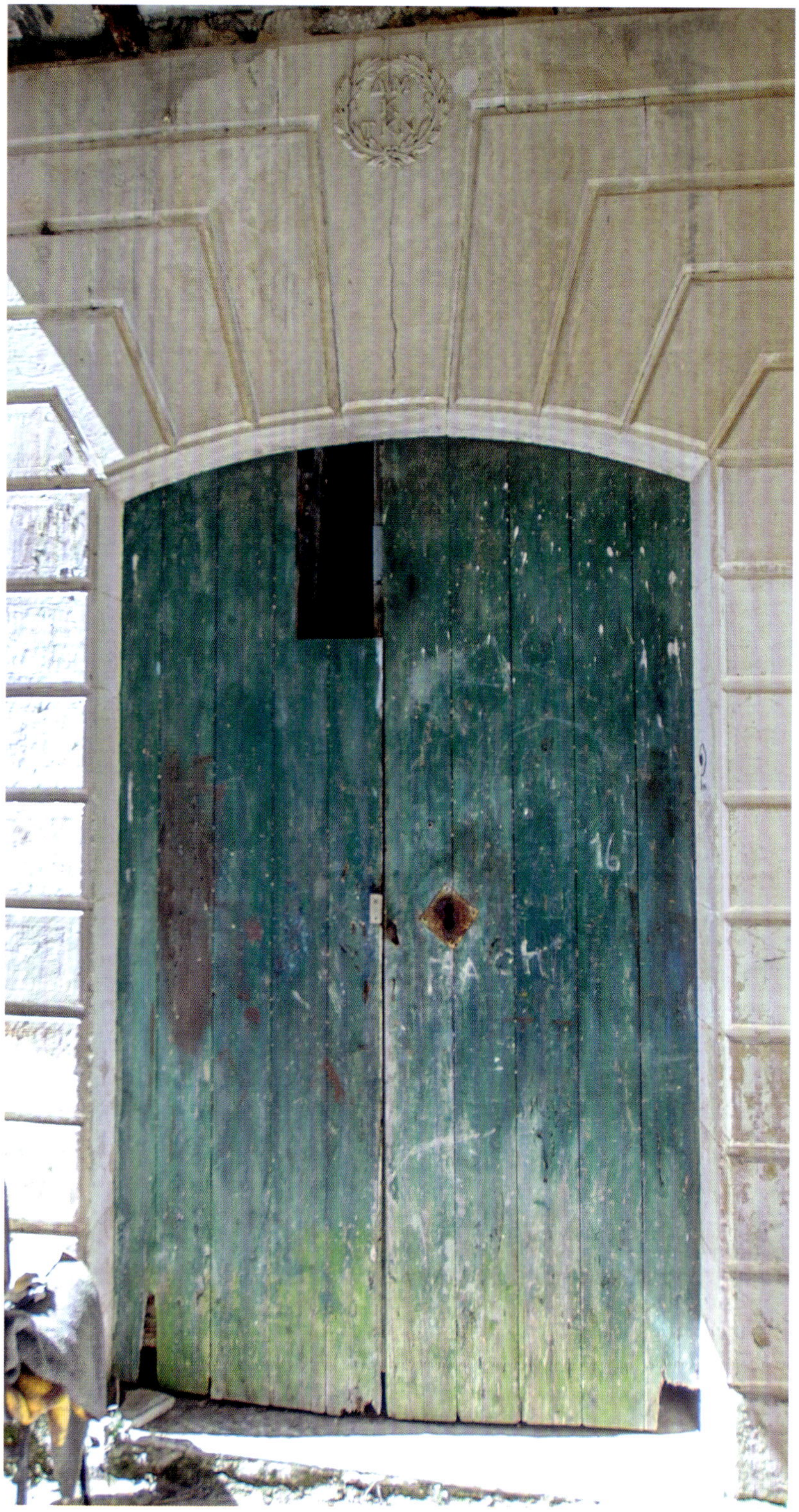

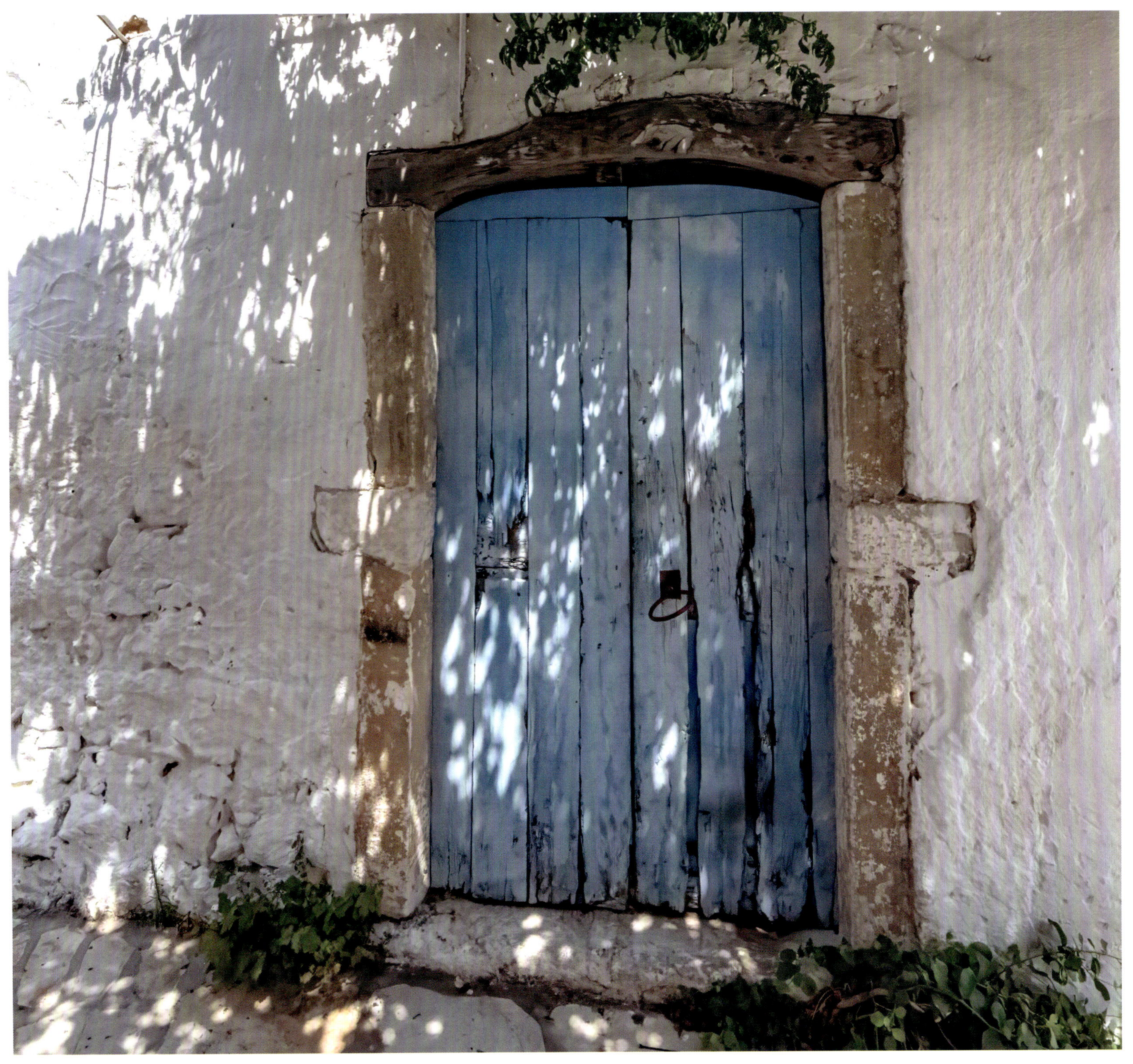

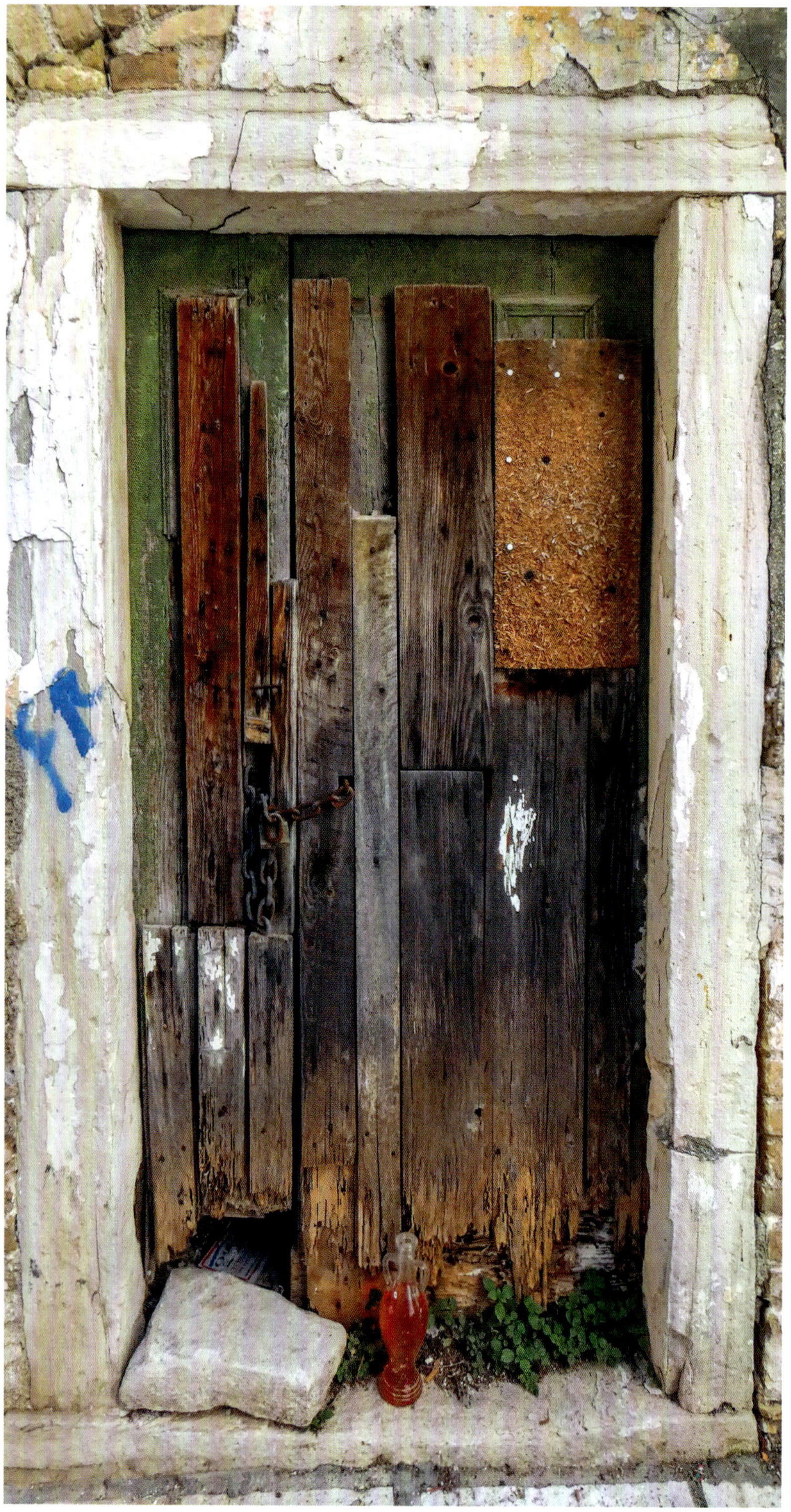

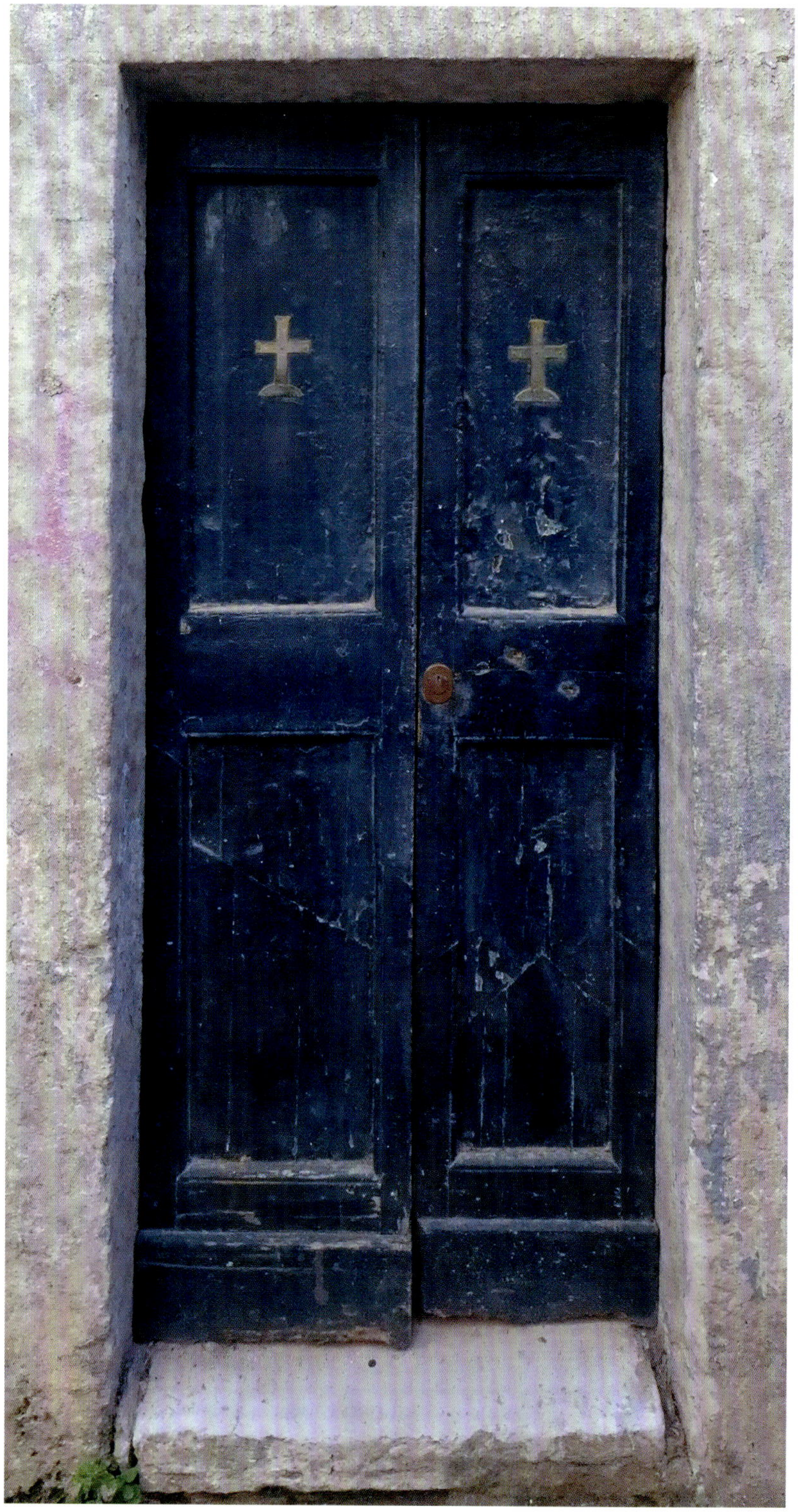

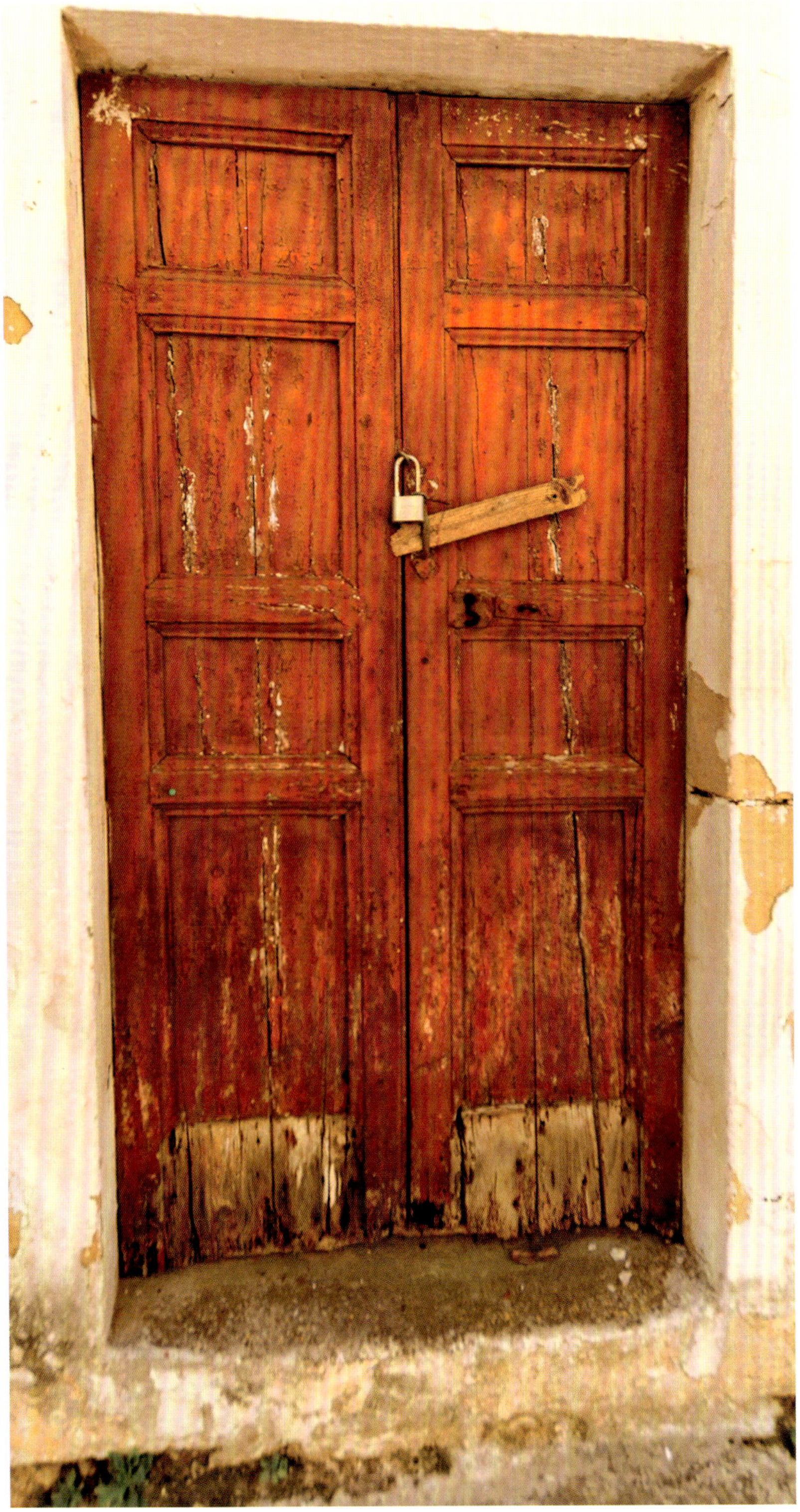

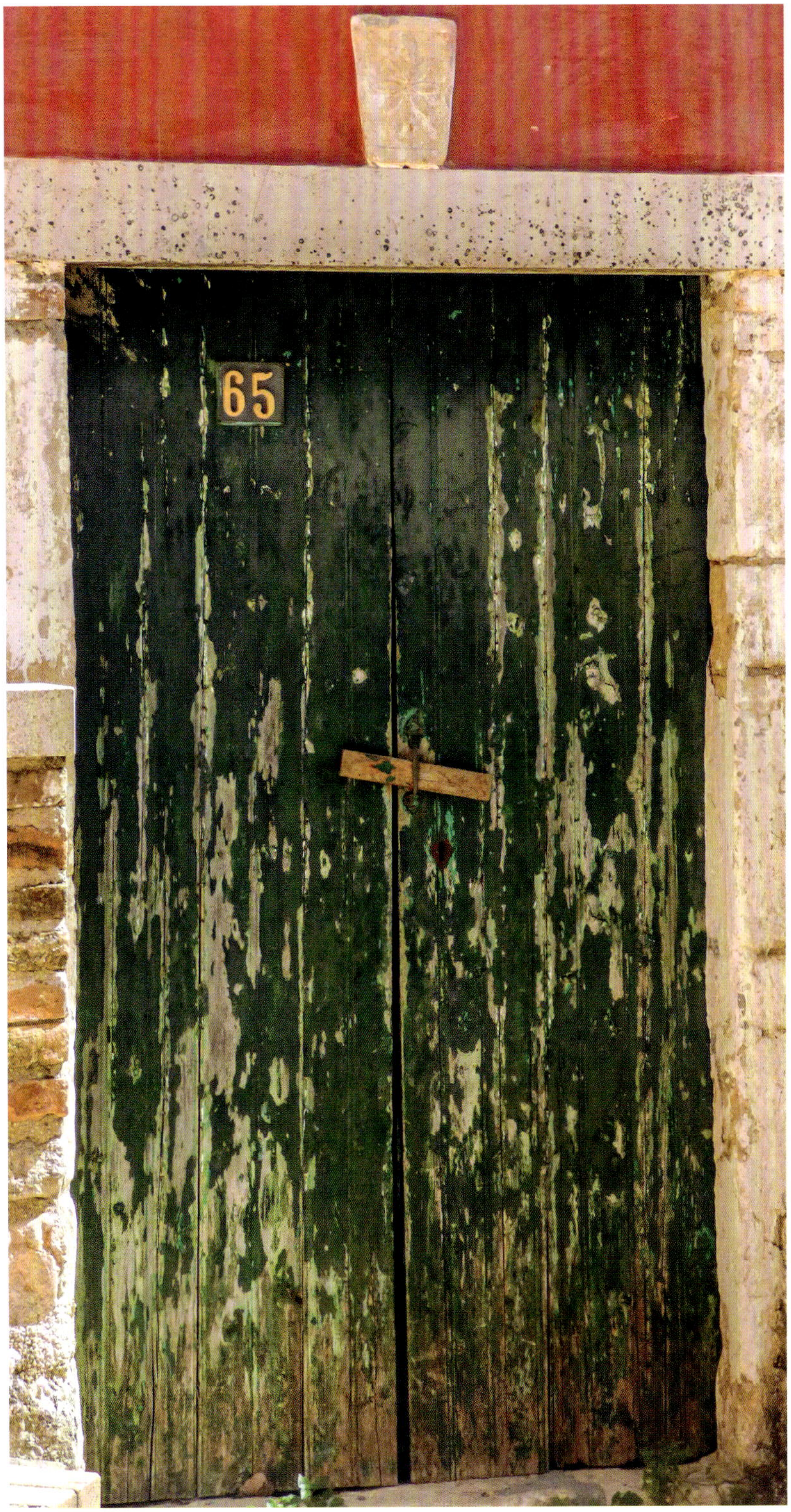

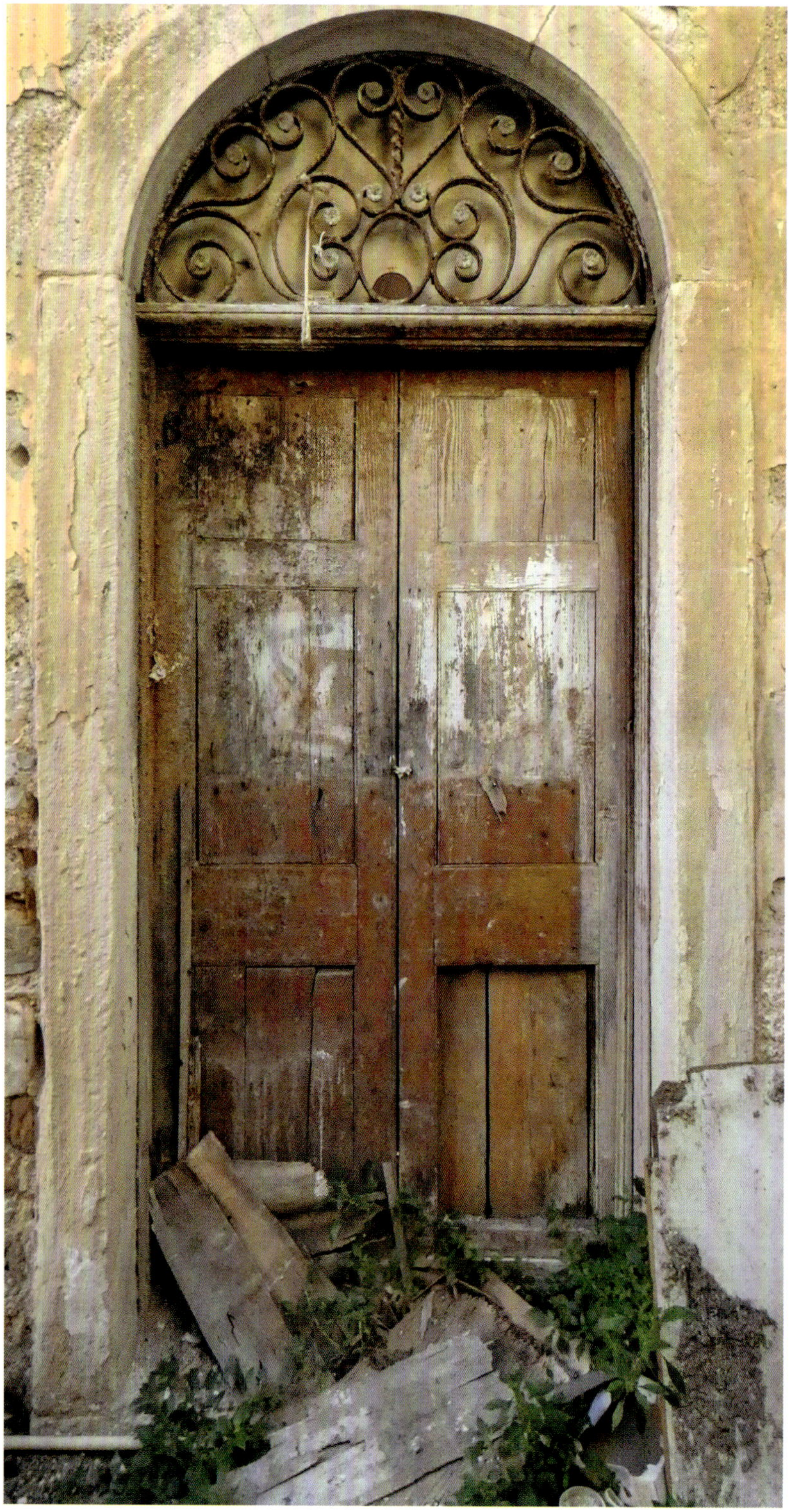

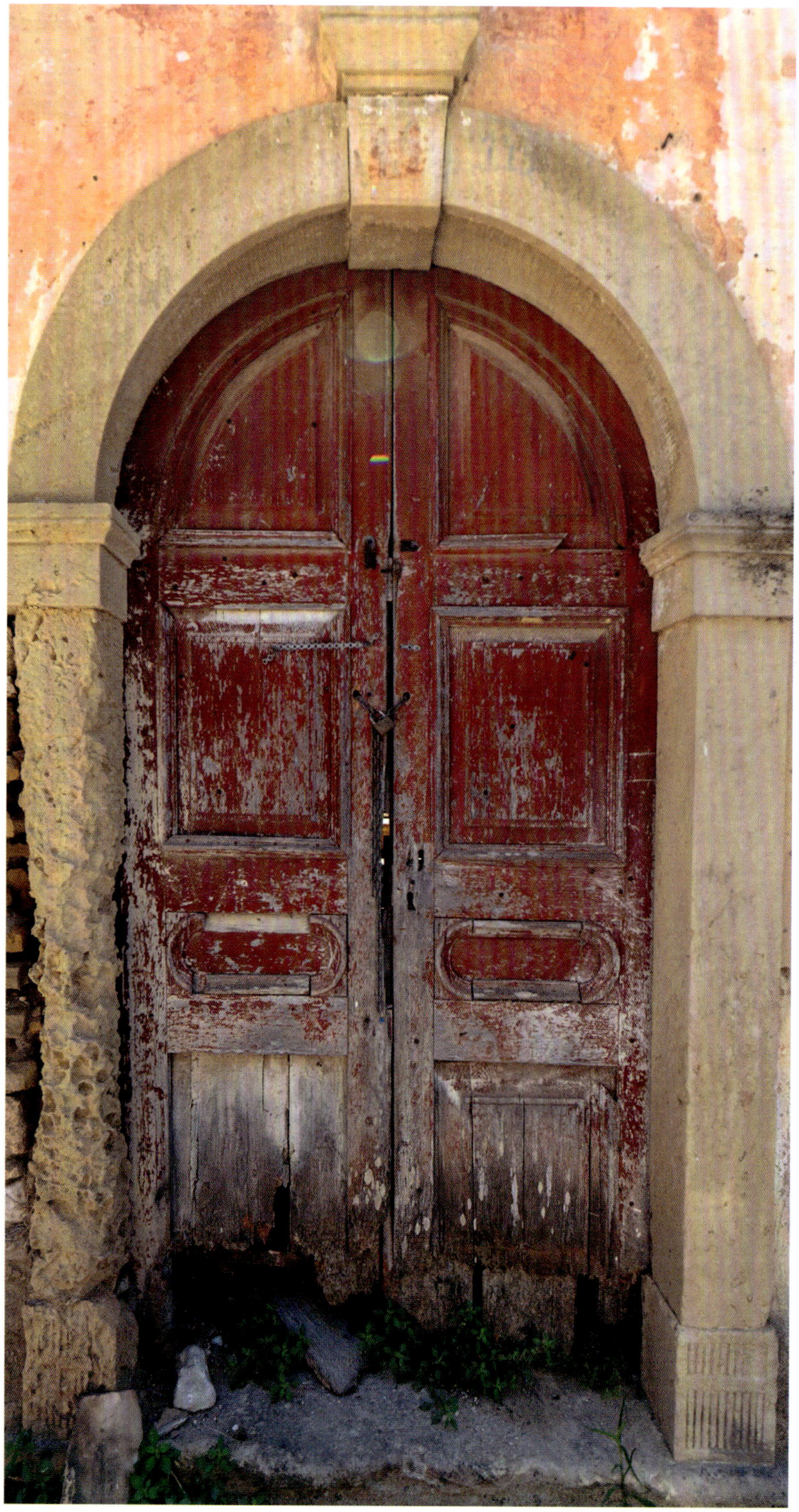

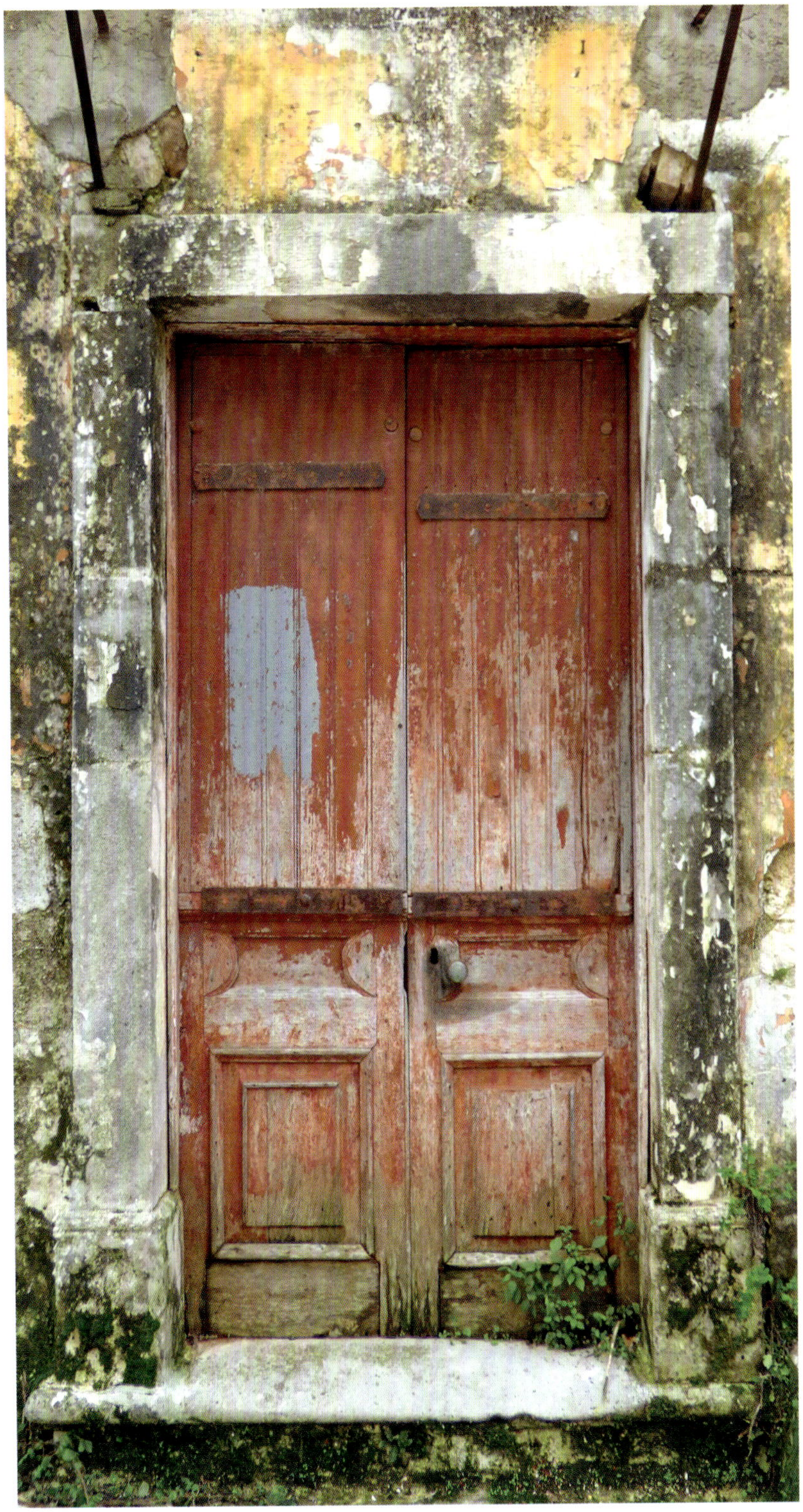

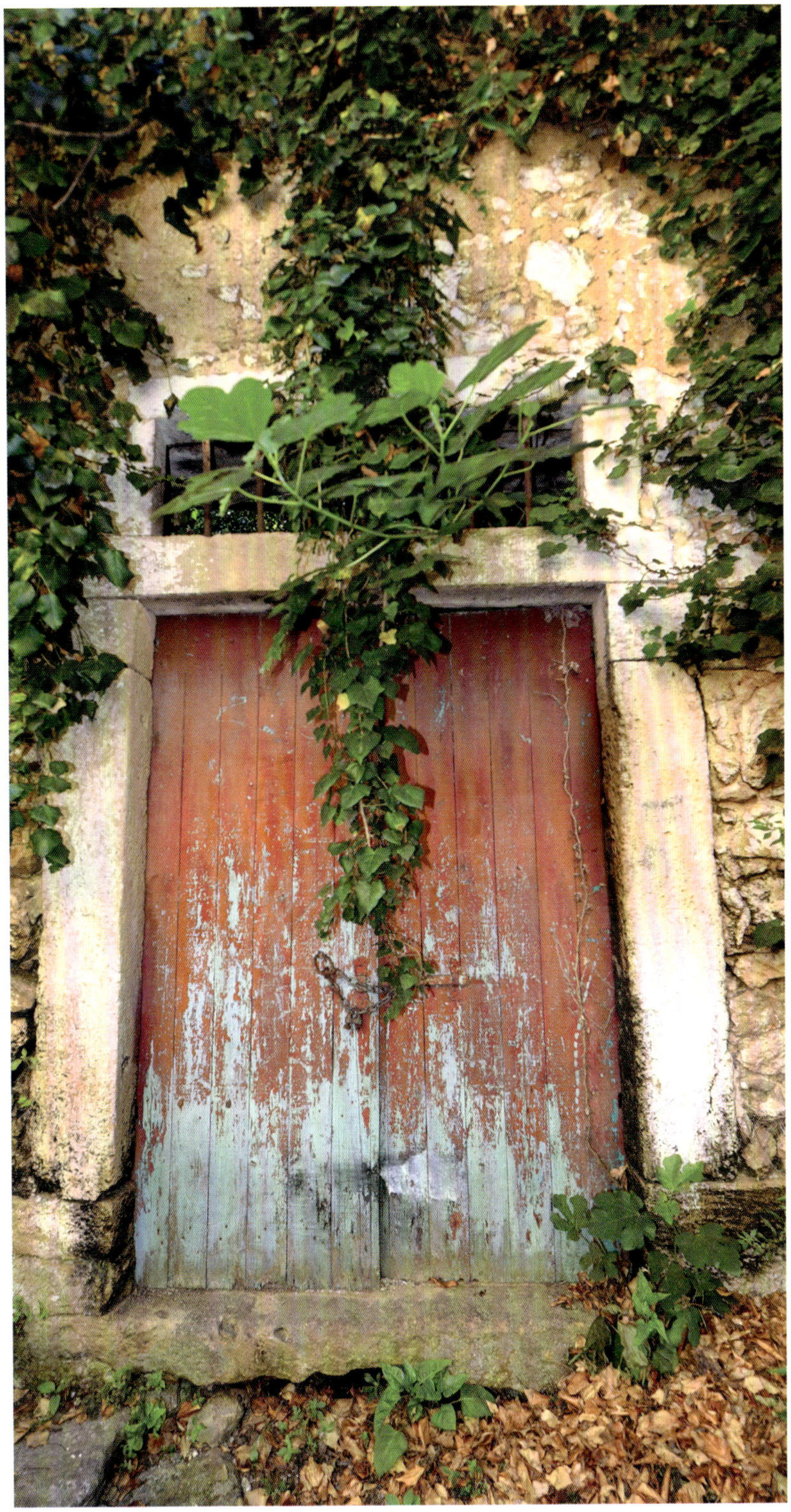

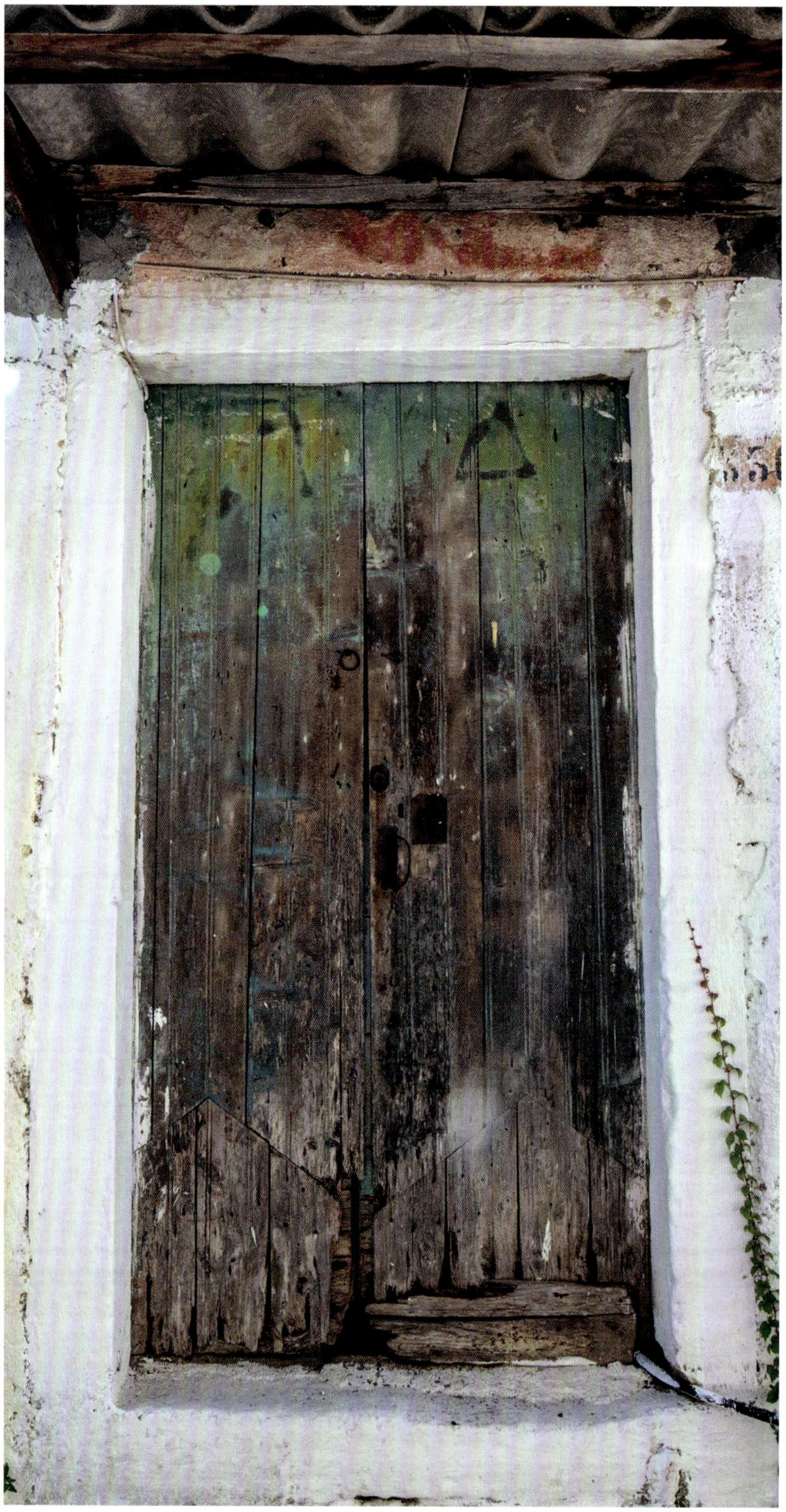

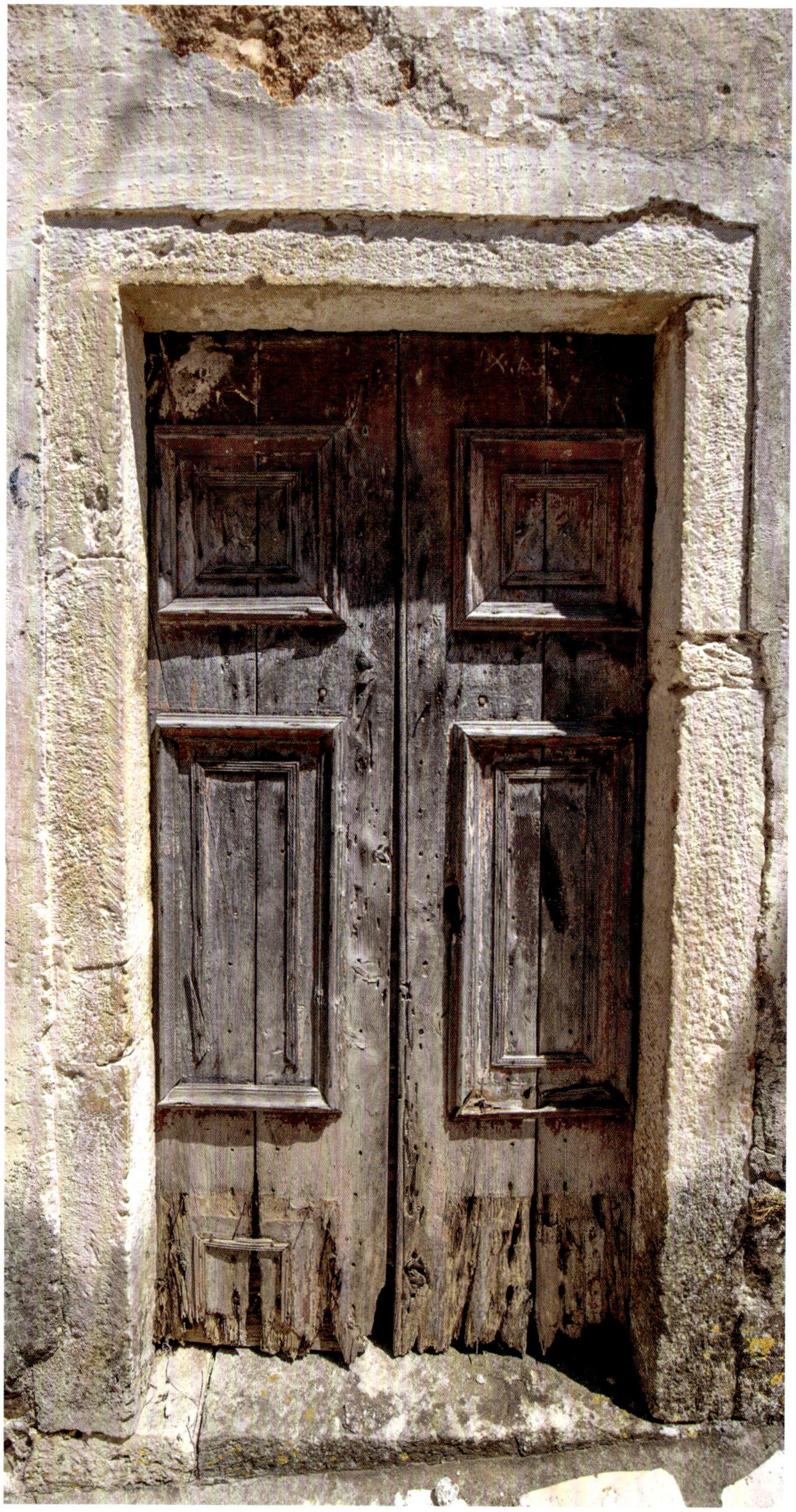

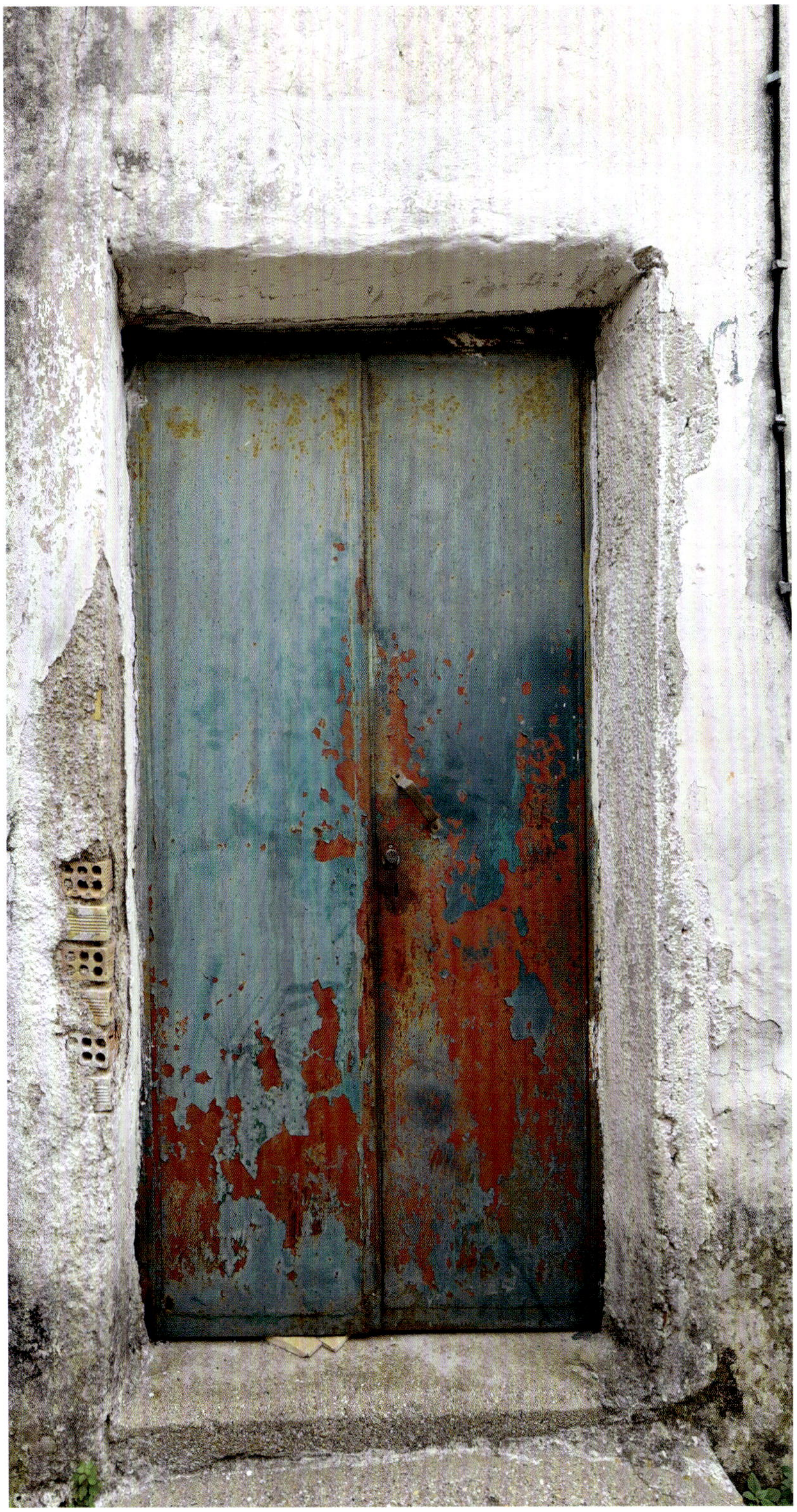

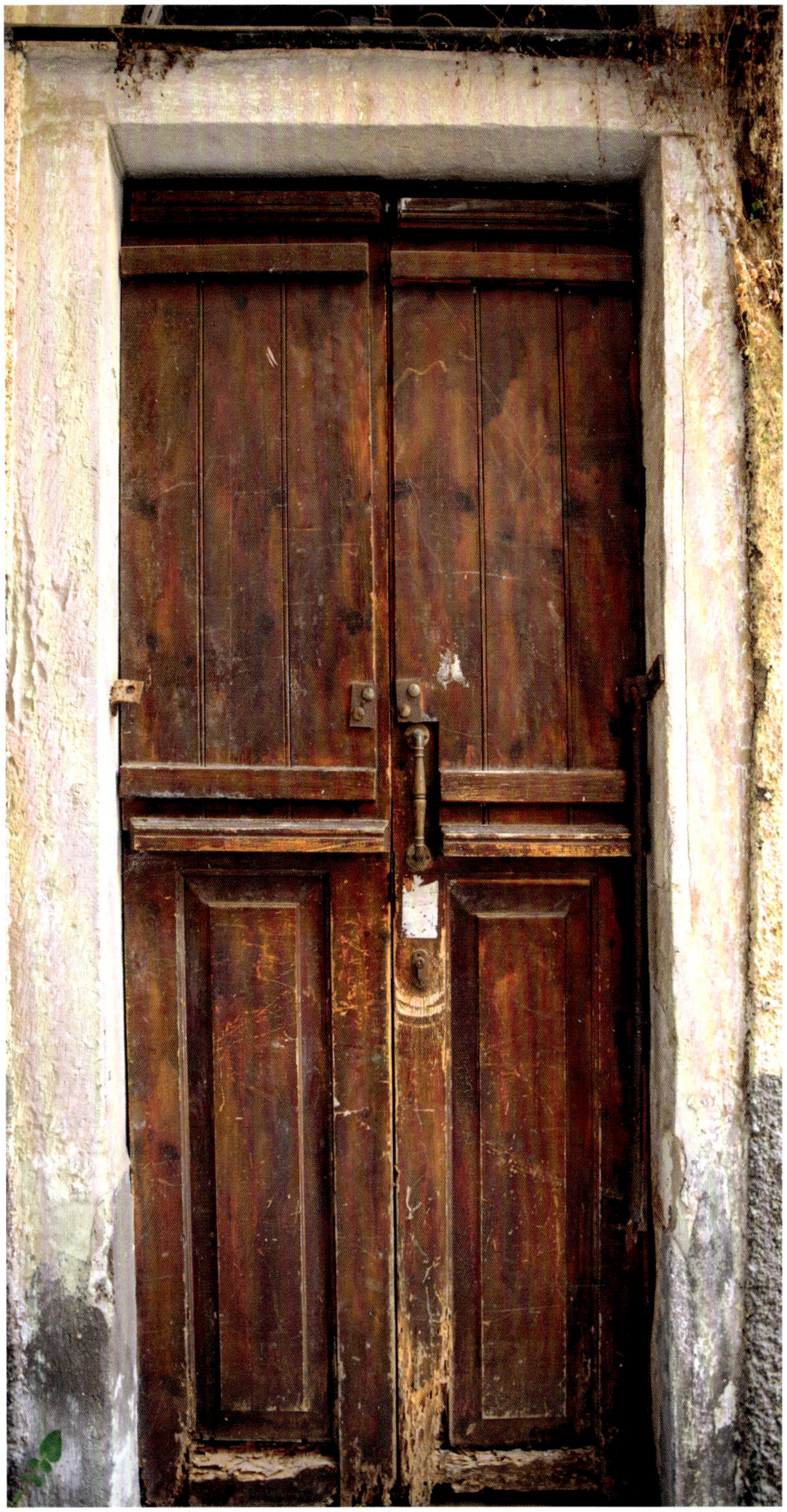

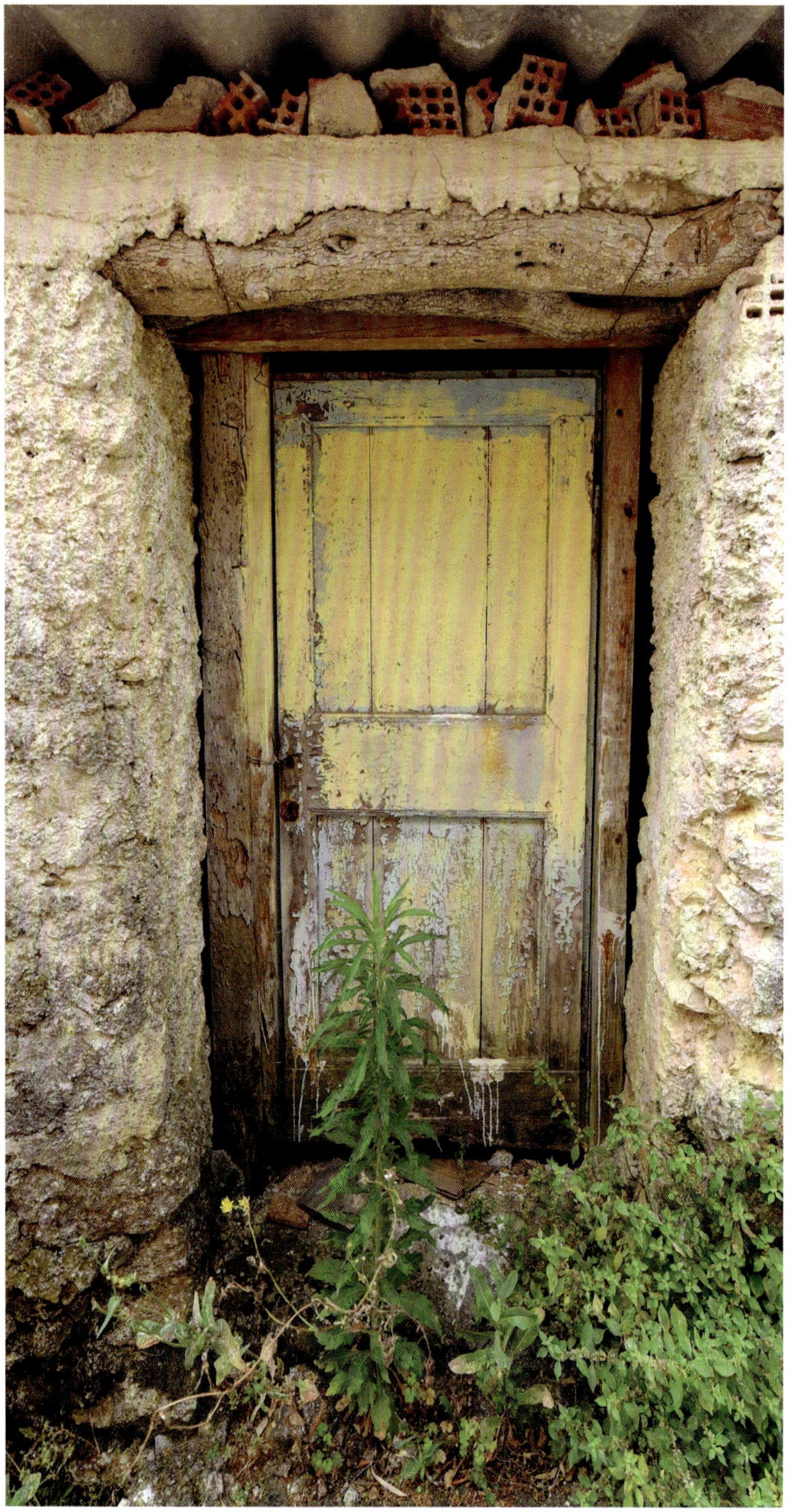

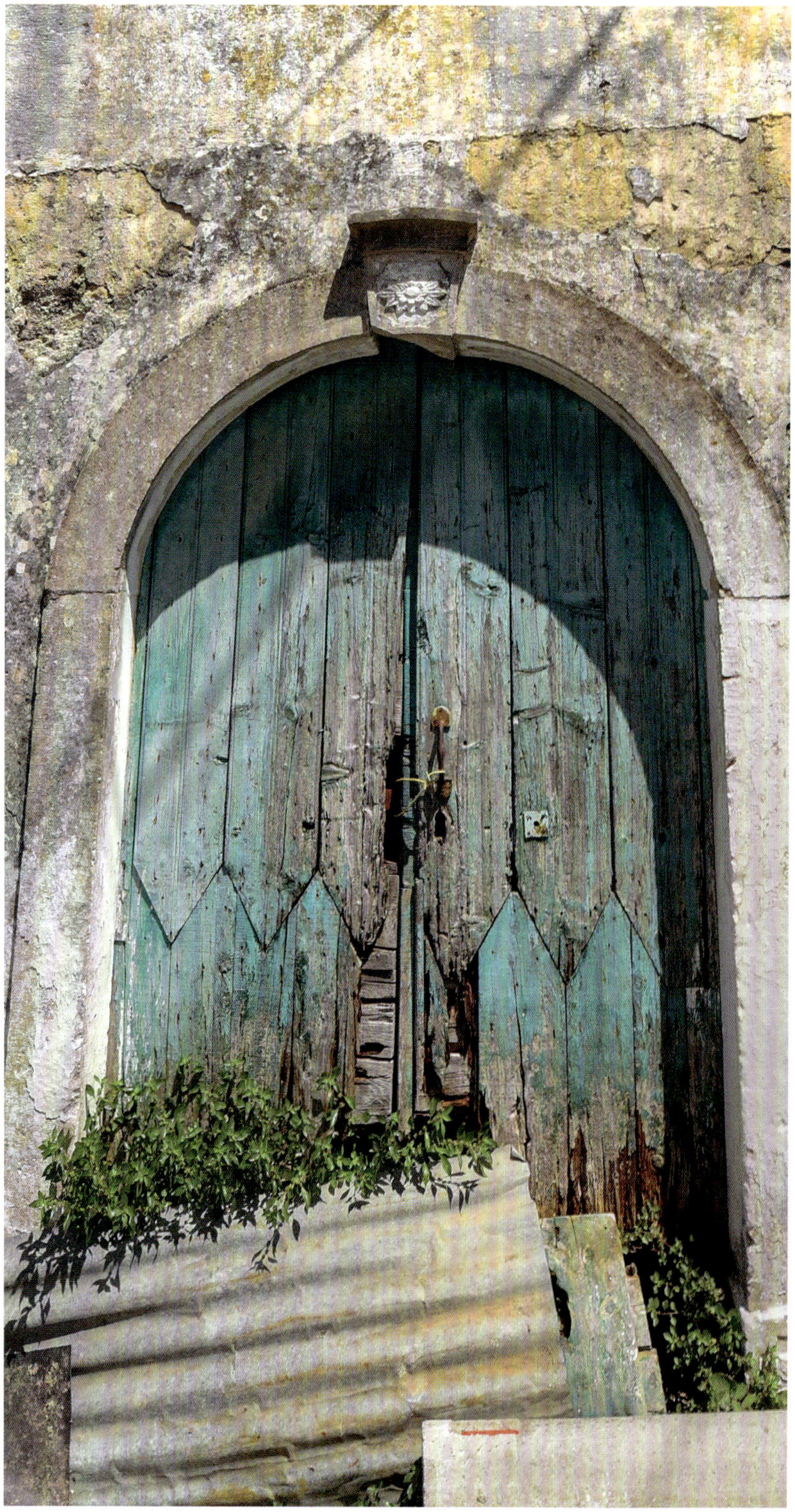

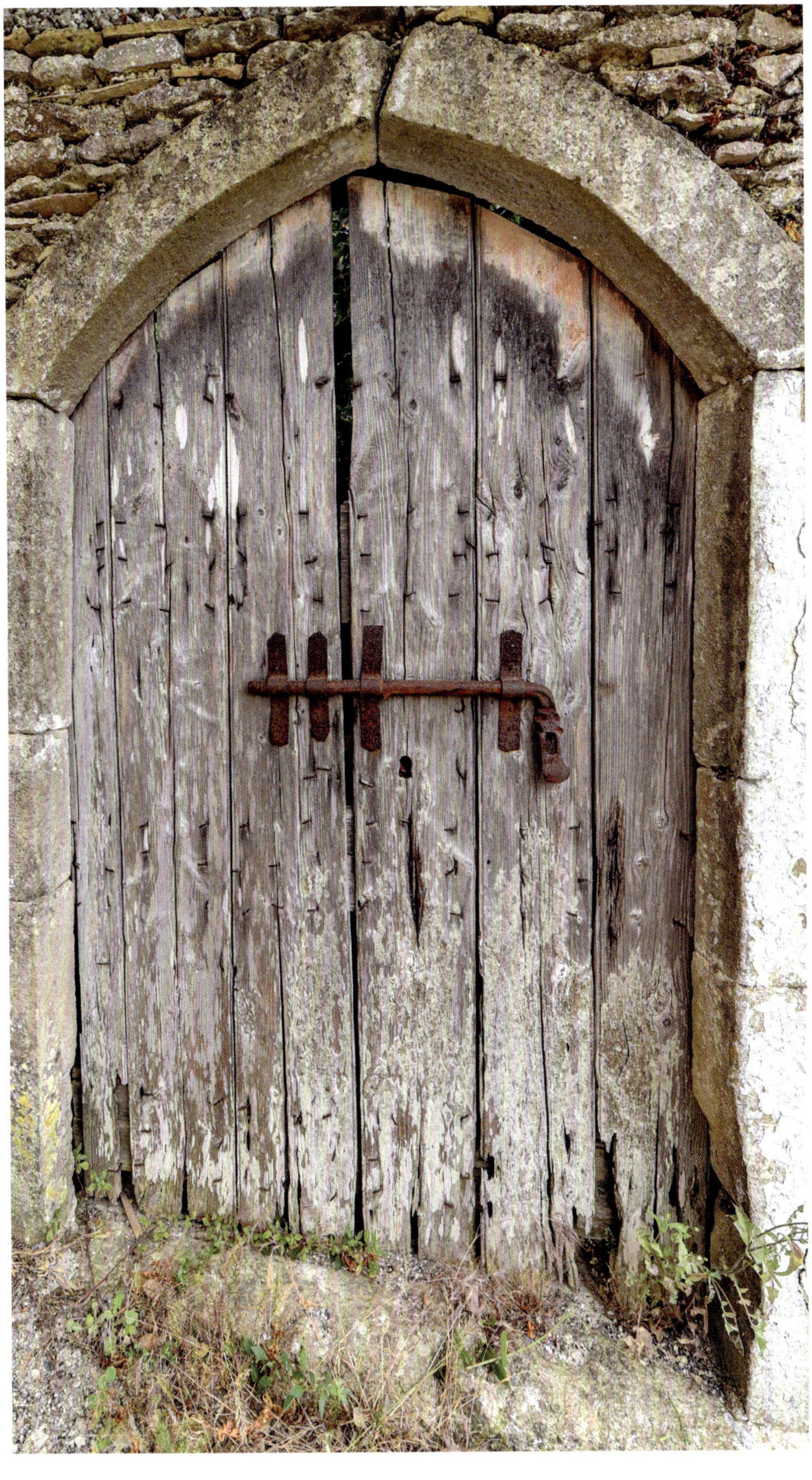

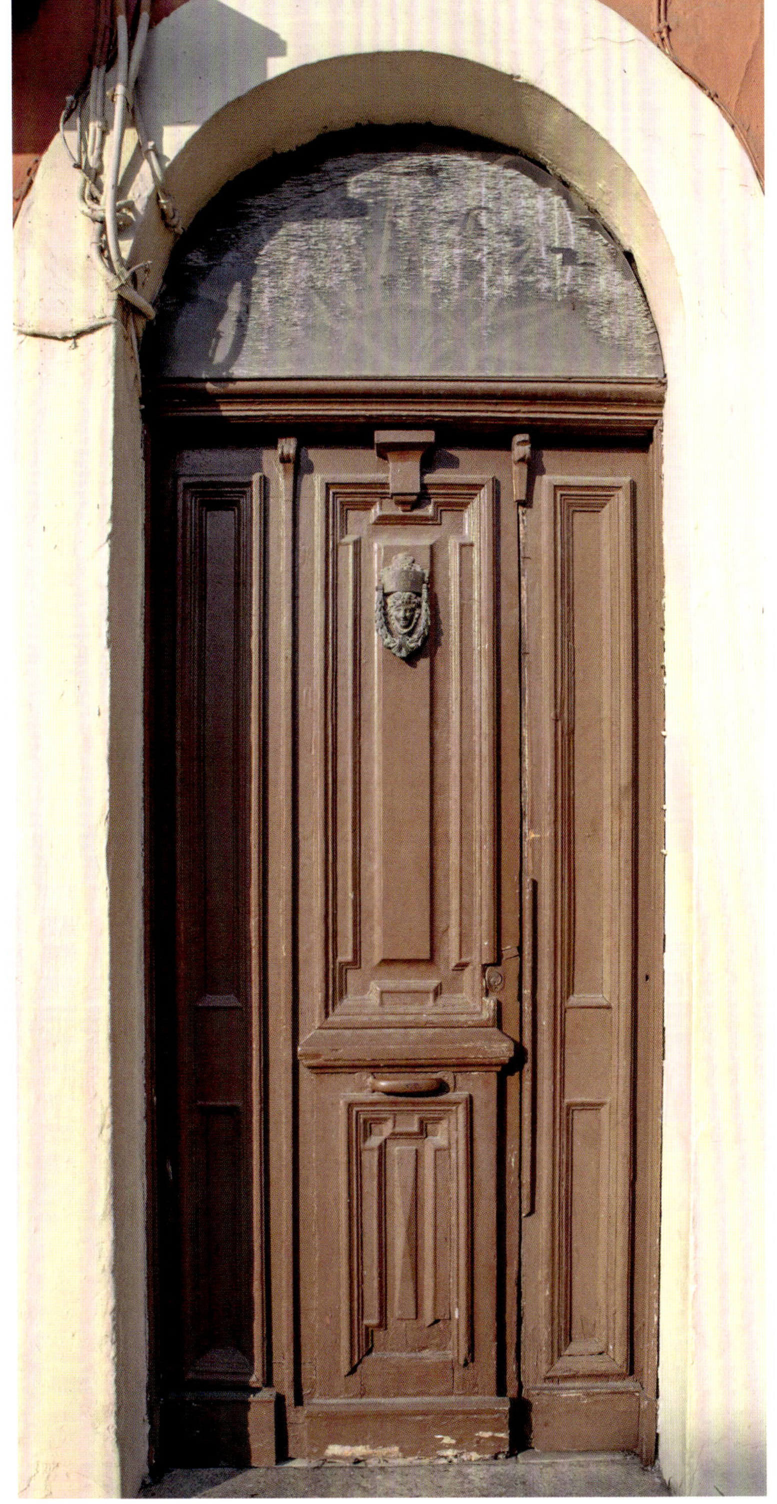

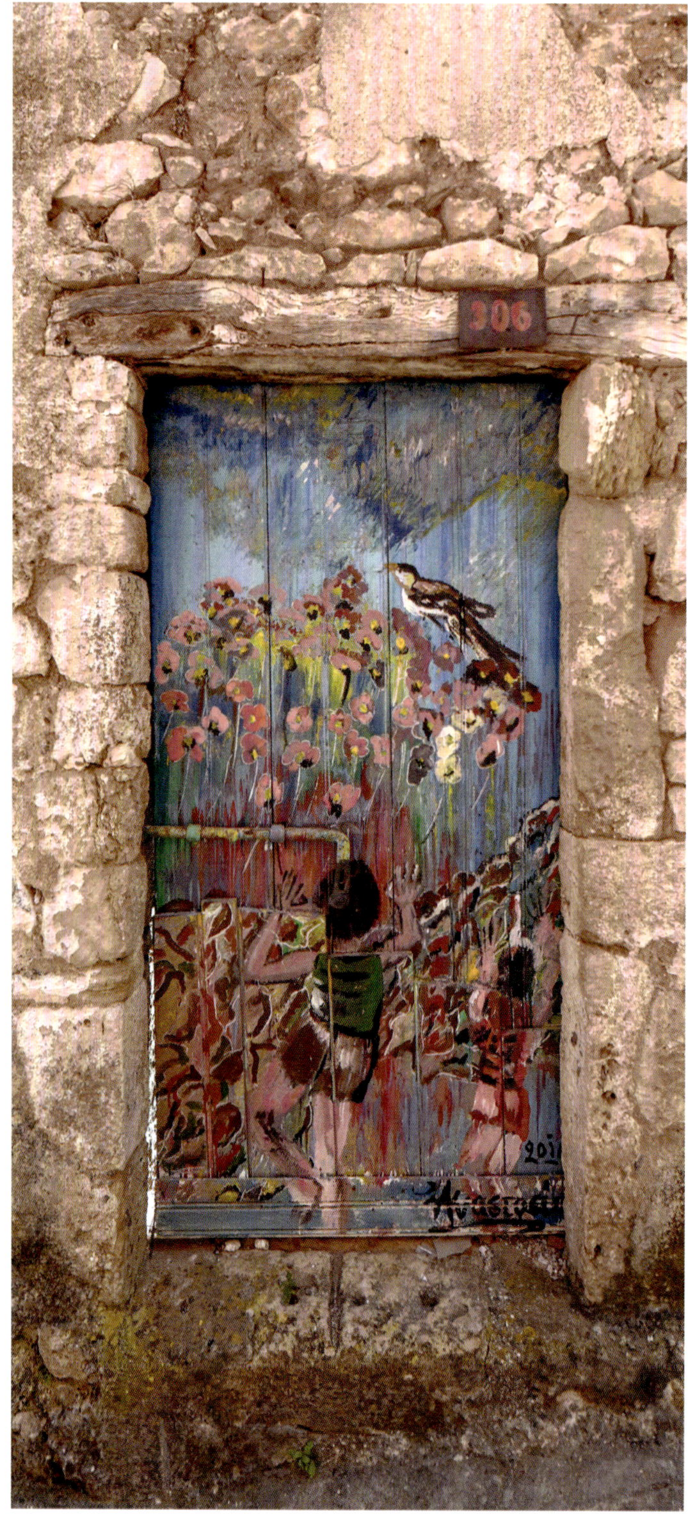
306

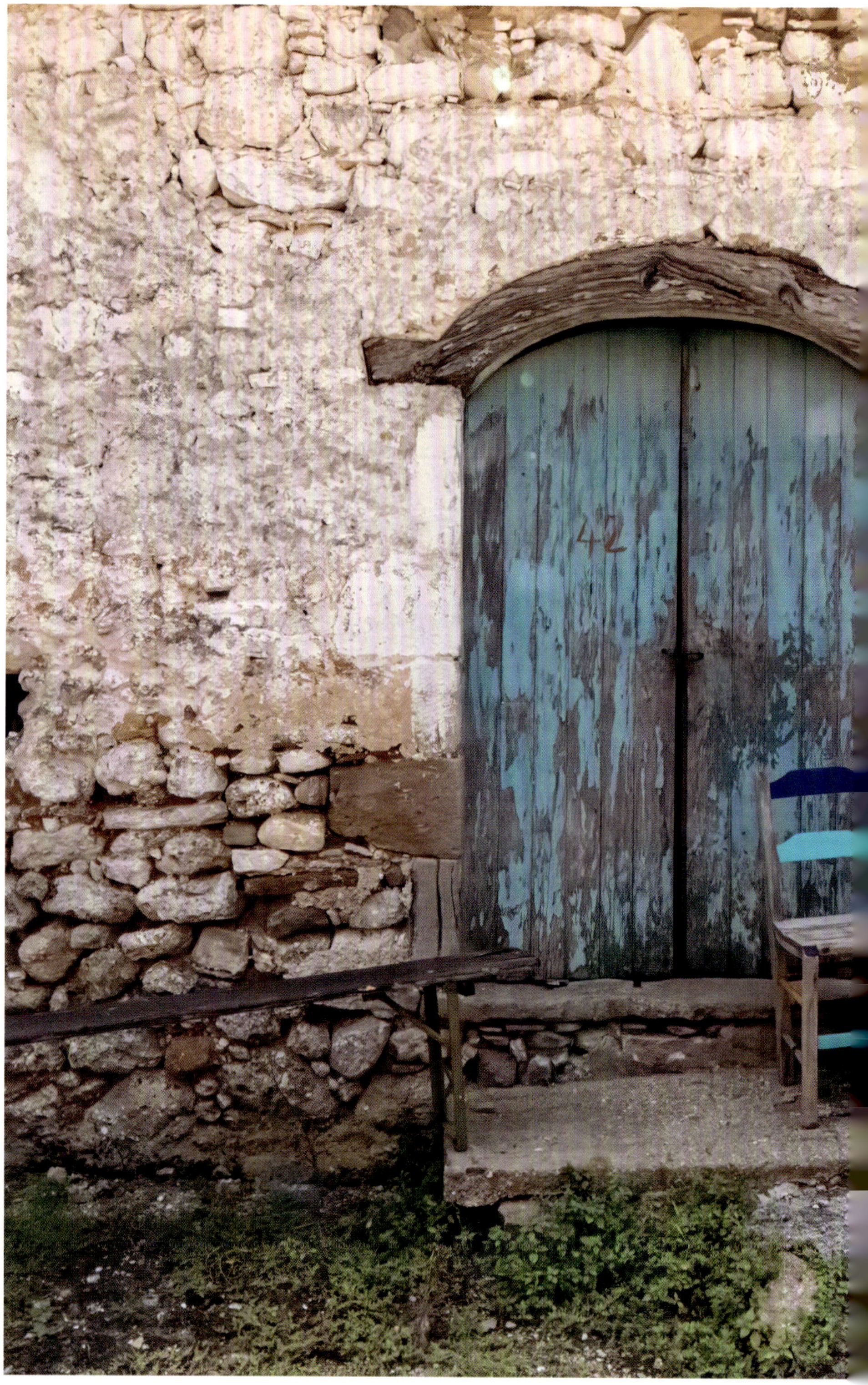

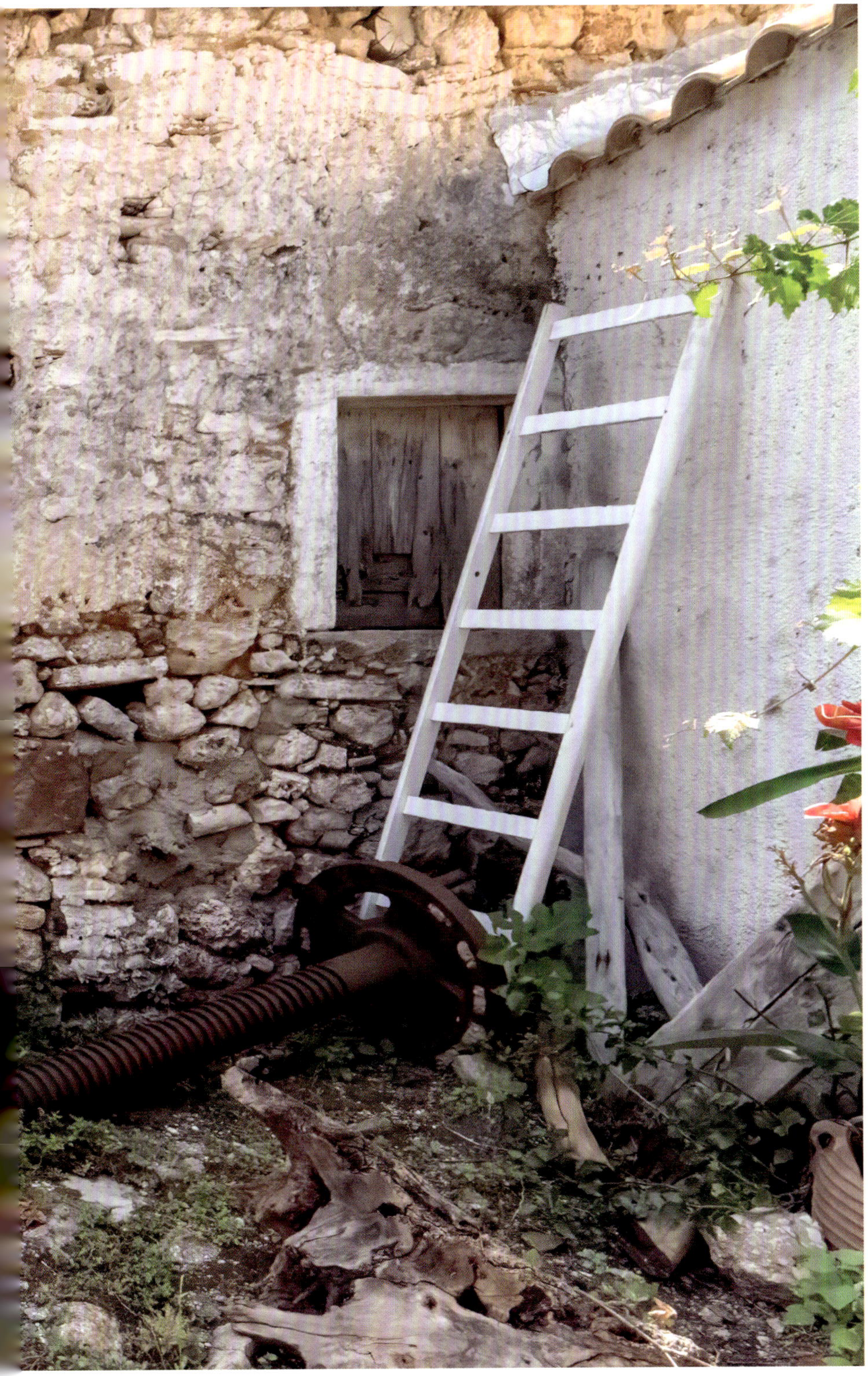

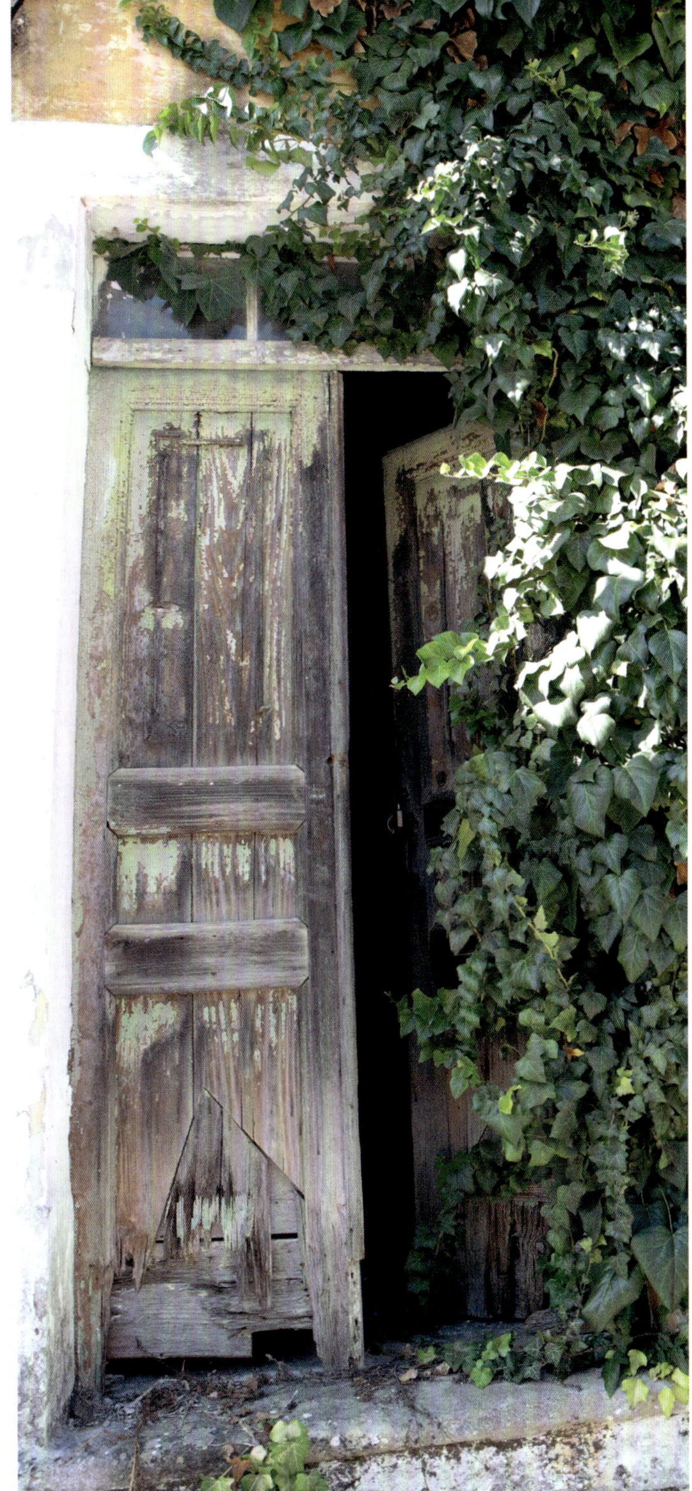

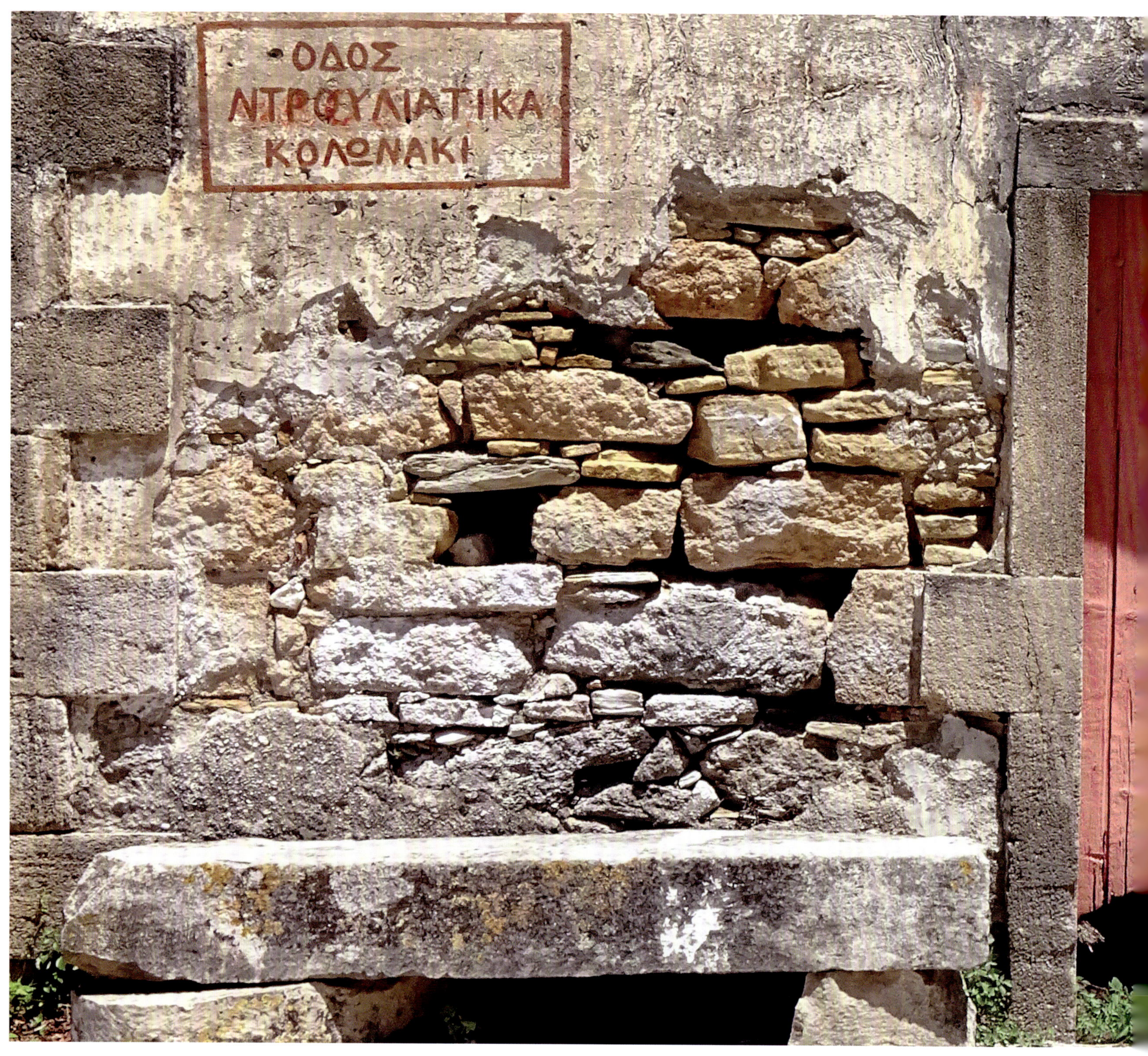
ΟΔΟΣ
ΝΤΡΟΥΛΙΑΤΙΚΑ
ΚΟΛΩΝΑΚΙ

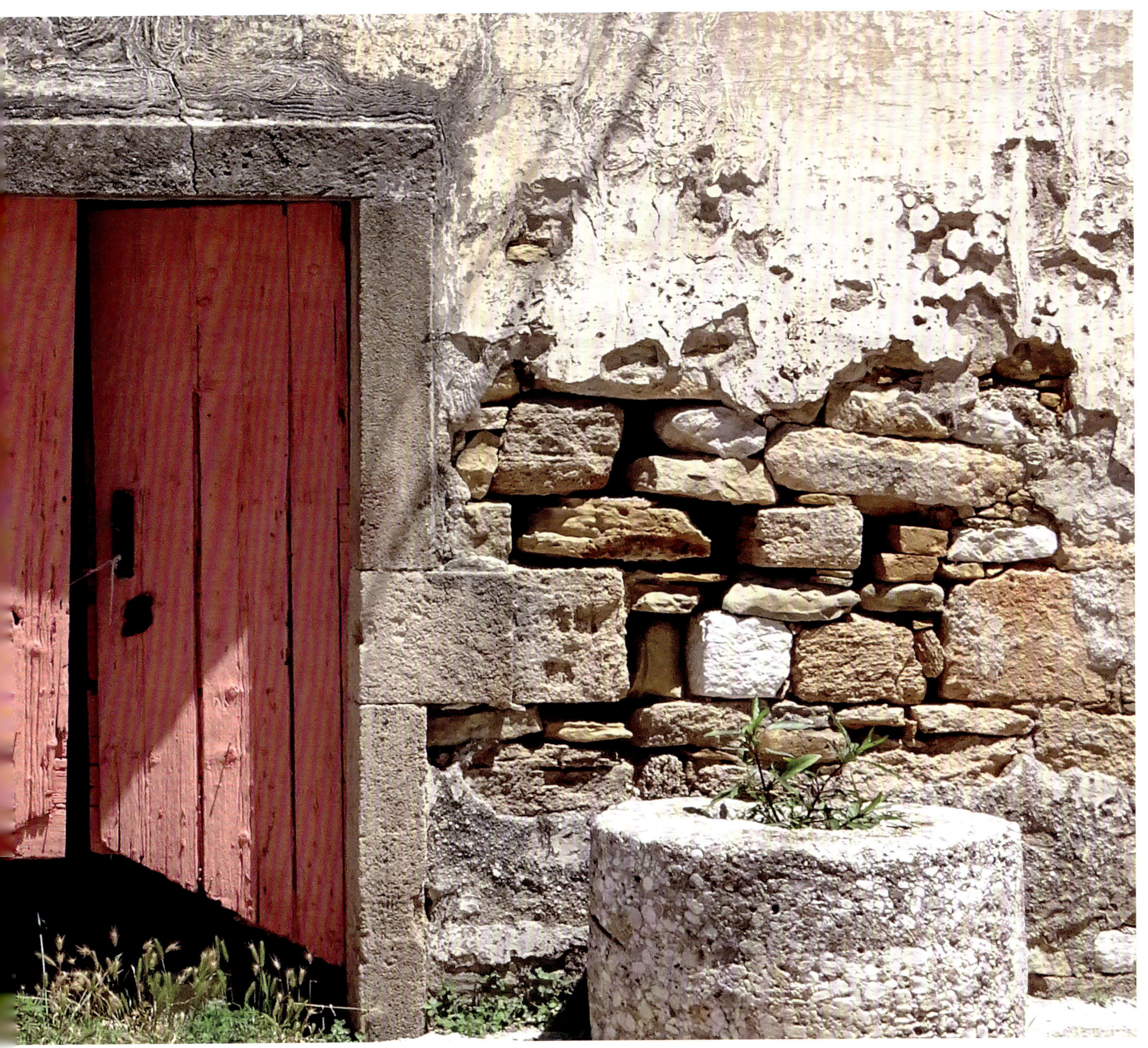

GRILLS
ΣΙΔΕΡΙΕΣ

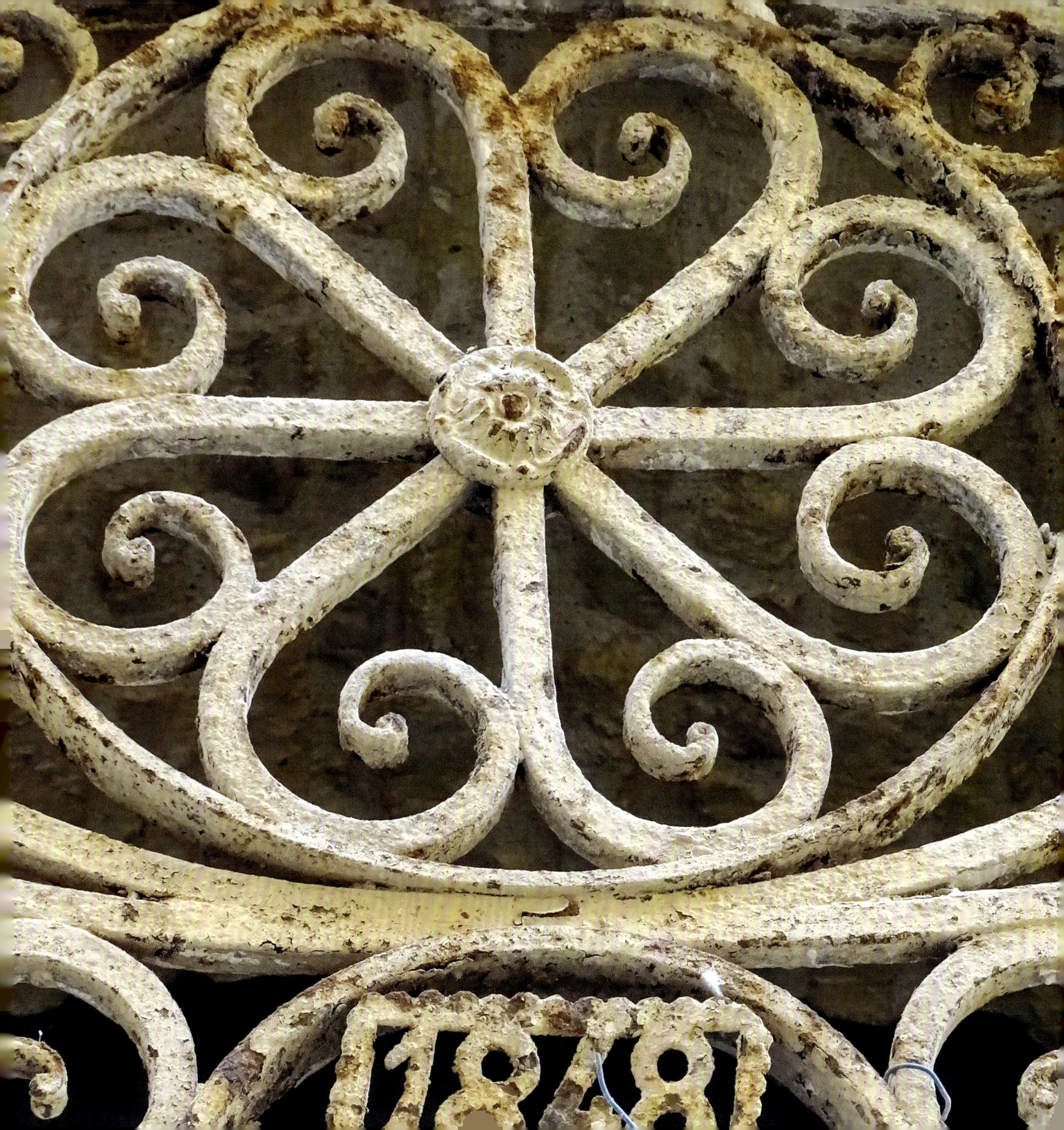
1848

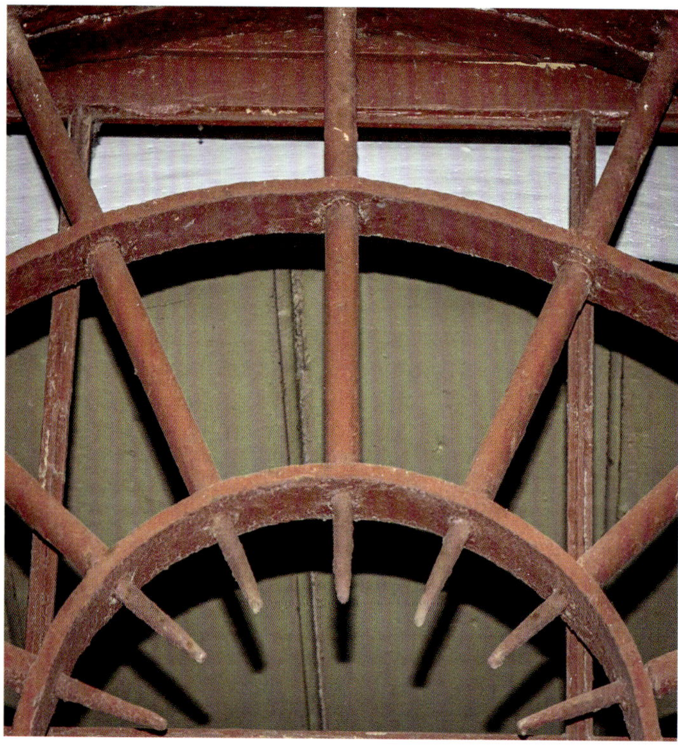

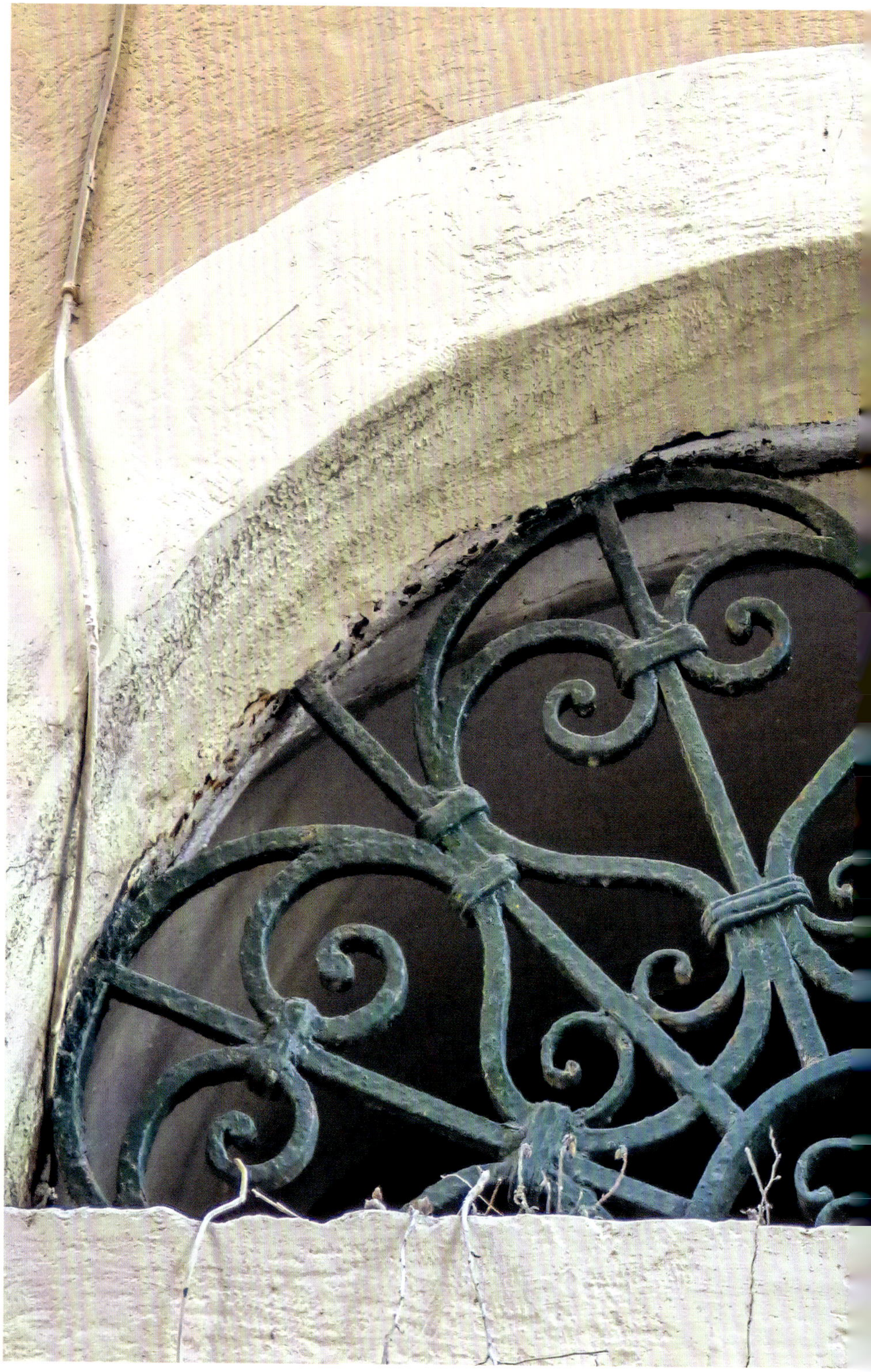

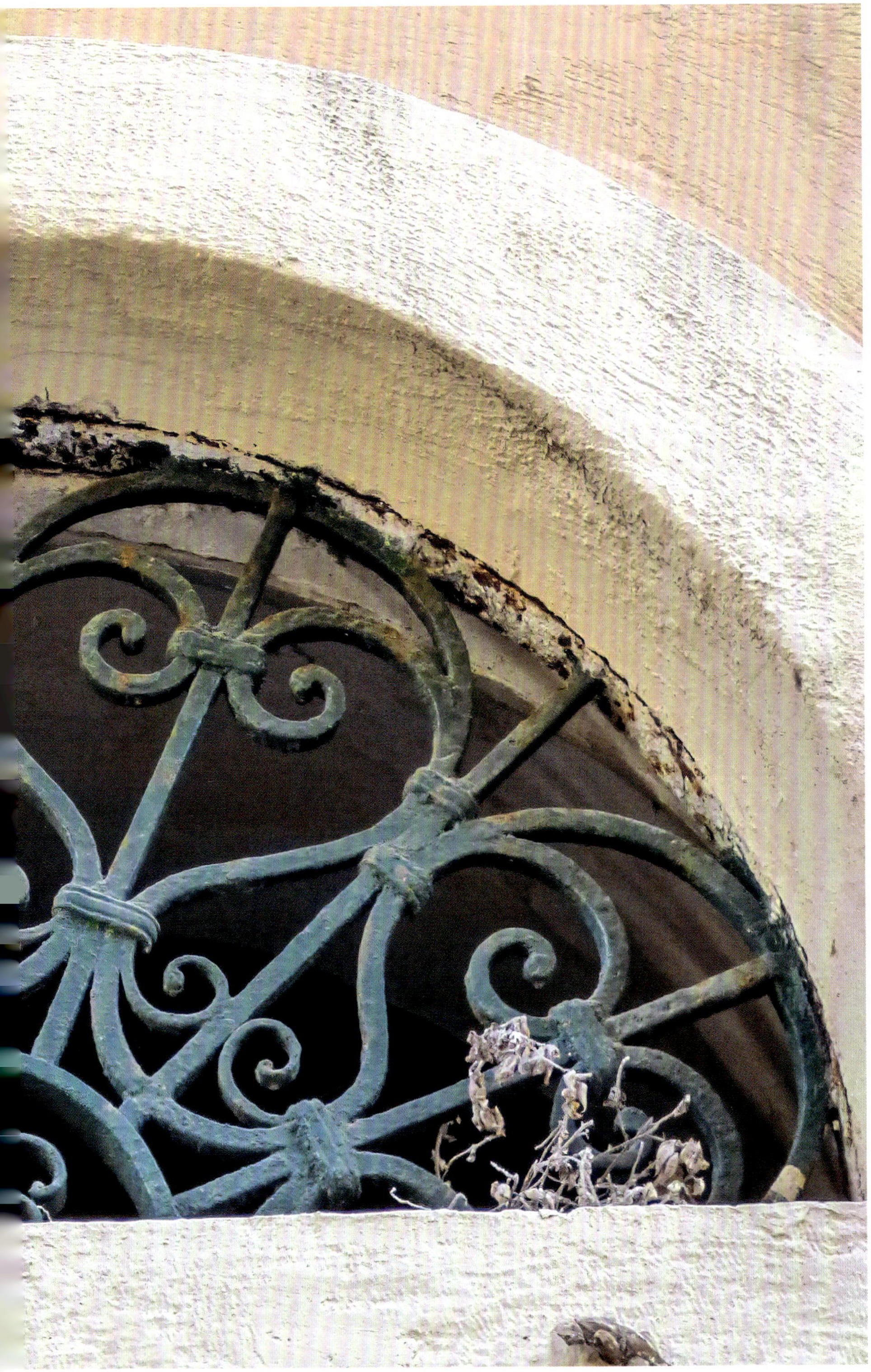

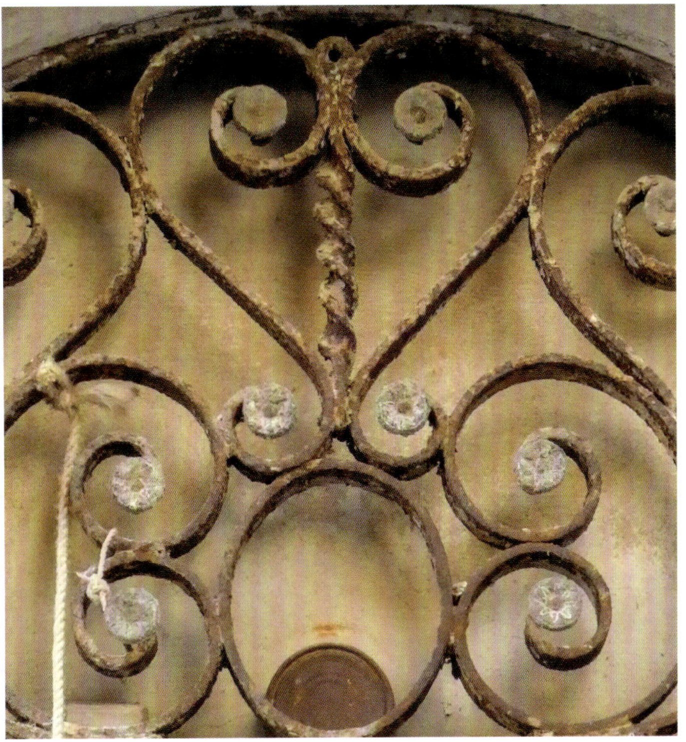

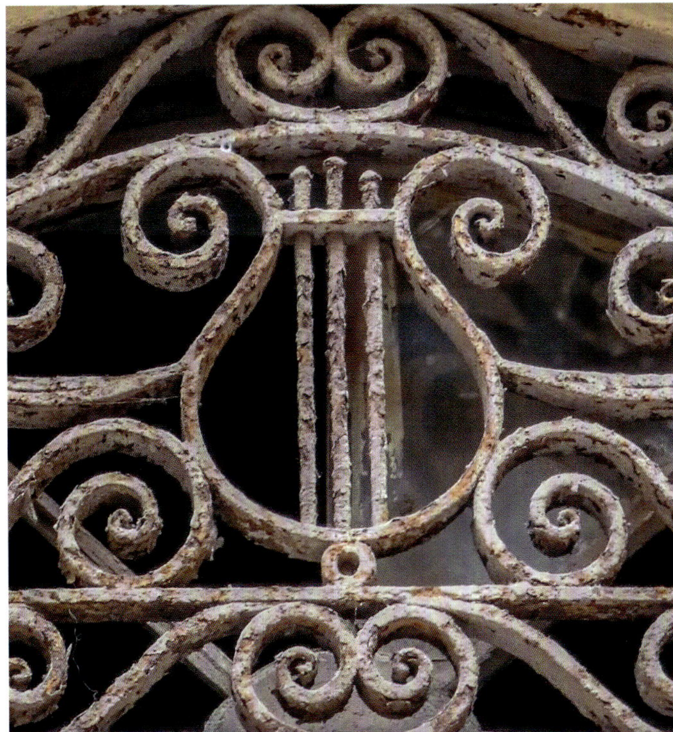

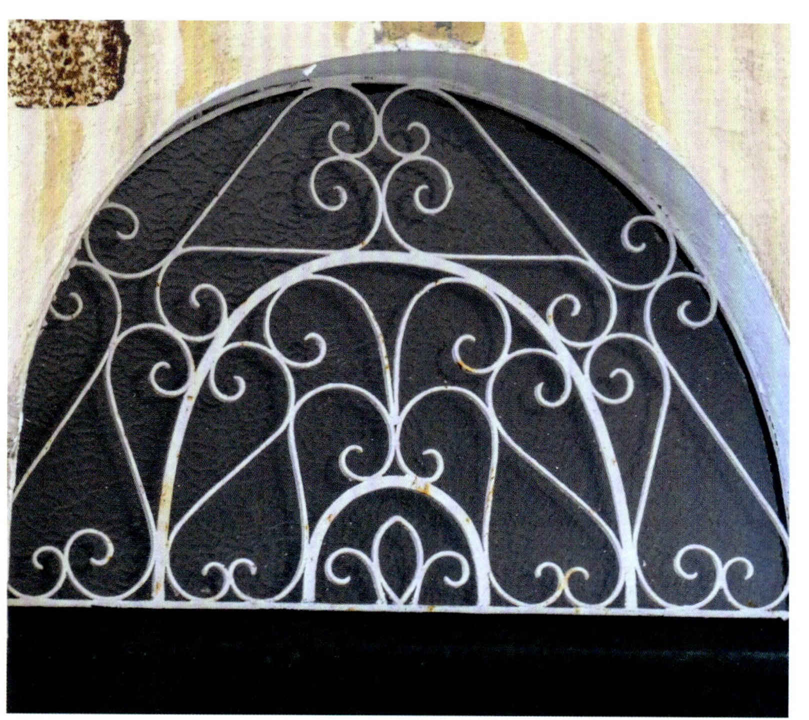

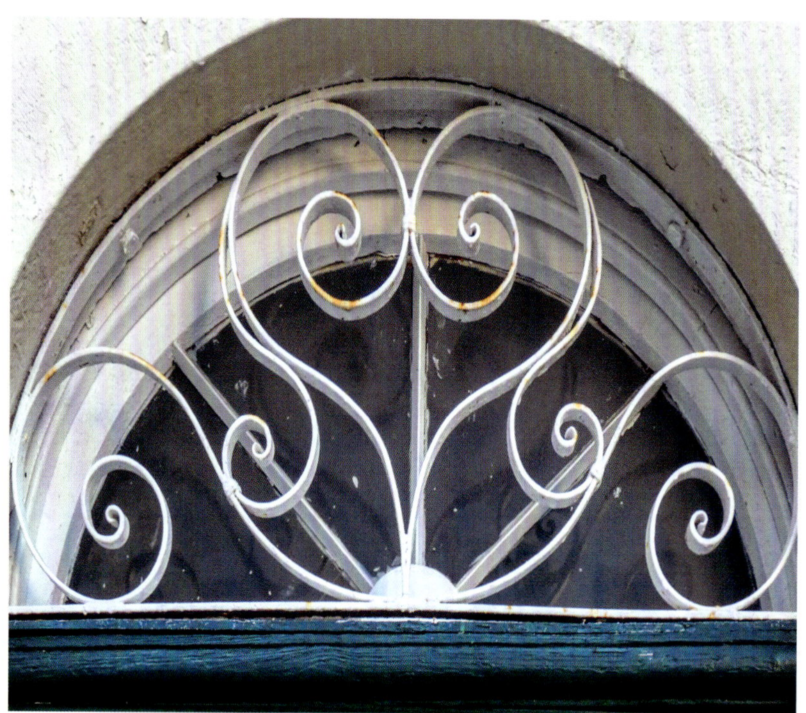

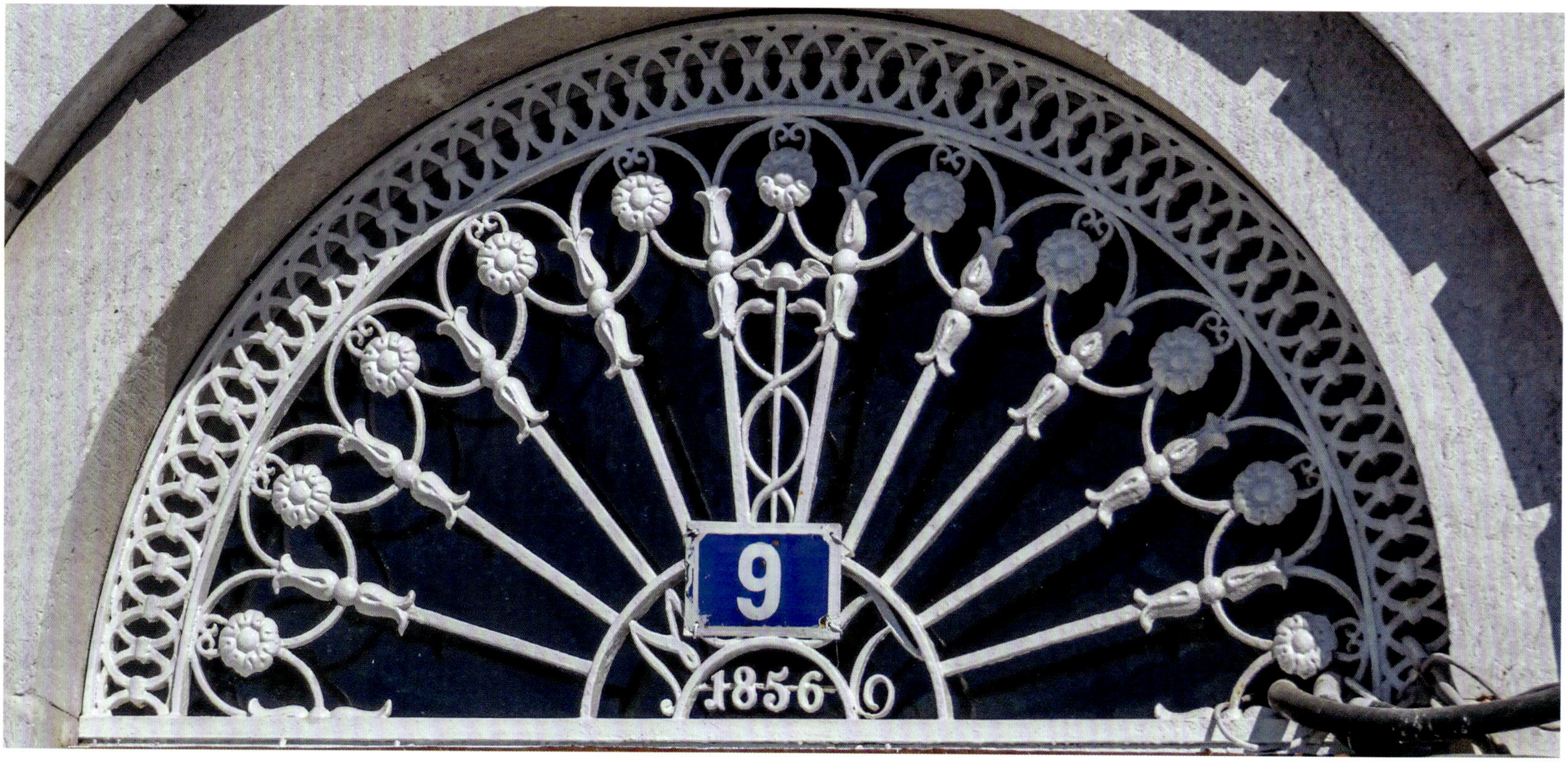

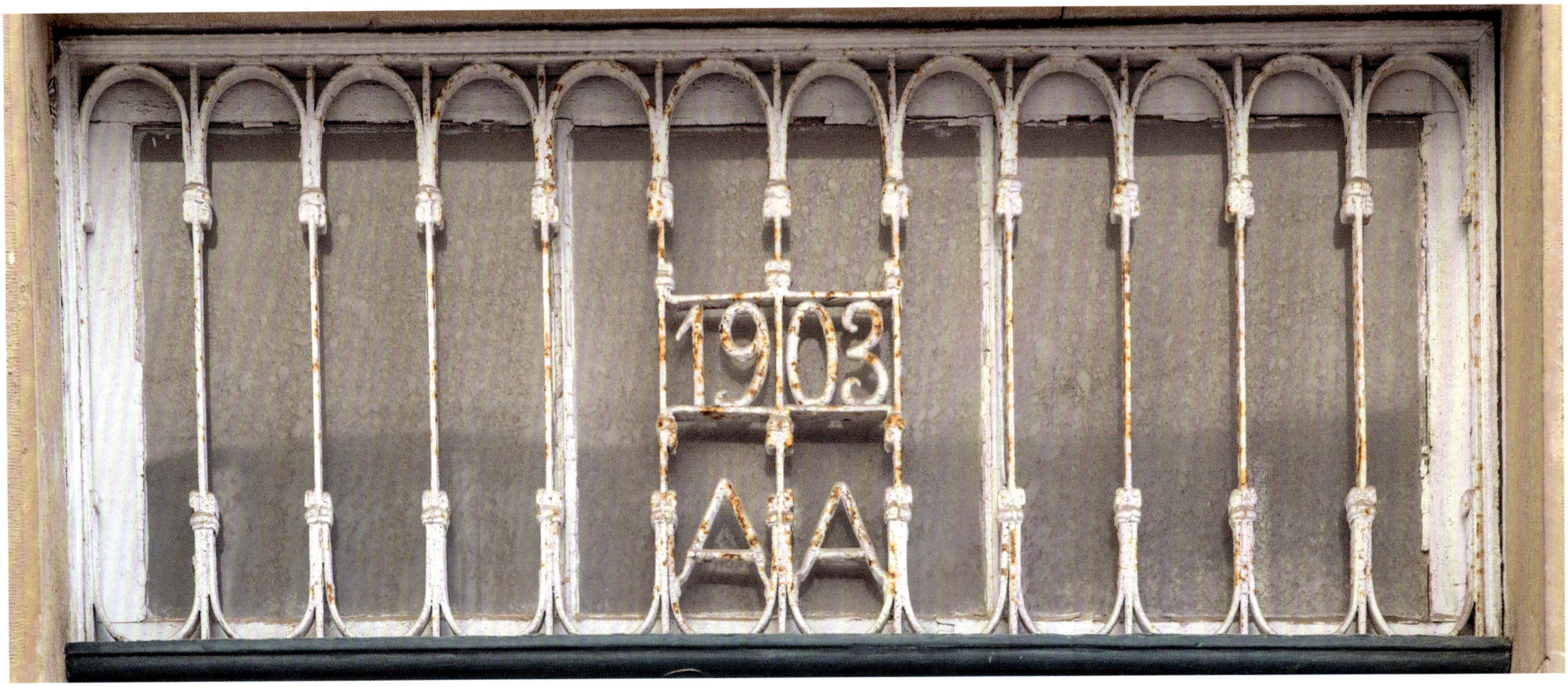

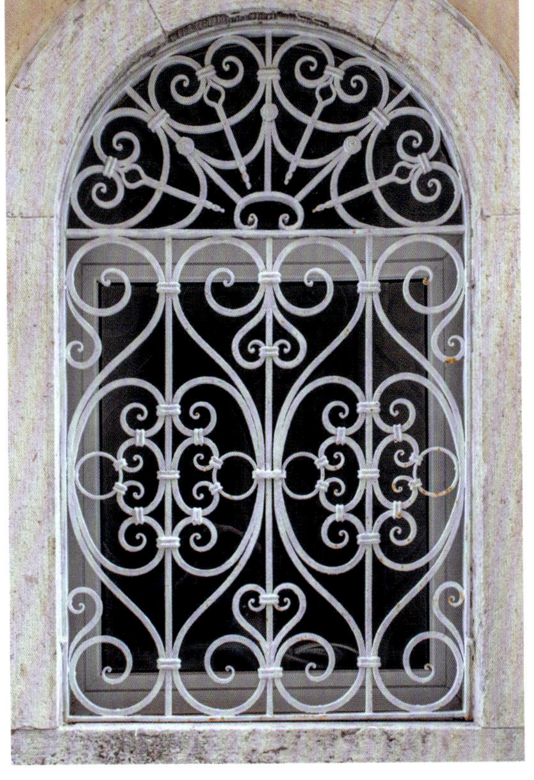

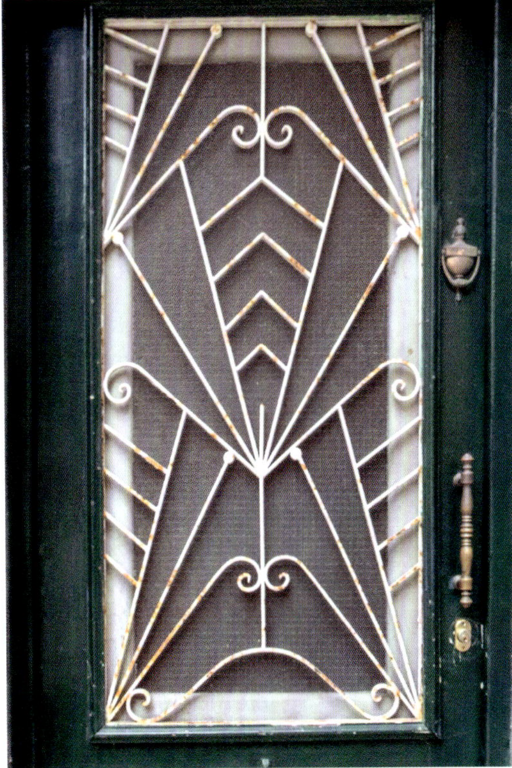

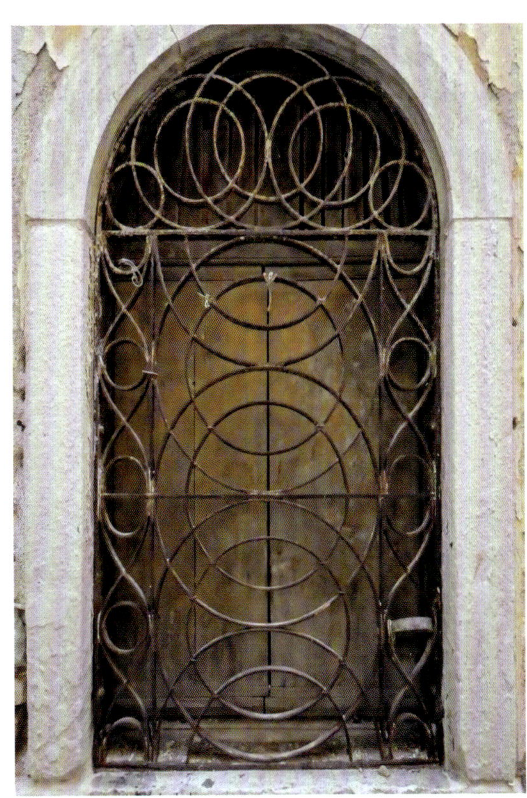

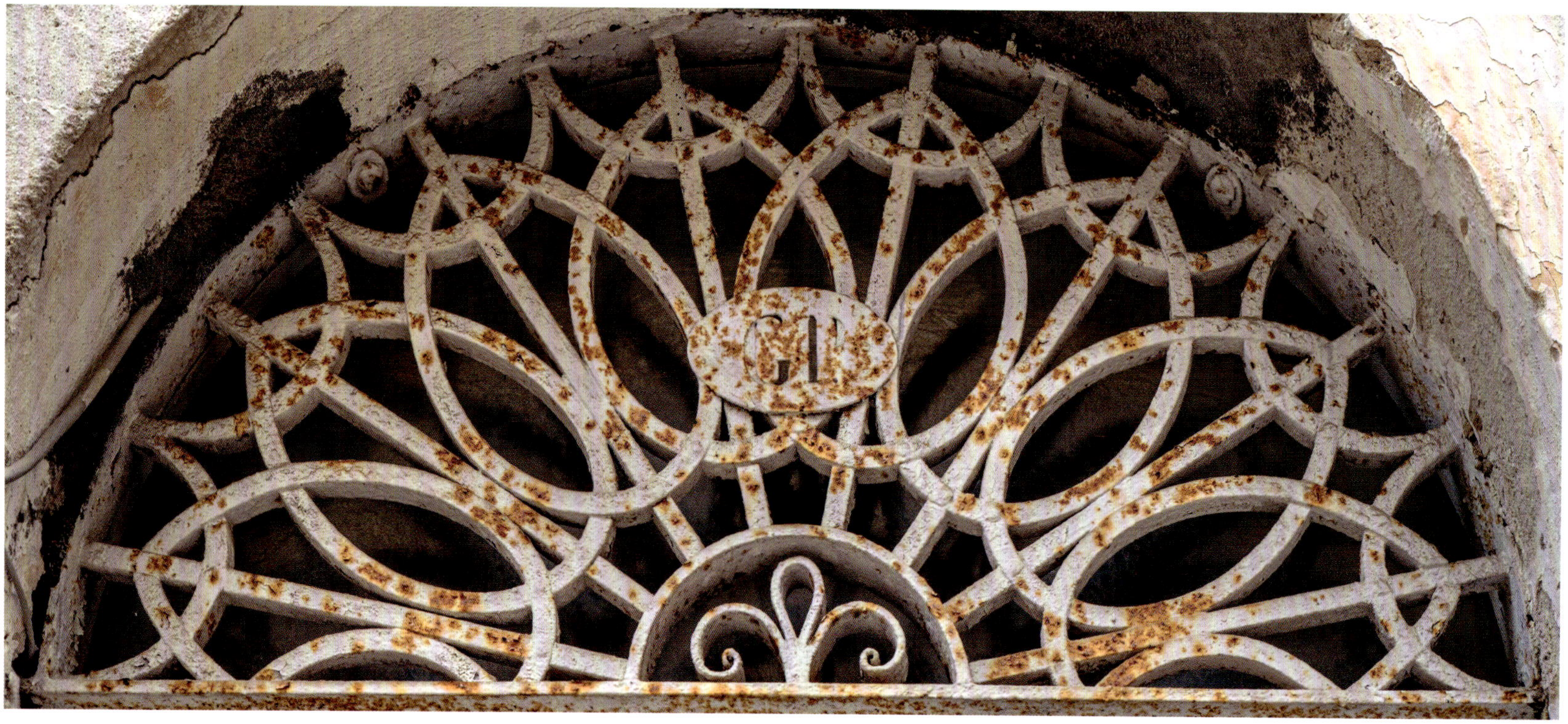

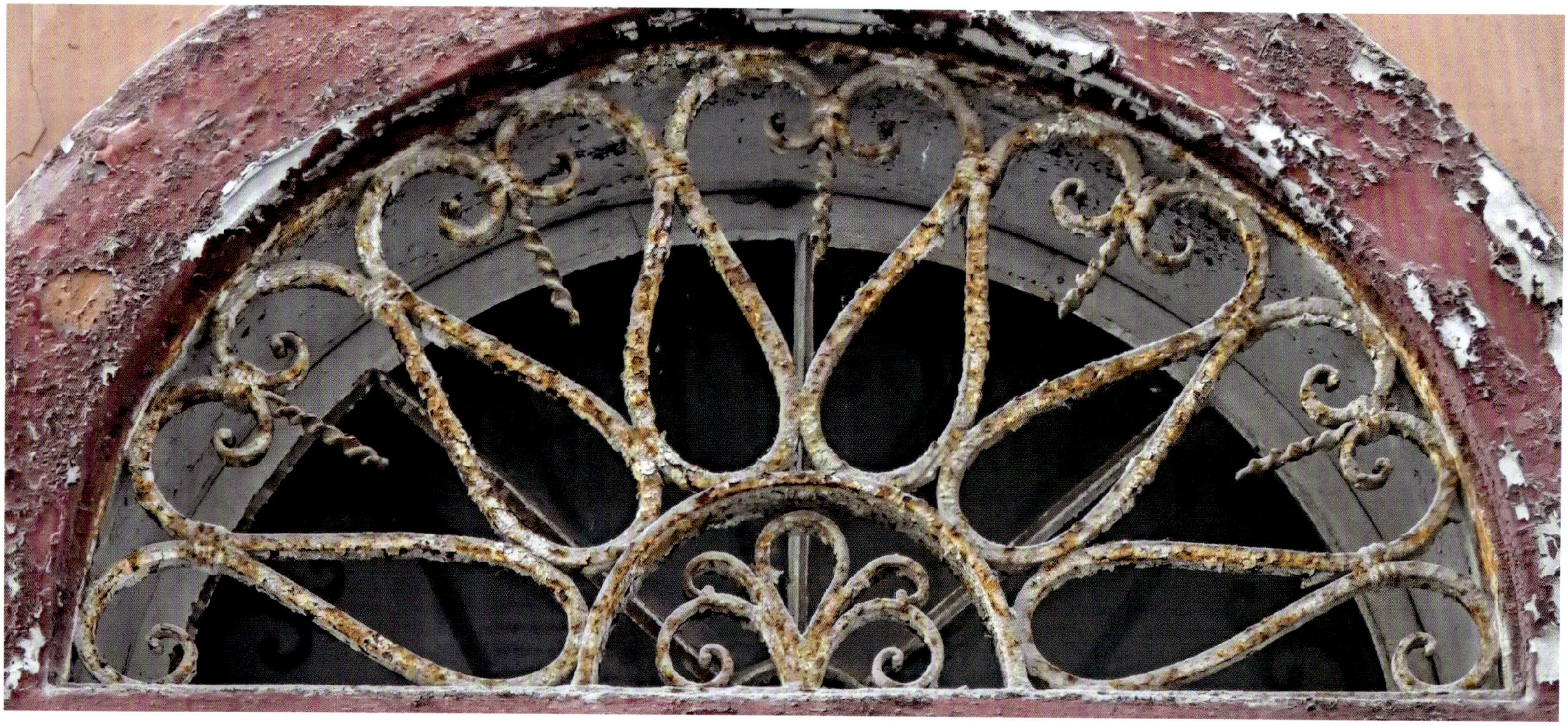

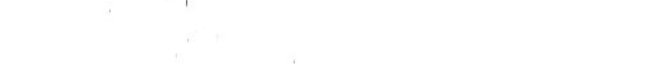

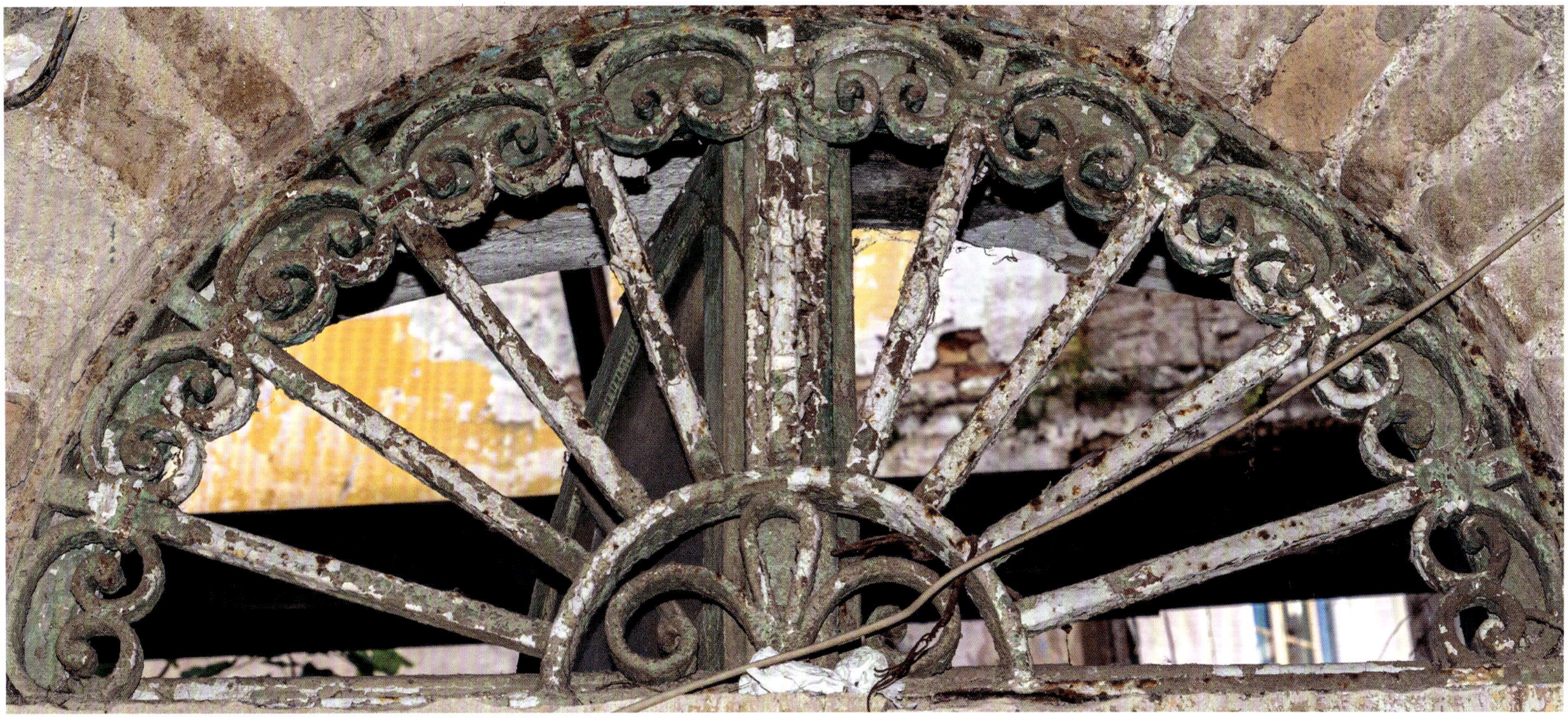

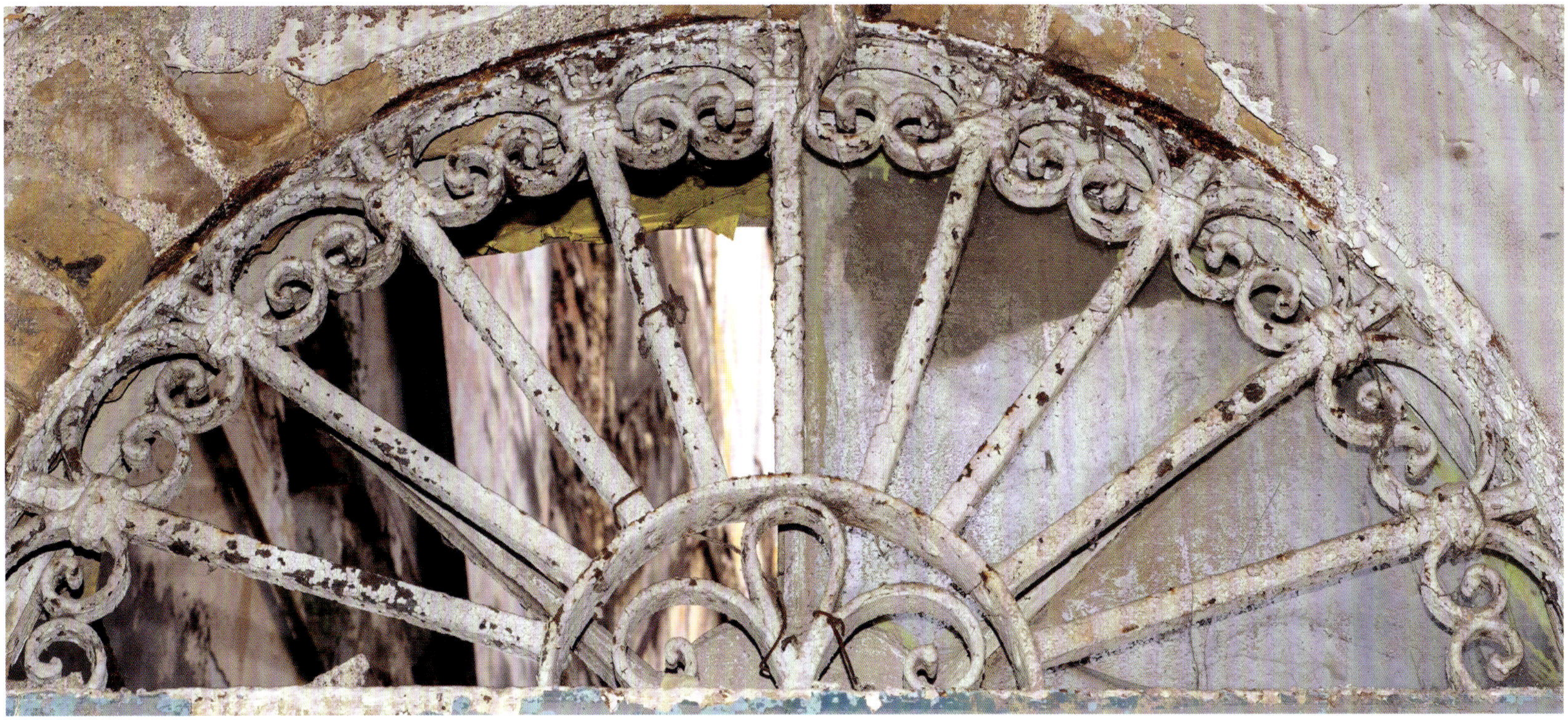

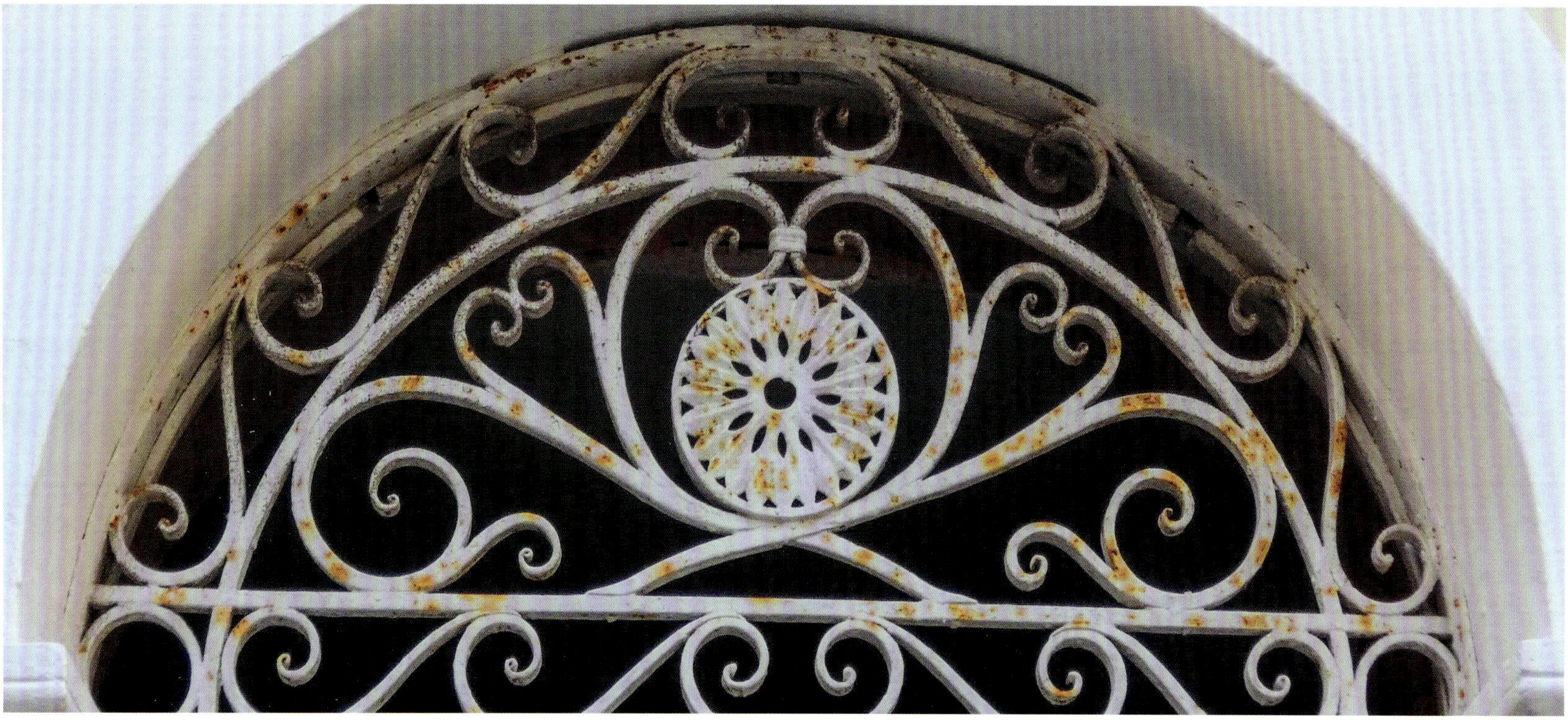

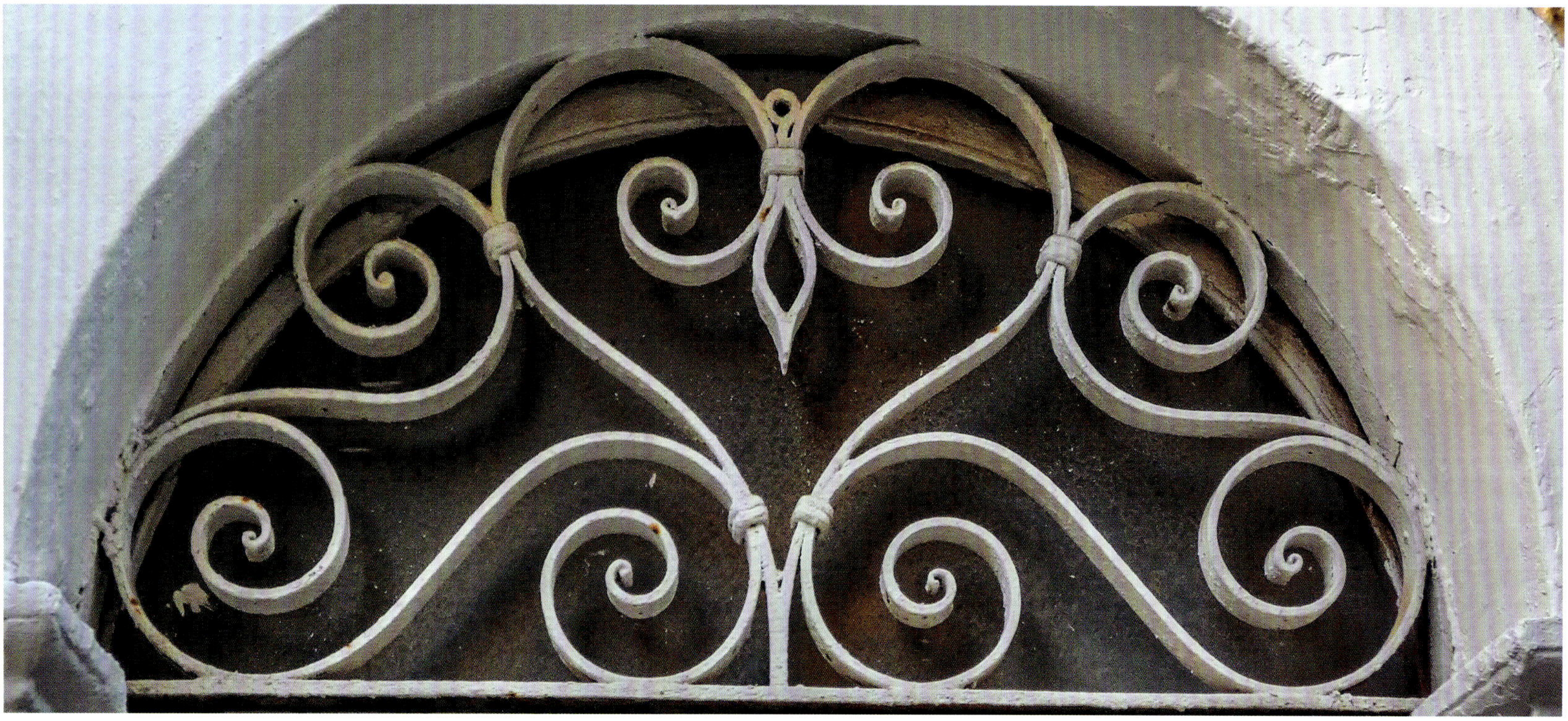

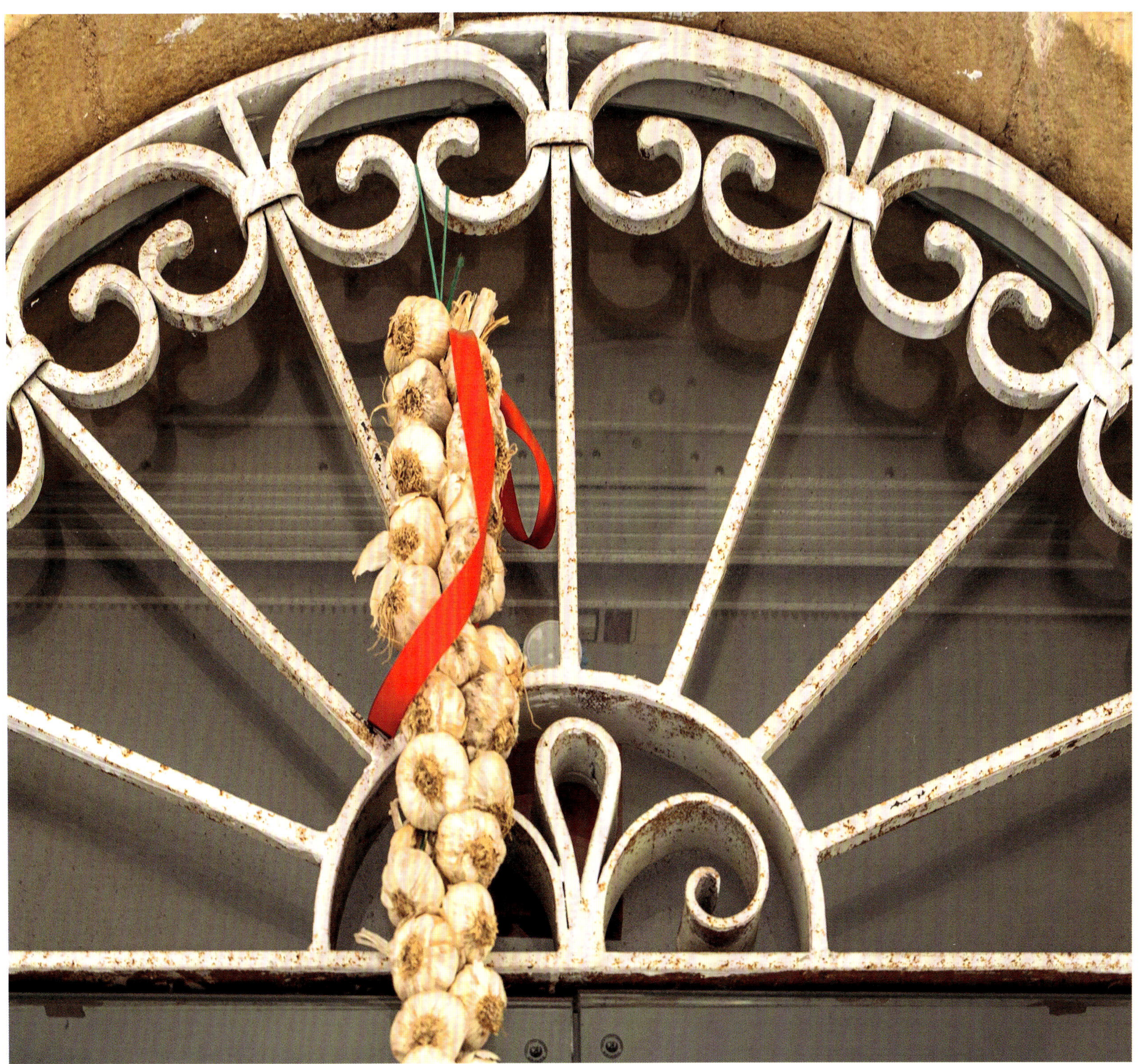

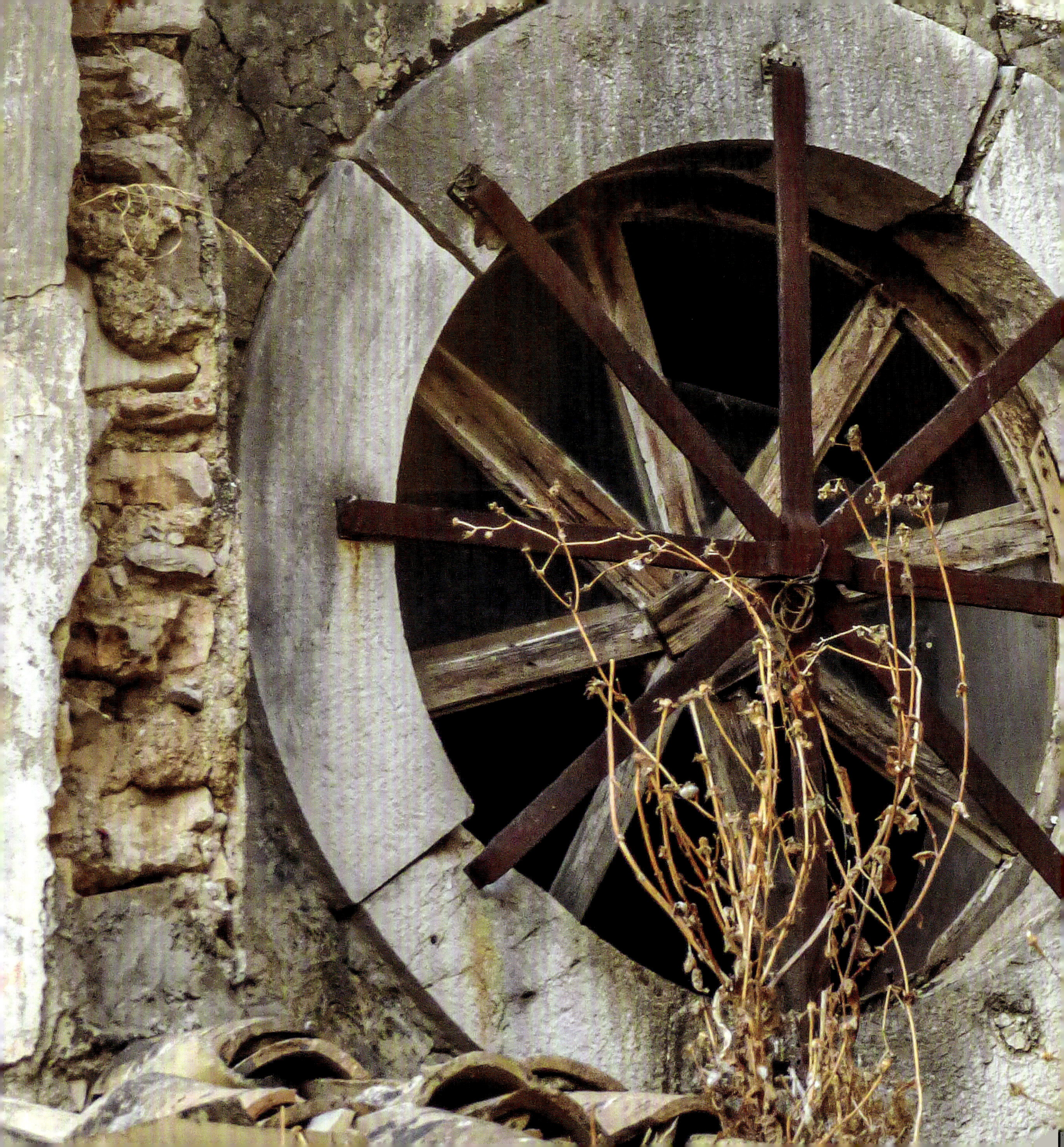

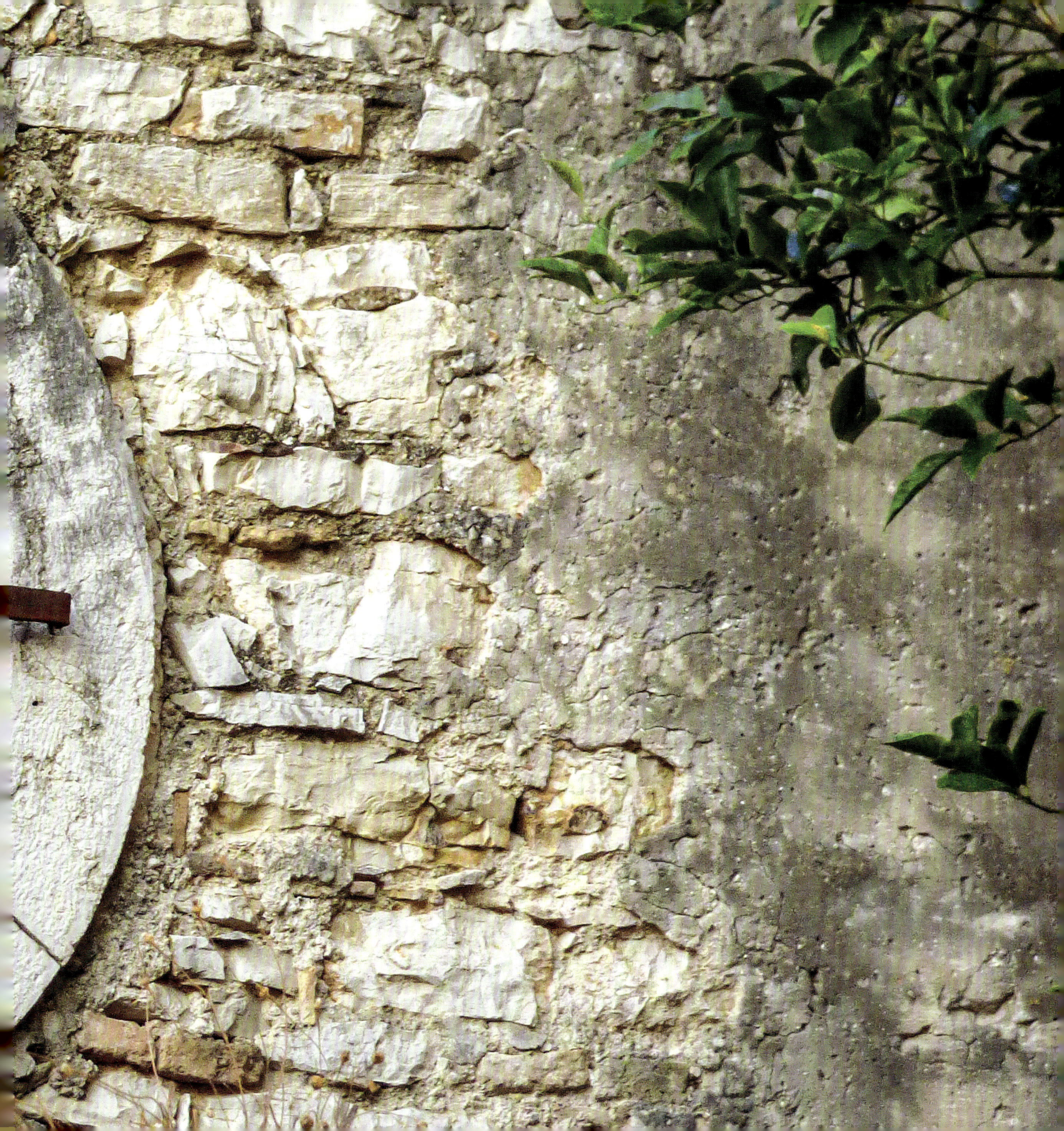

CARVINGS
ΣΚΑΛΙΣΜΑΤΑ

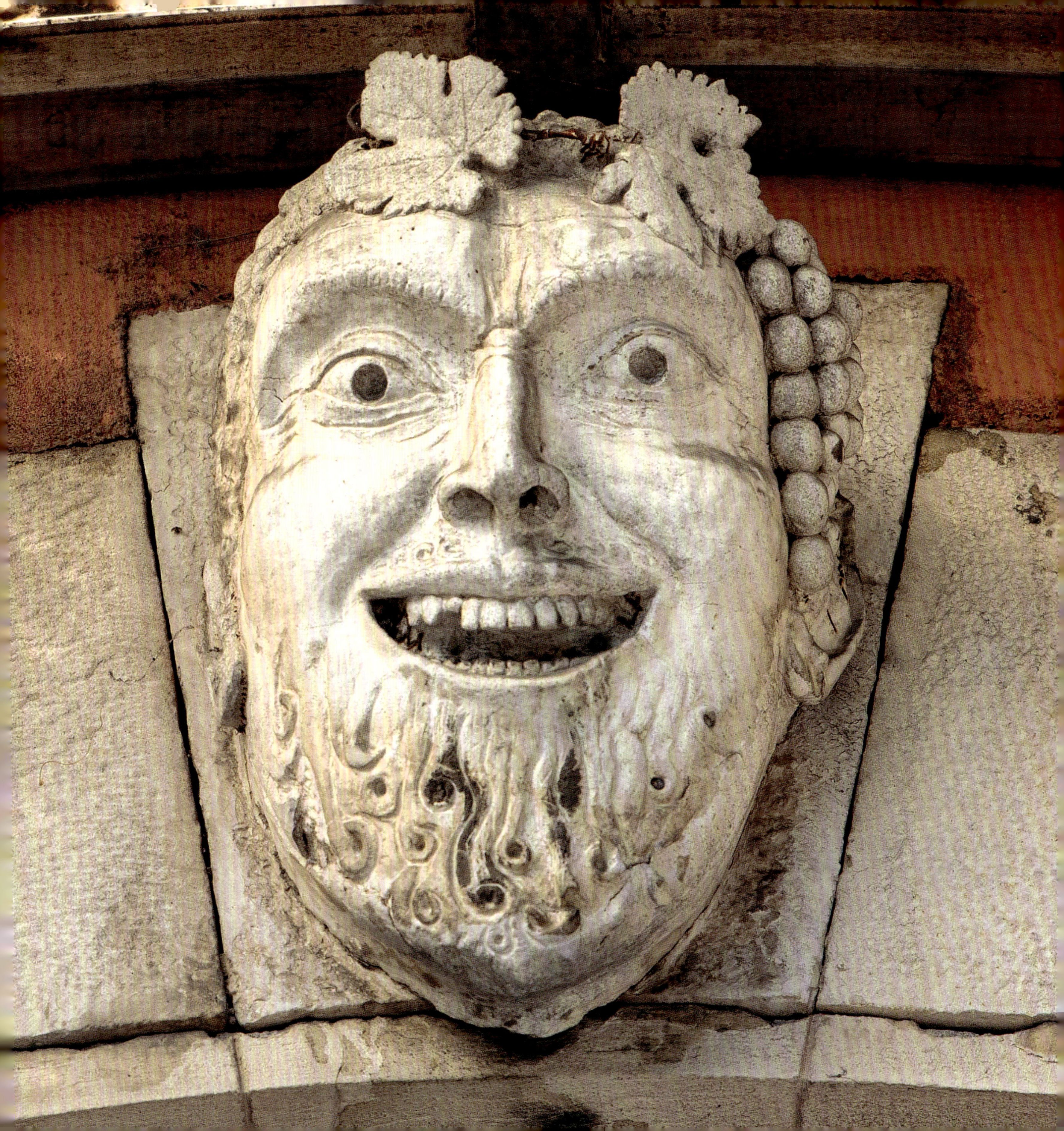

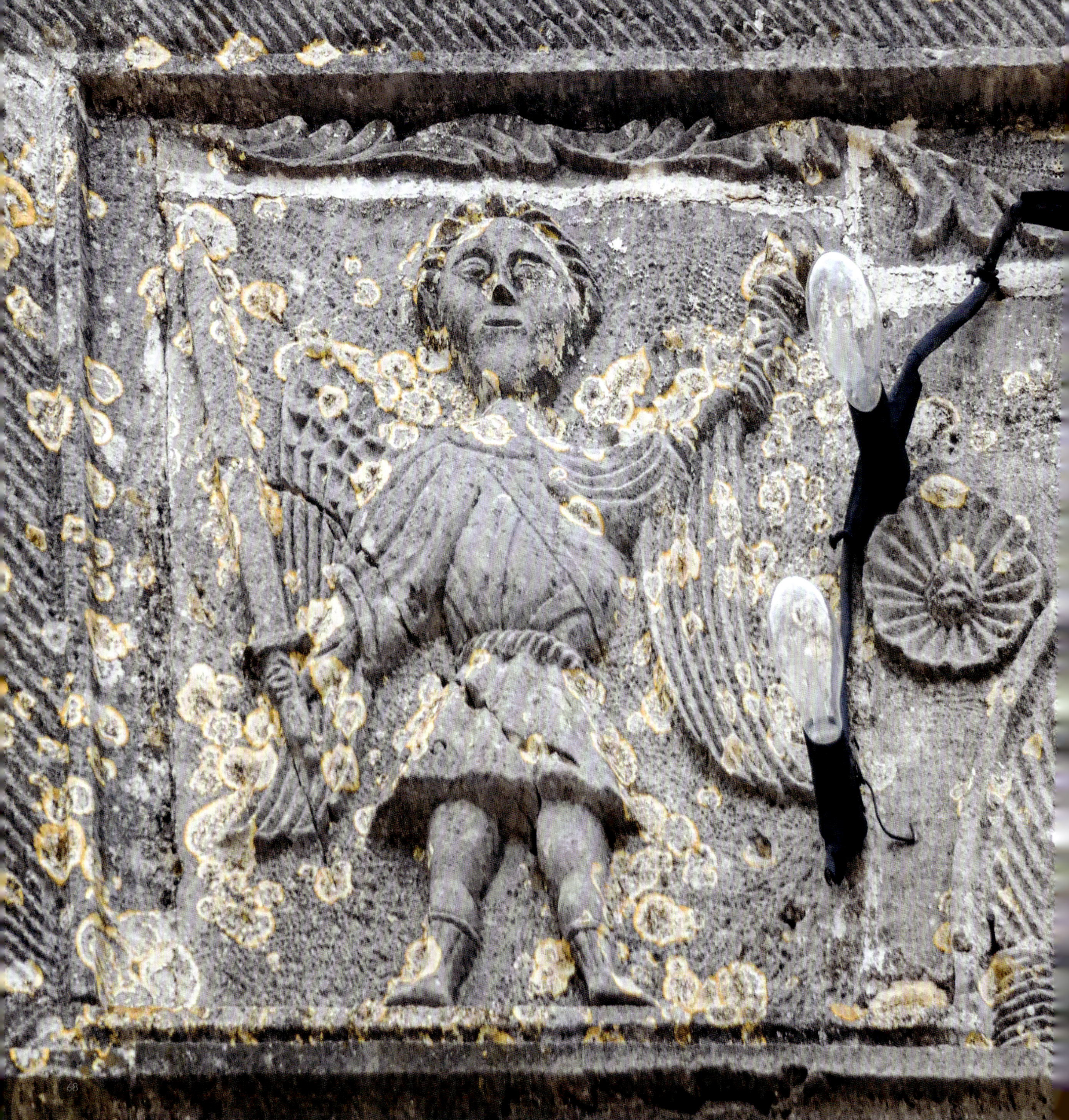

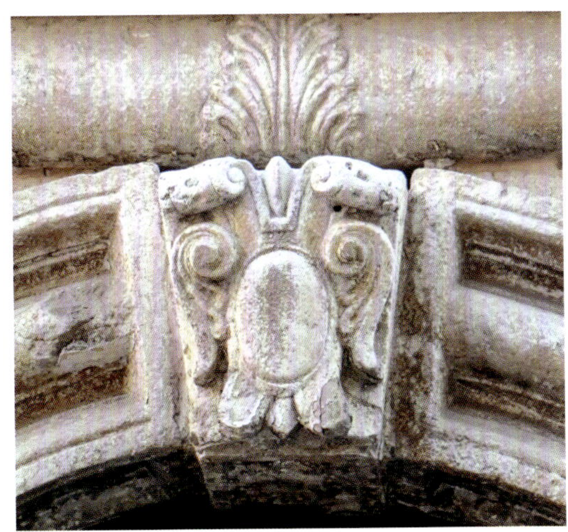

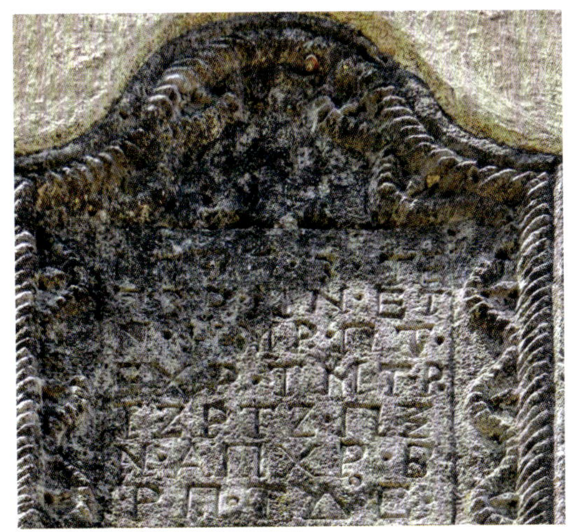

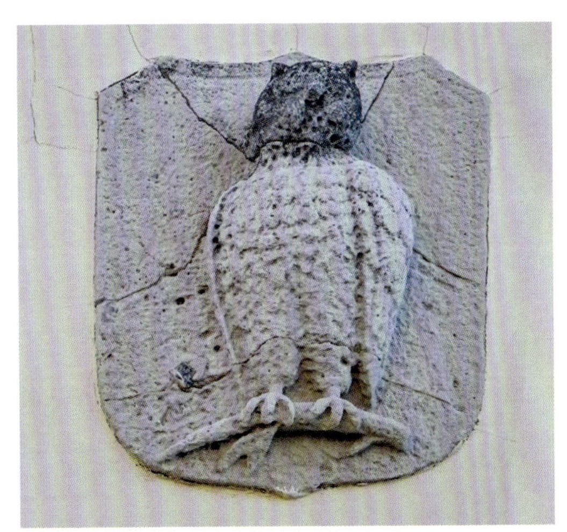

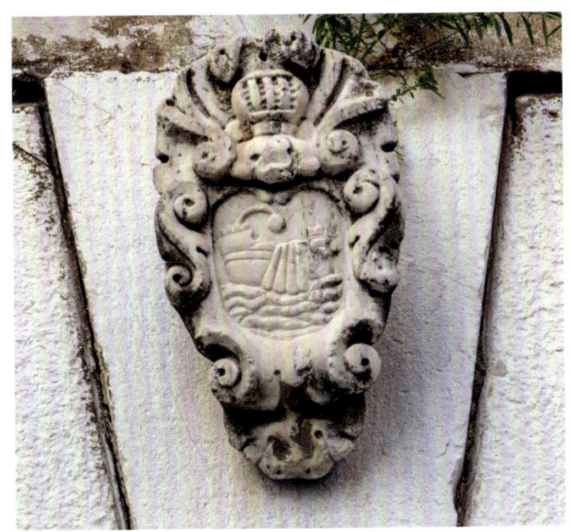

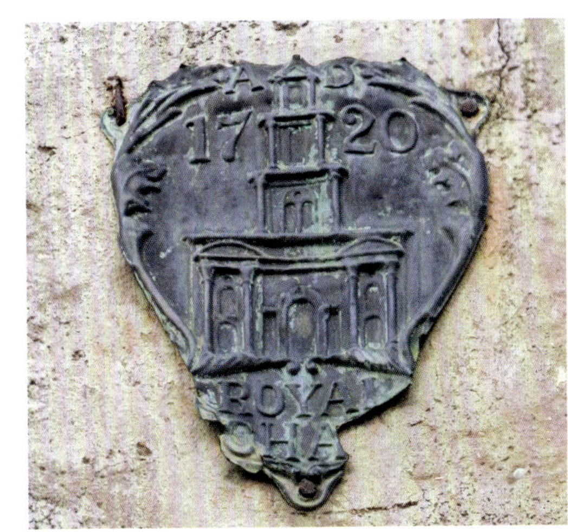
17 20
ROYA
CHA

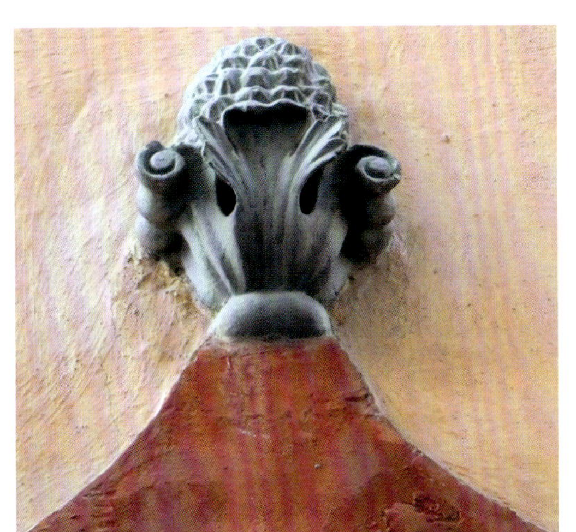

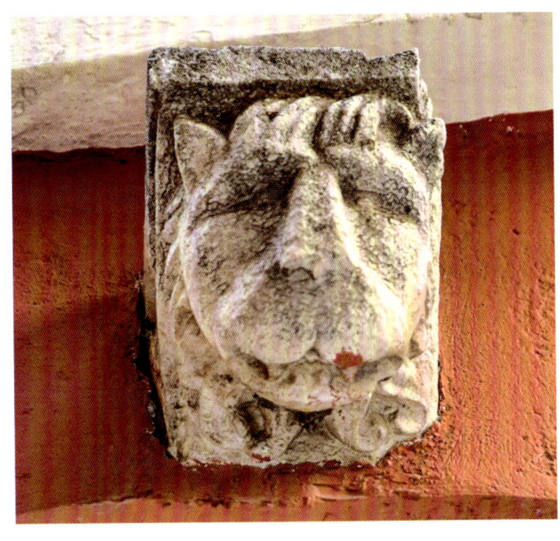

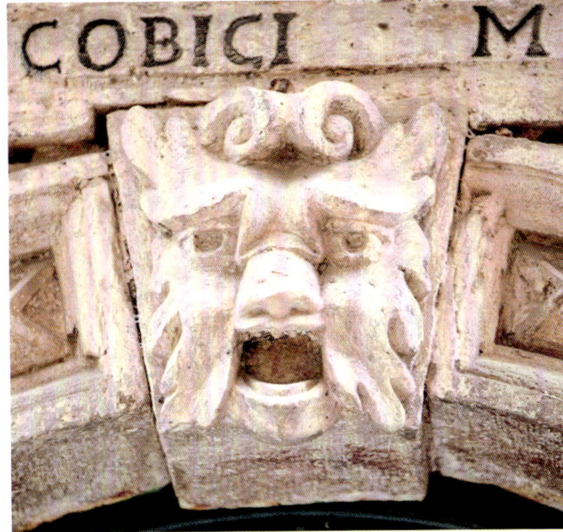
COBICI M

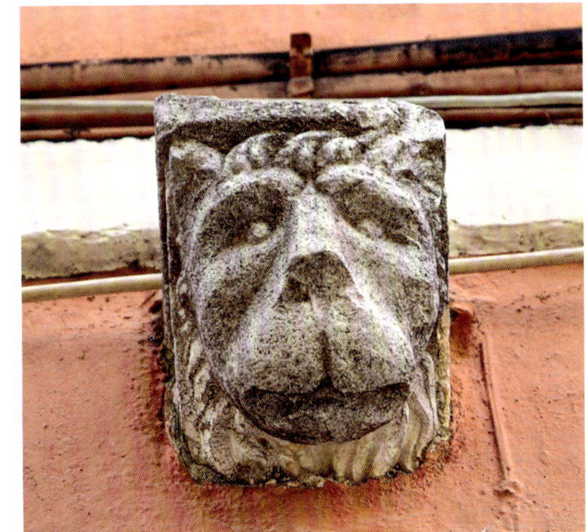

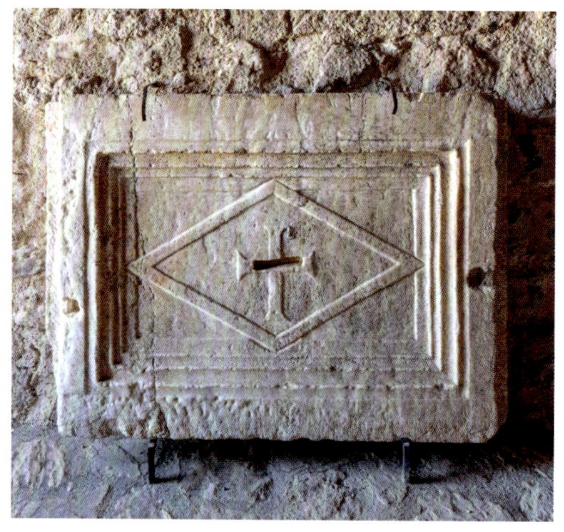
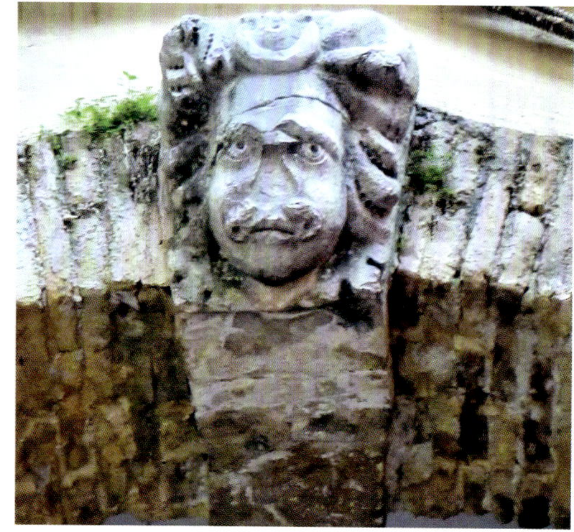
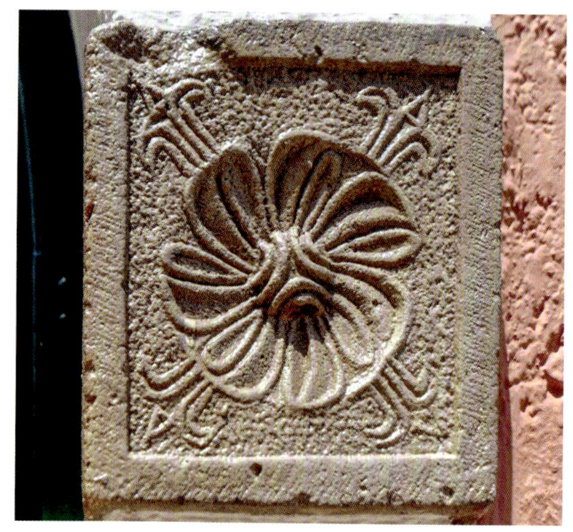
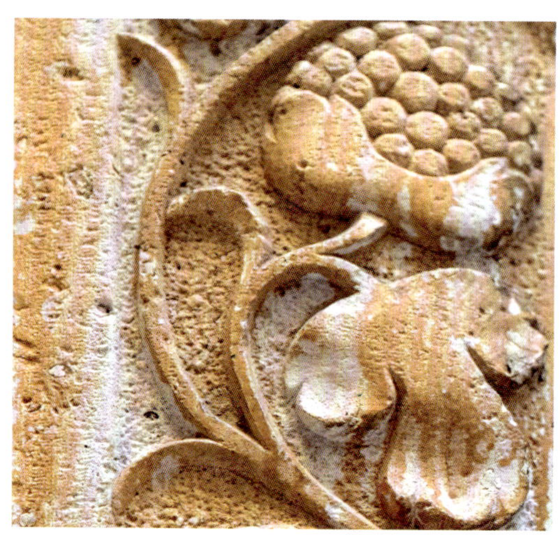
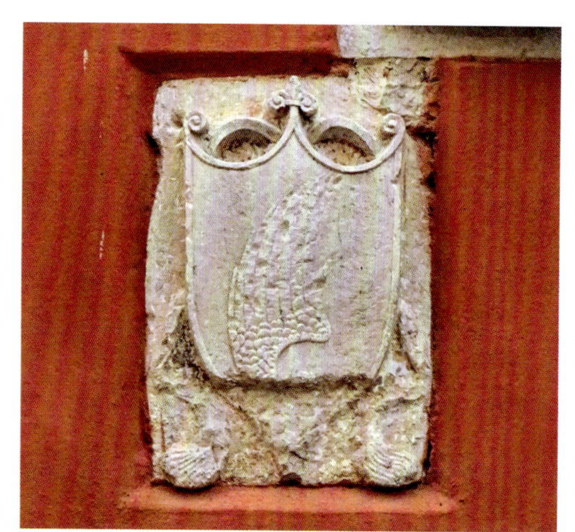
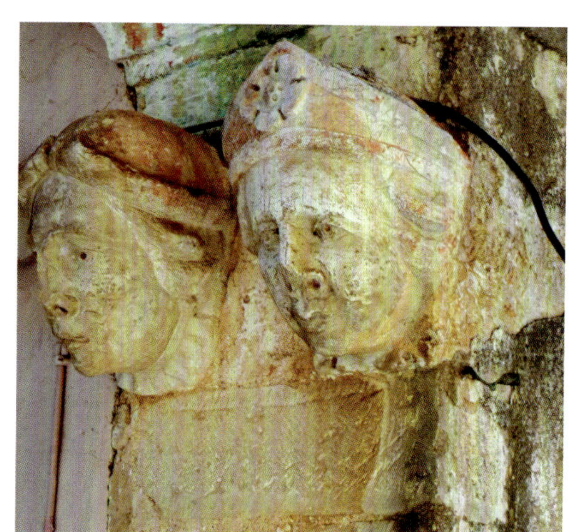
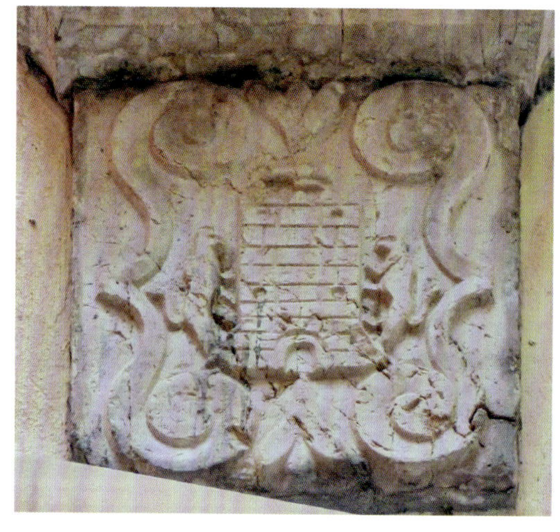
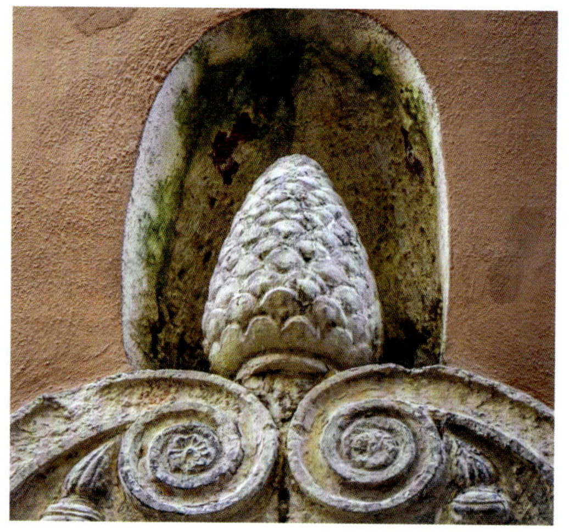
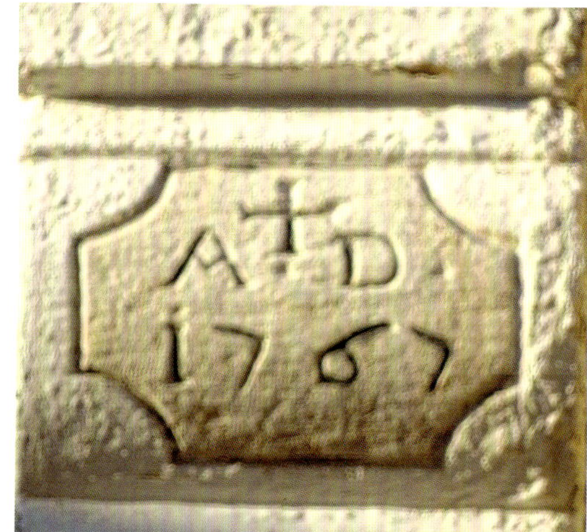
A † D
1767

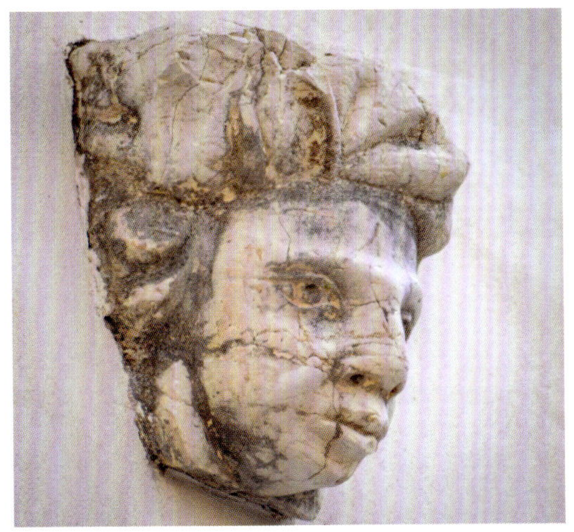

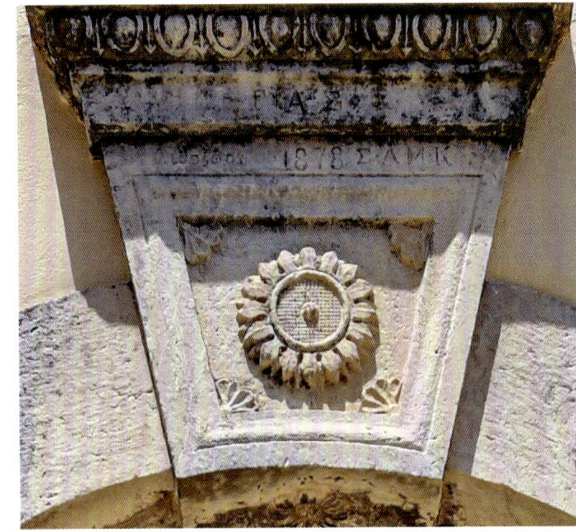
1878

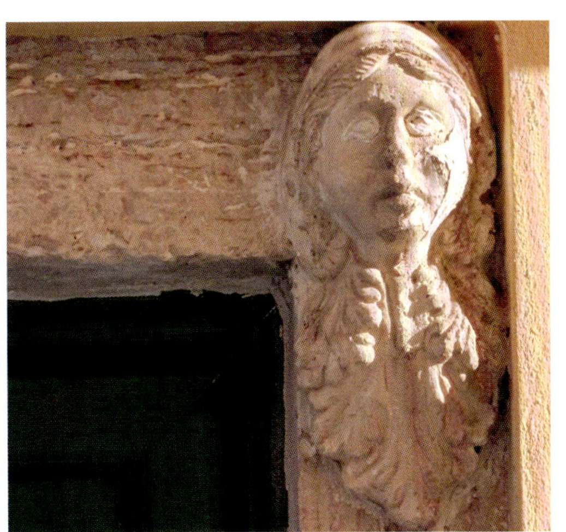

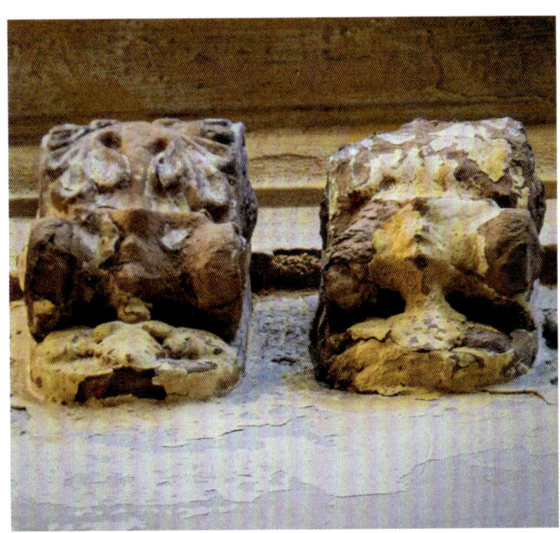

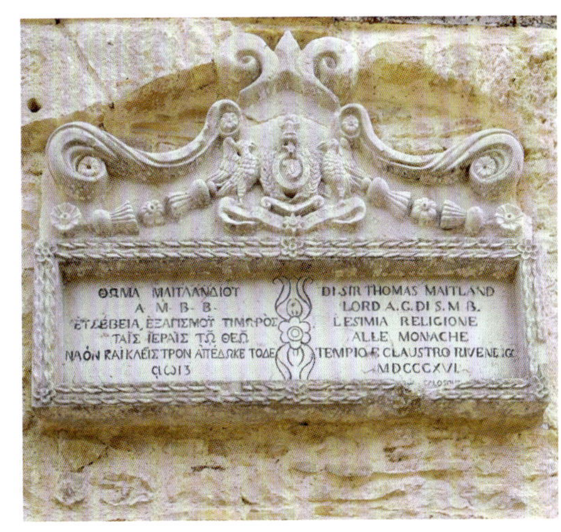
ΘΩΜΑ ΜΑΙΤΛΑΝΔΙΟΥ
Α. Μ. Β. Β.
ΤΑΙΣ ΙΕΡΑΙΣ ΤΩ ΘΕΩ
DI SIR THOMAS MAITLAND
LORD A. G. DI S. M B.
L'ESIMIA RELIGIONE
ALLE MONACHE
MDCCCXVI

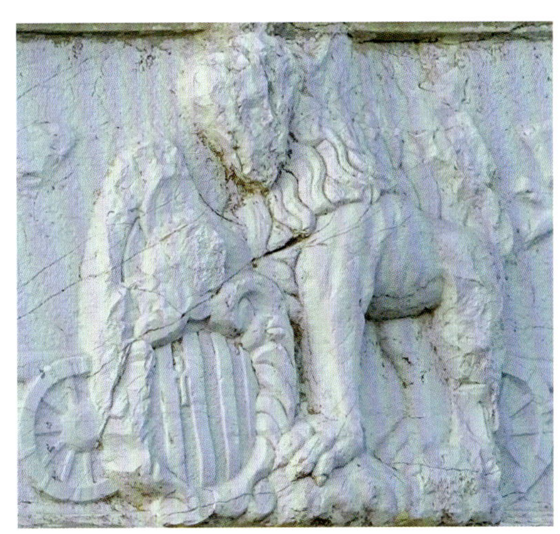

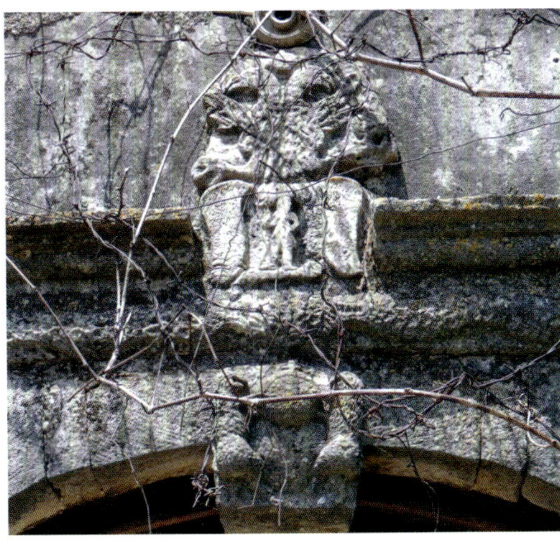

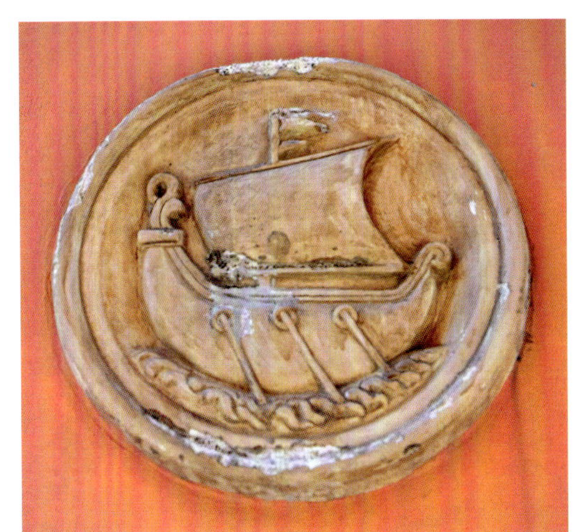

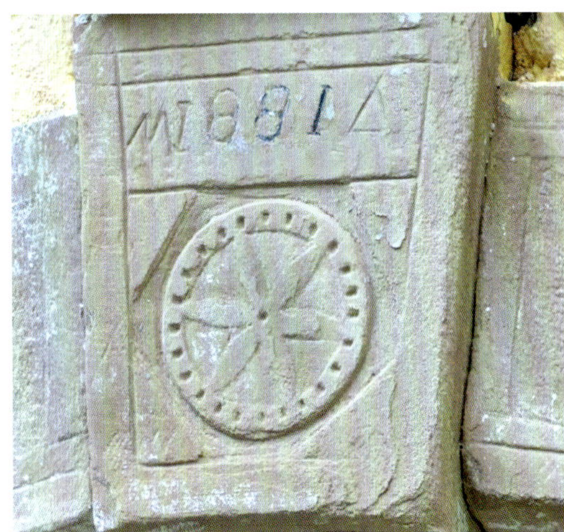

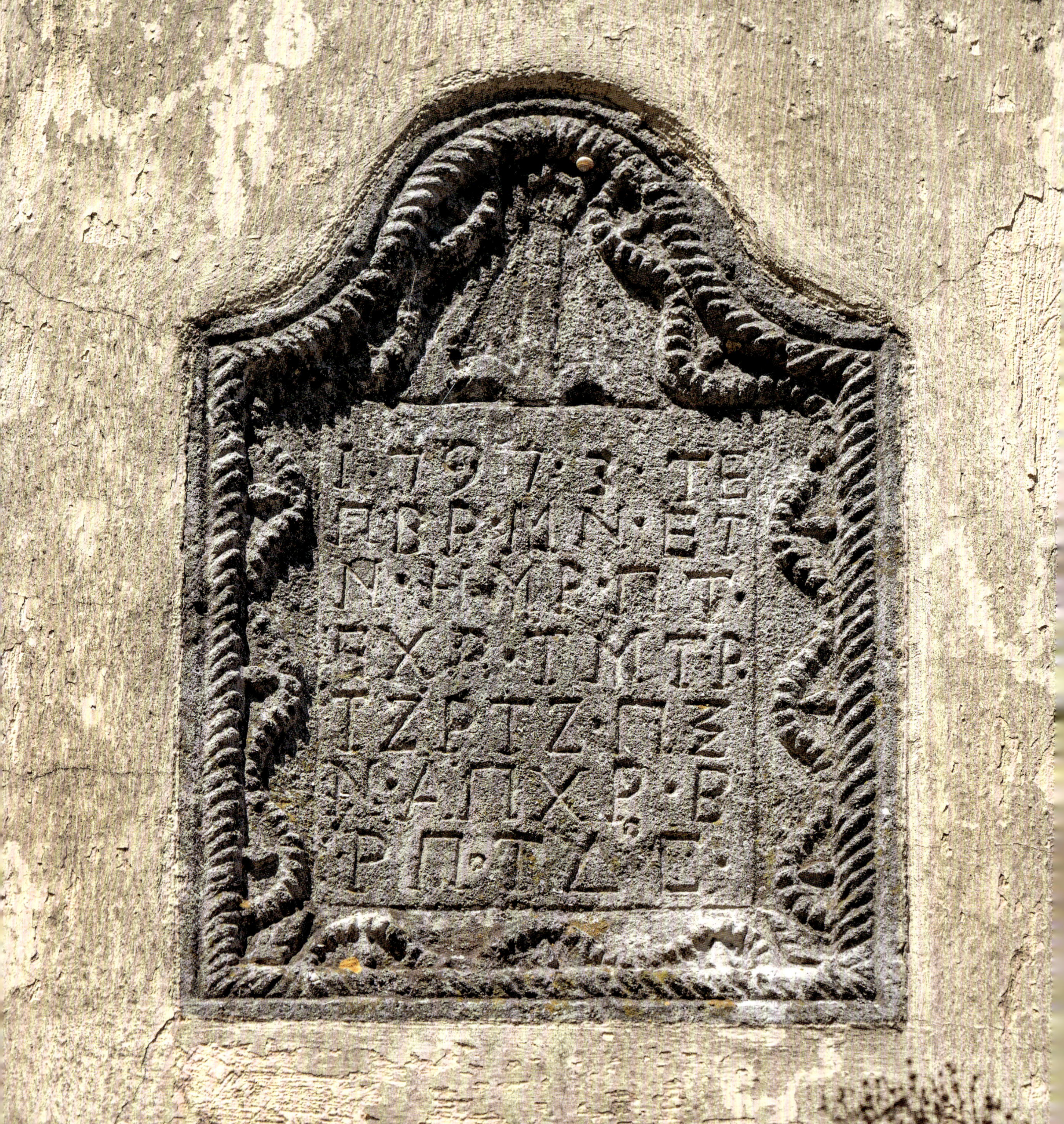
1793 TE

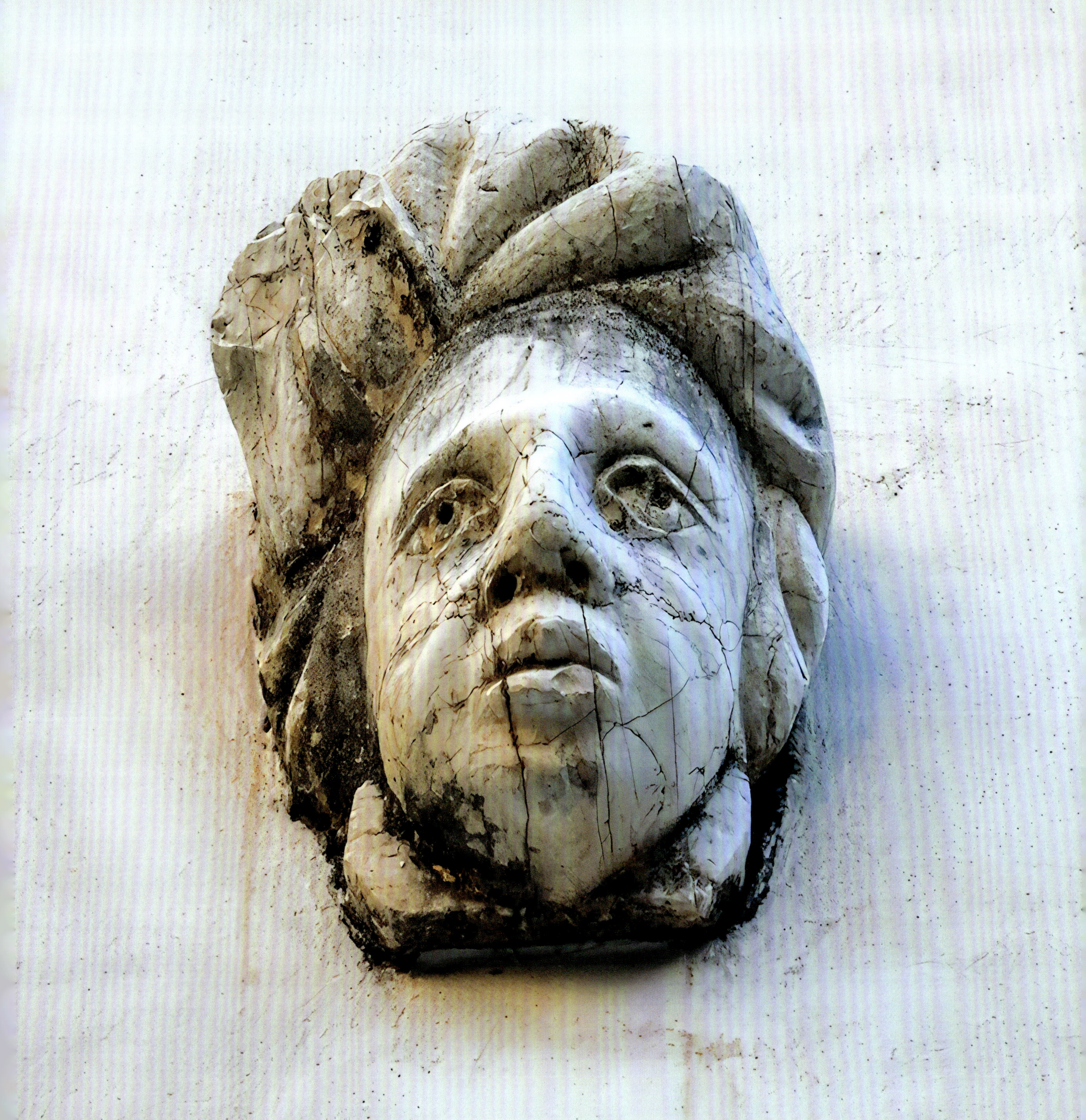

CHURCHES
ΕΚΚΛΗΣΙΕΣ

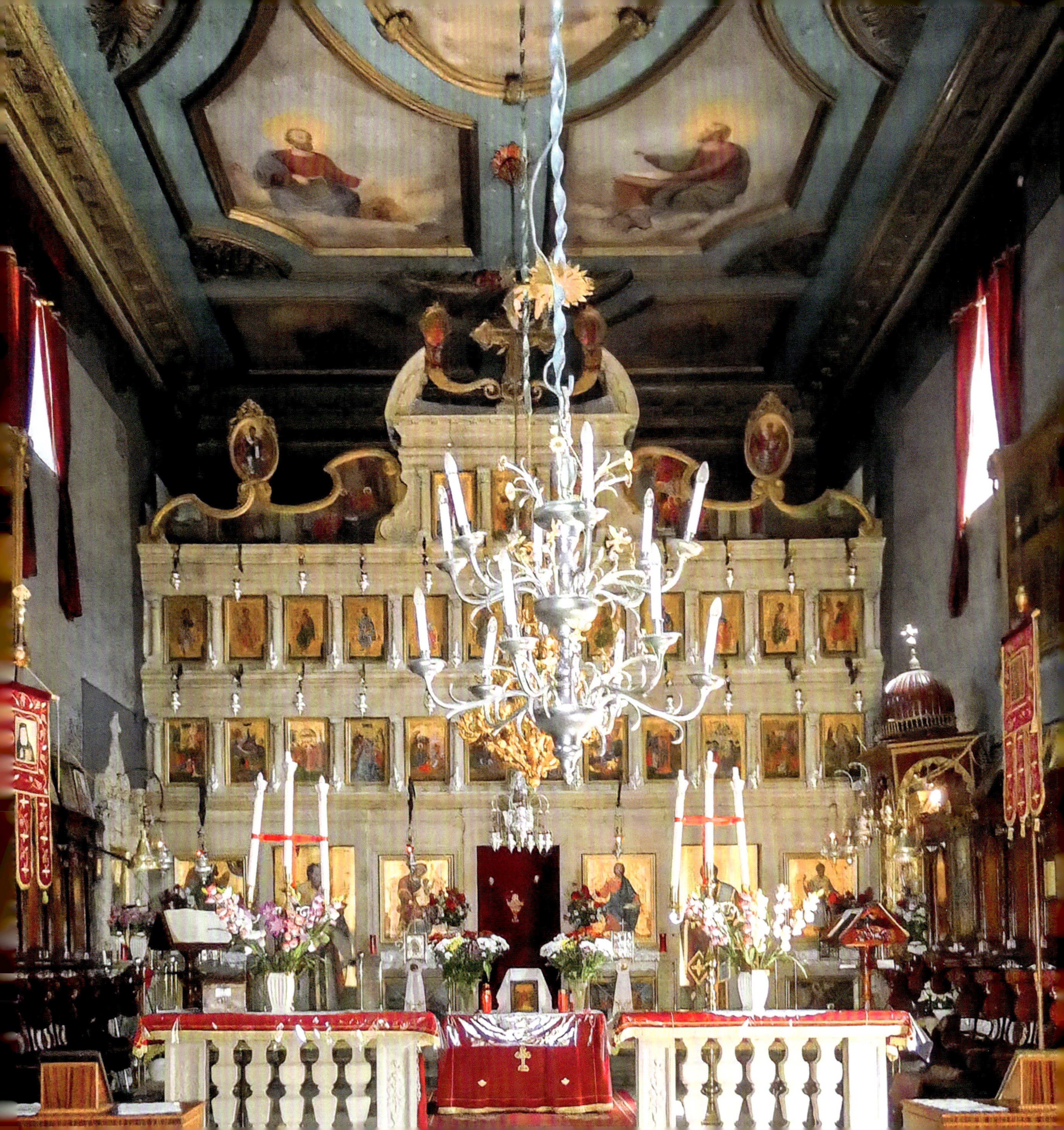

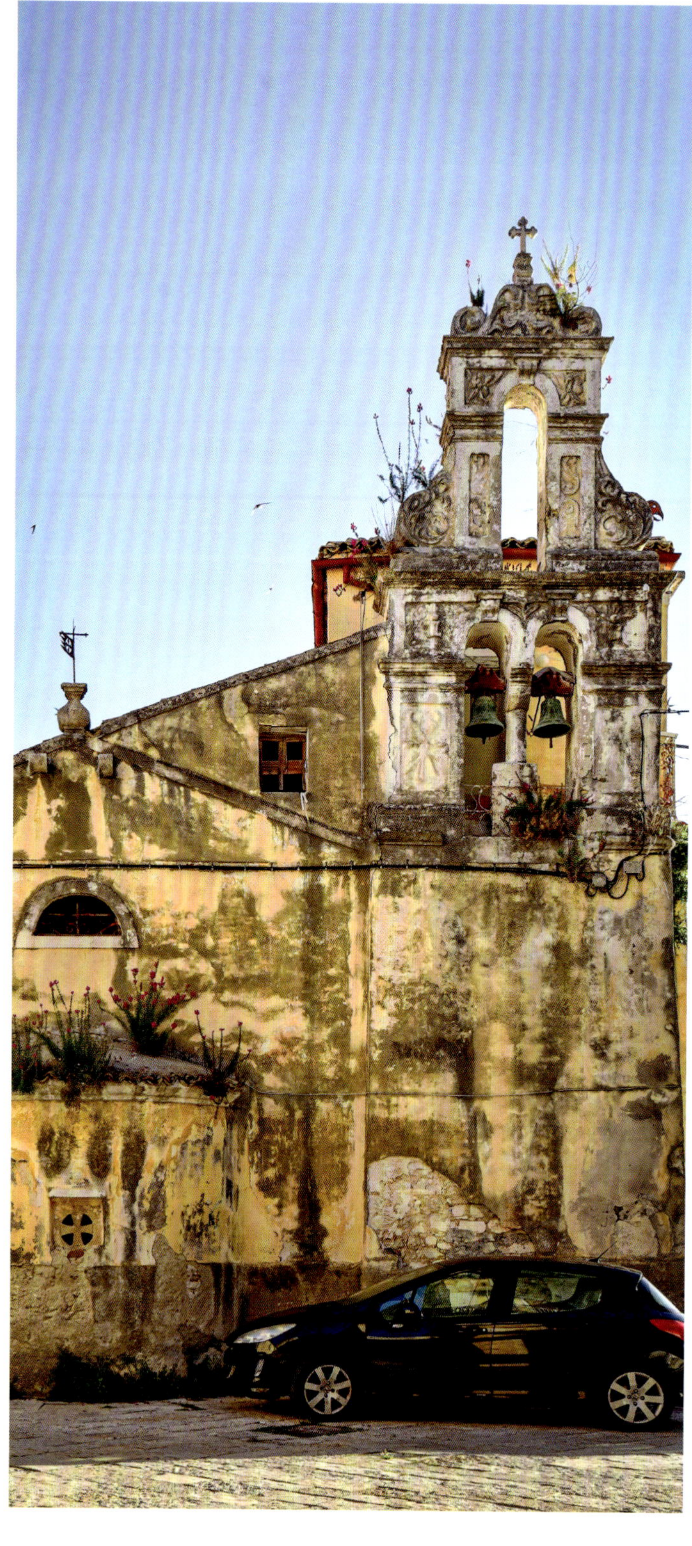

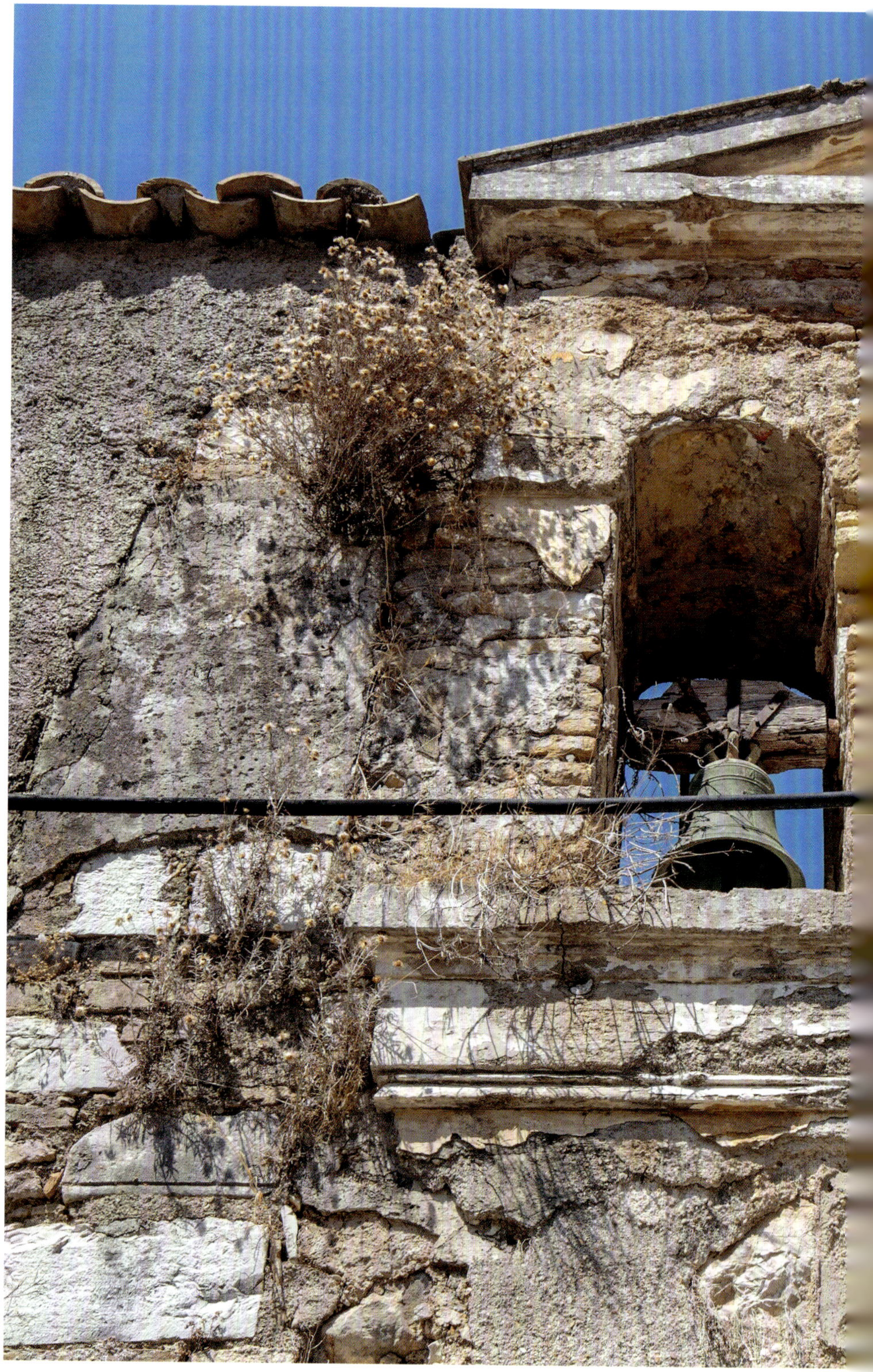

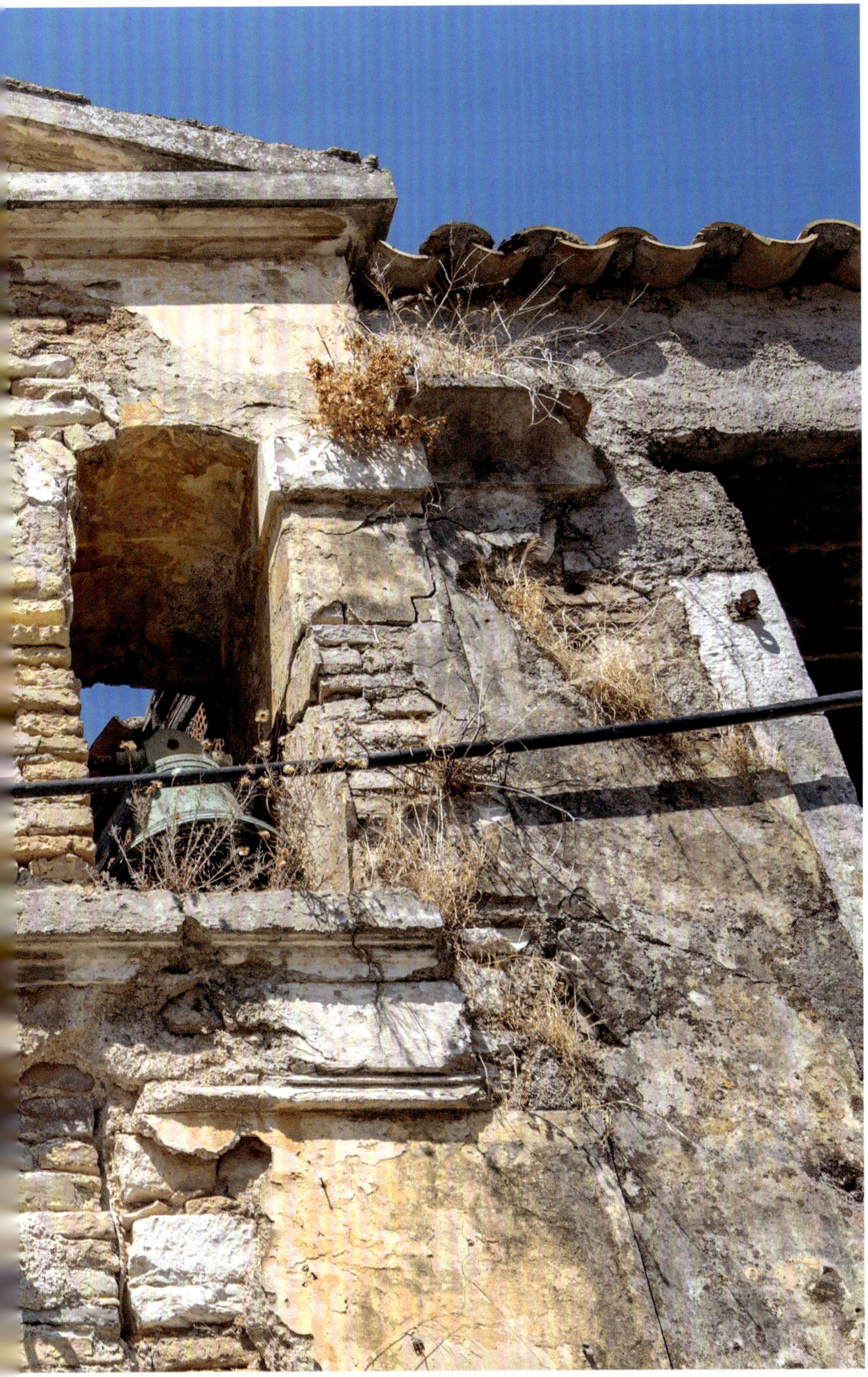

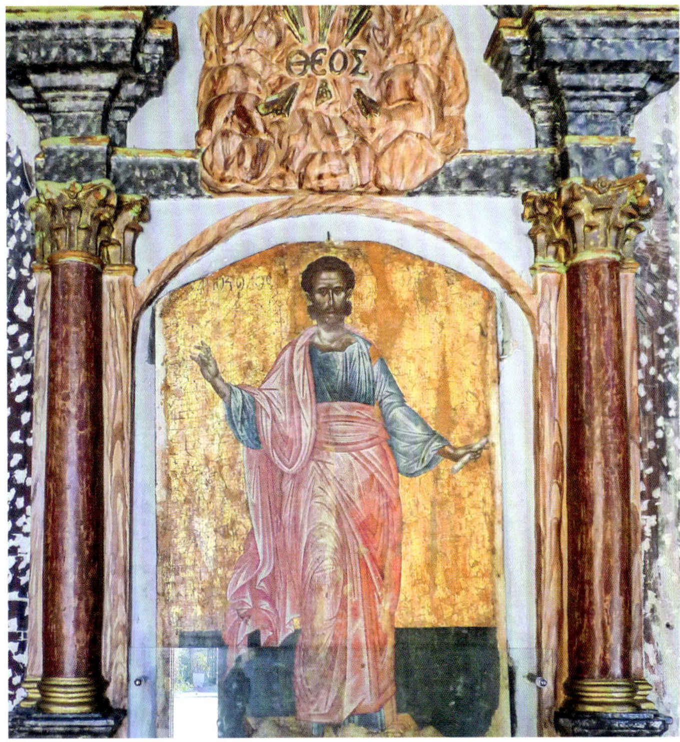
ΘΕΟΣ

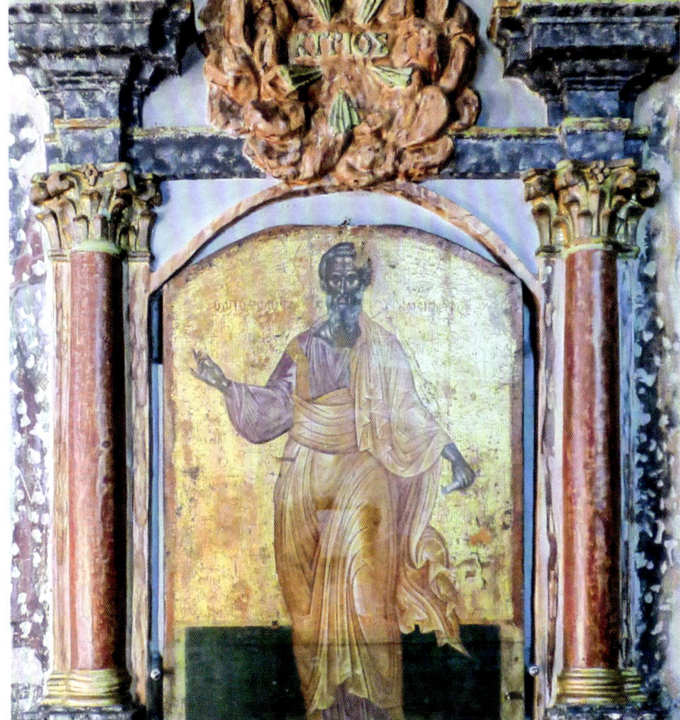
ΚΥΡΙΟΣ

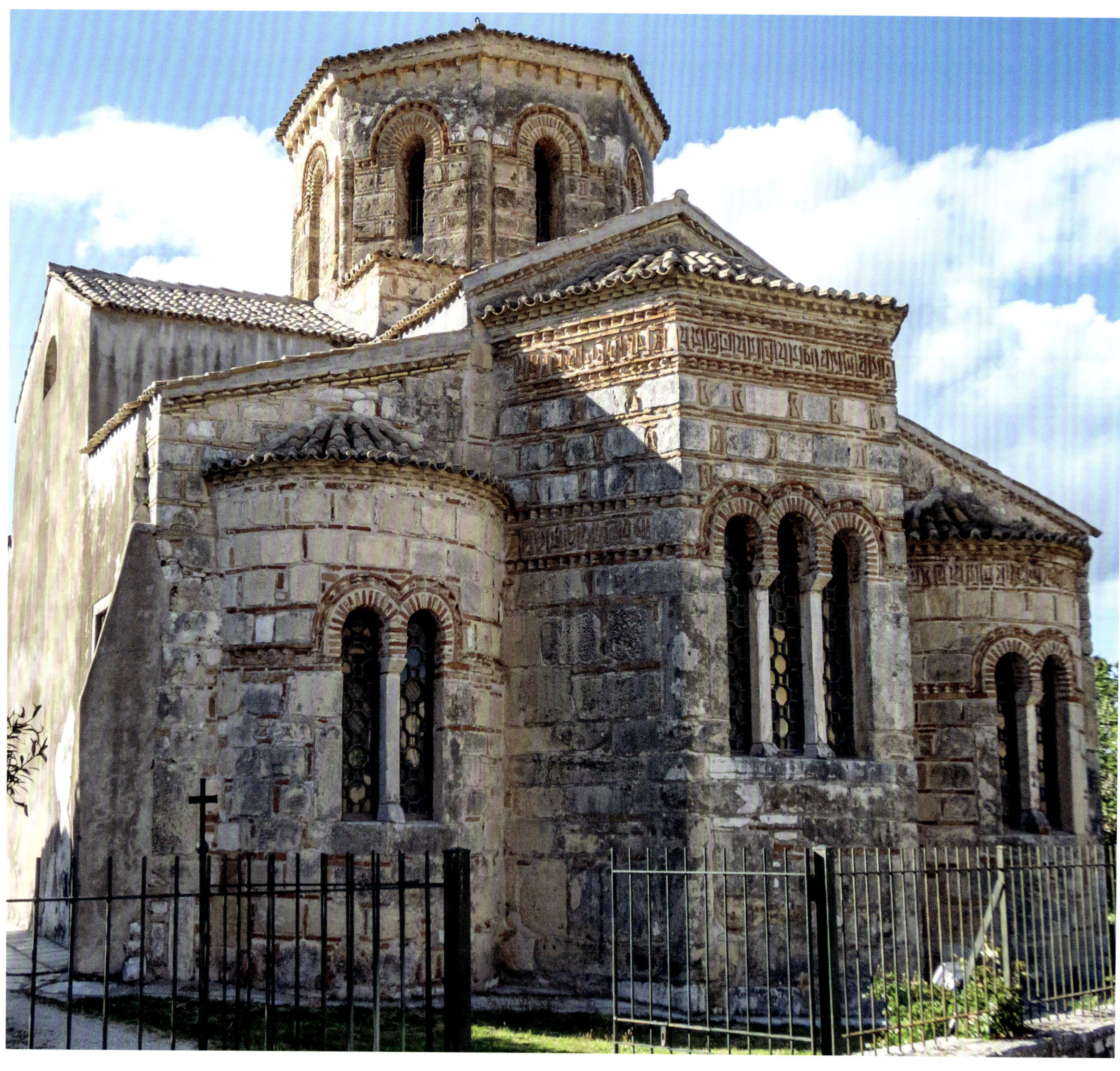

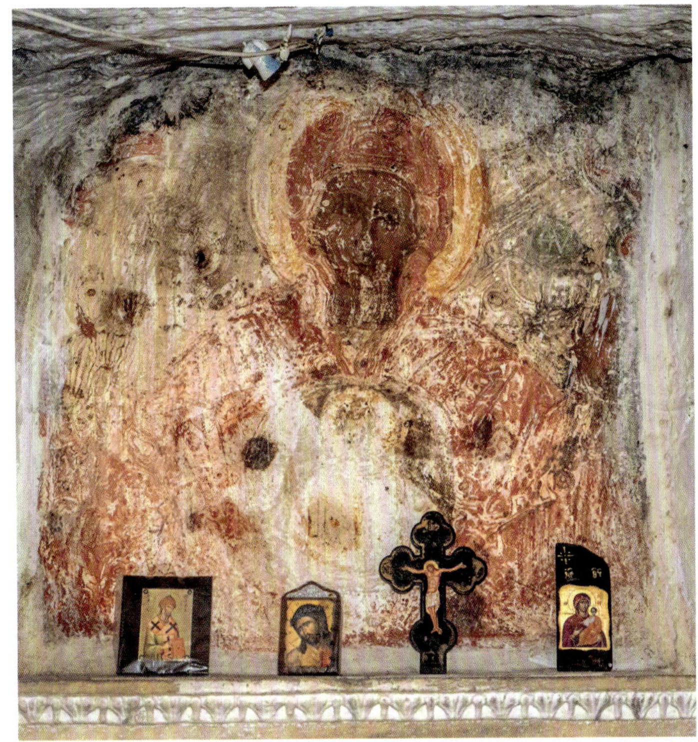

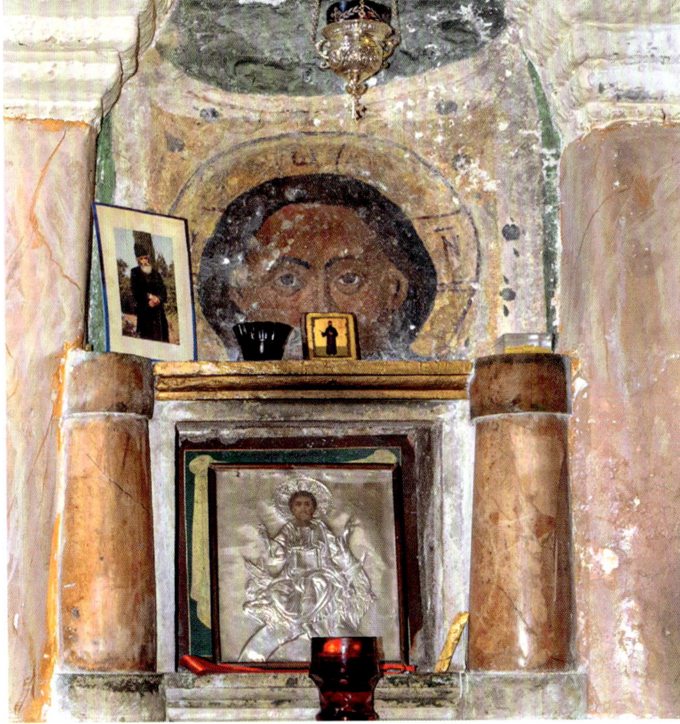

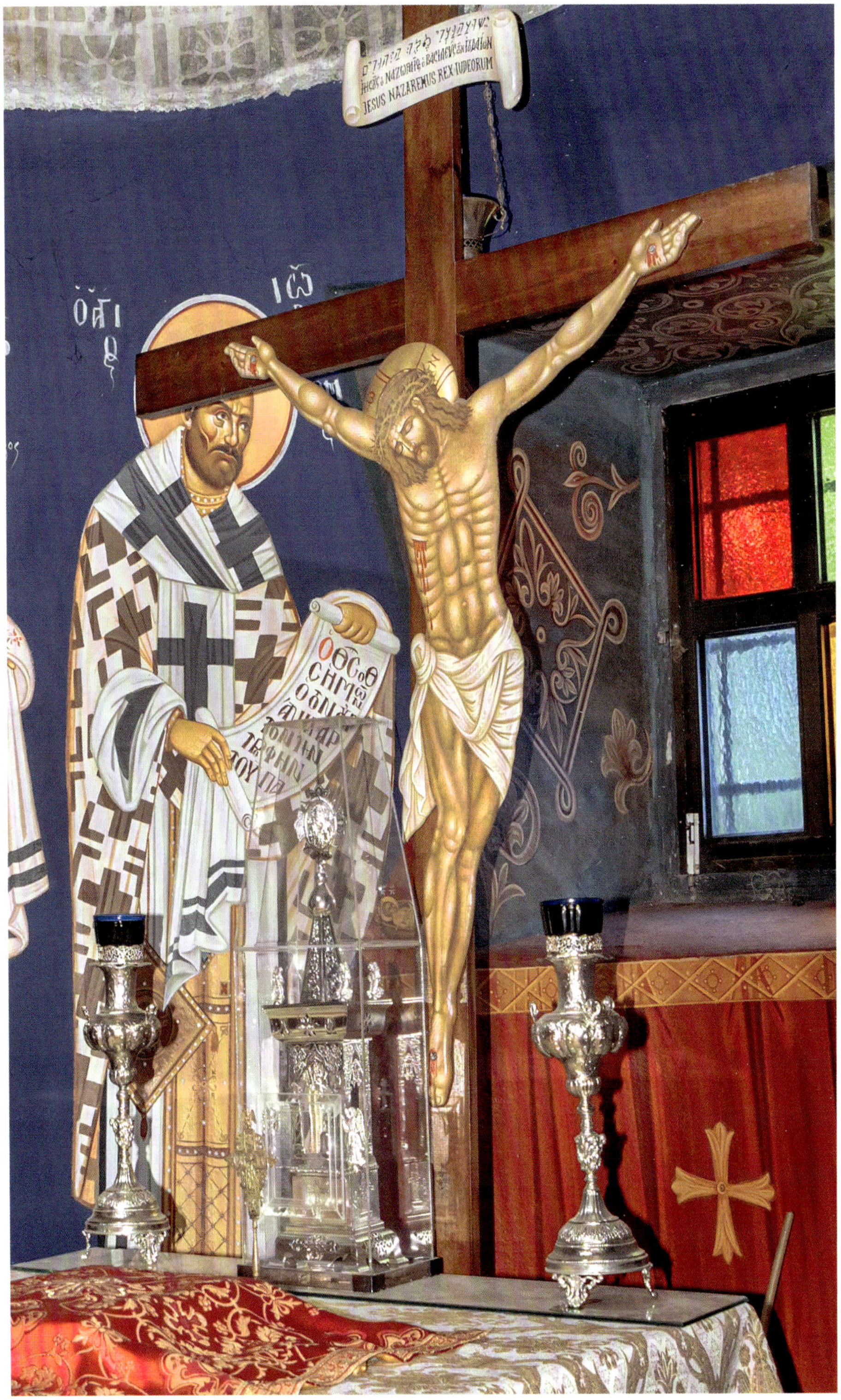

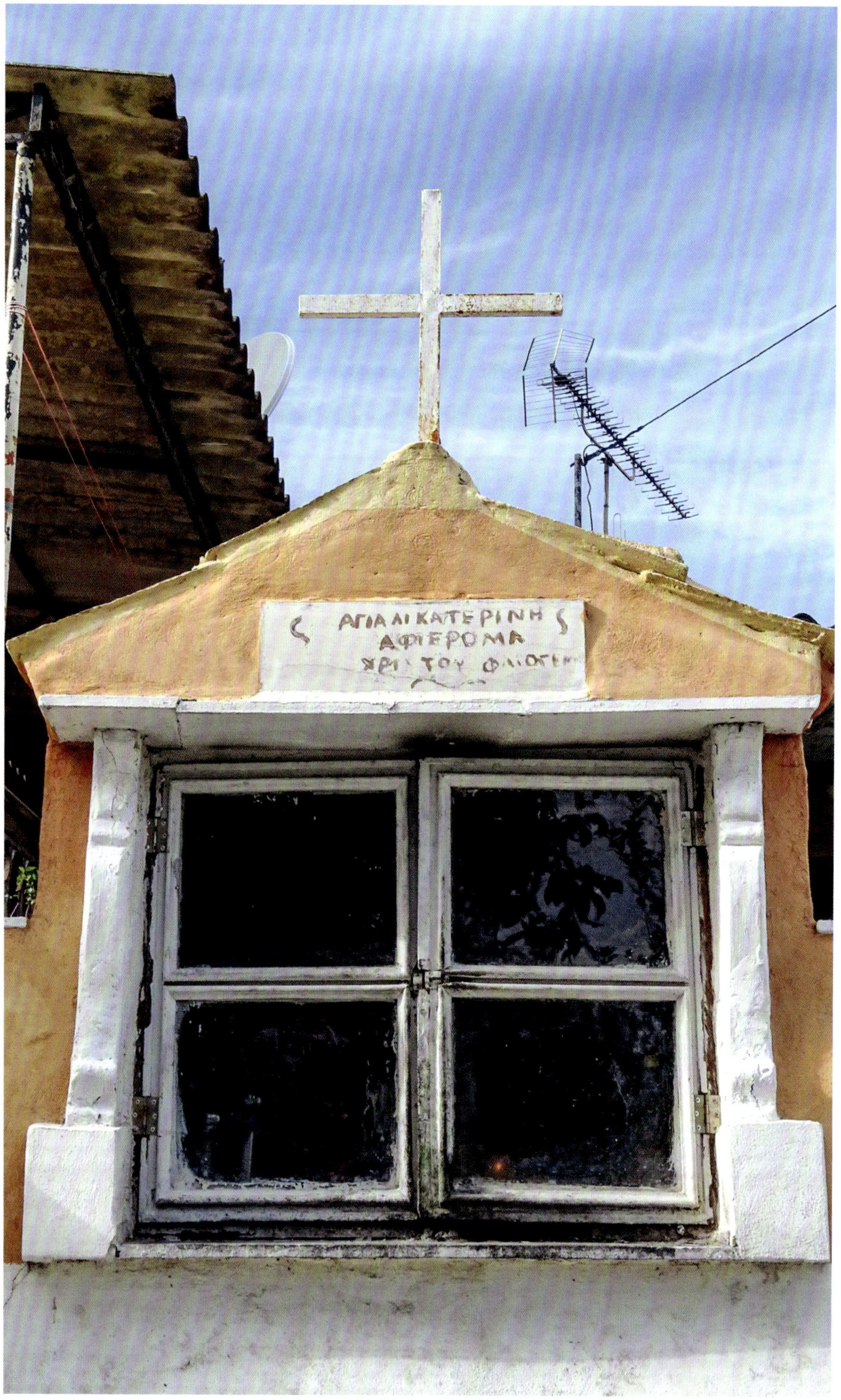

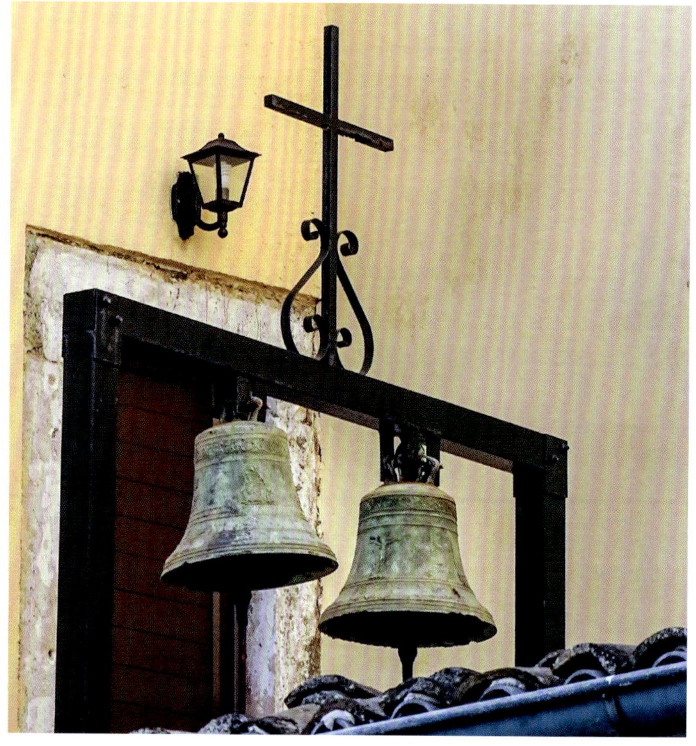

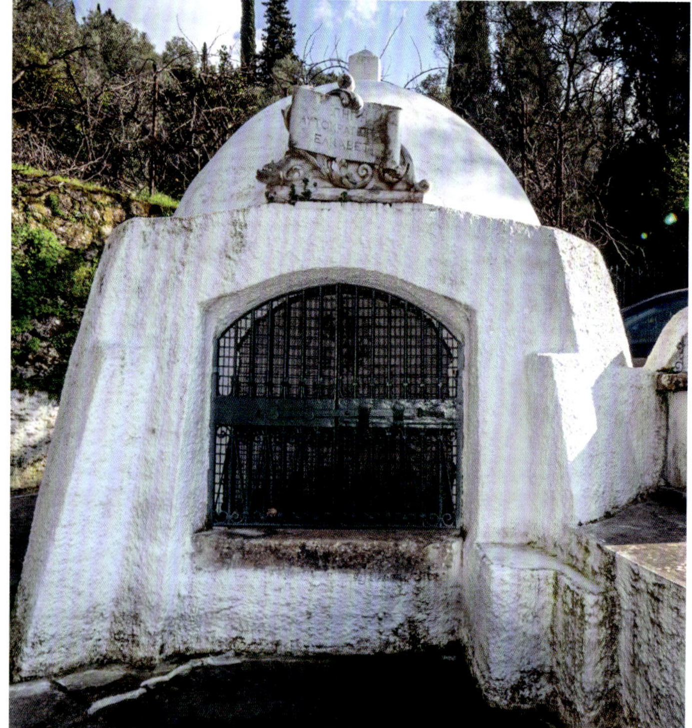

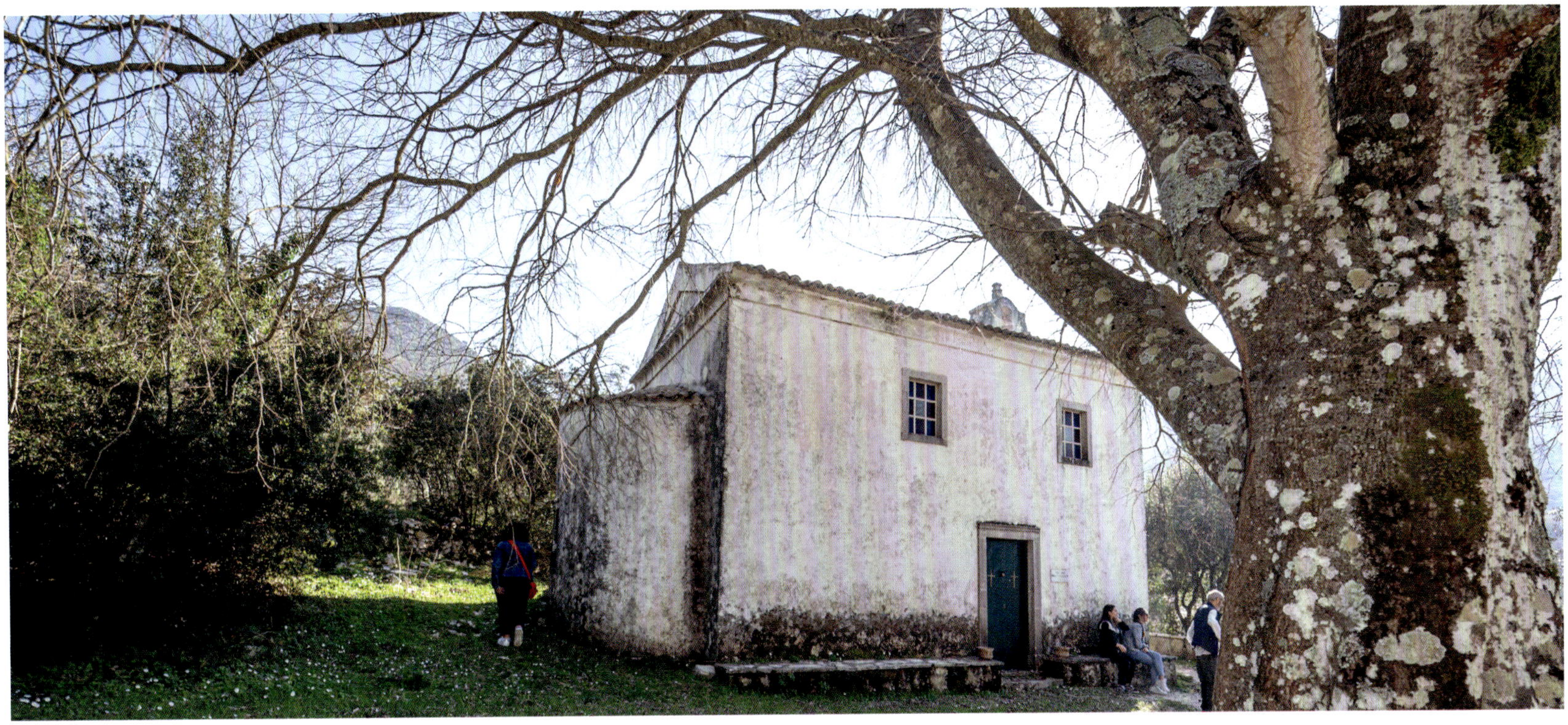

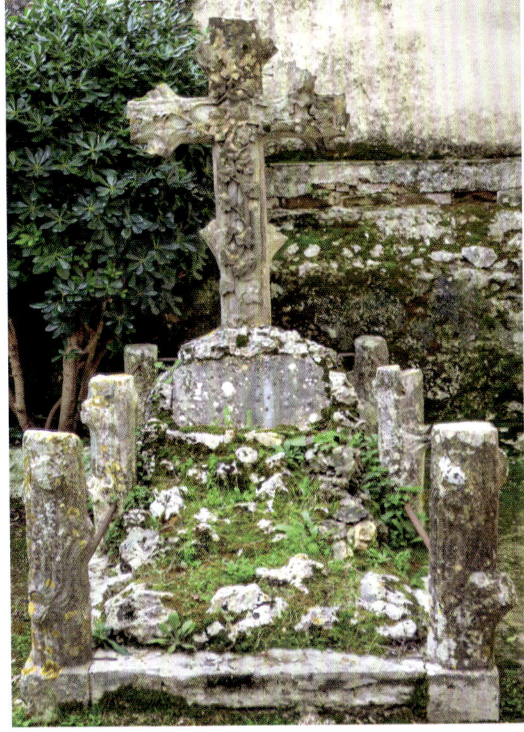

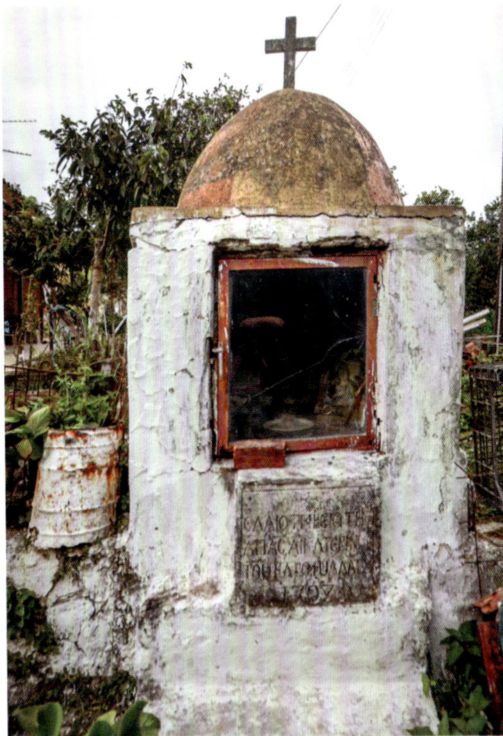

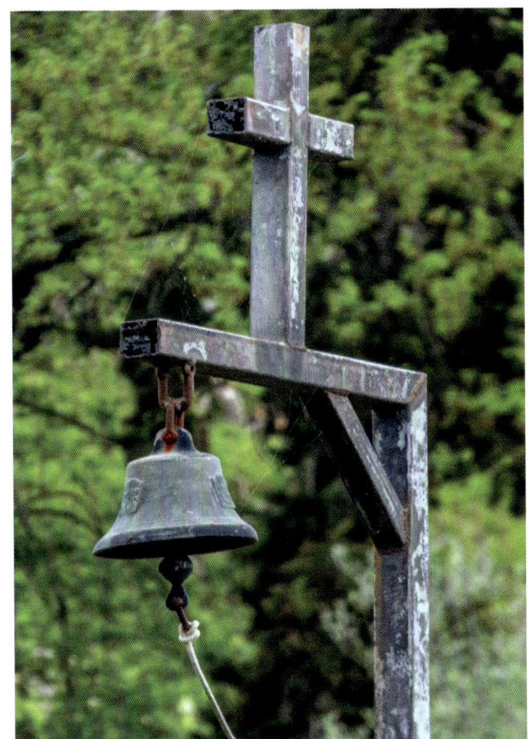

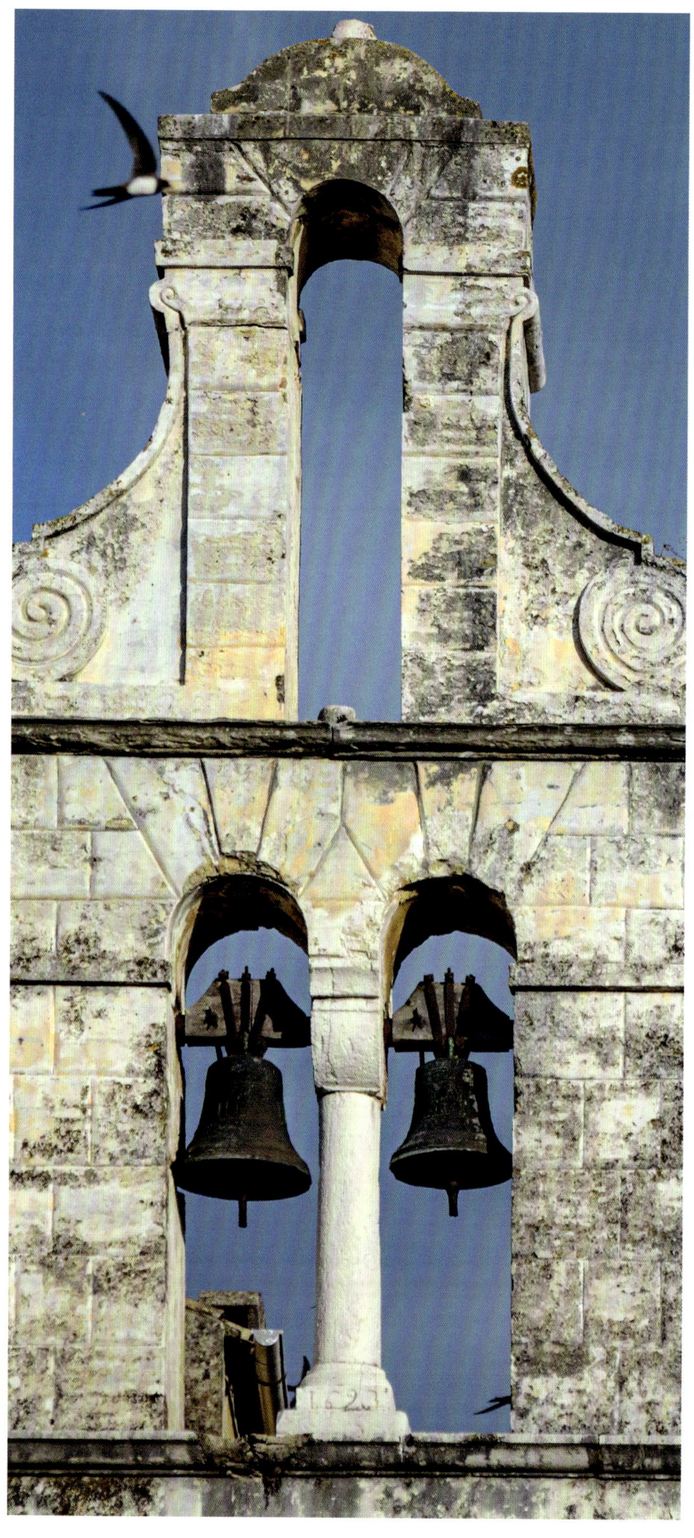

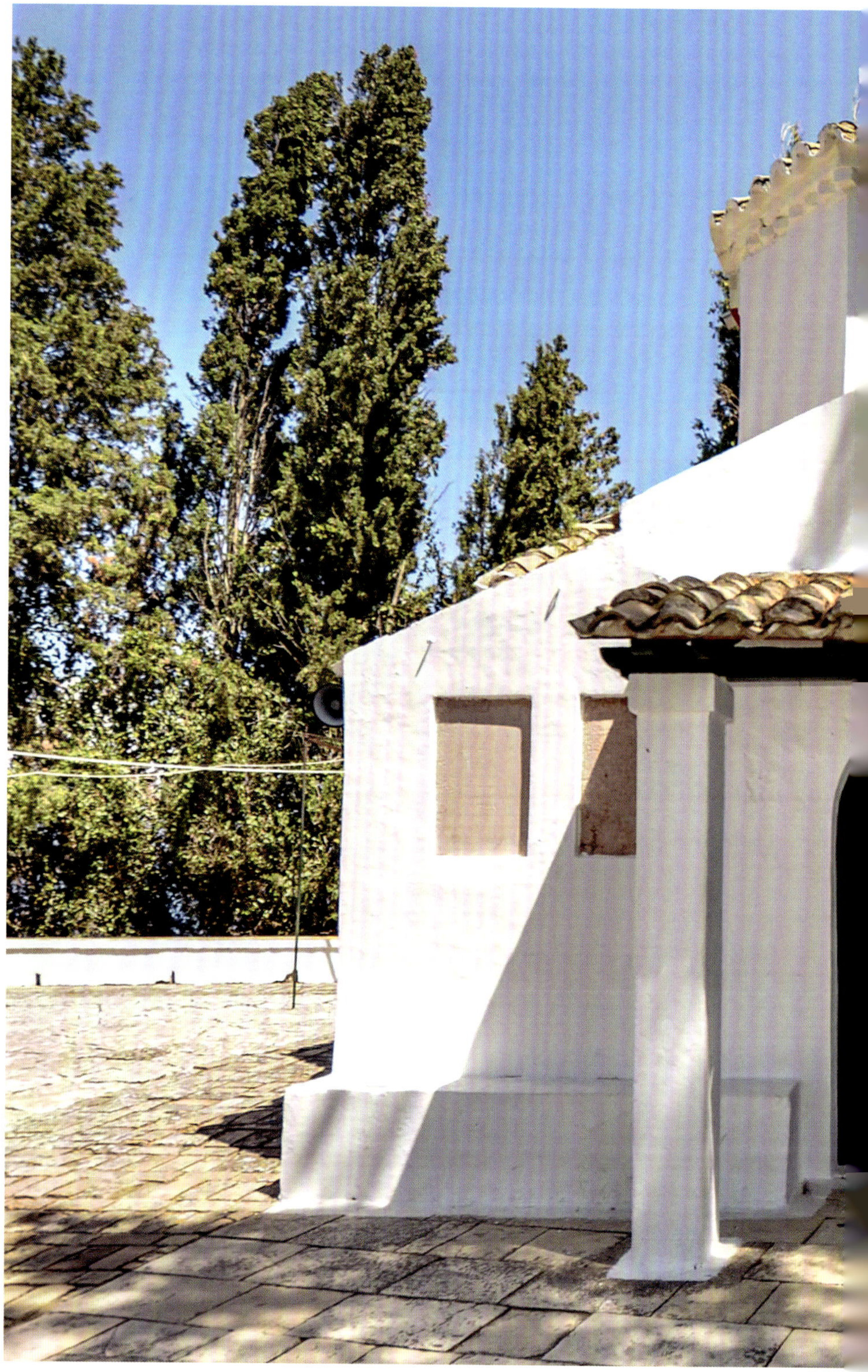

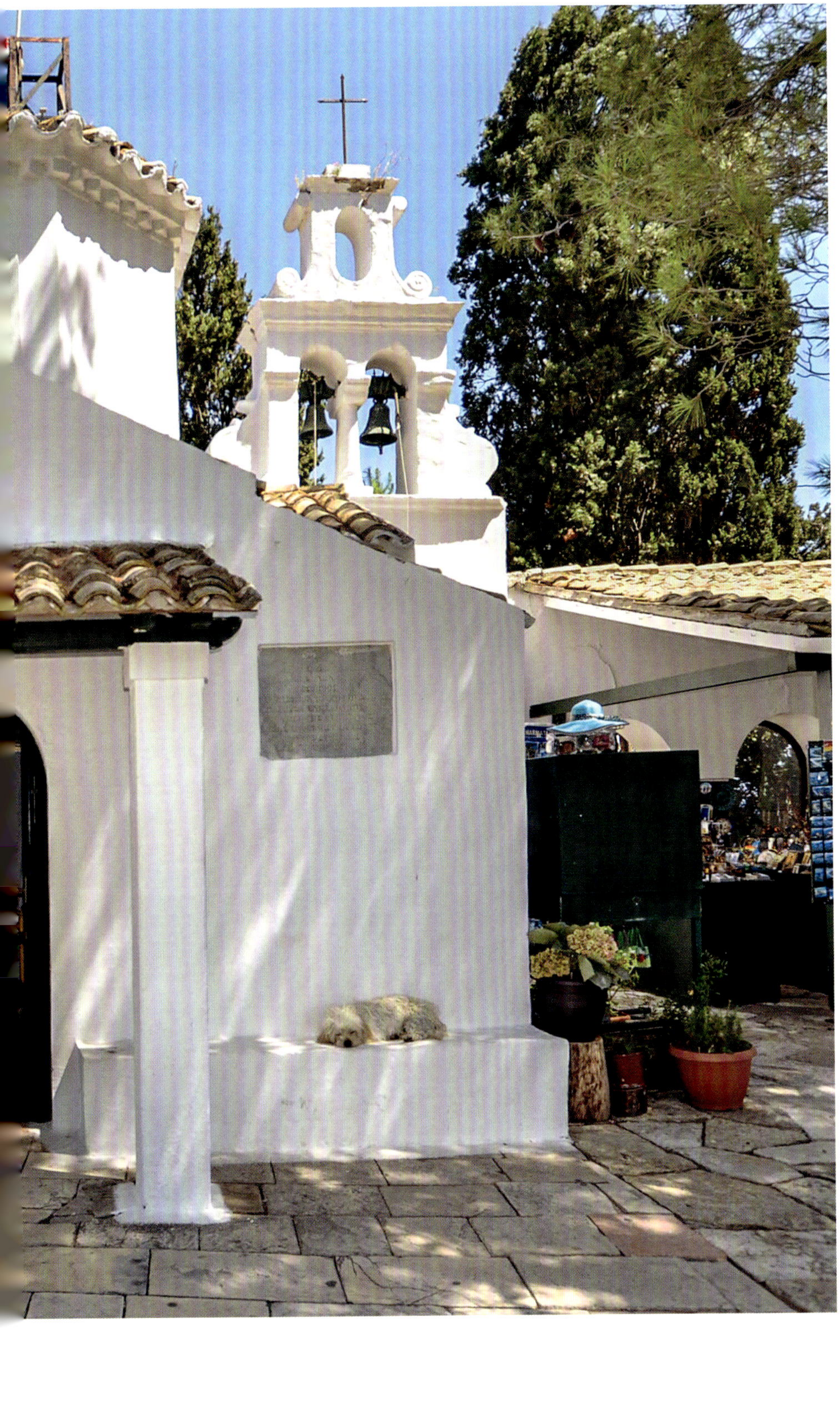

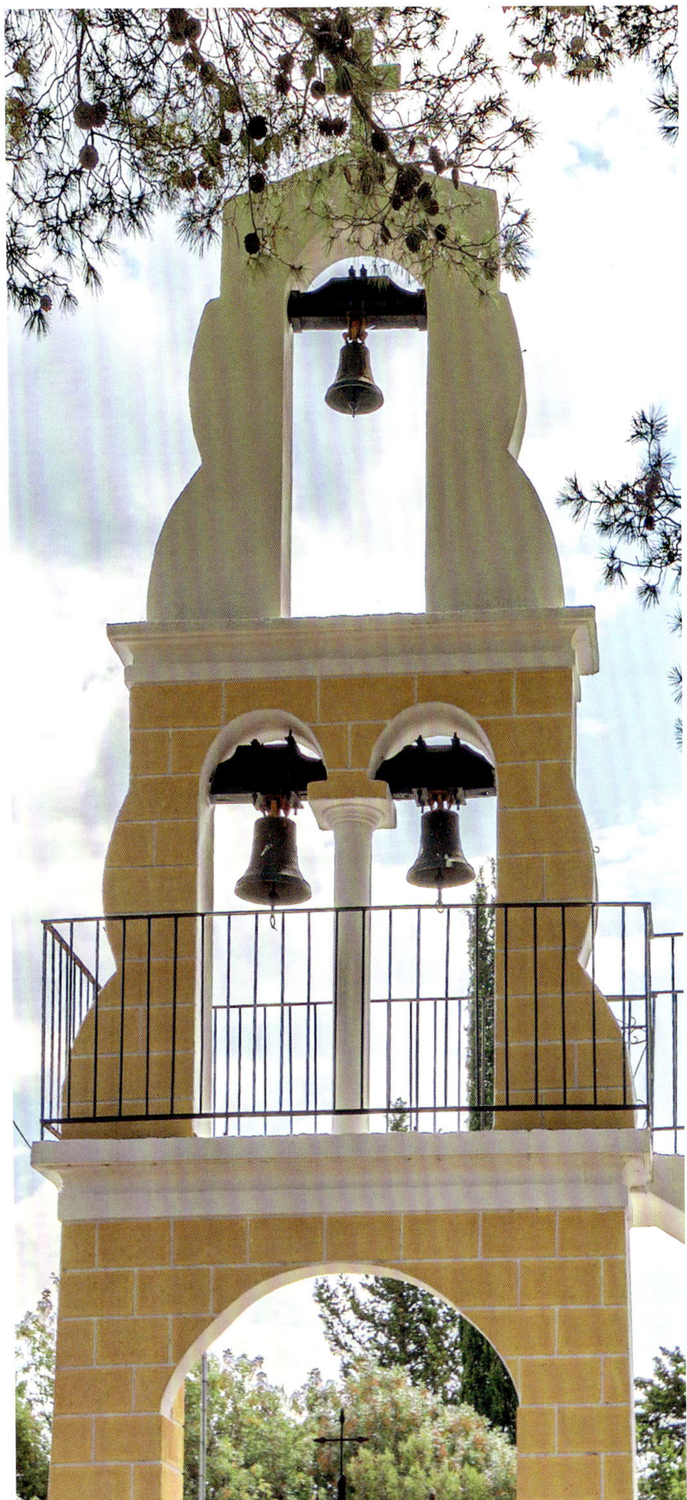

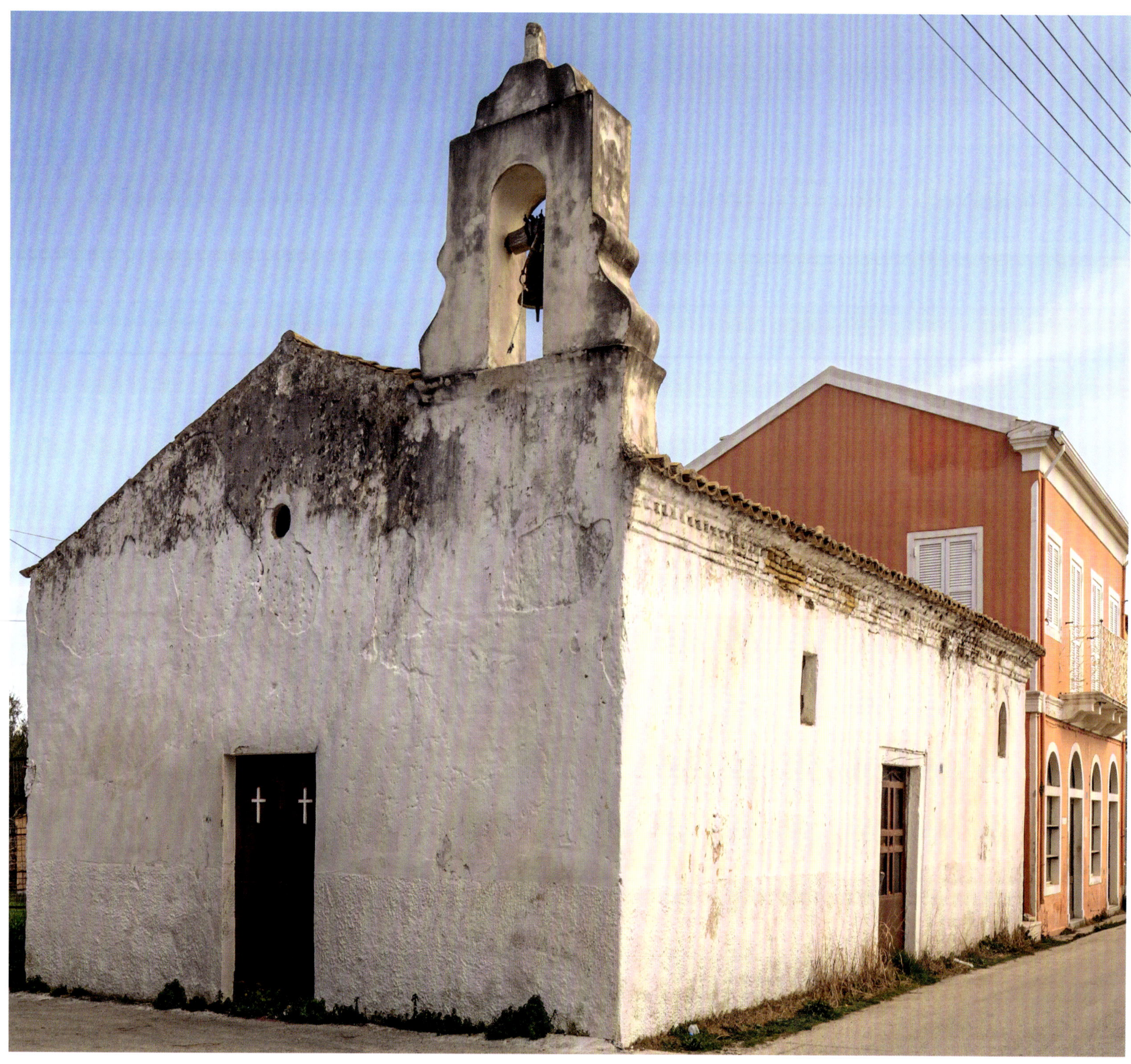

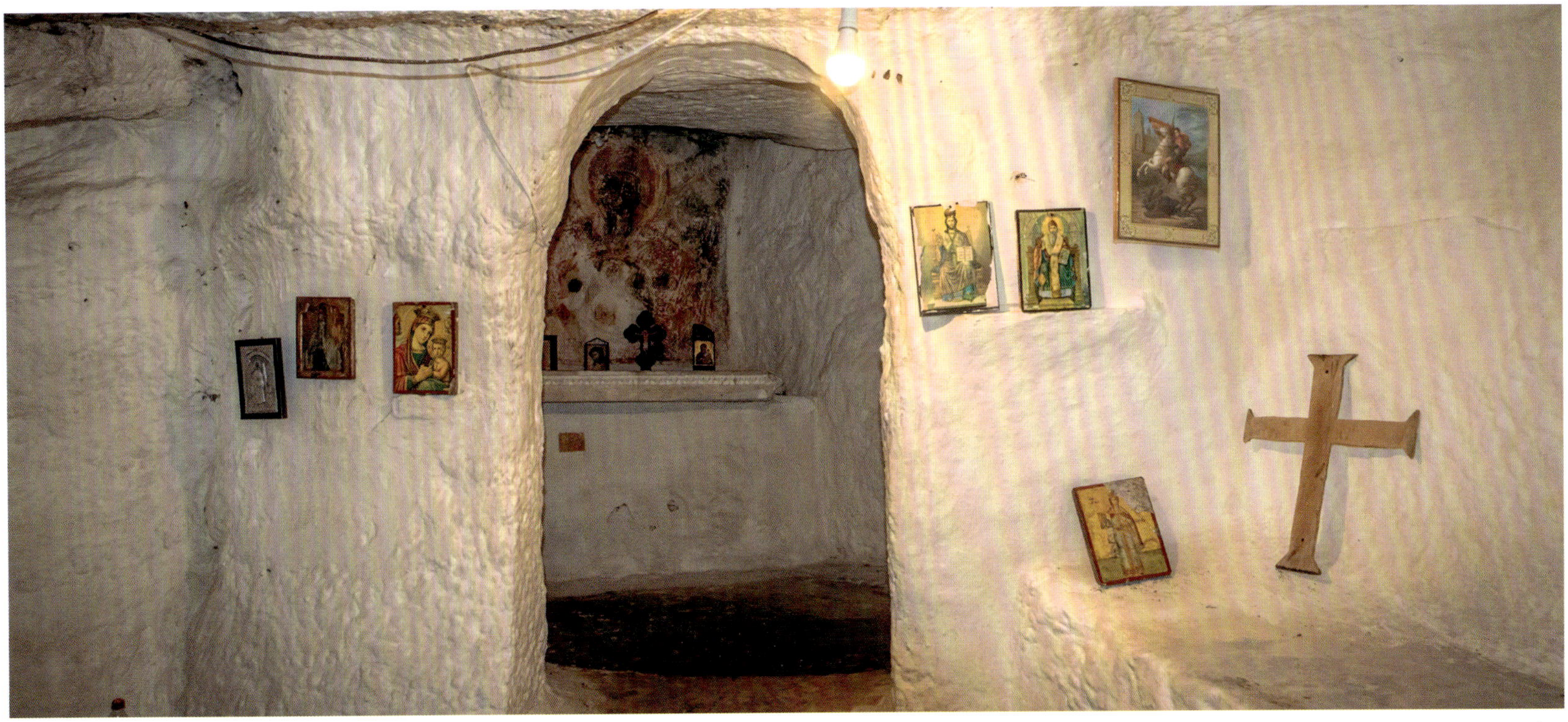

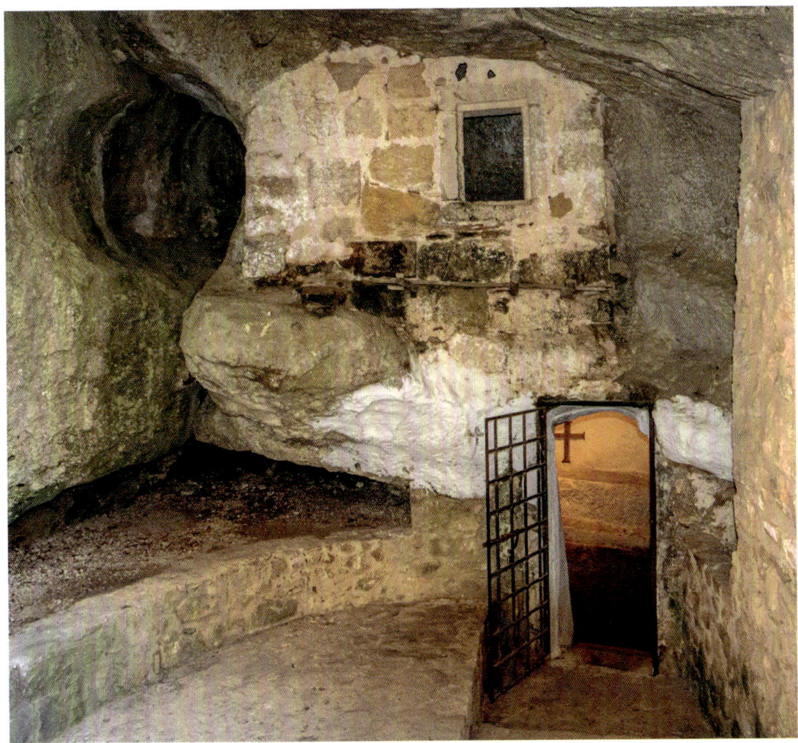

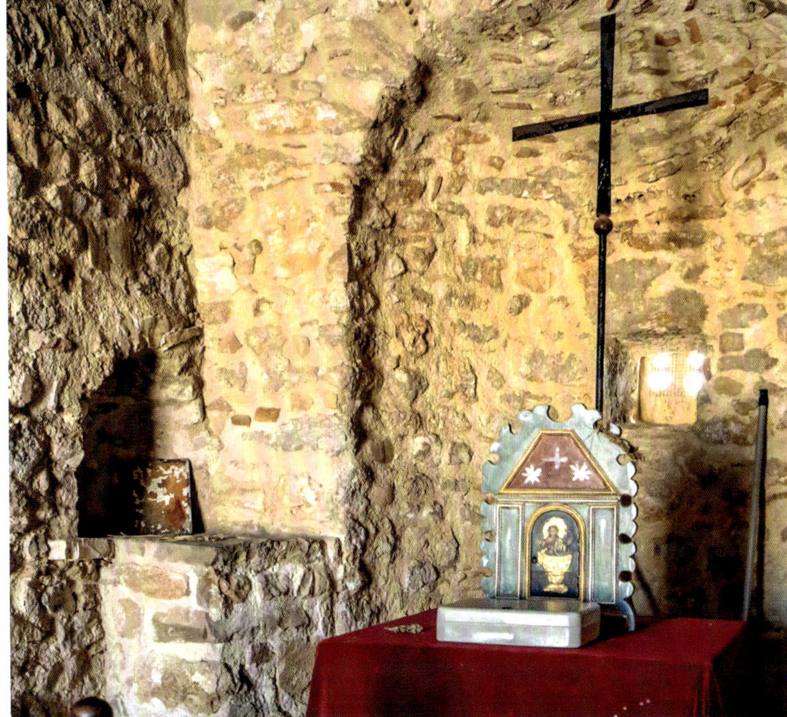

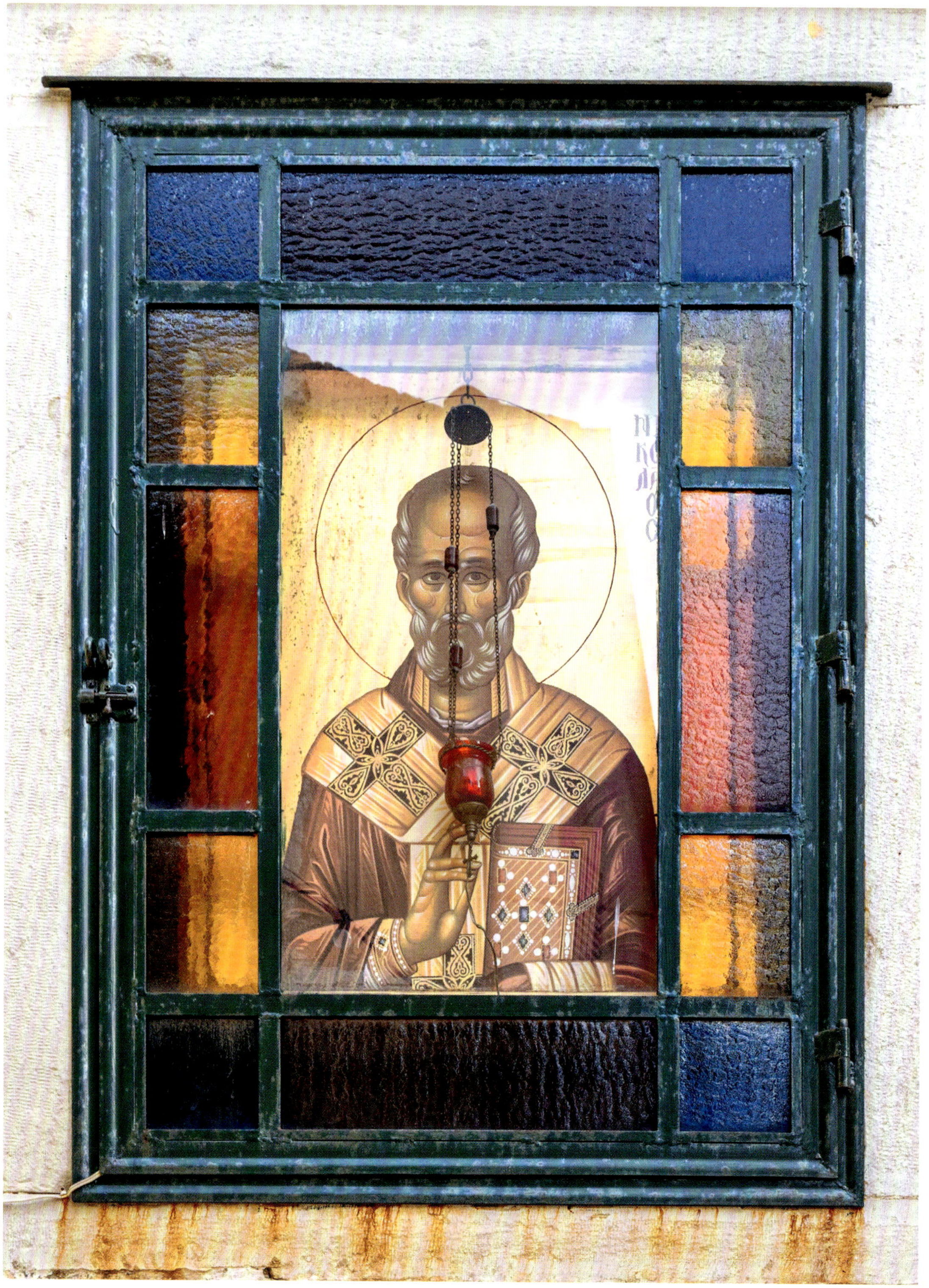

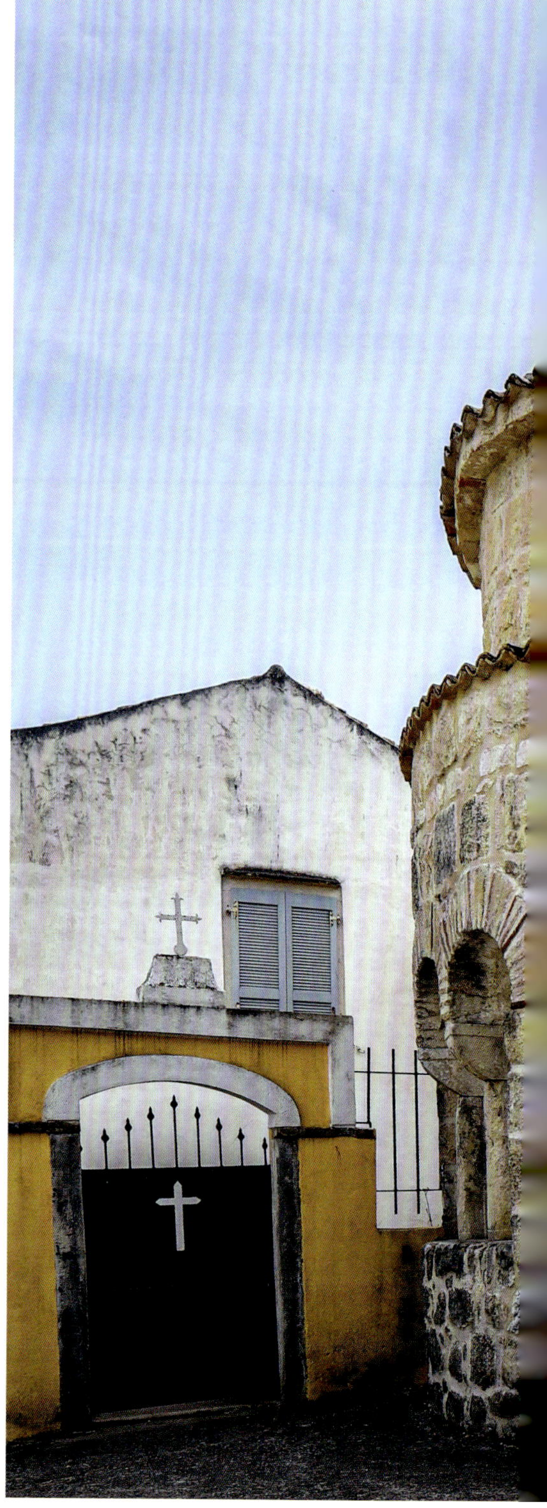

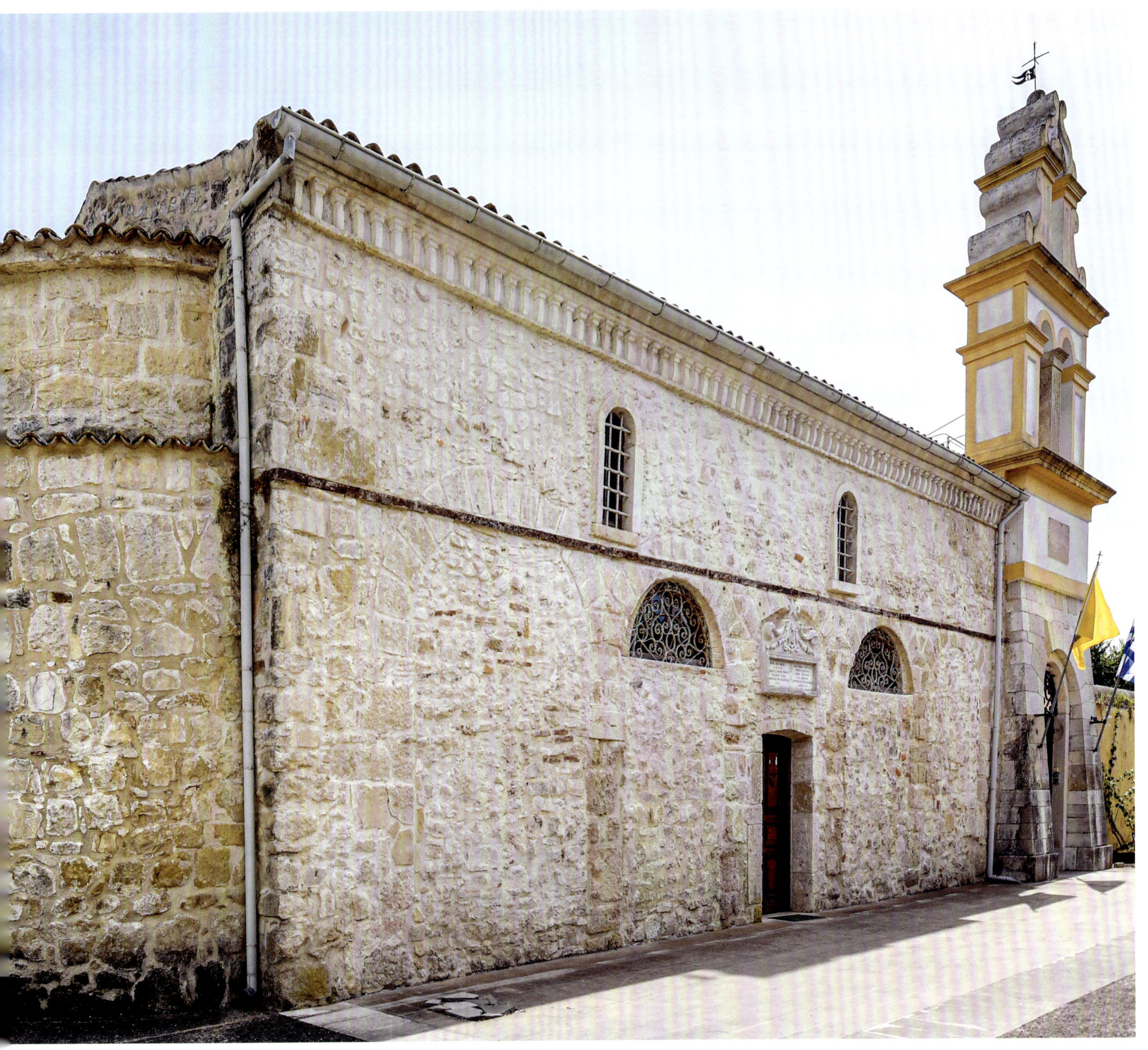

SHRINES
ΠΡΟΣΚΥΝΗΤΑΡΙΑ

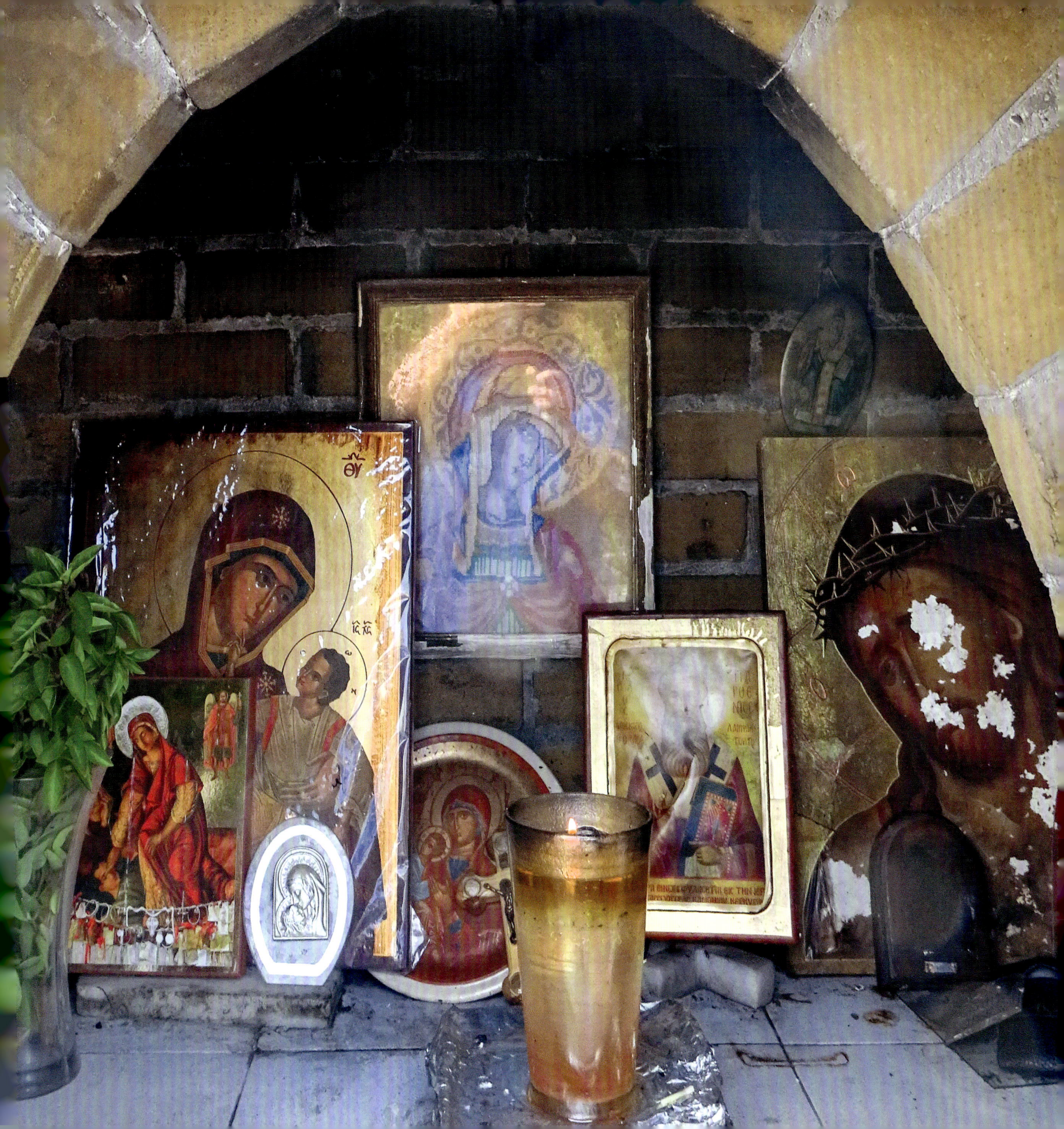

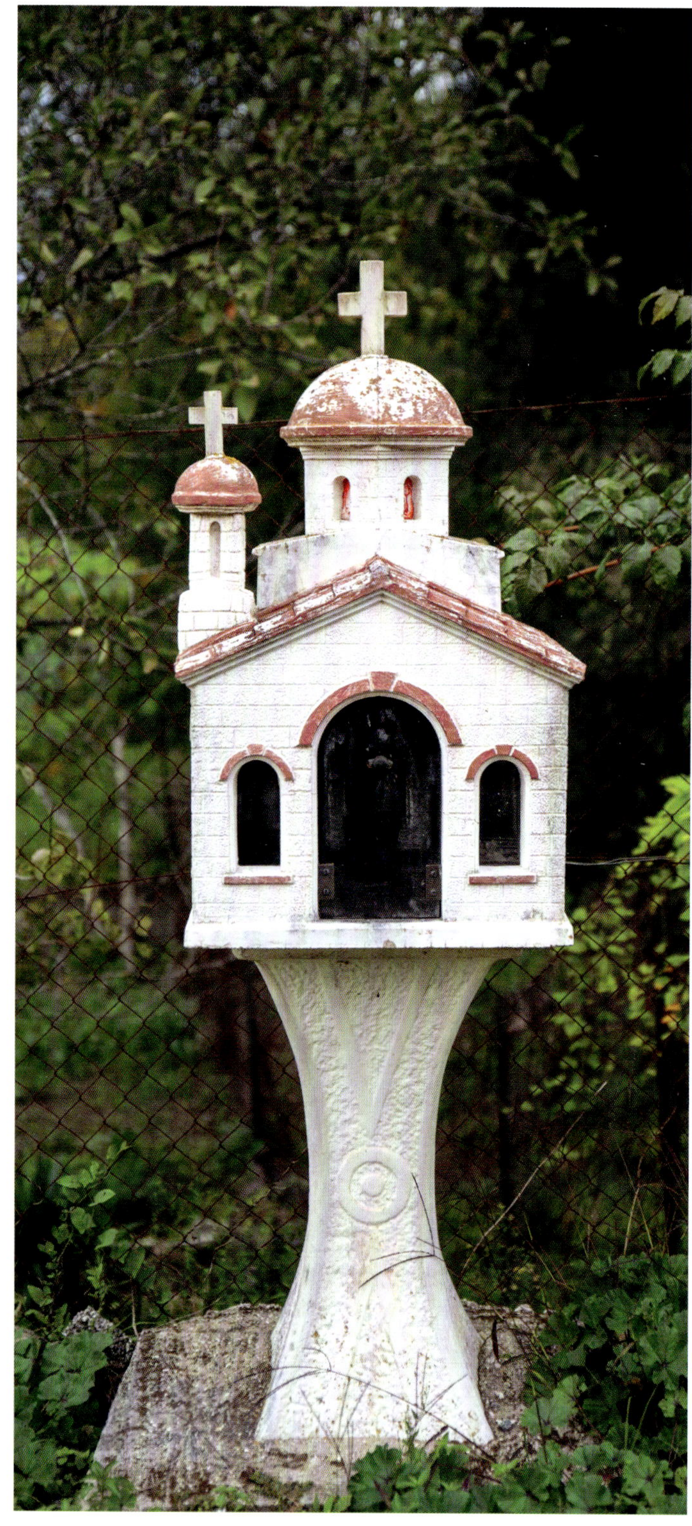

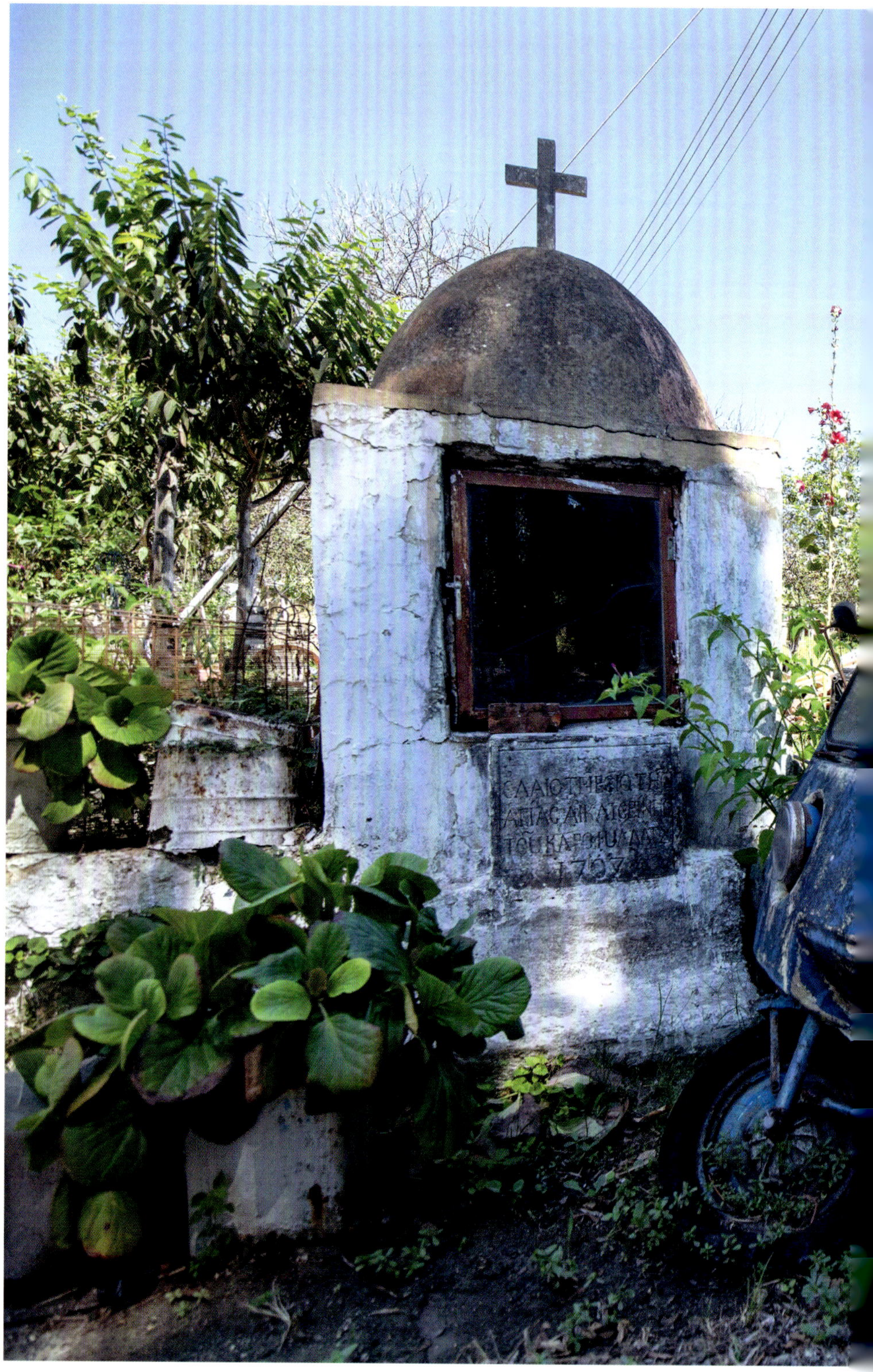

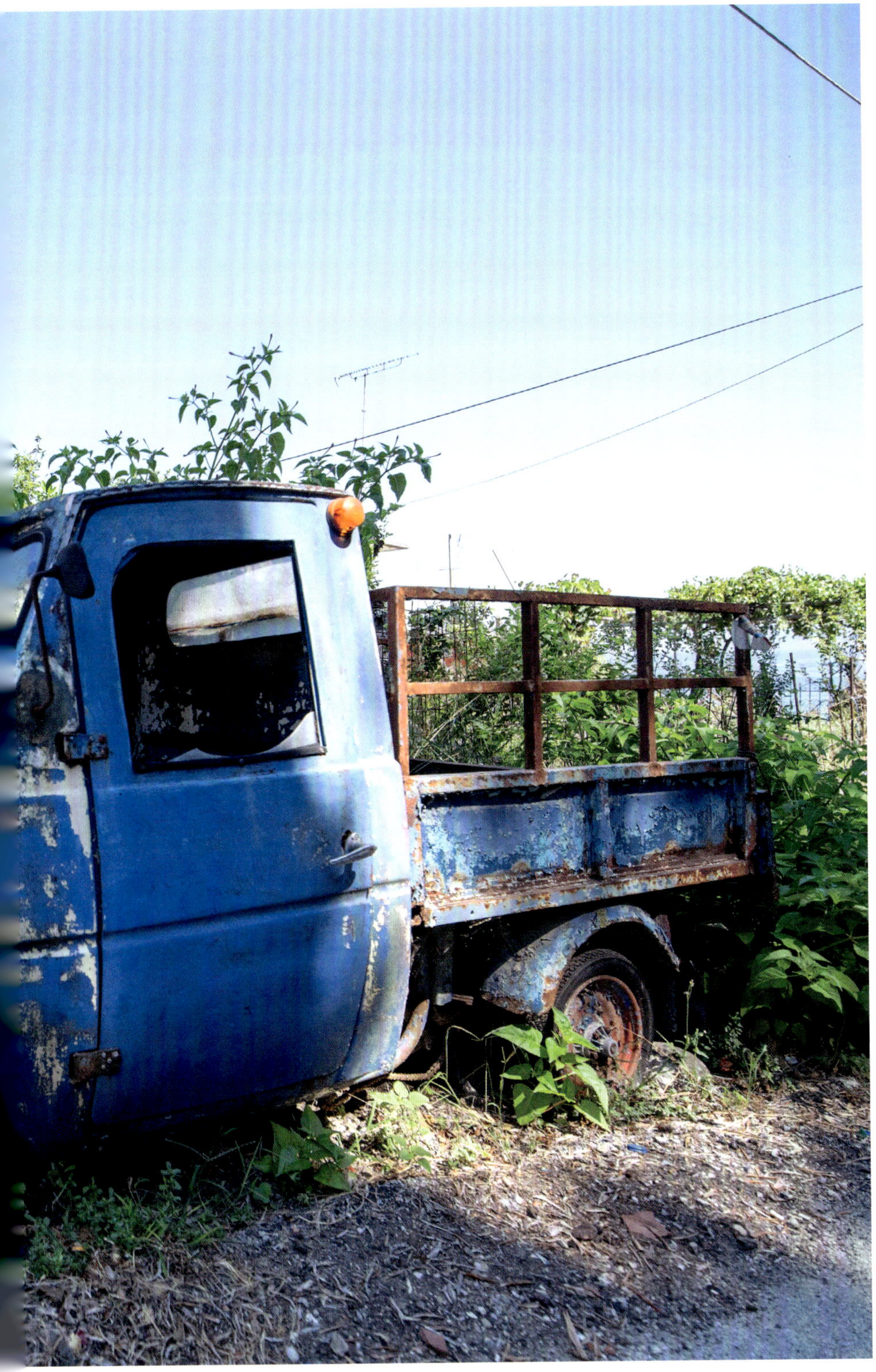

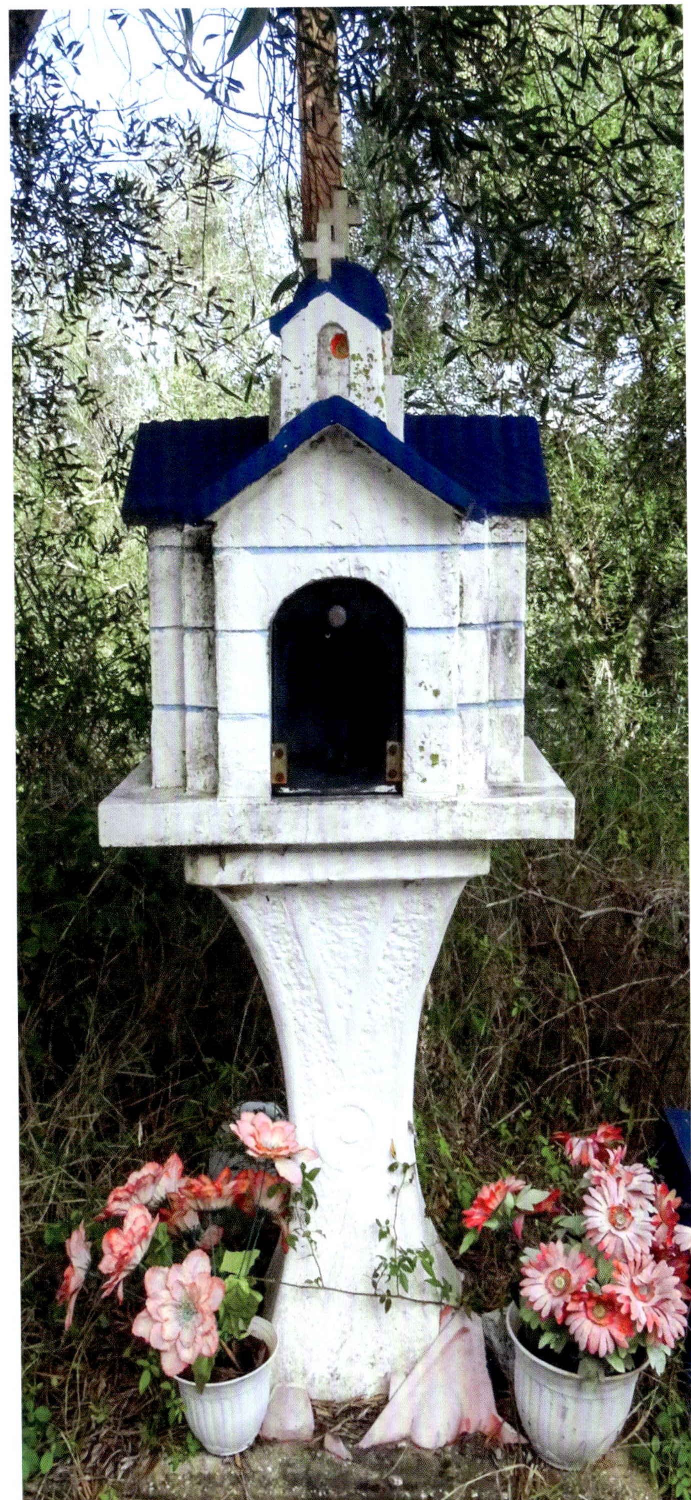

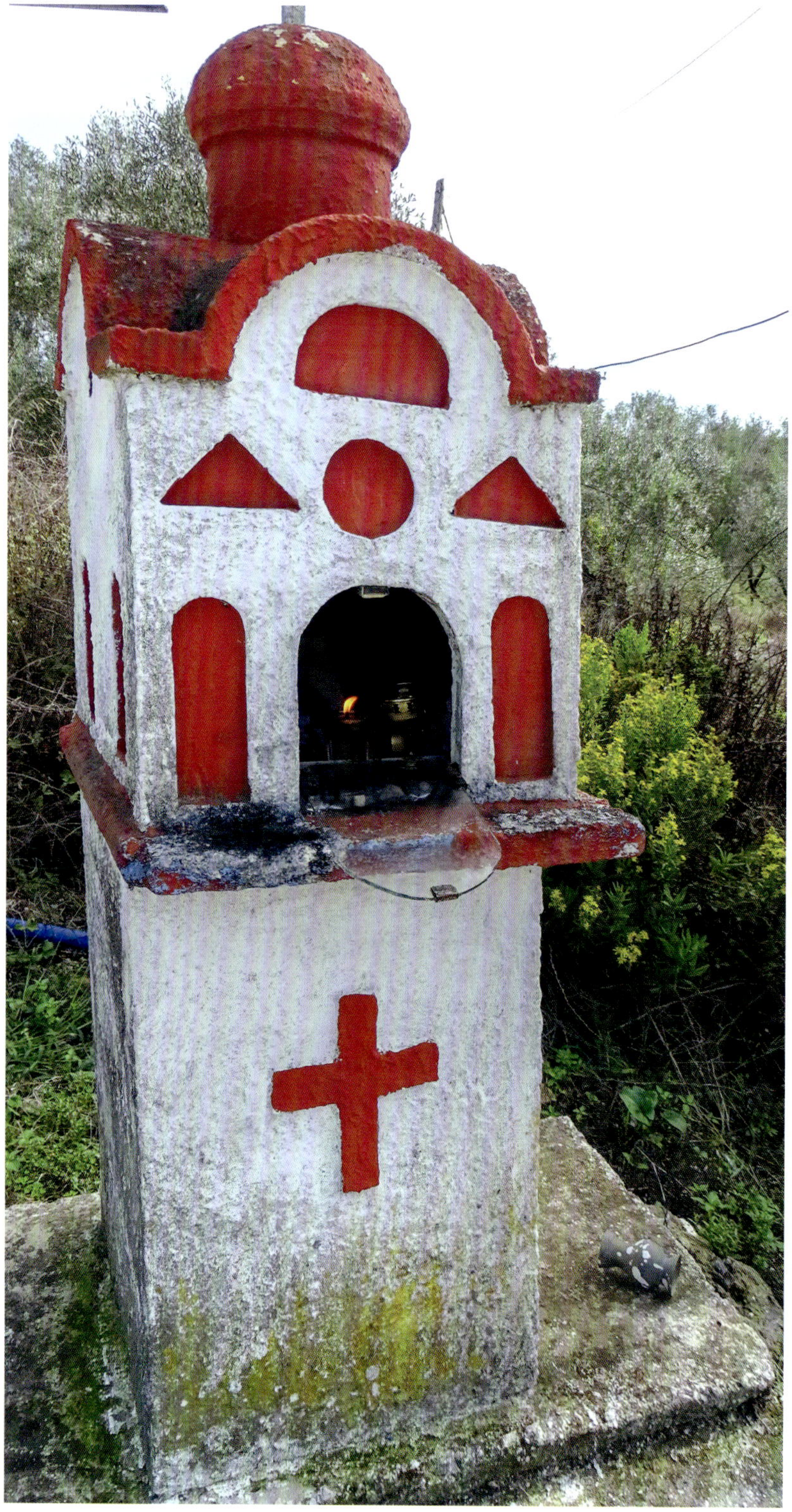

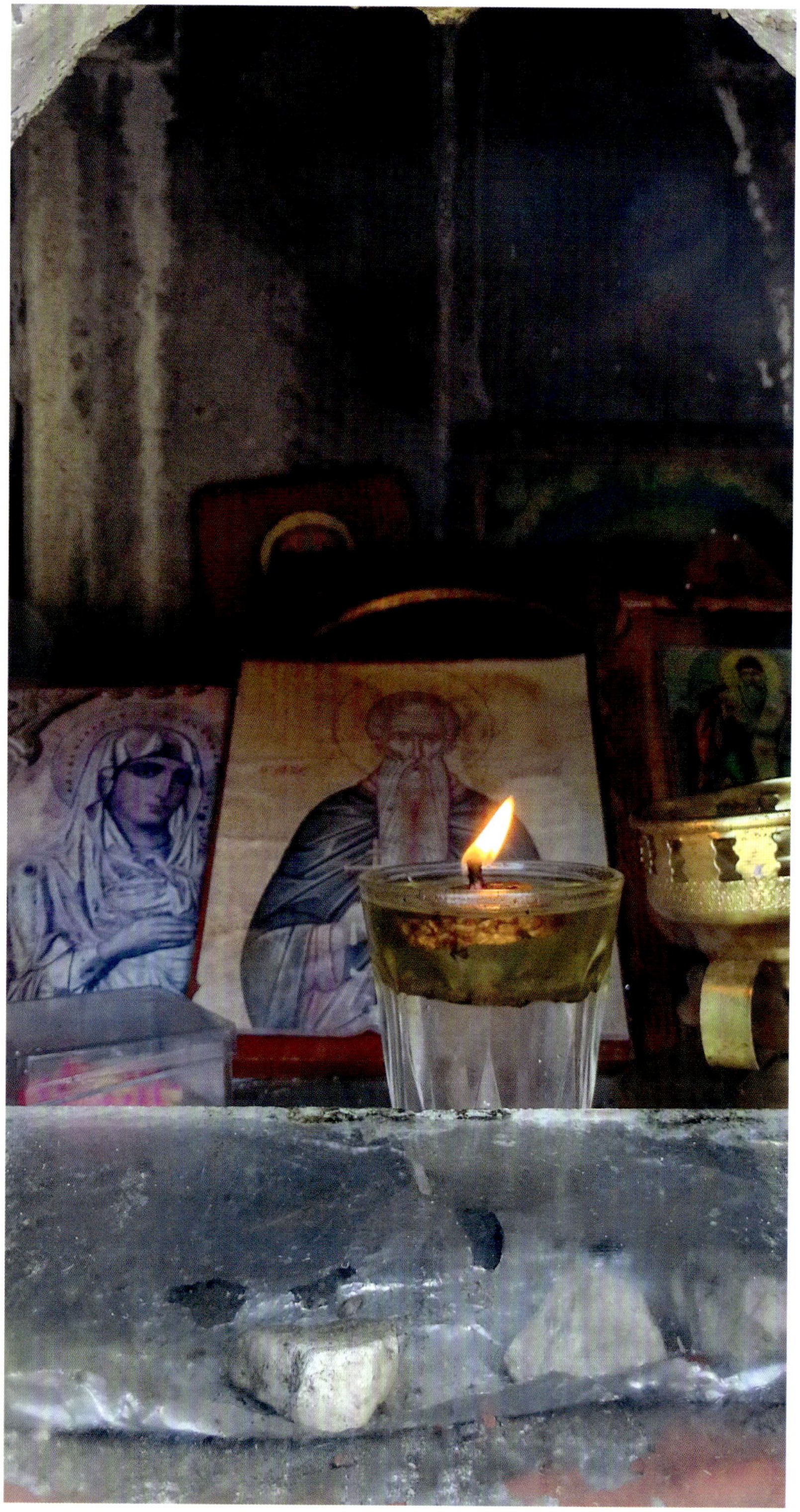

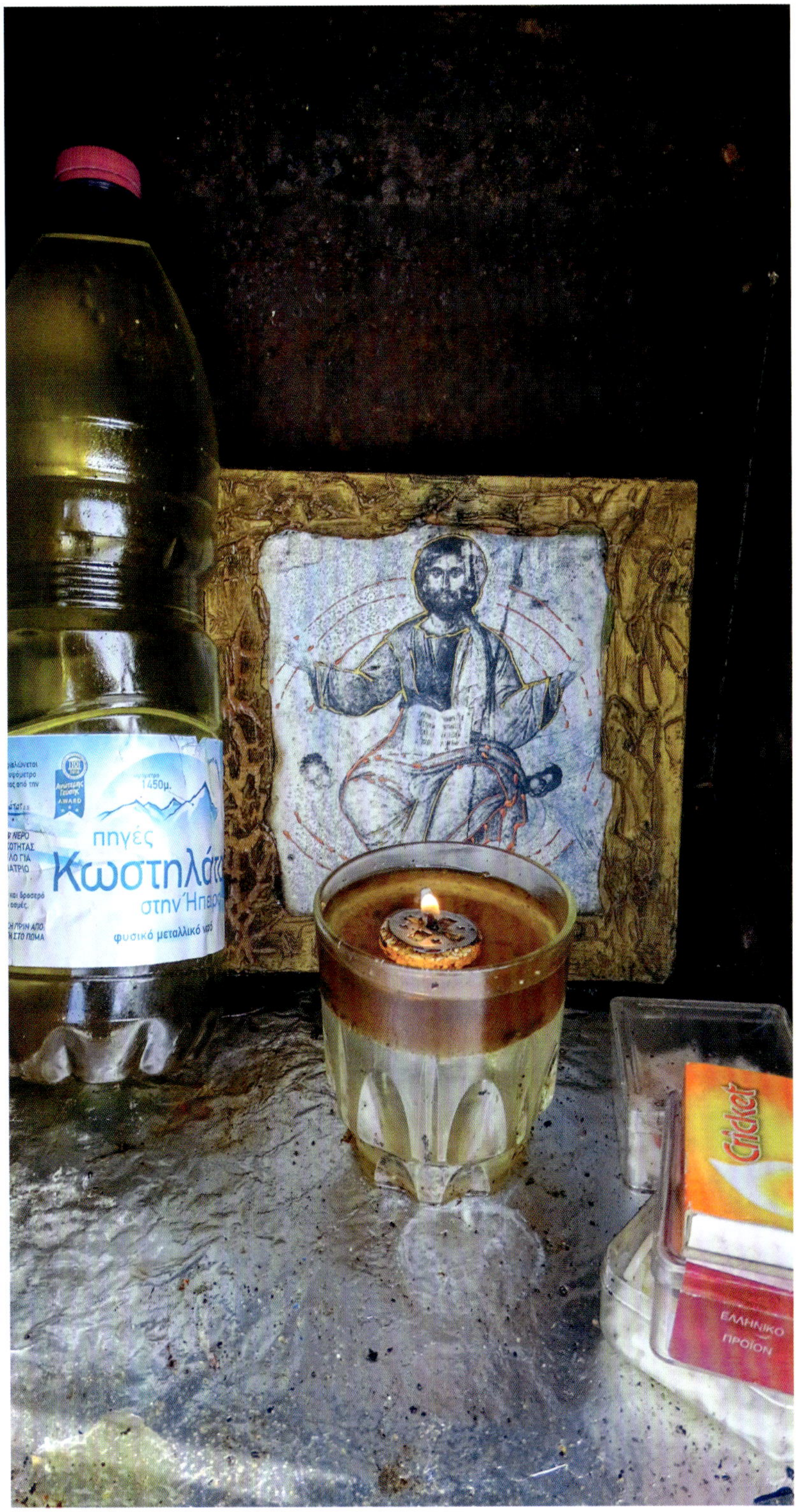

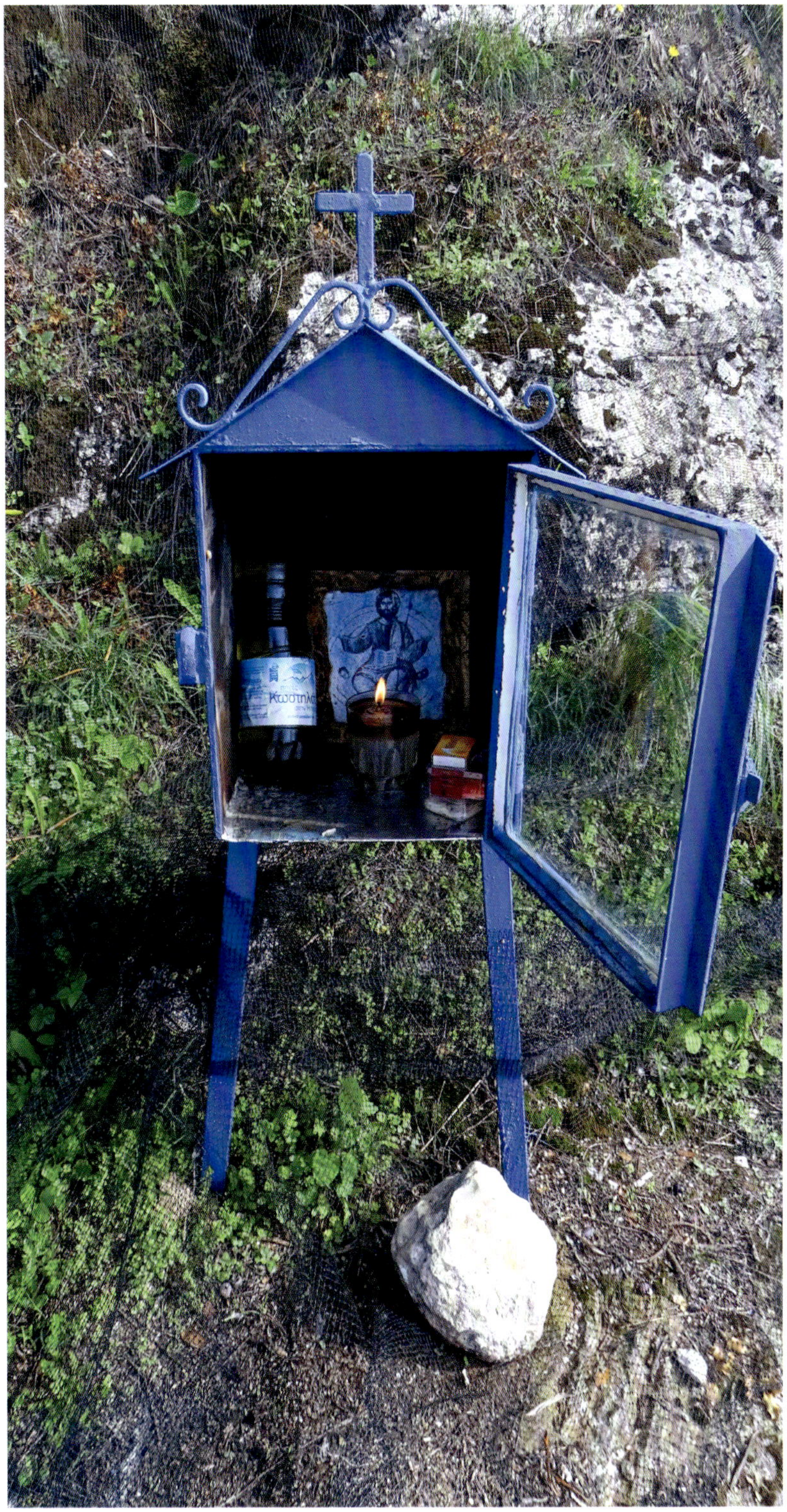

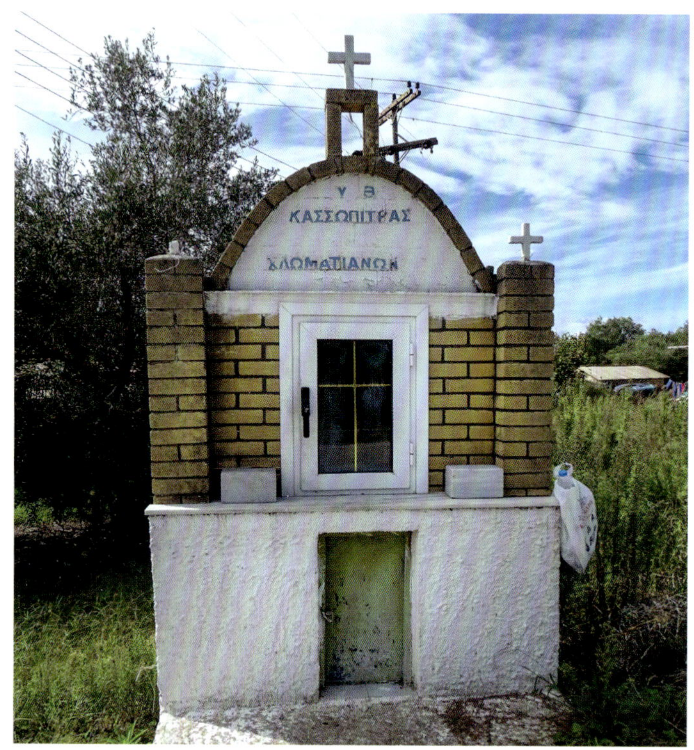
Υ Θ
ΚΑΣΣΩΠΙΤΡΑΣ
ΧΛΩΜΑΤΙΑΝΩΝ

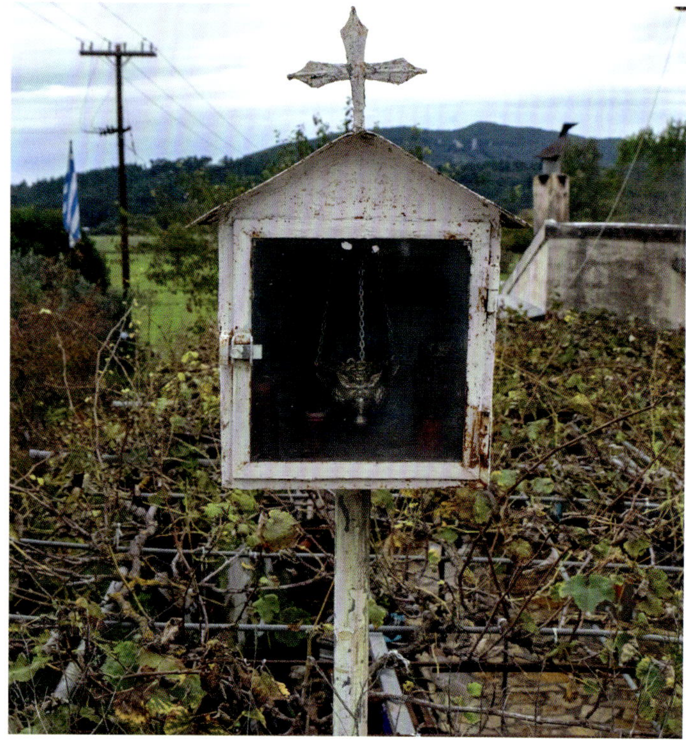

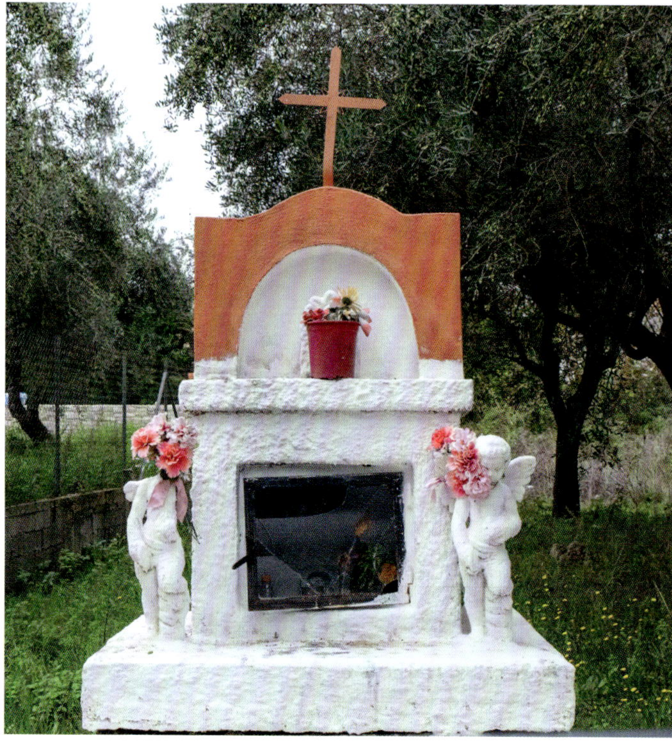

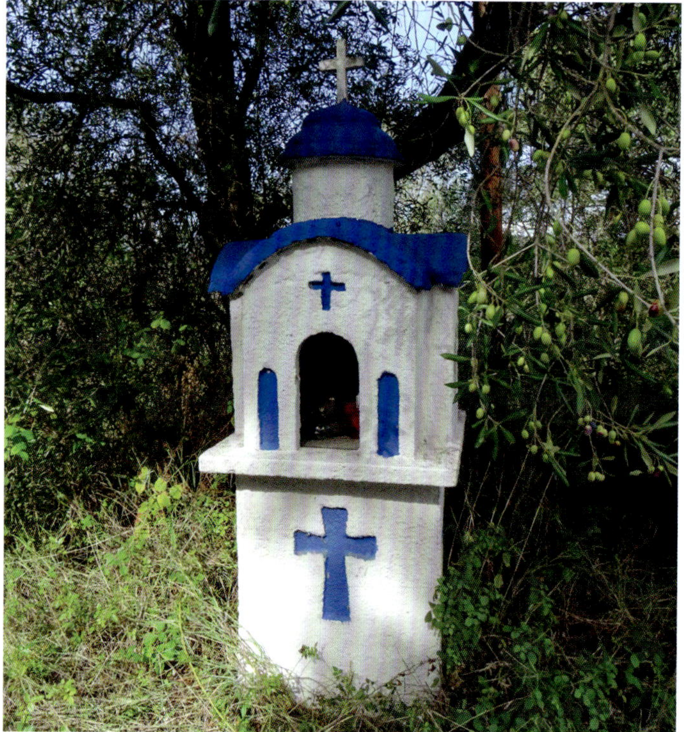

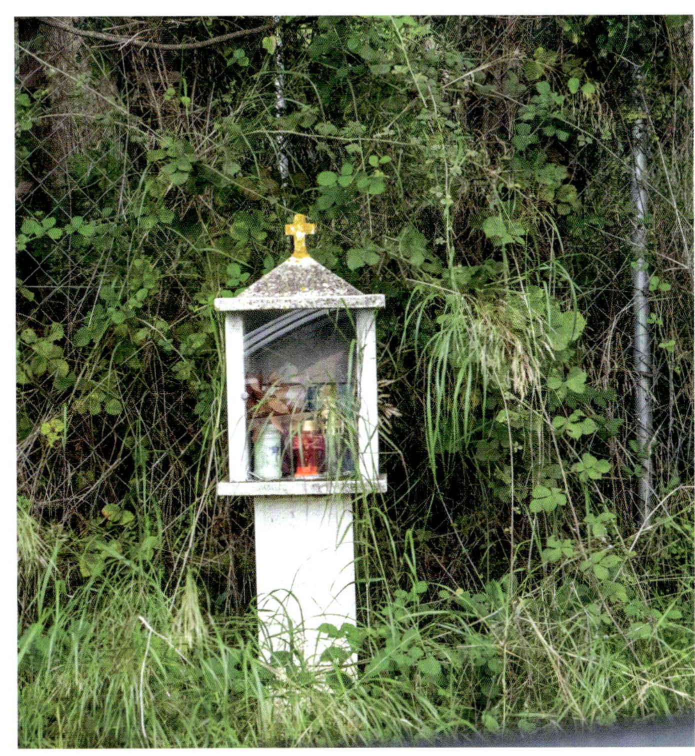

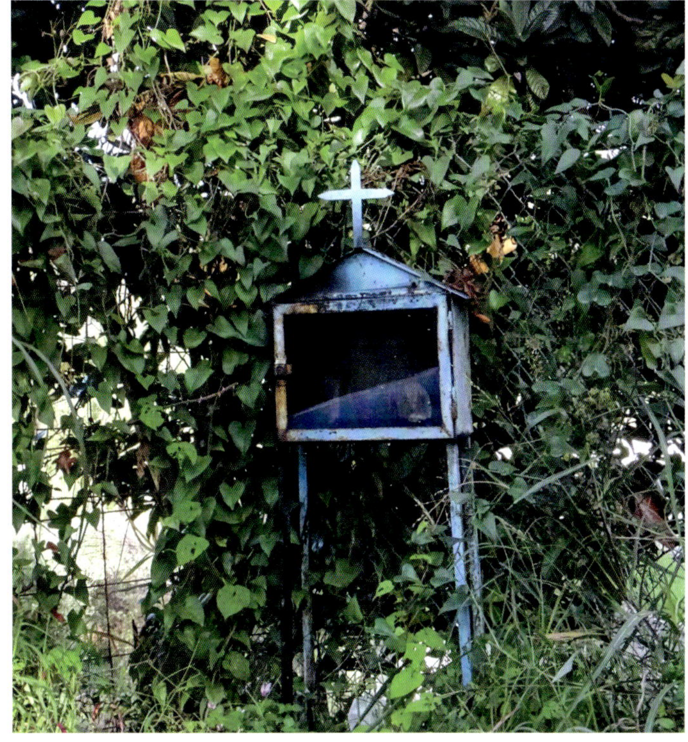

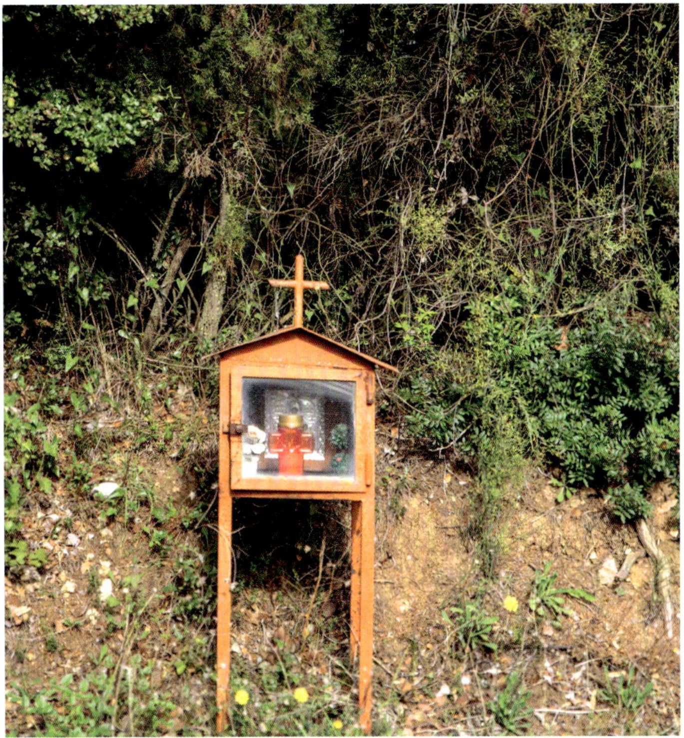

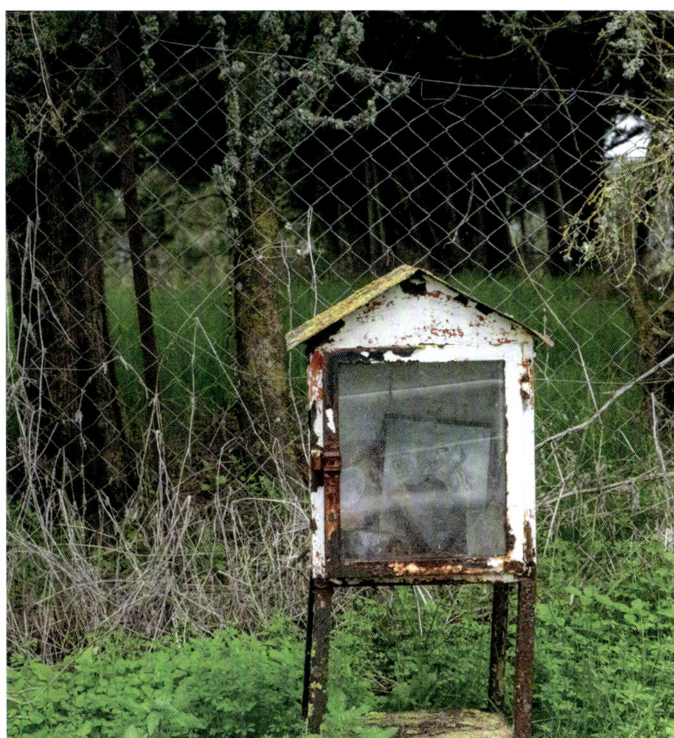

WINDOWS
ΠΑΡΑΘΥΡΙΑ

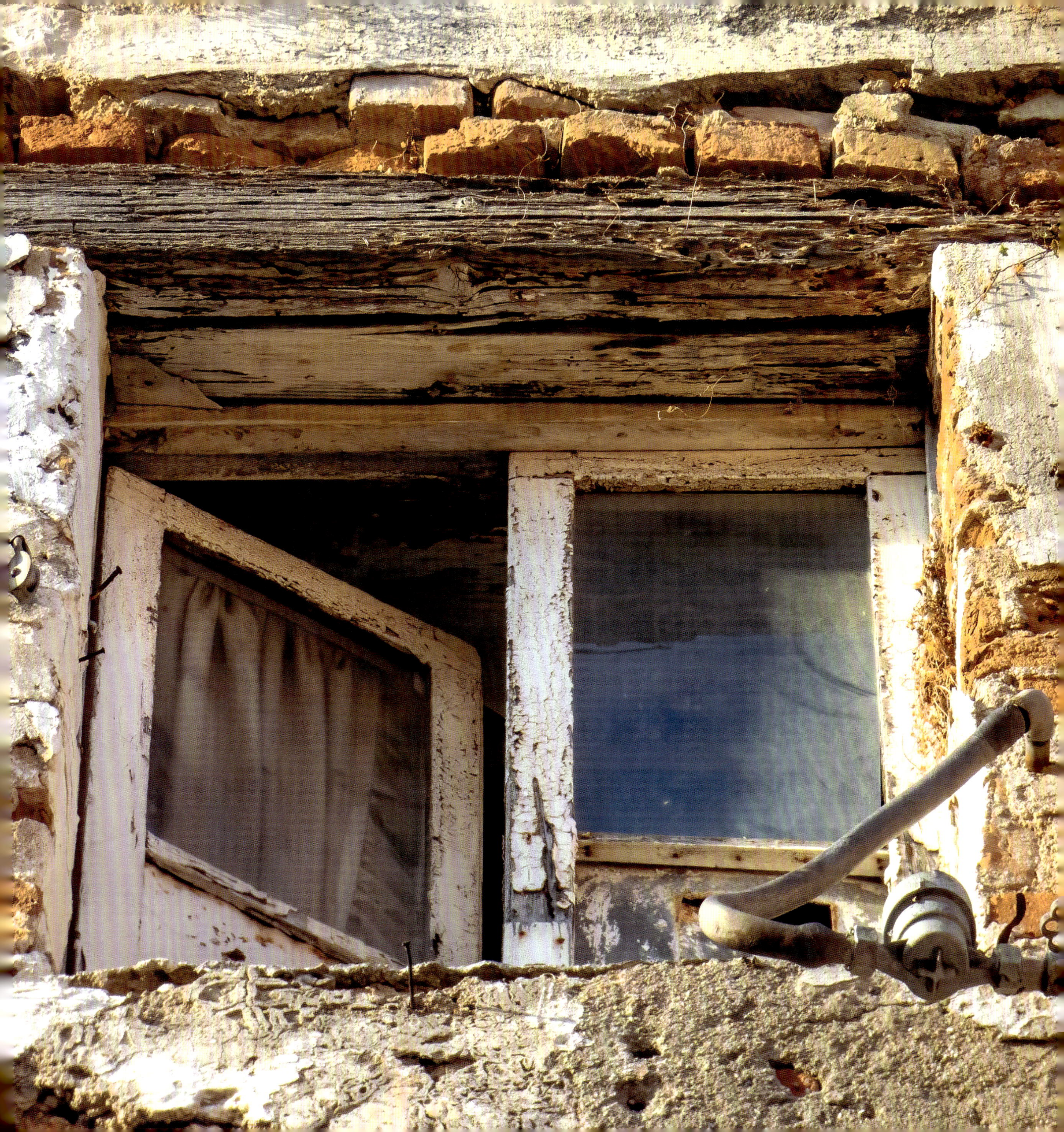

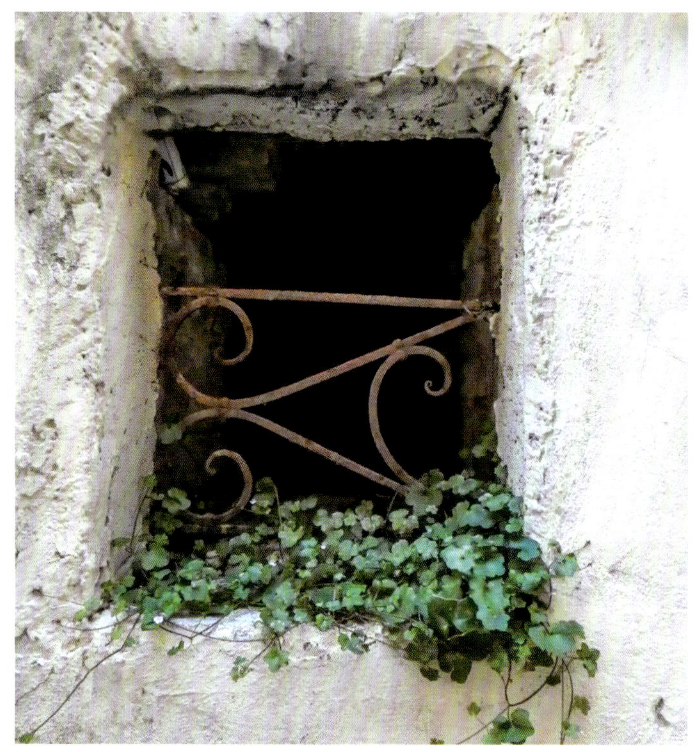

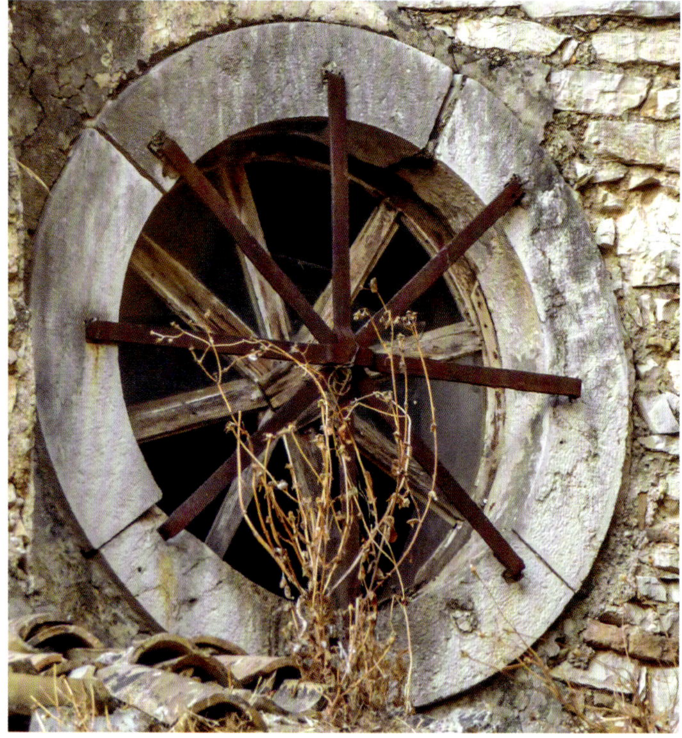

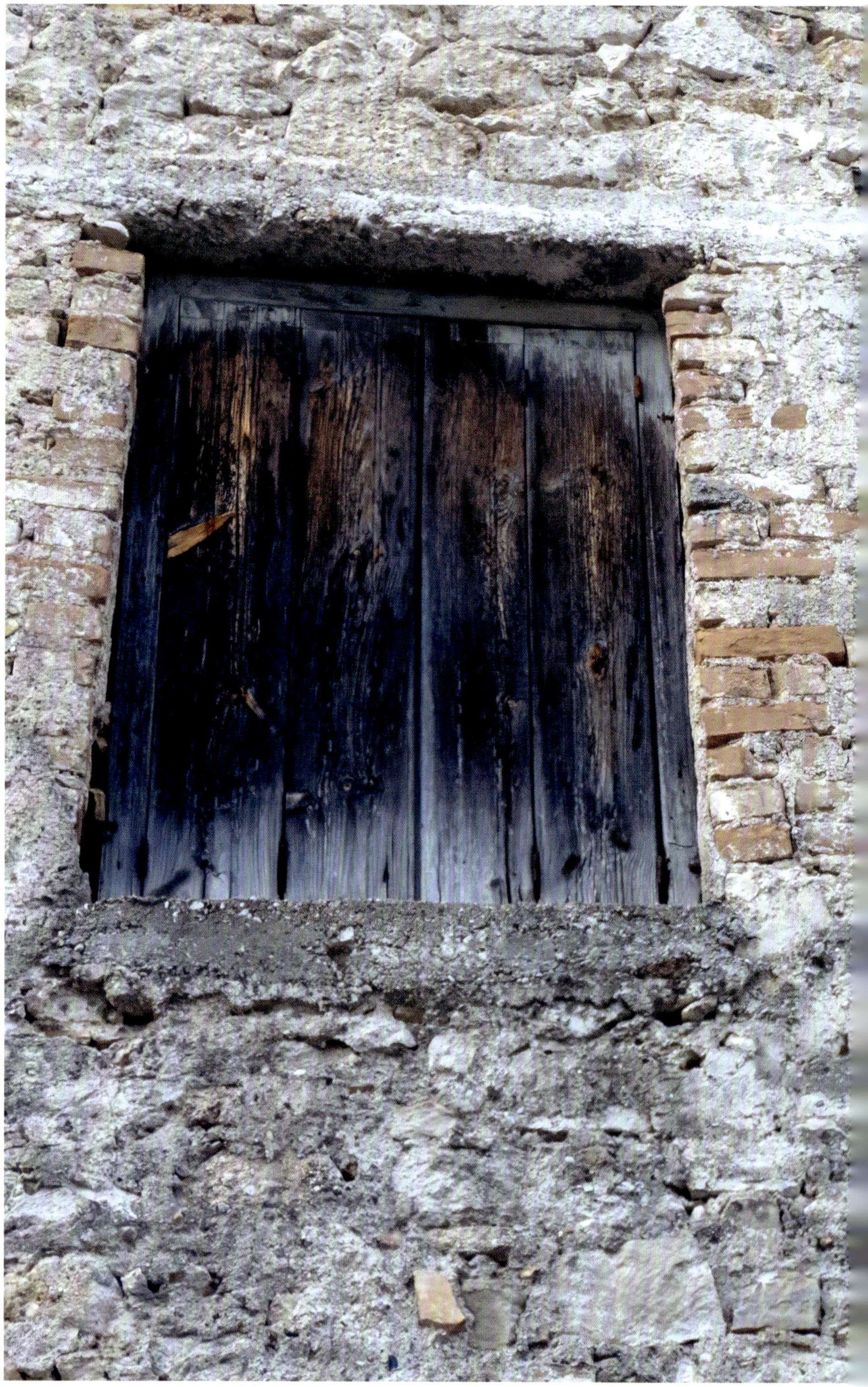

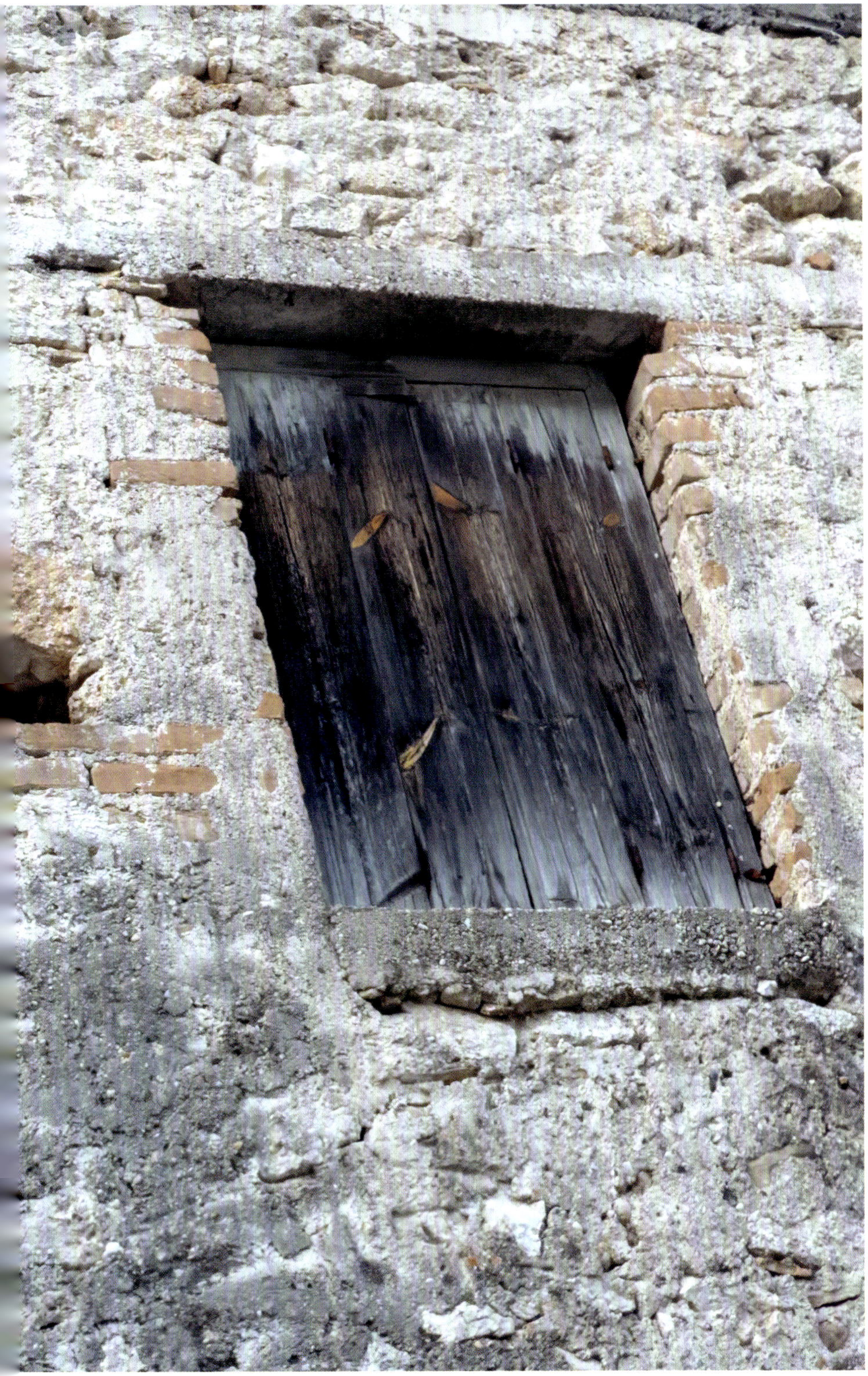

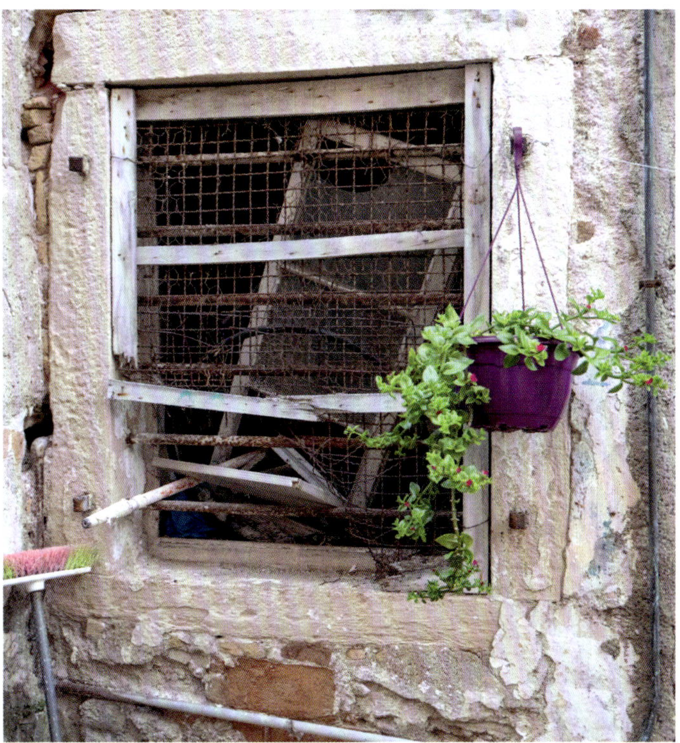

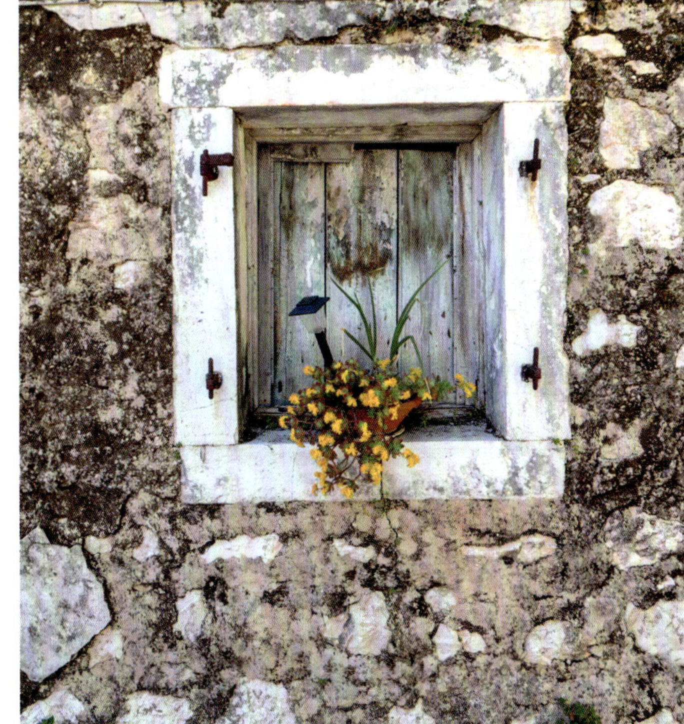

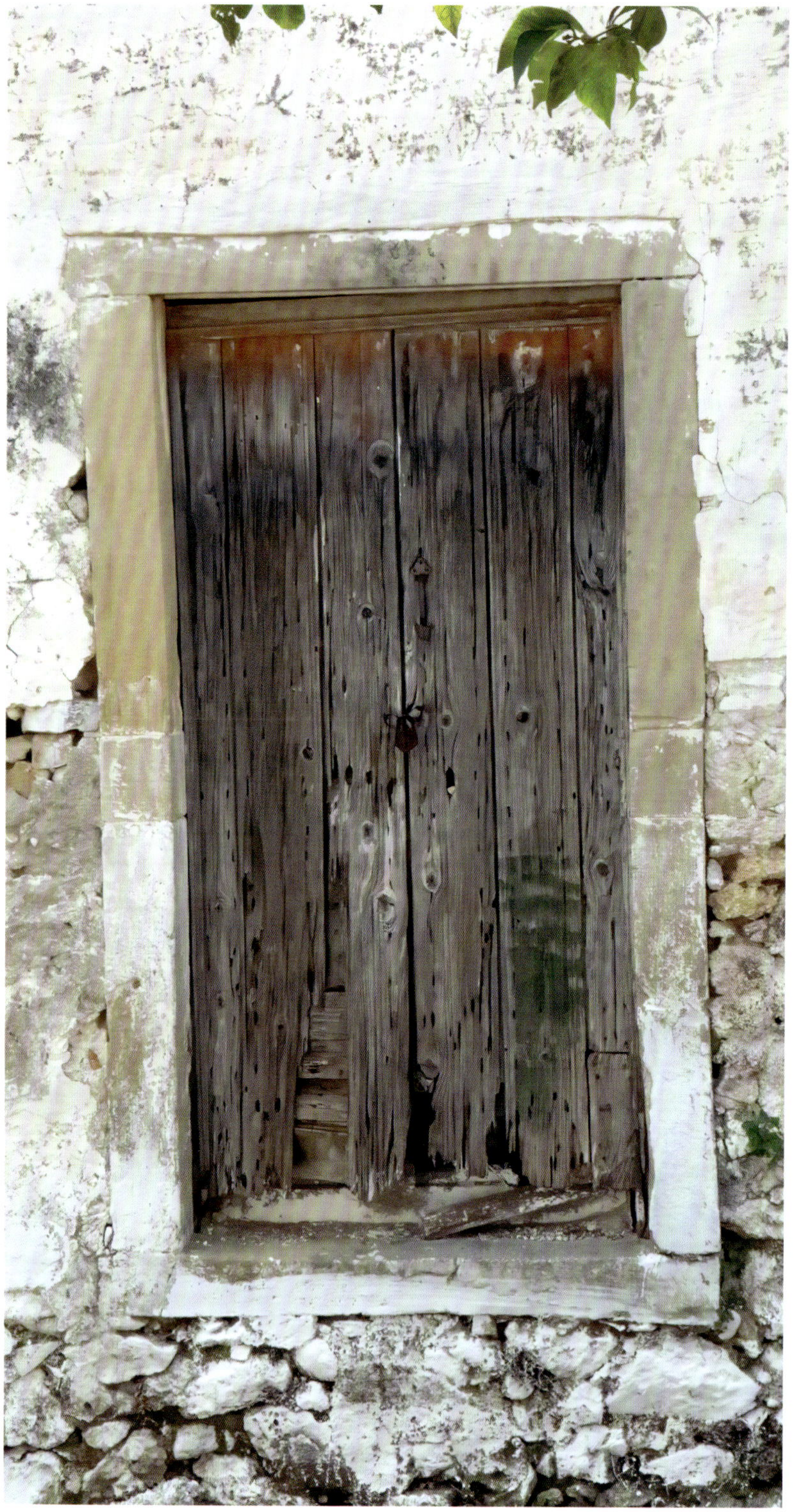

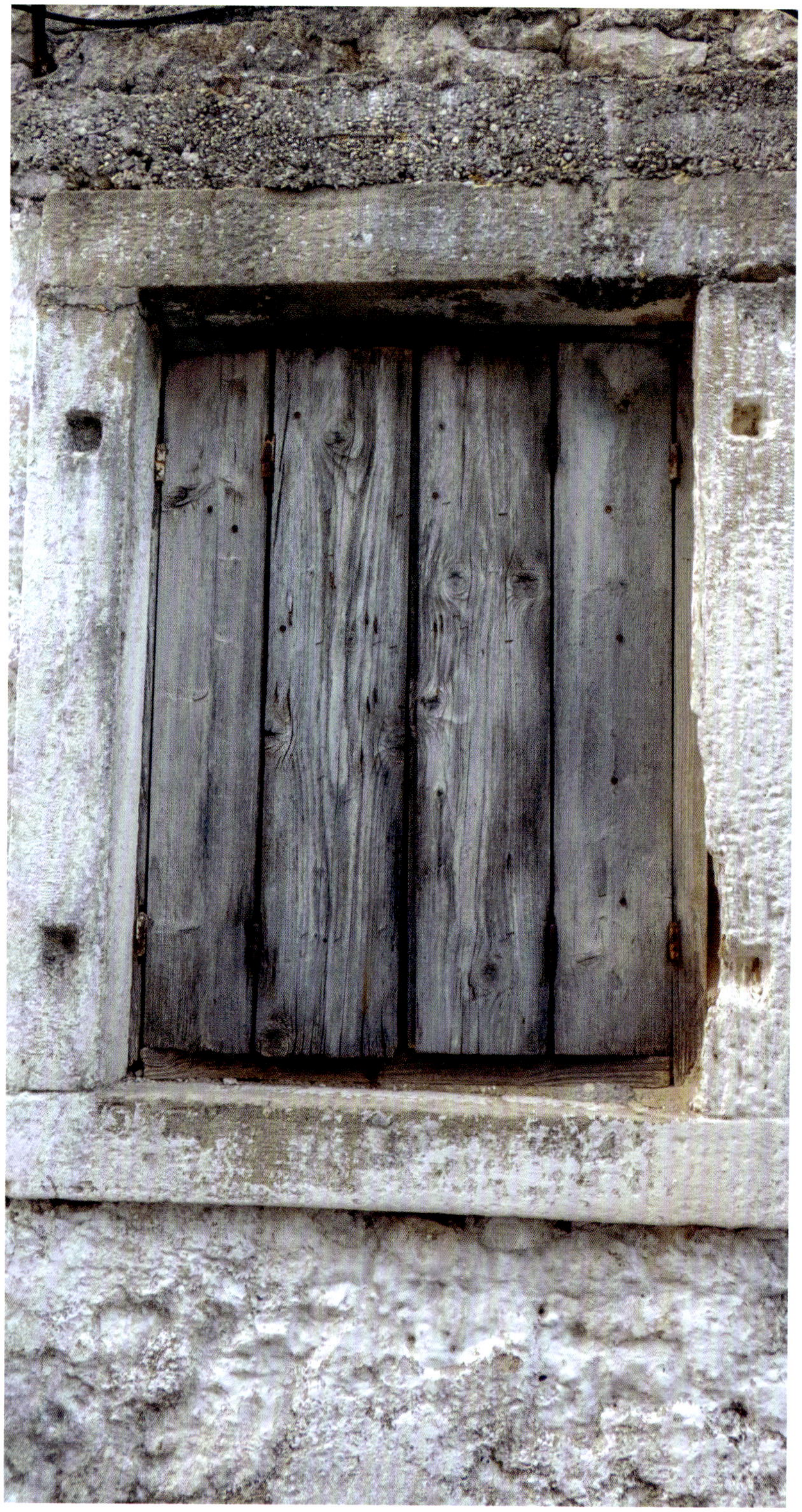

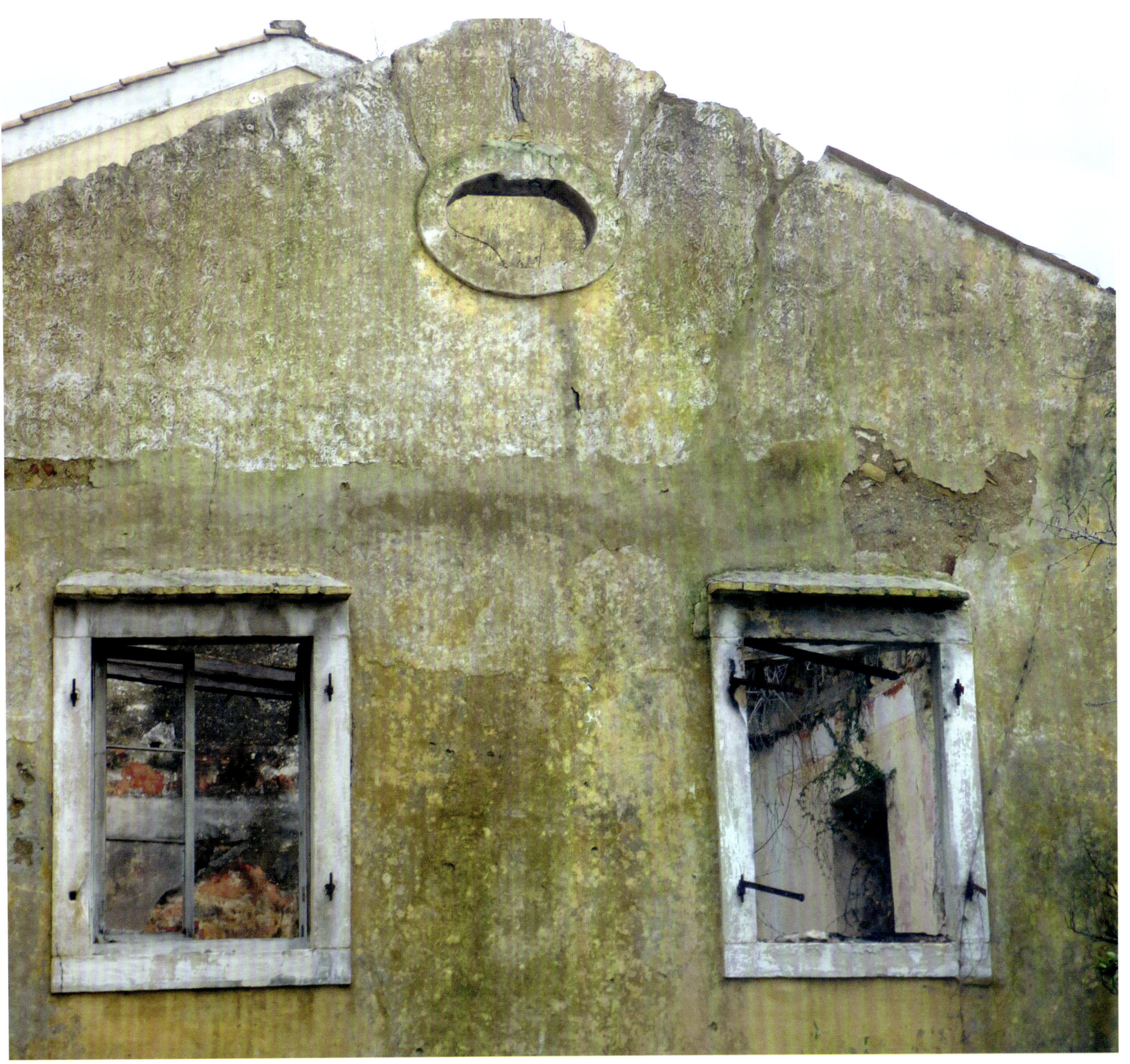

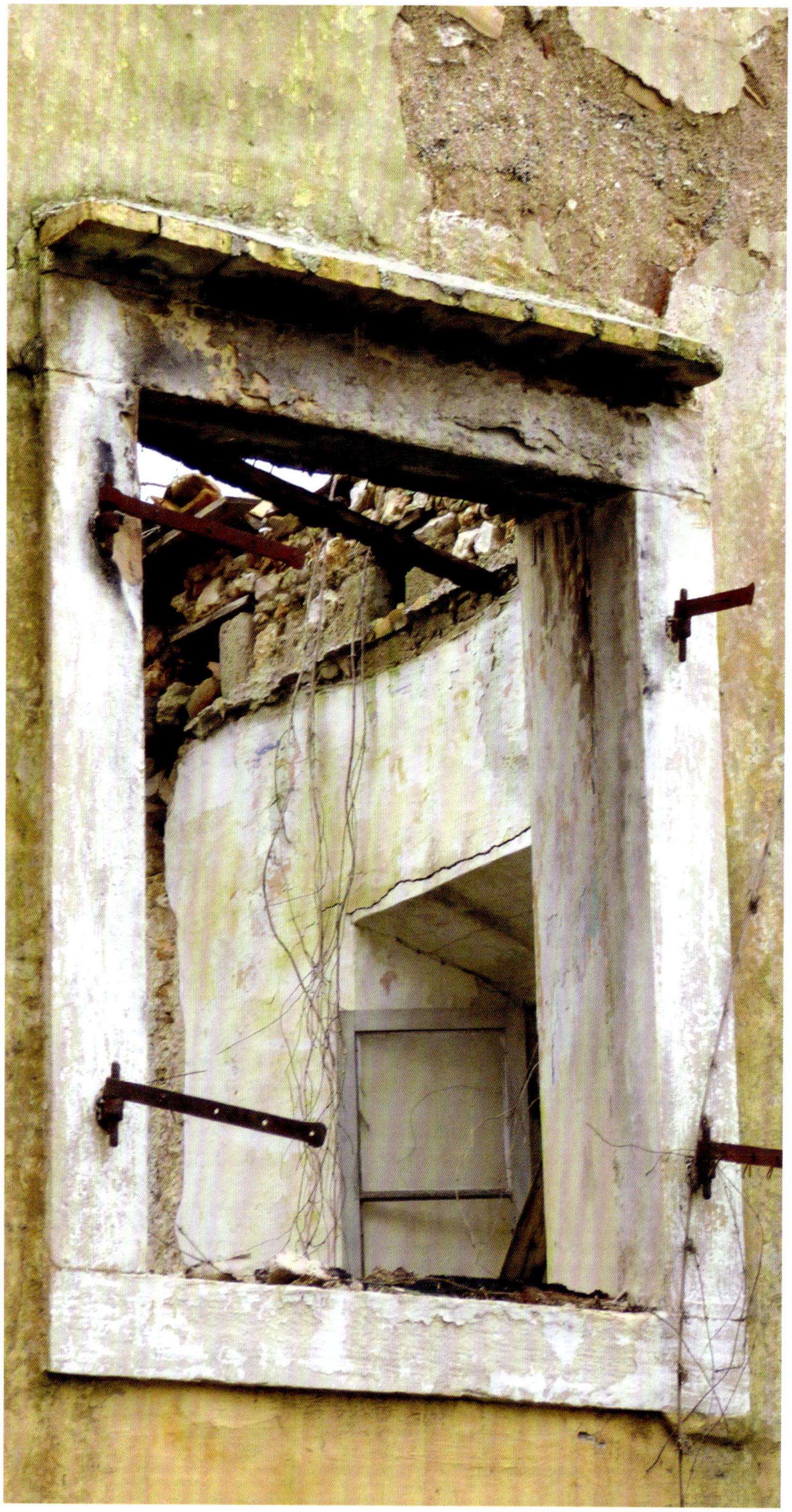

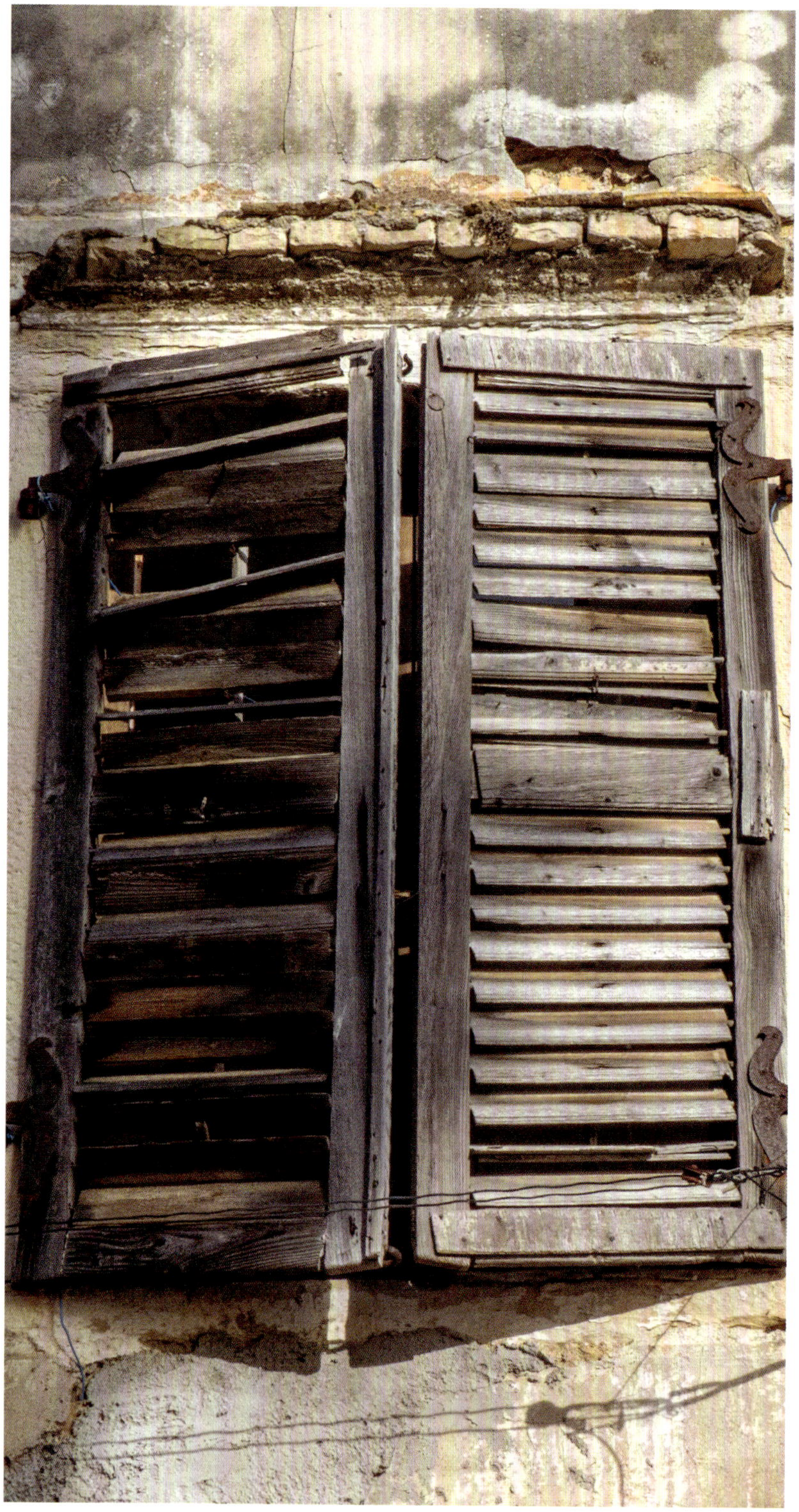

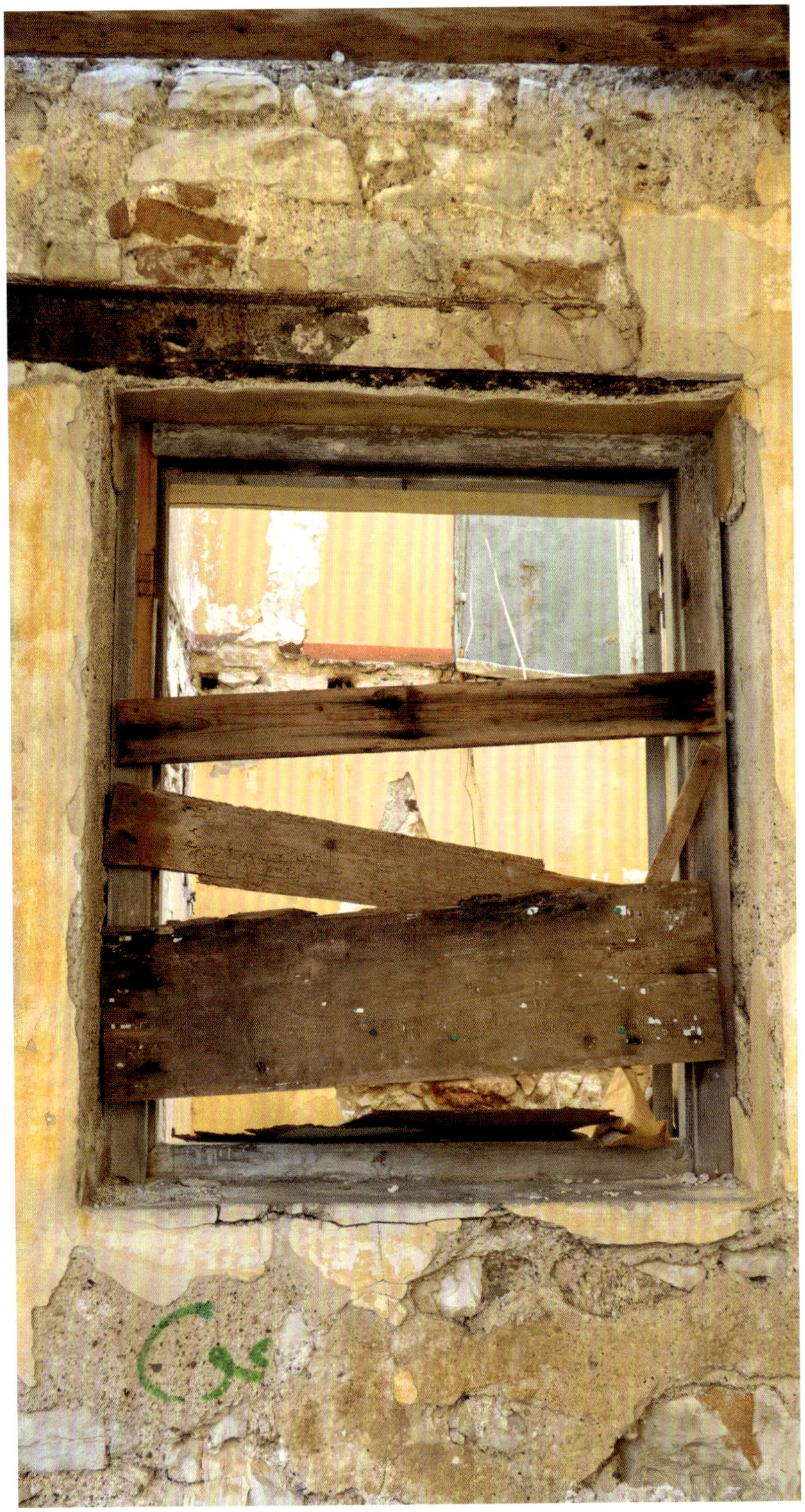

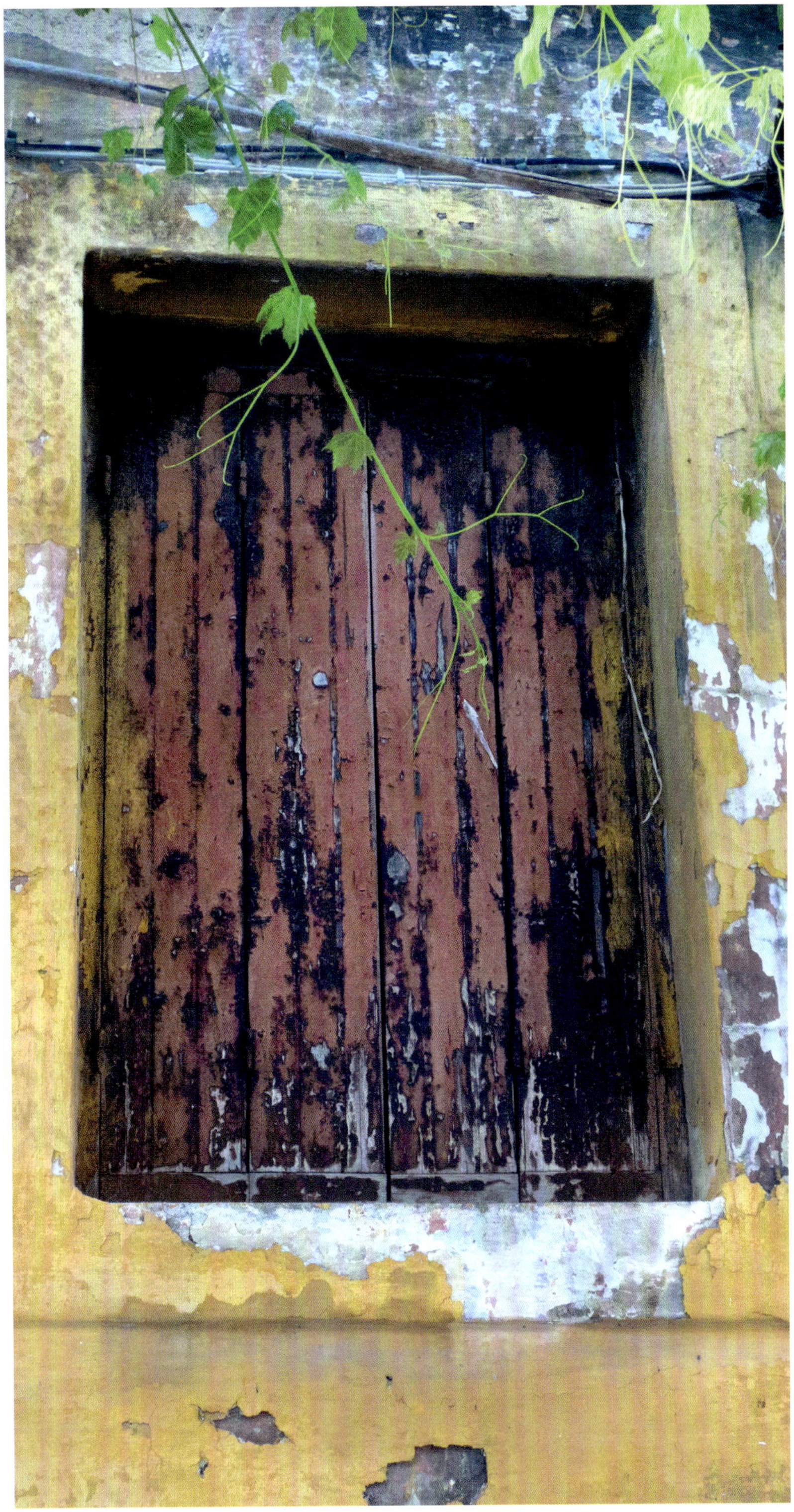

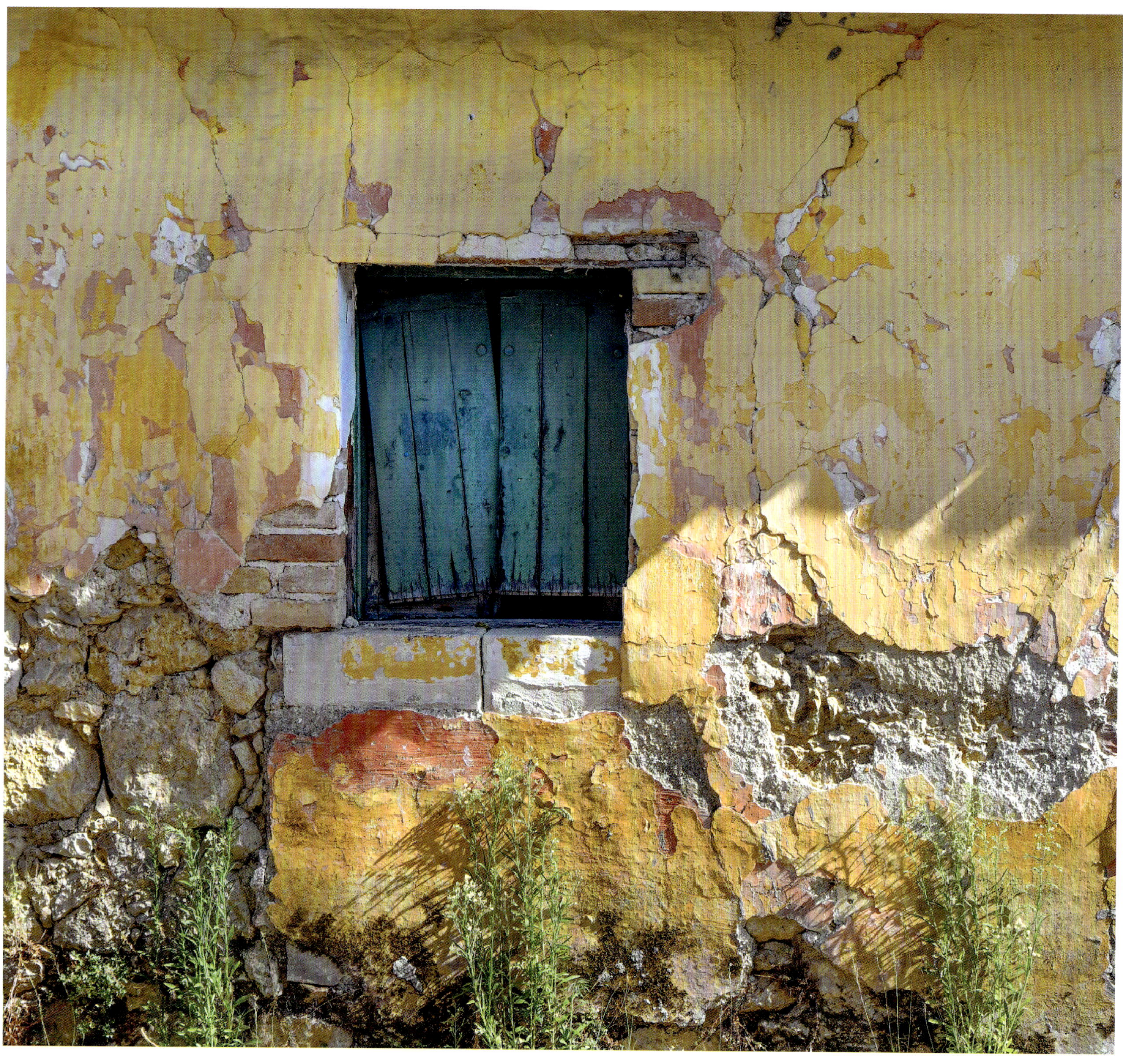

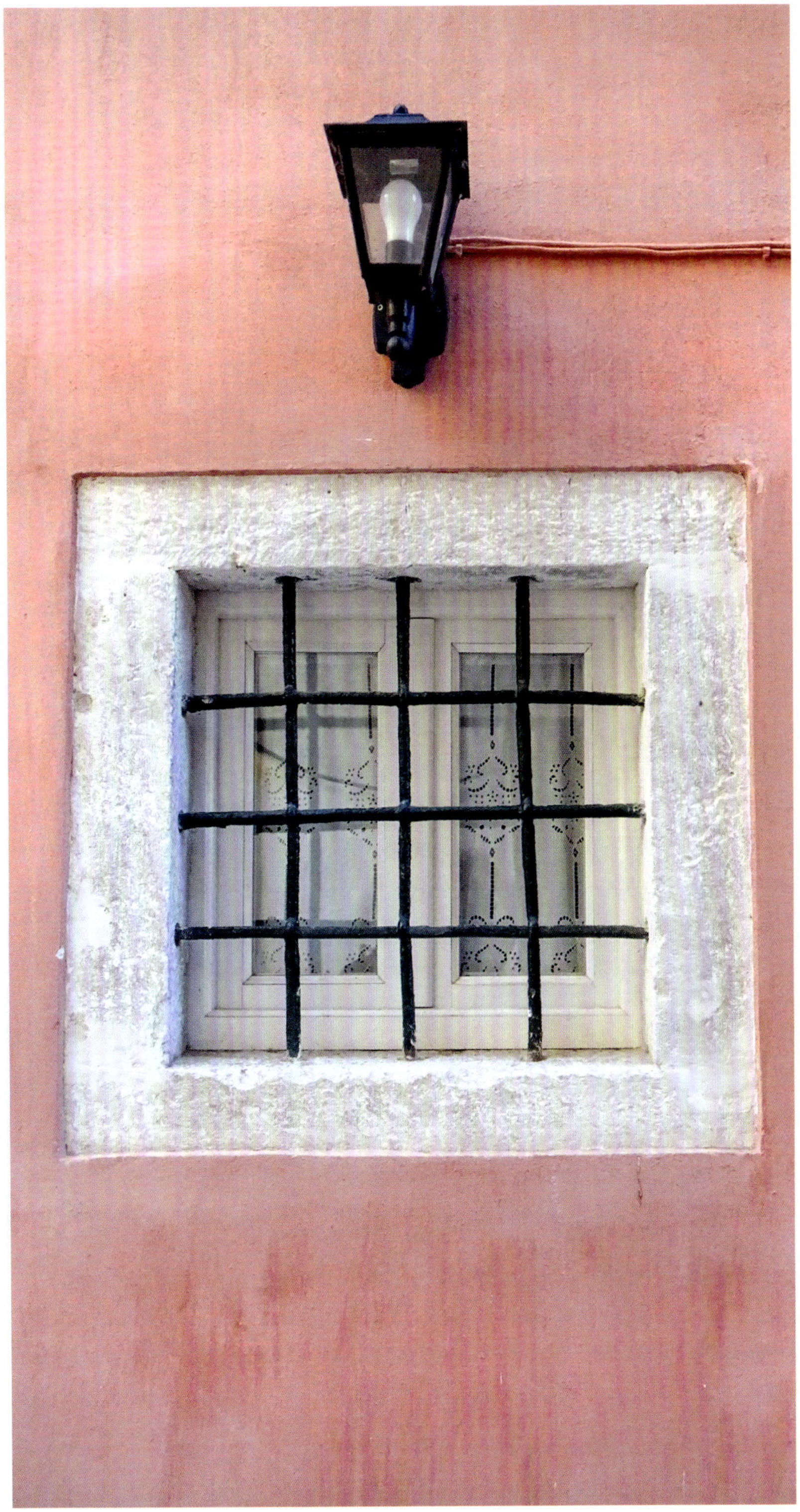

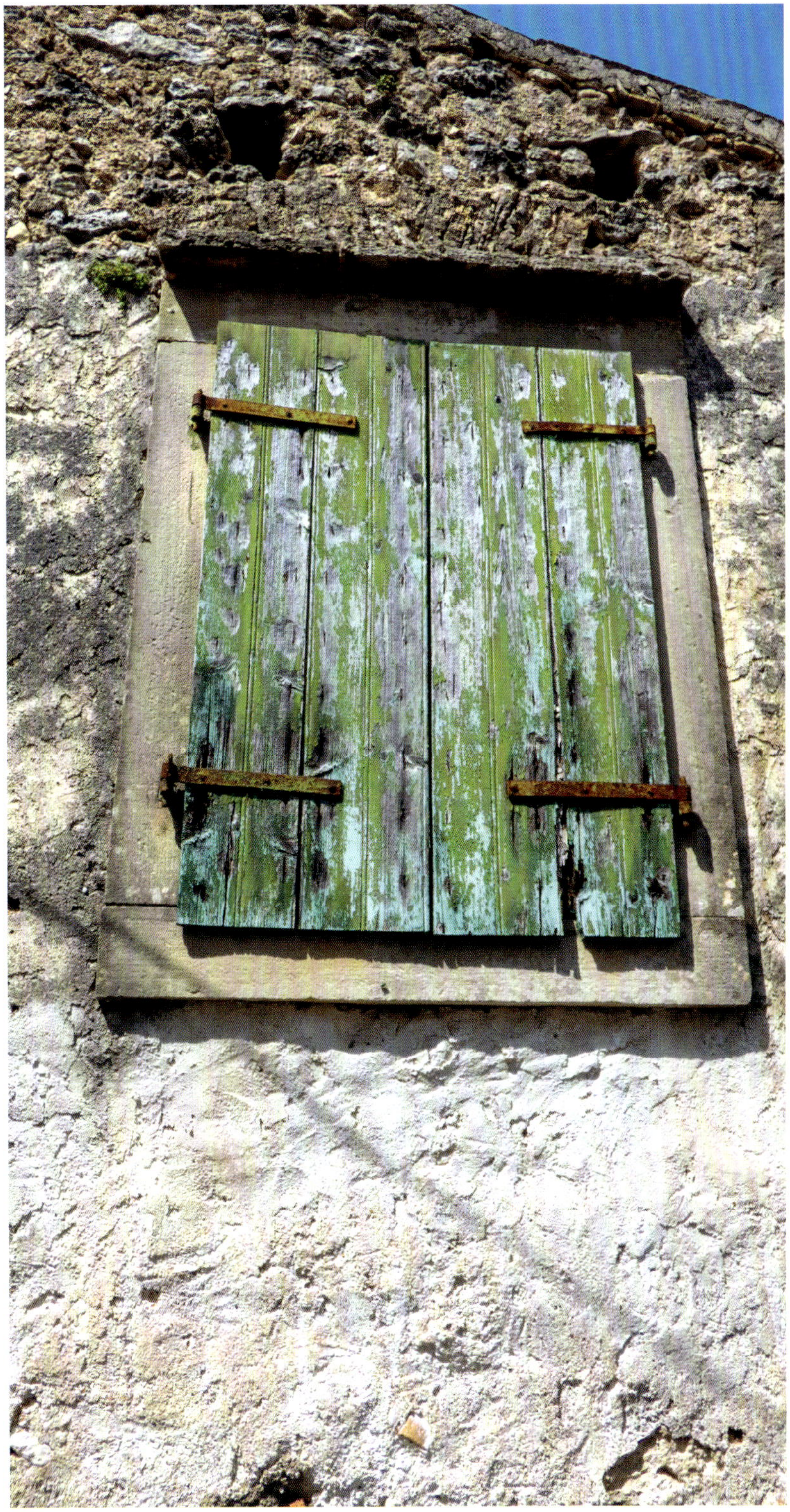

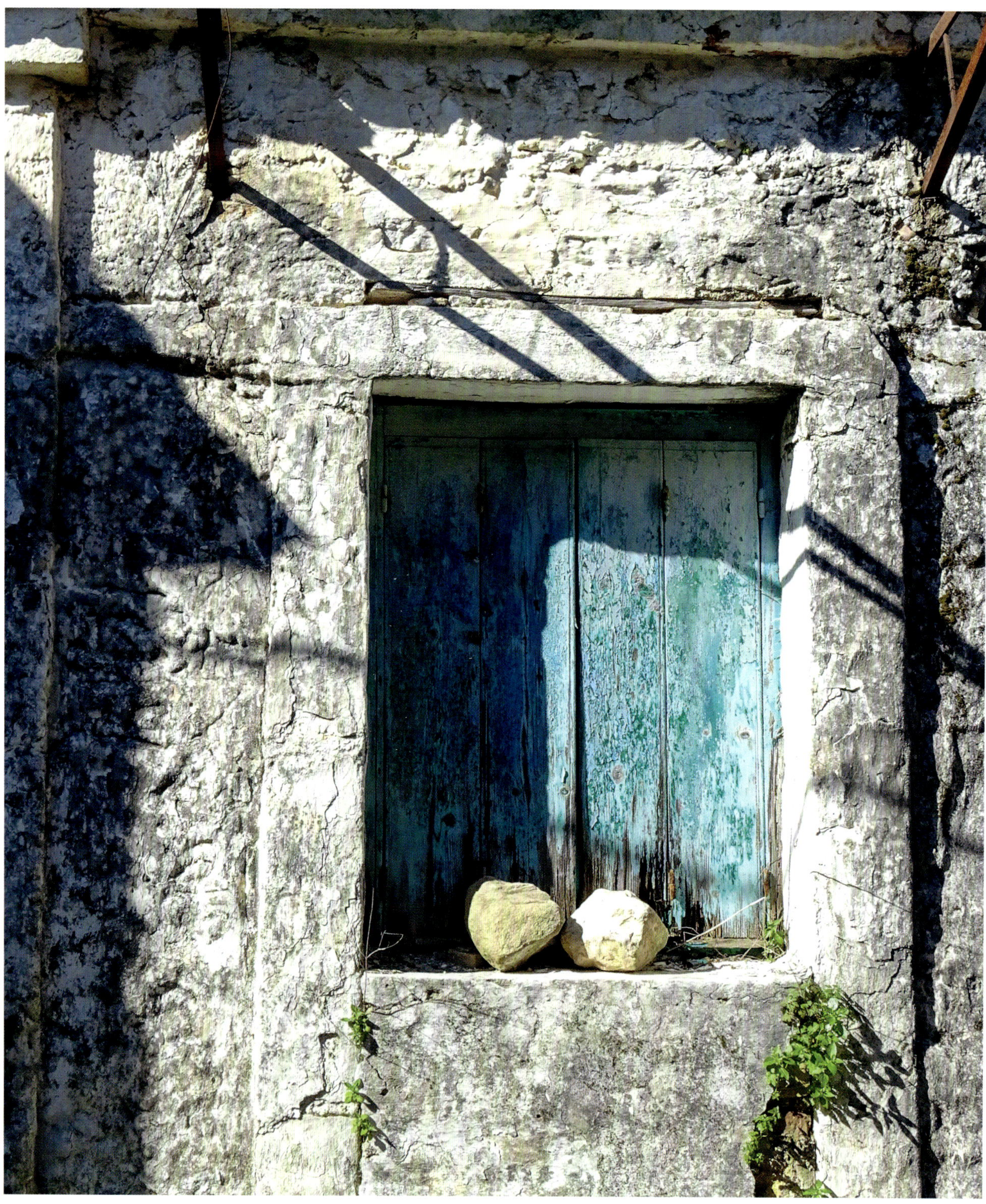

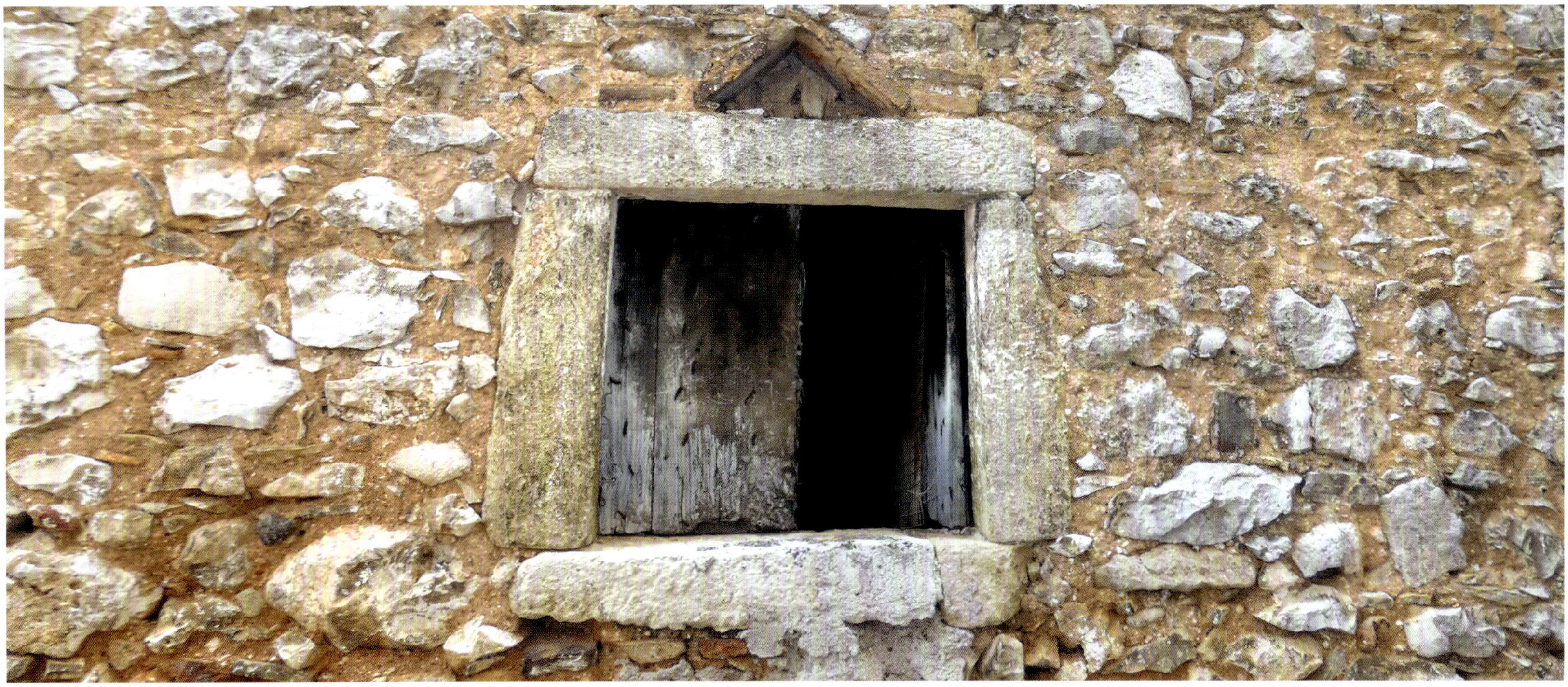

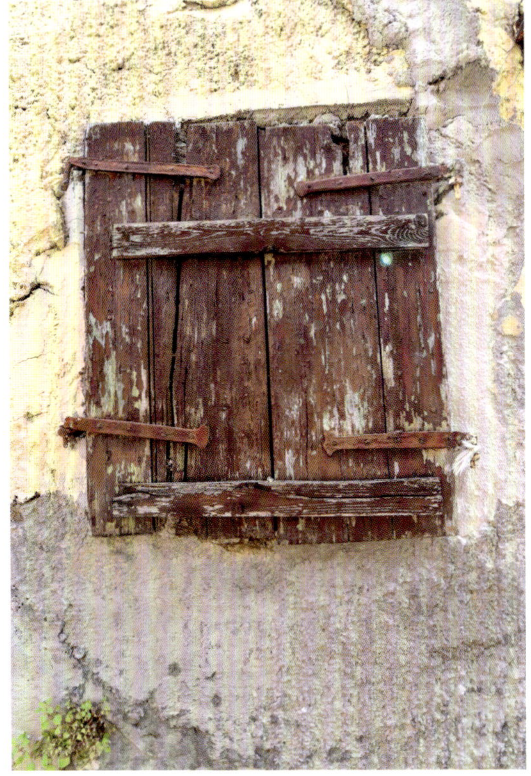

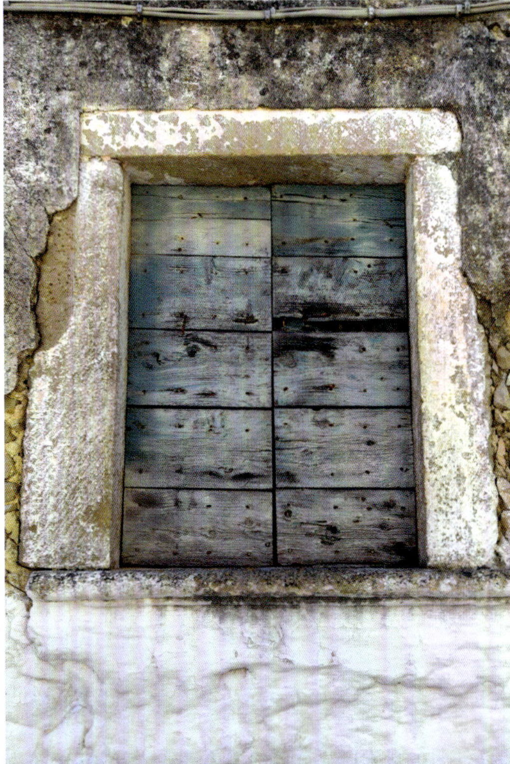

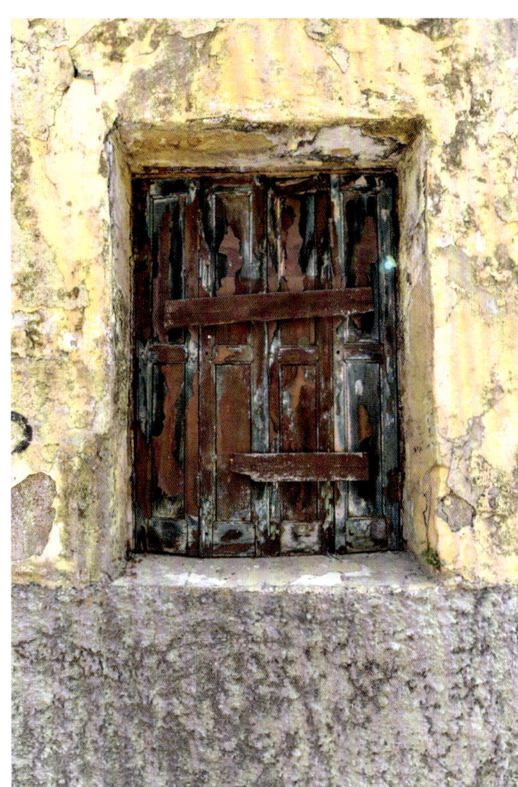

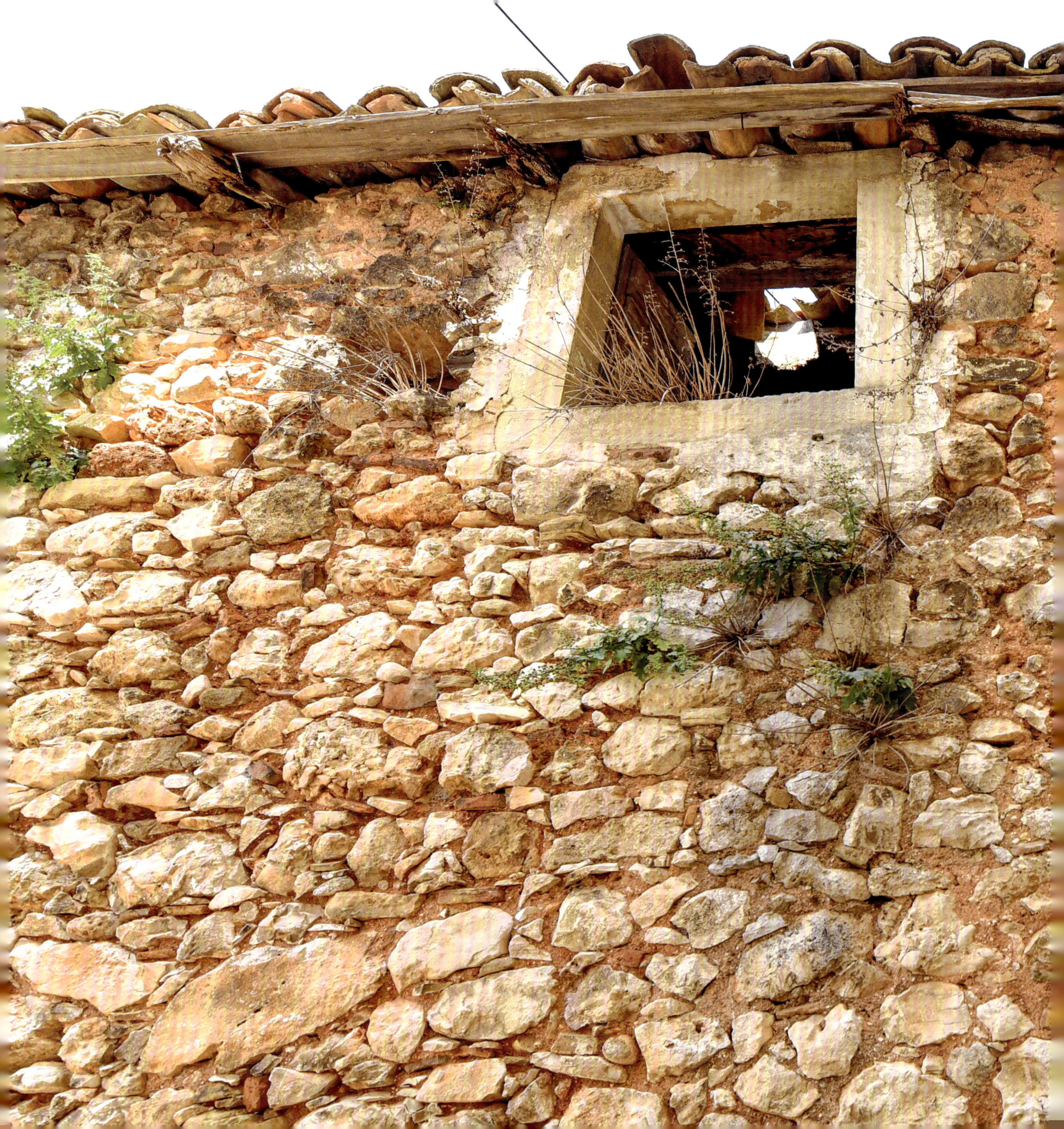

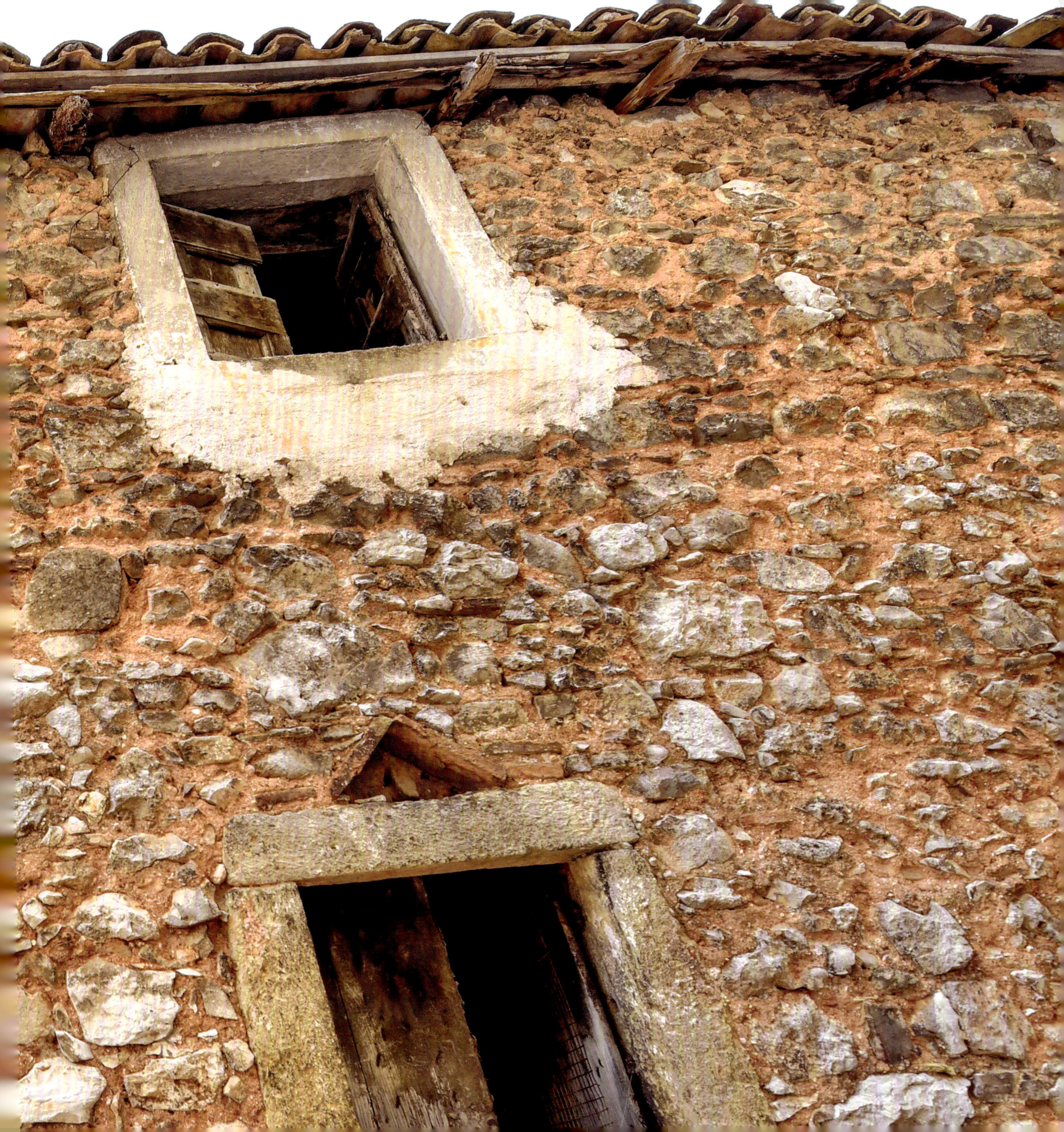

WATER
ΥΔΑΤΑ

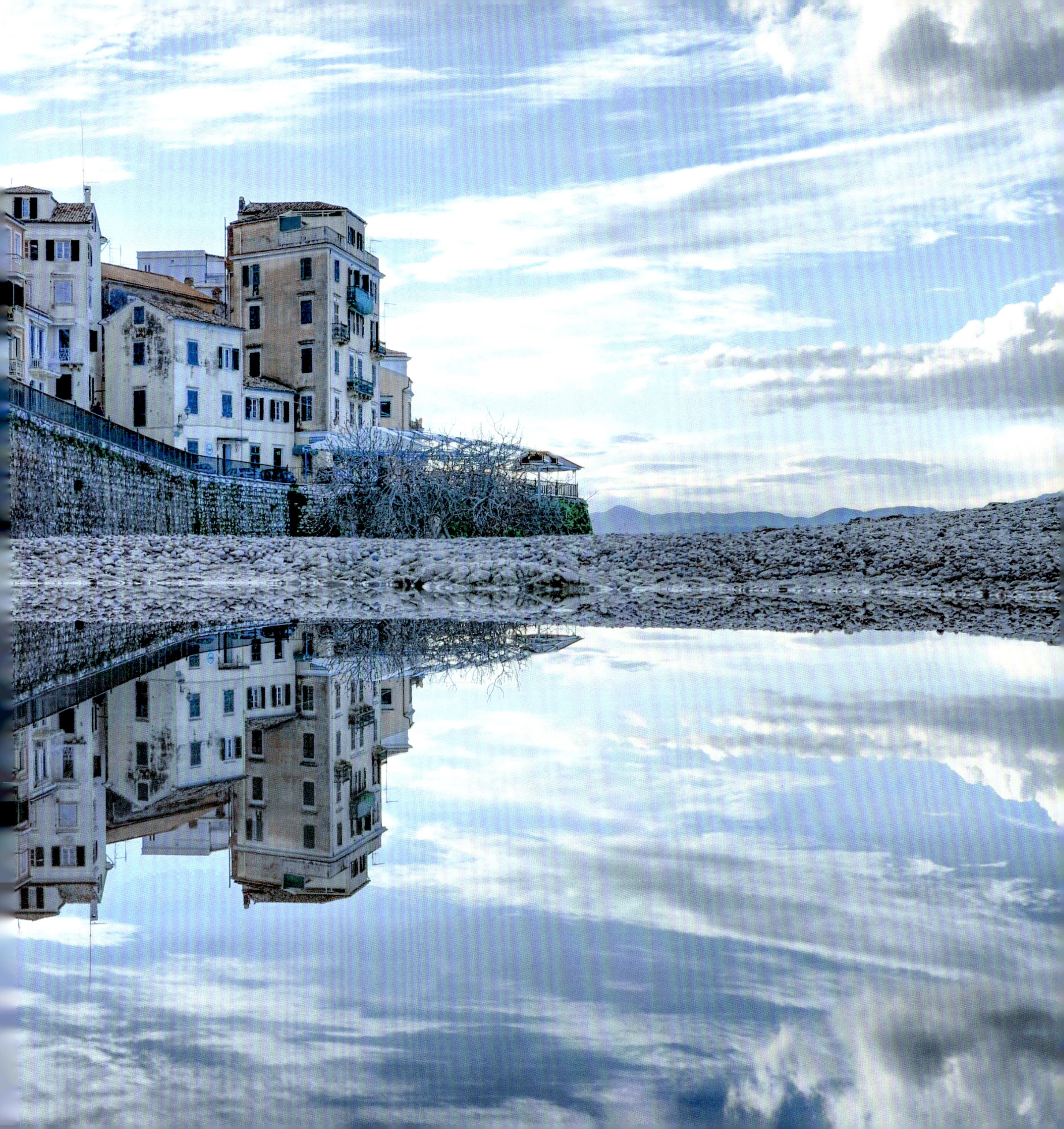

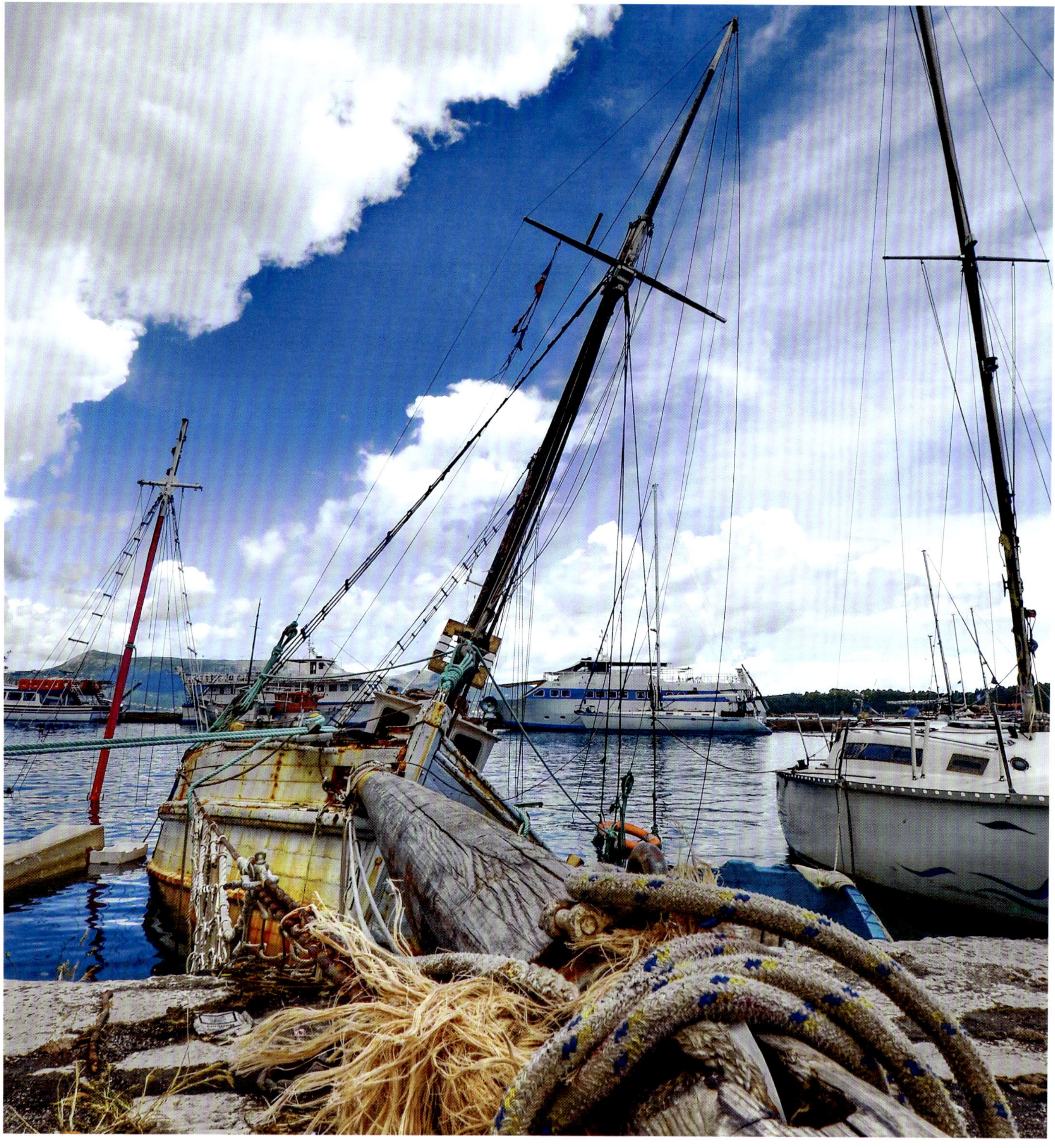

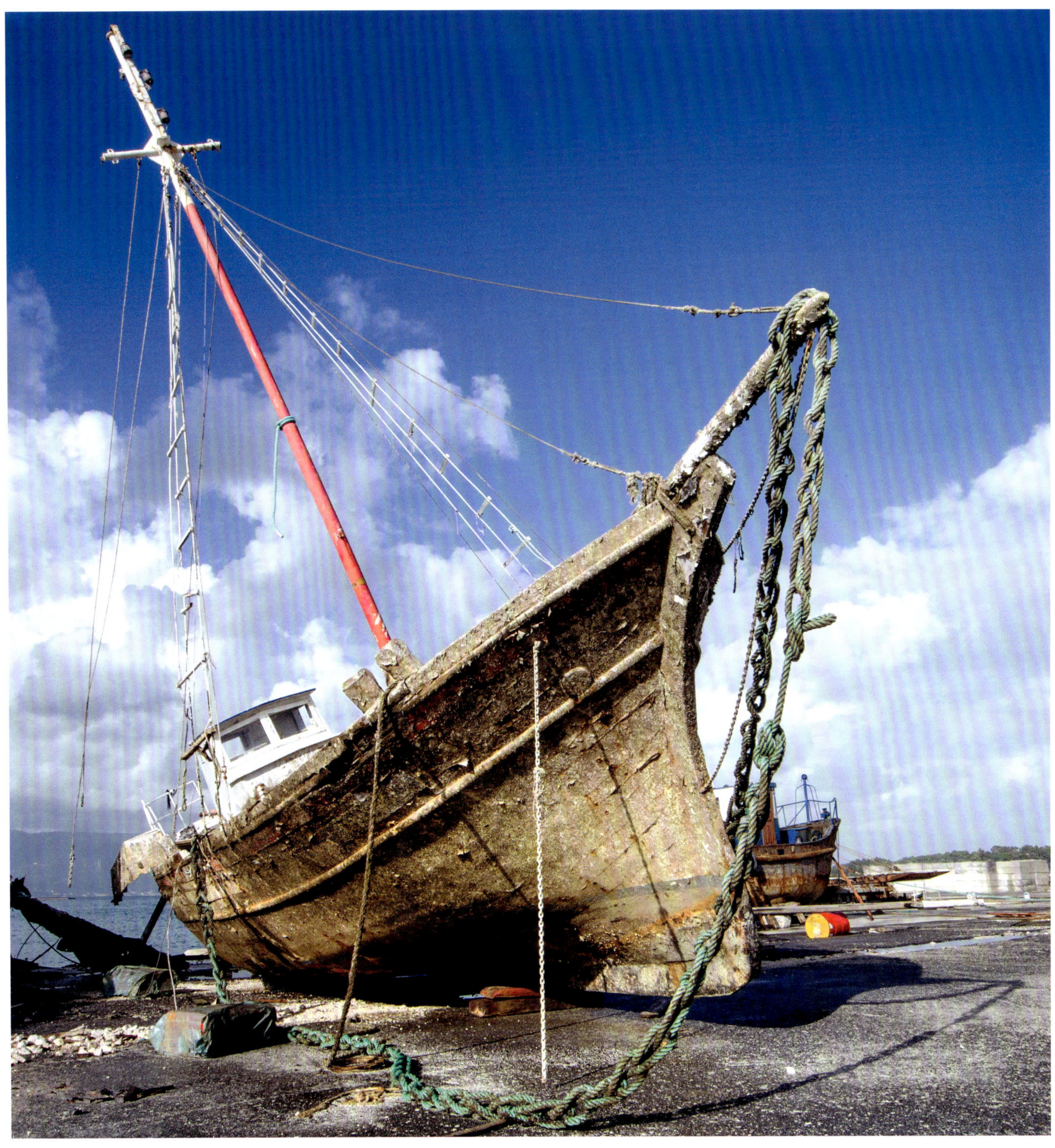

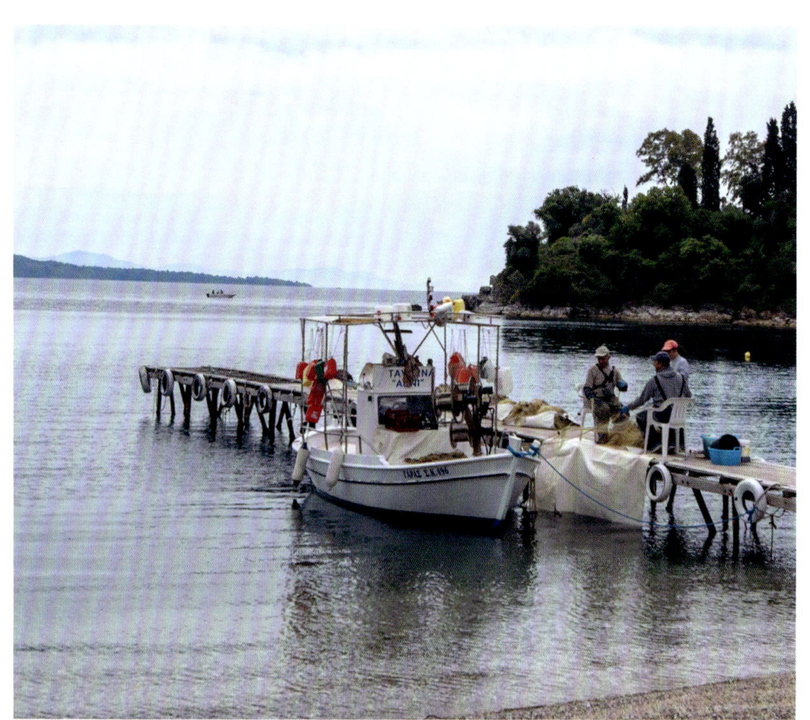

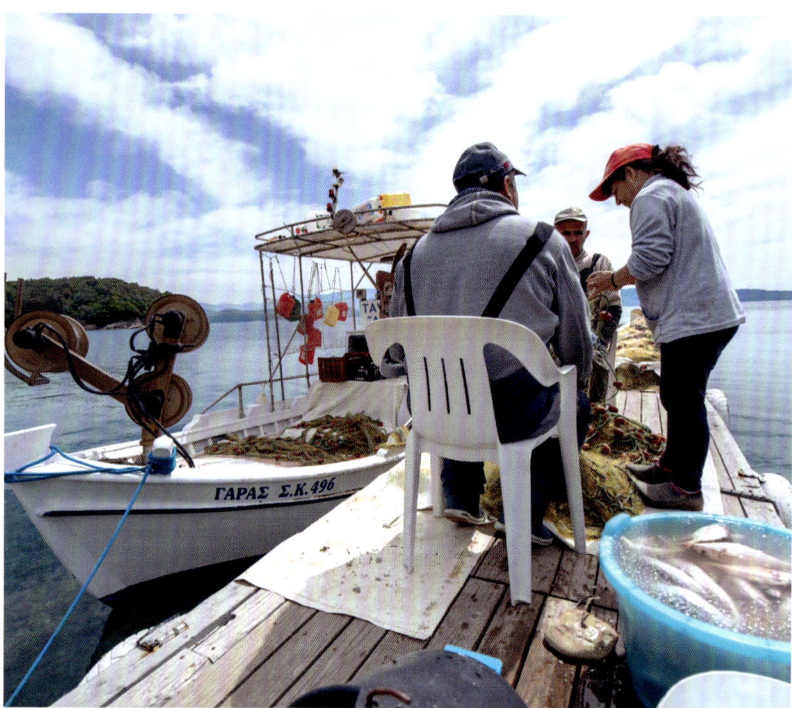
ΓΑΡΑΣ Σ.Κ.496

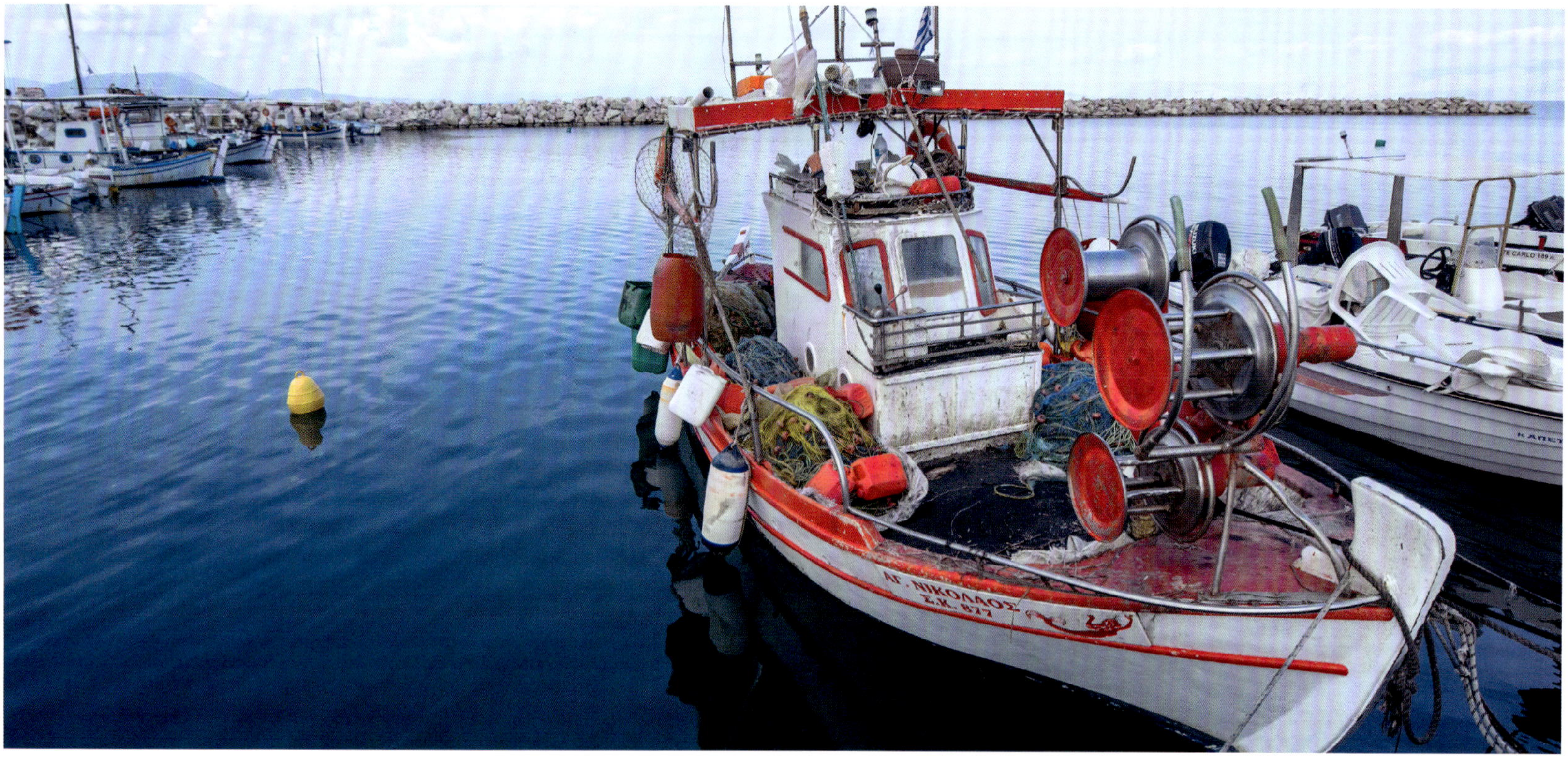

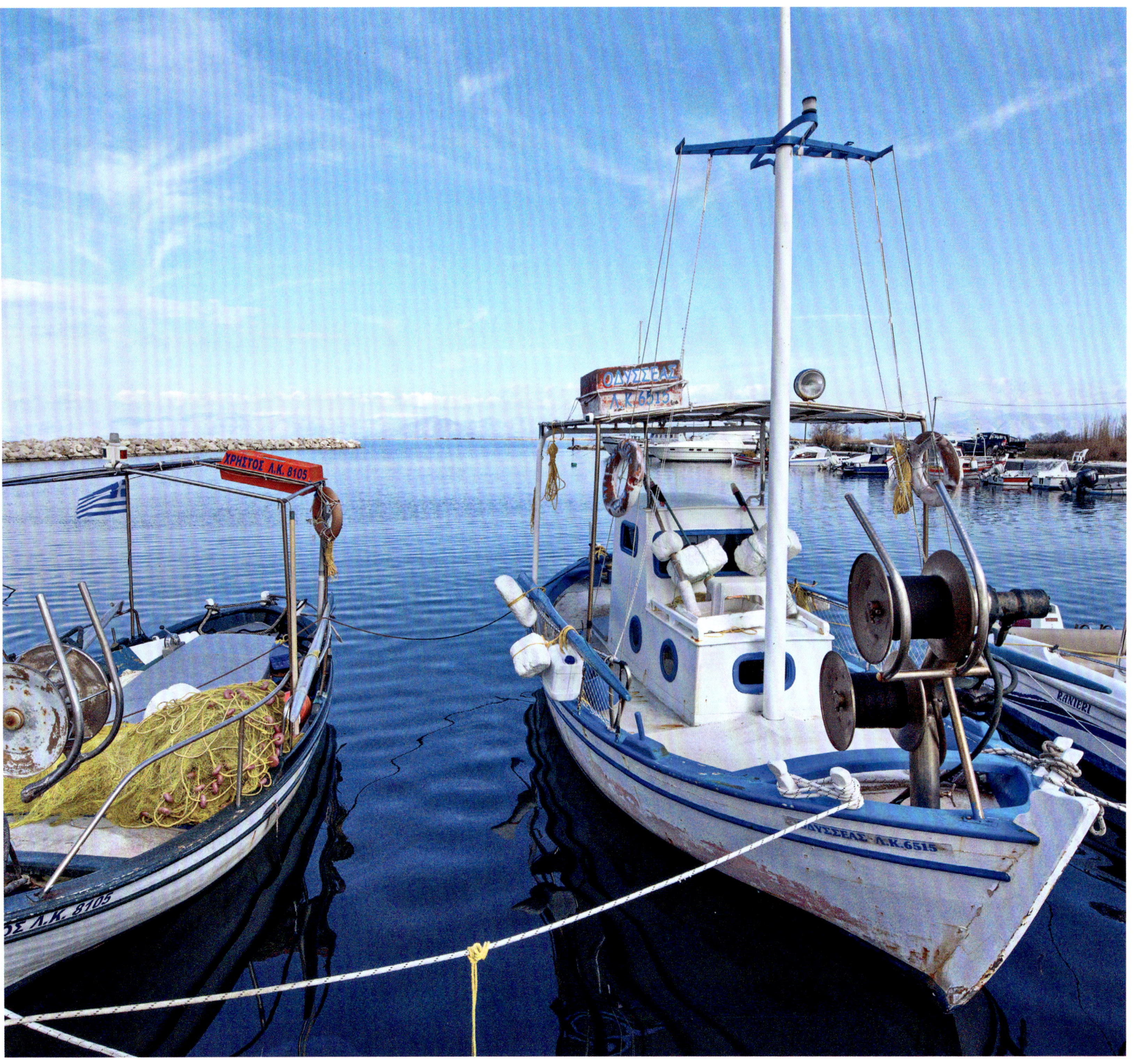
ΧΡΗΣΤΟΣ Λ.Κ. 8105
ΟΔΥΣΣΕΑΣ
Λ.Κ.6515

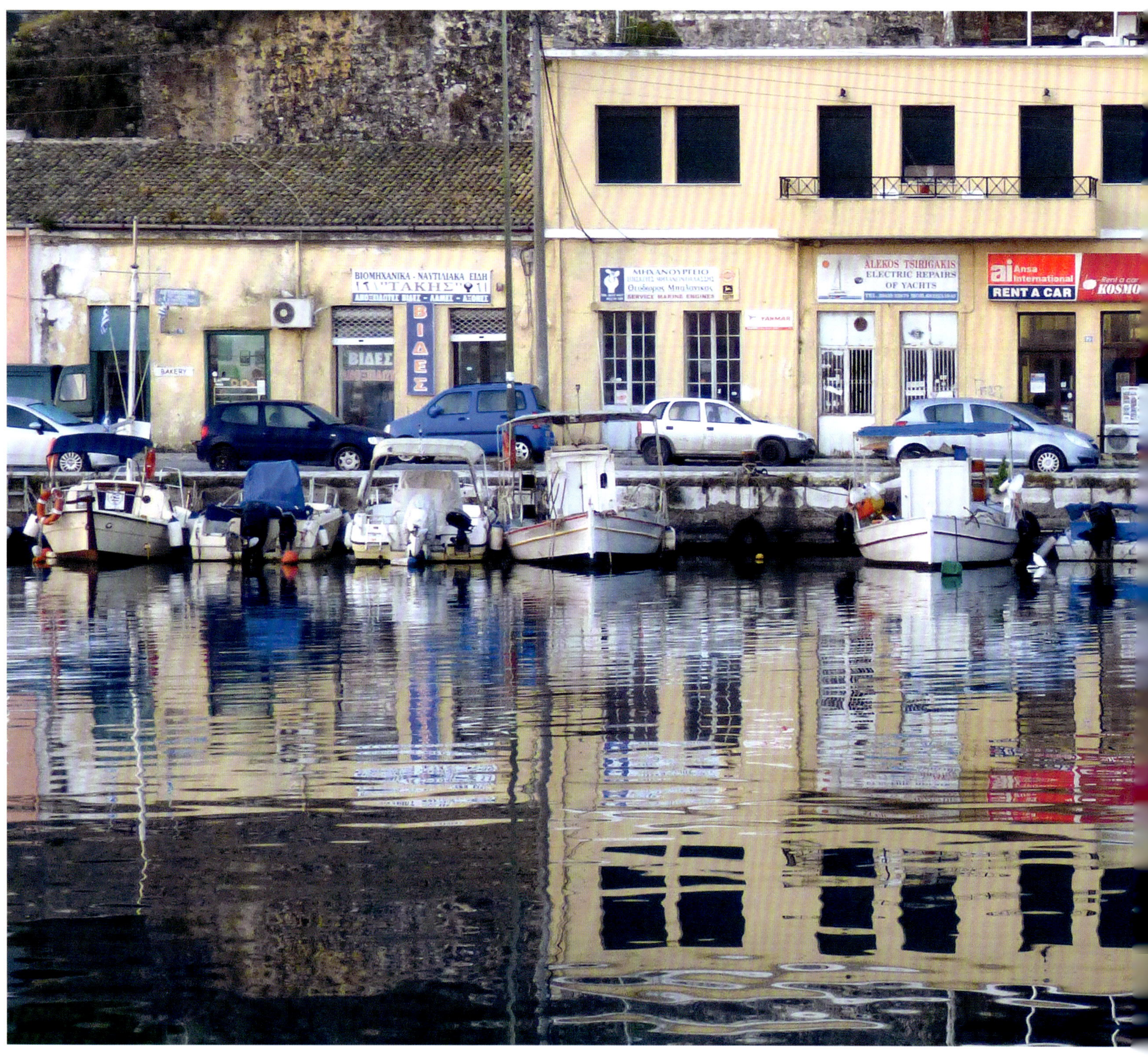
BIOMHXANIKA - NAYTIΛIAKA EIΔH
"TAKHΣ"
BIΔEΣ
BAKERY
MHXANOYPΓEIO
SERVICE MARINE ENGINES
YANMAR
ALEKOS TSIRIGAKIS
ELECTRIC REPAIRS
OF YACHTS
ai Ansa International
RENT A CAR
Rent a car
KOSMO

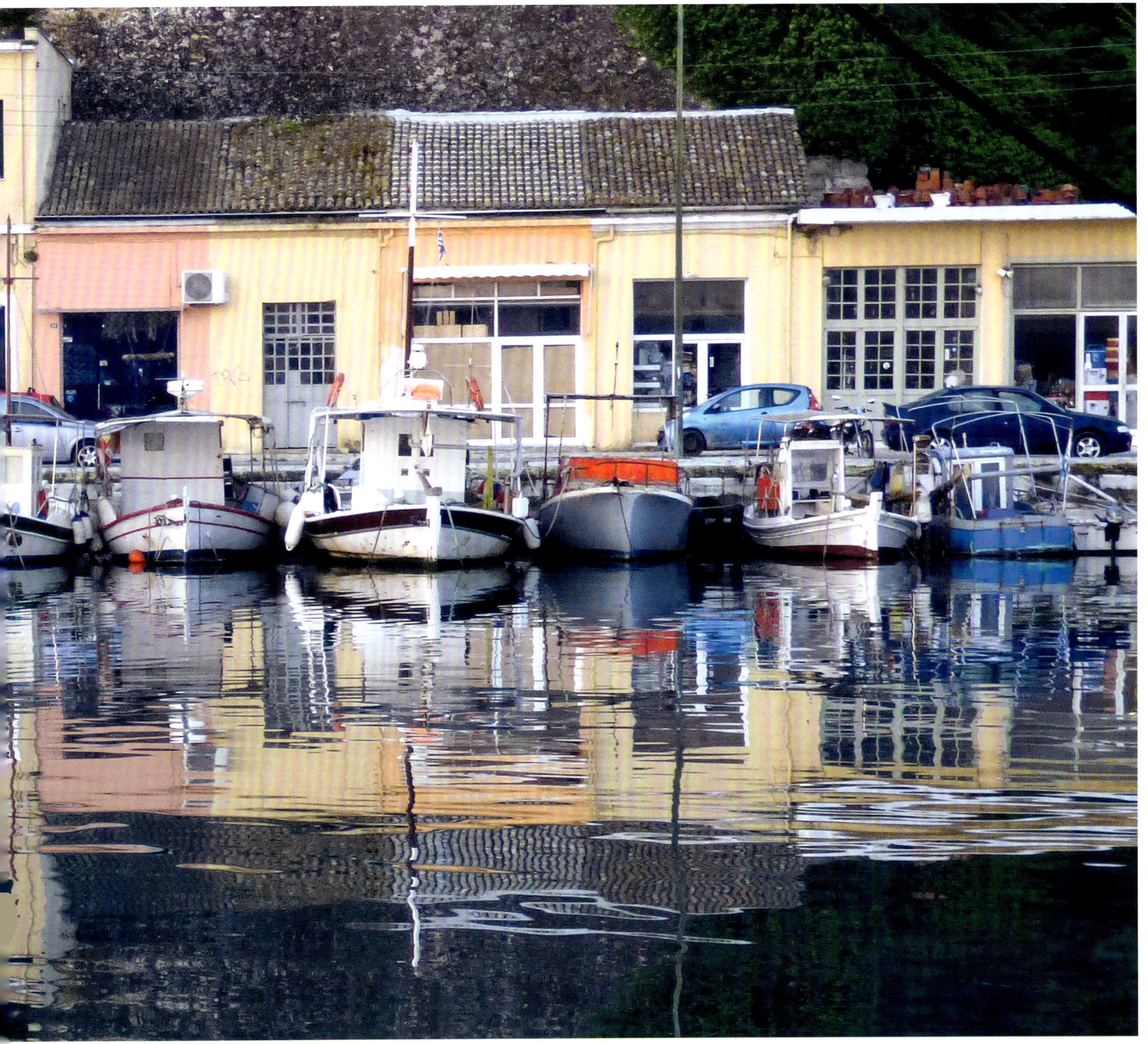

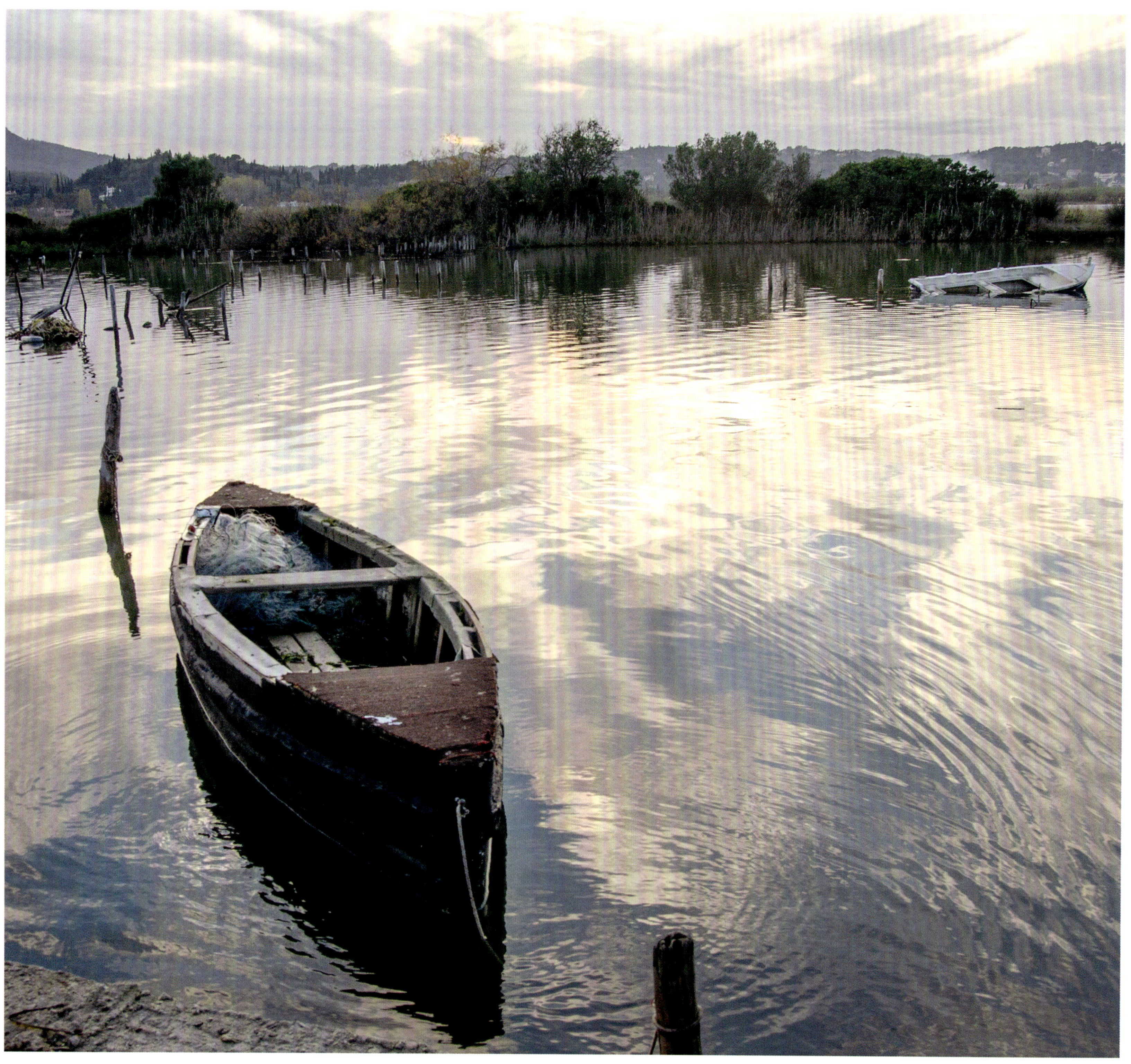

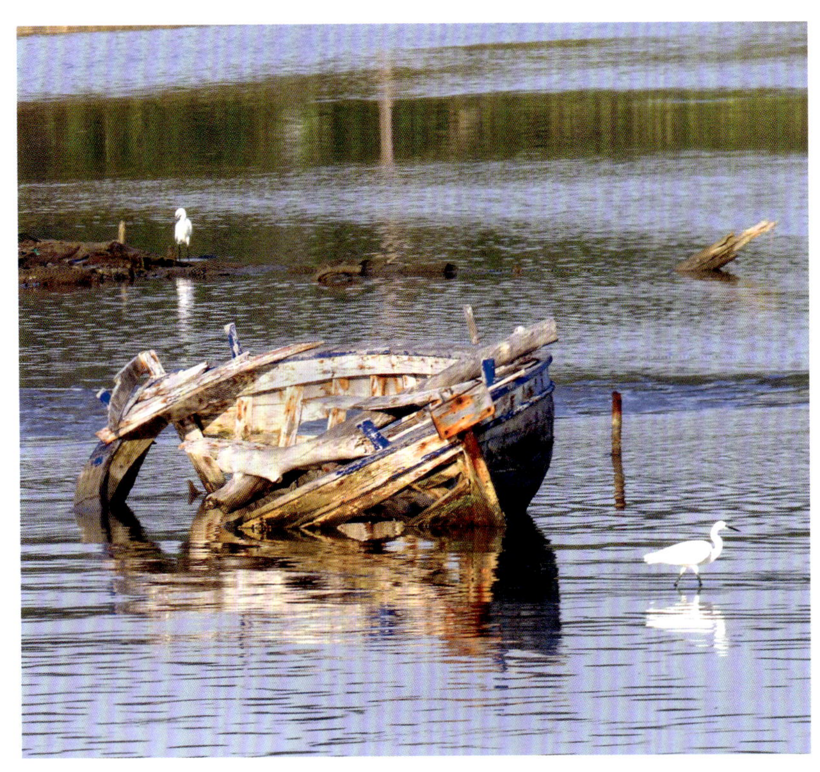

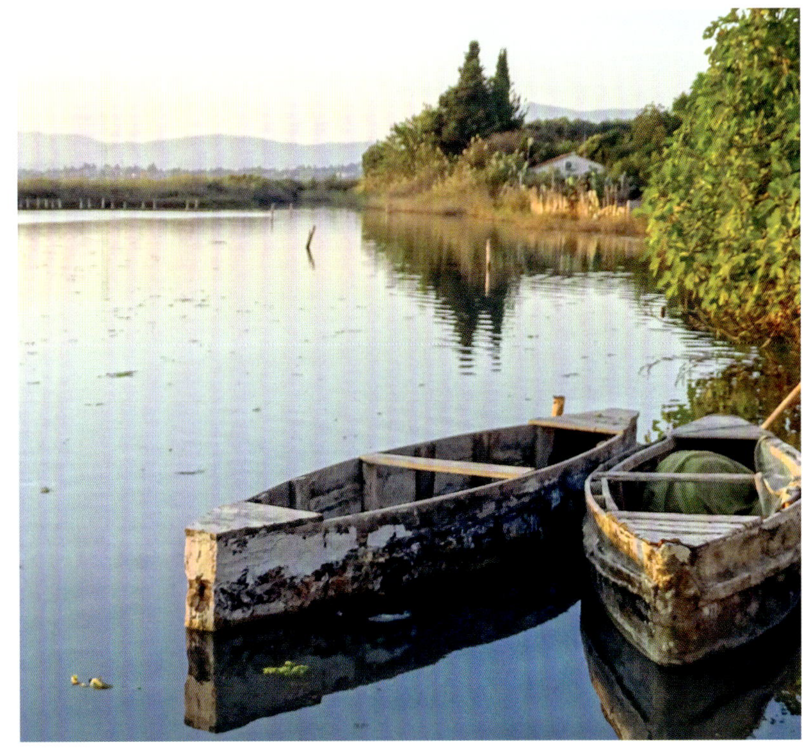

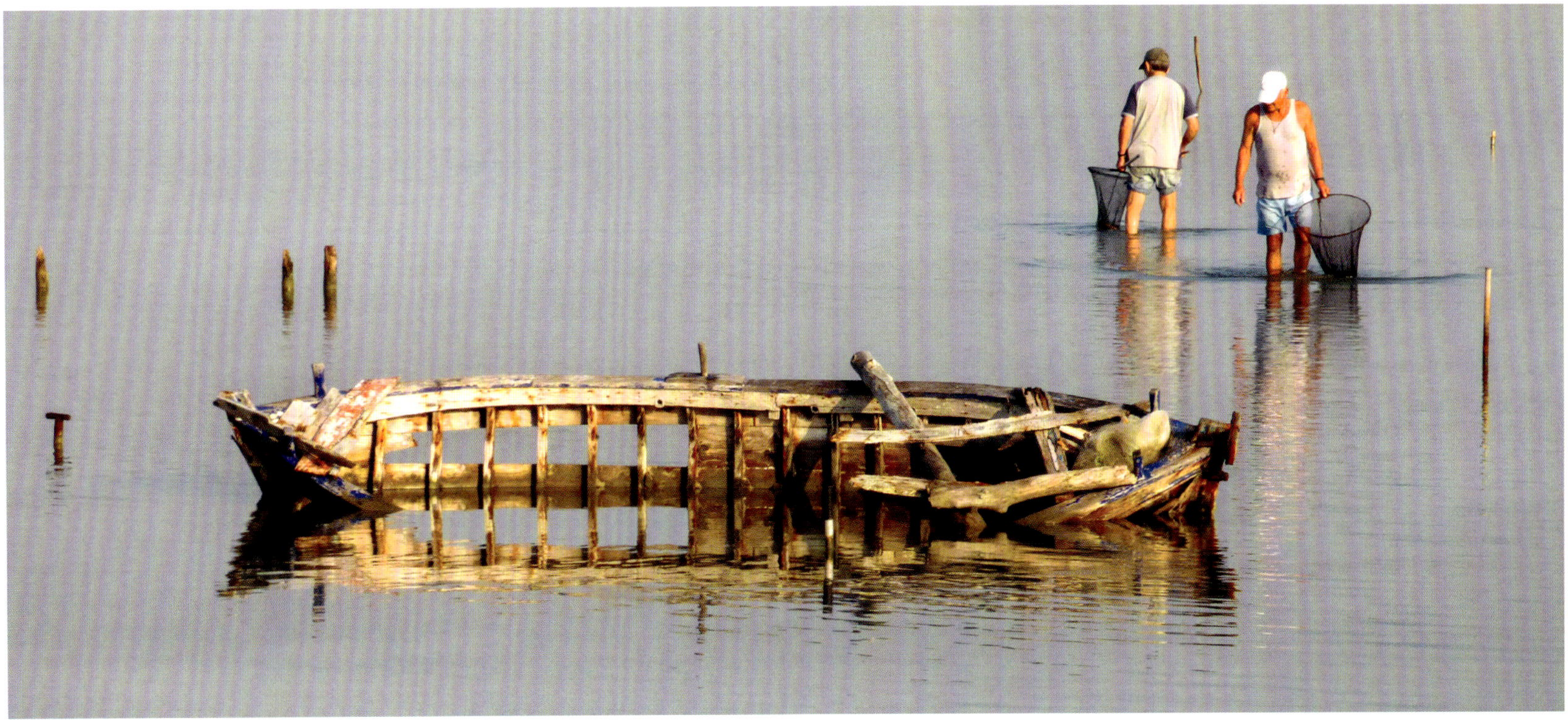

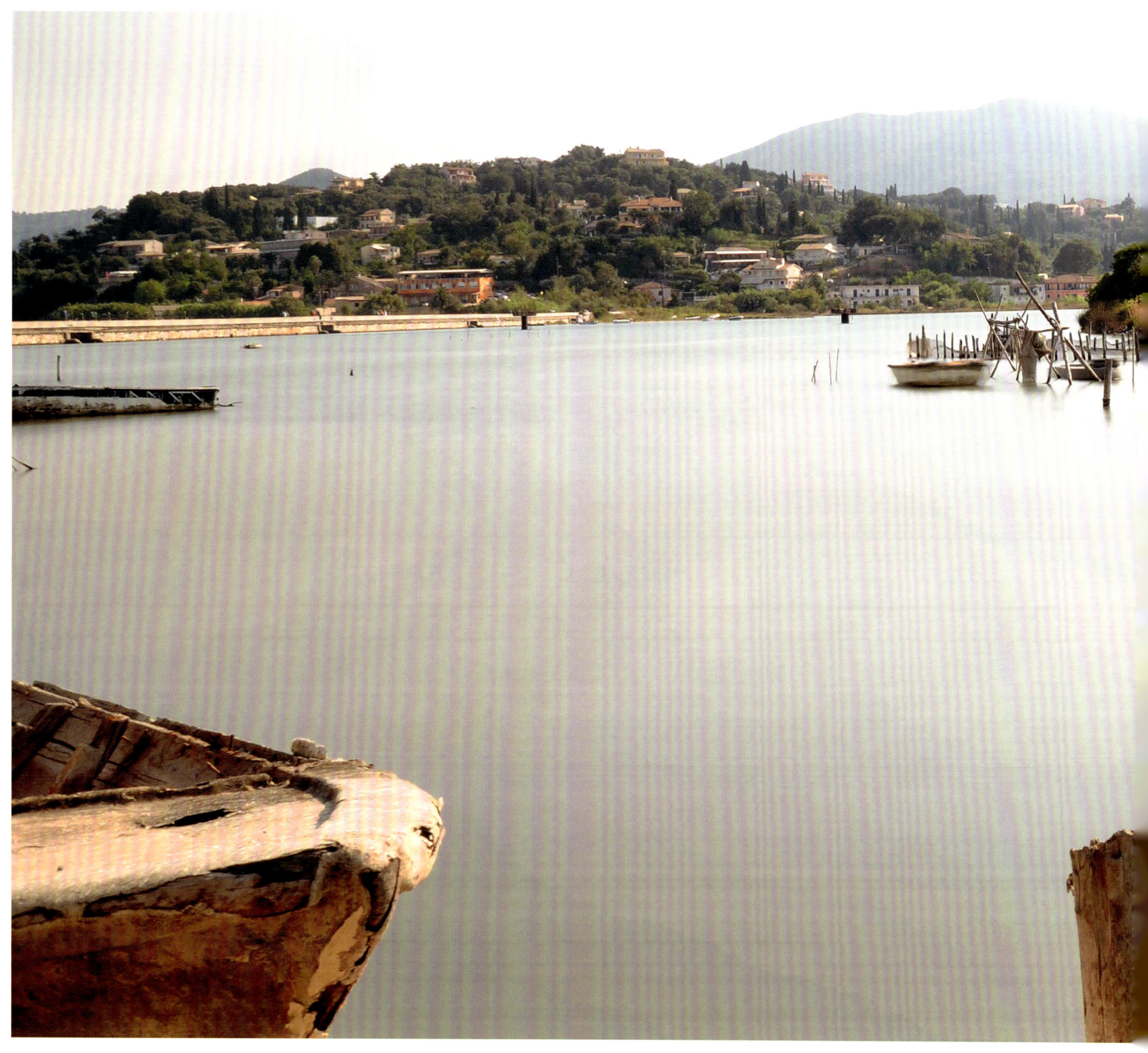

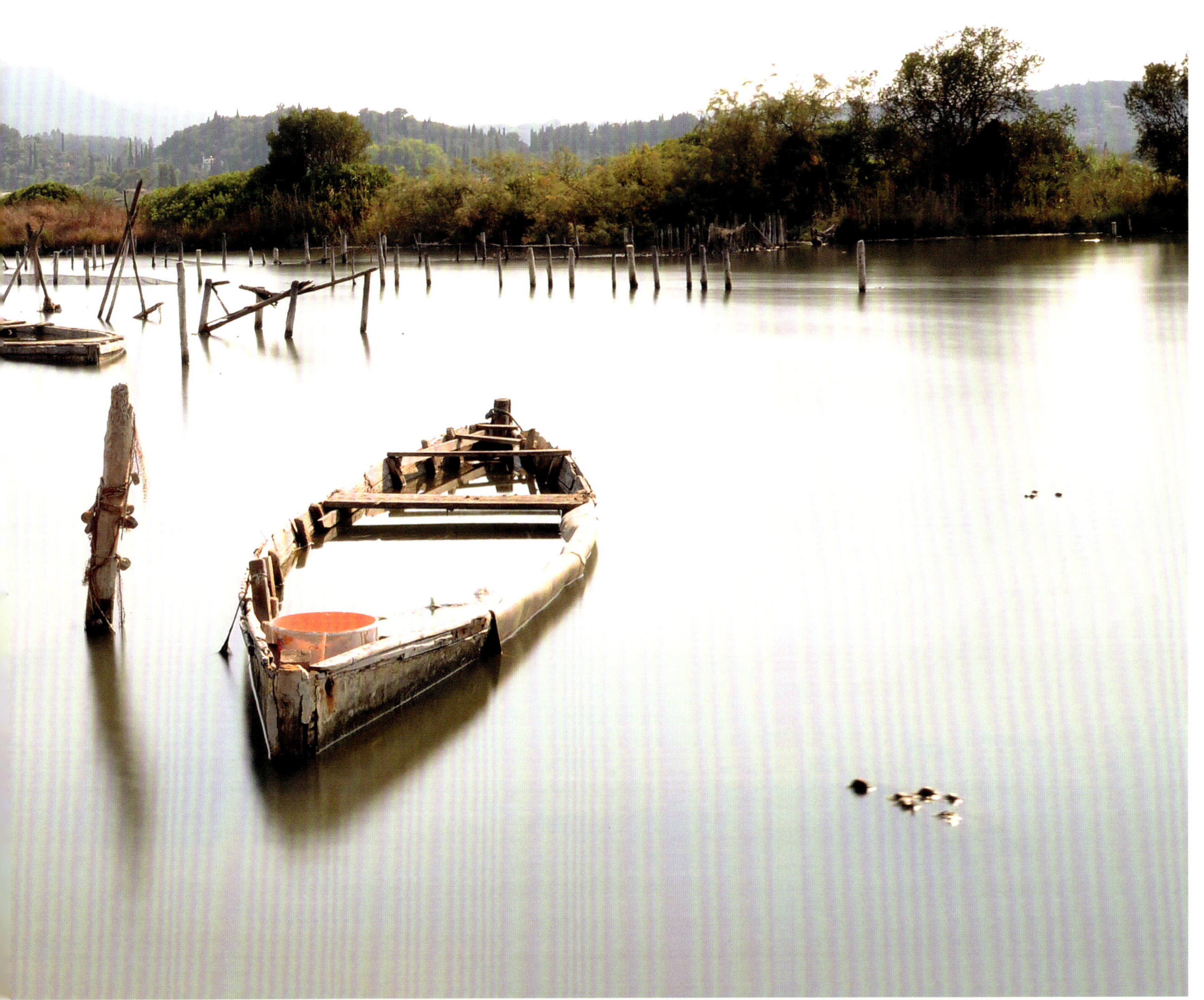

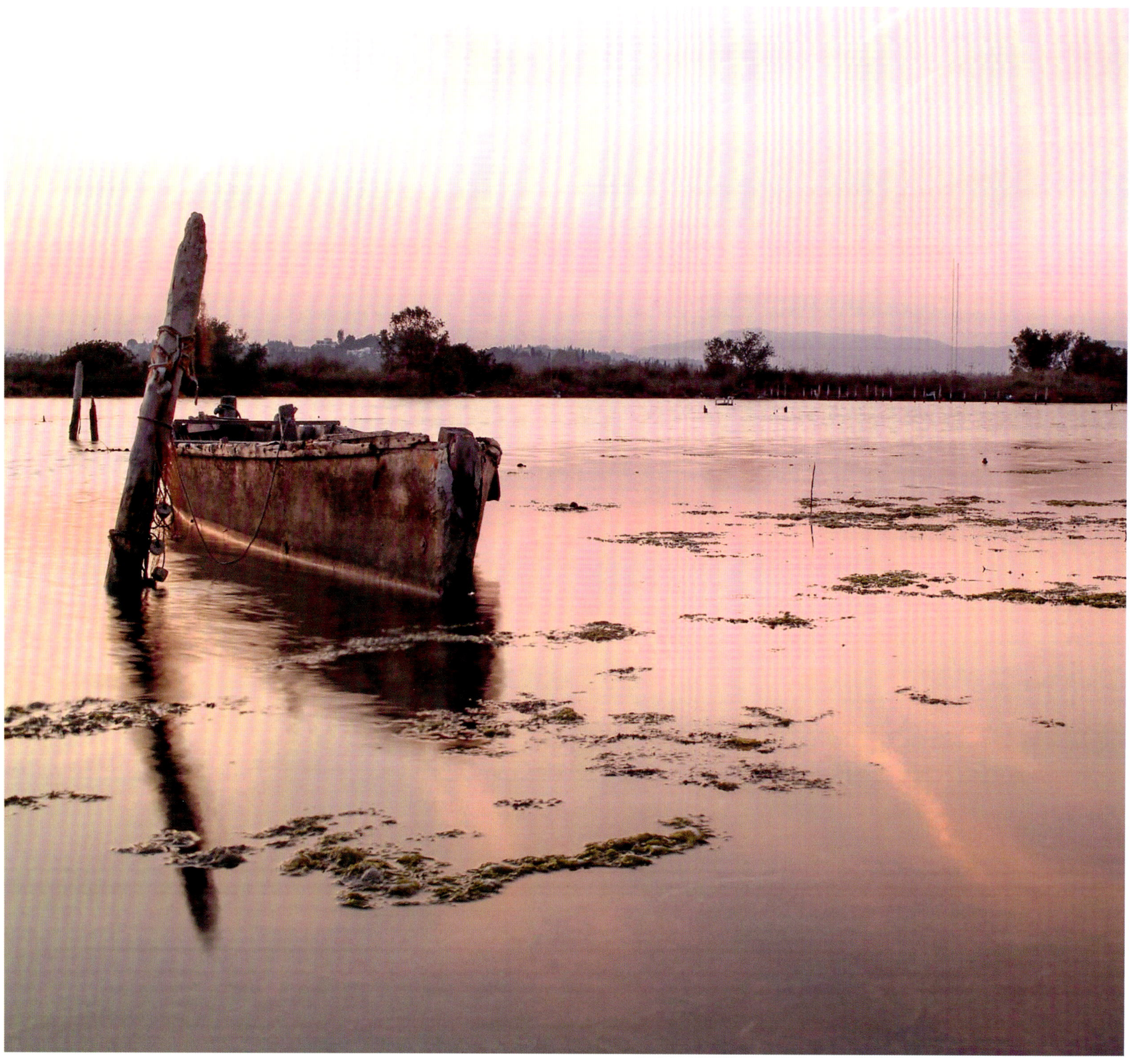

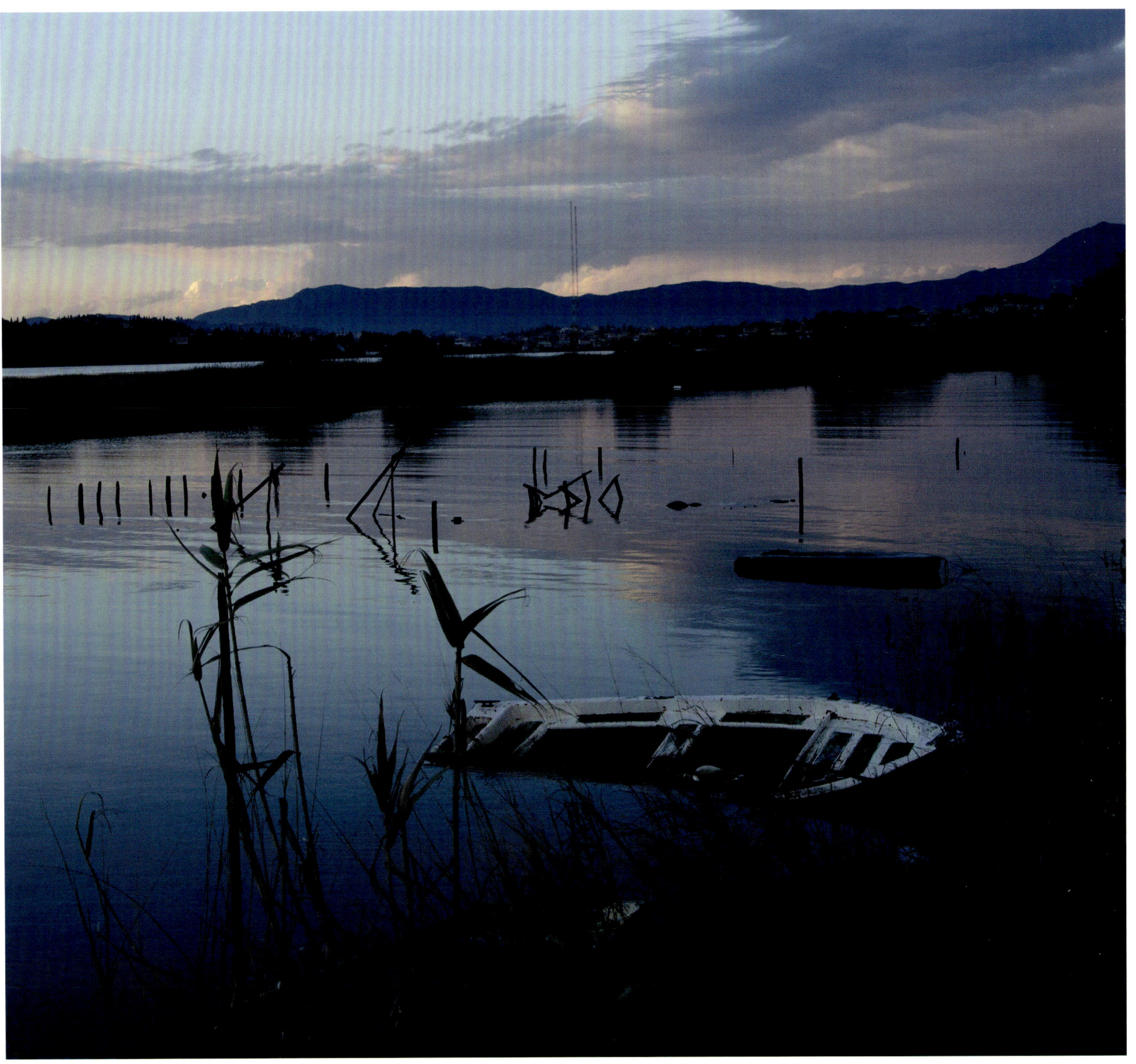

COUNTRY
ΕΞΟΧΕΣ

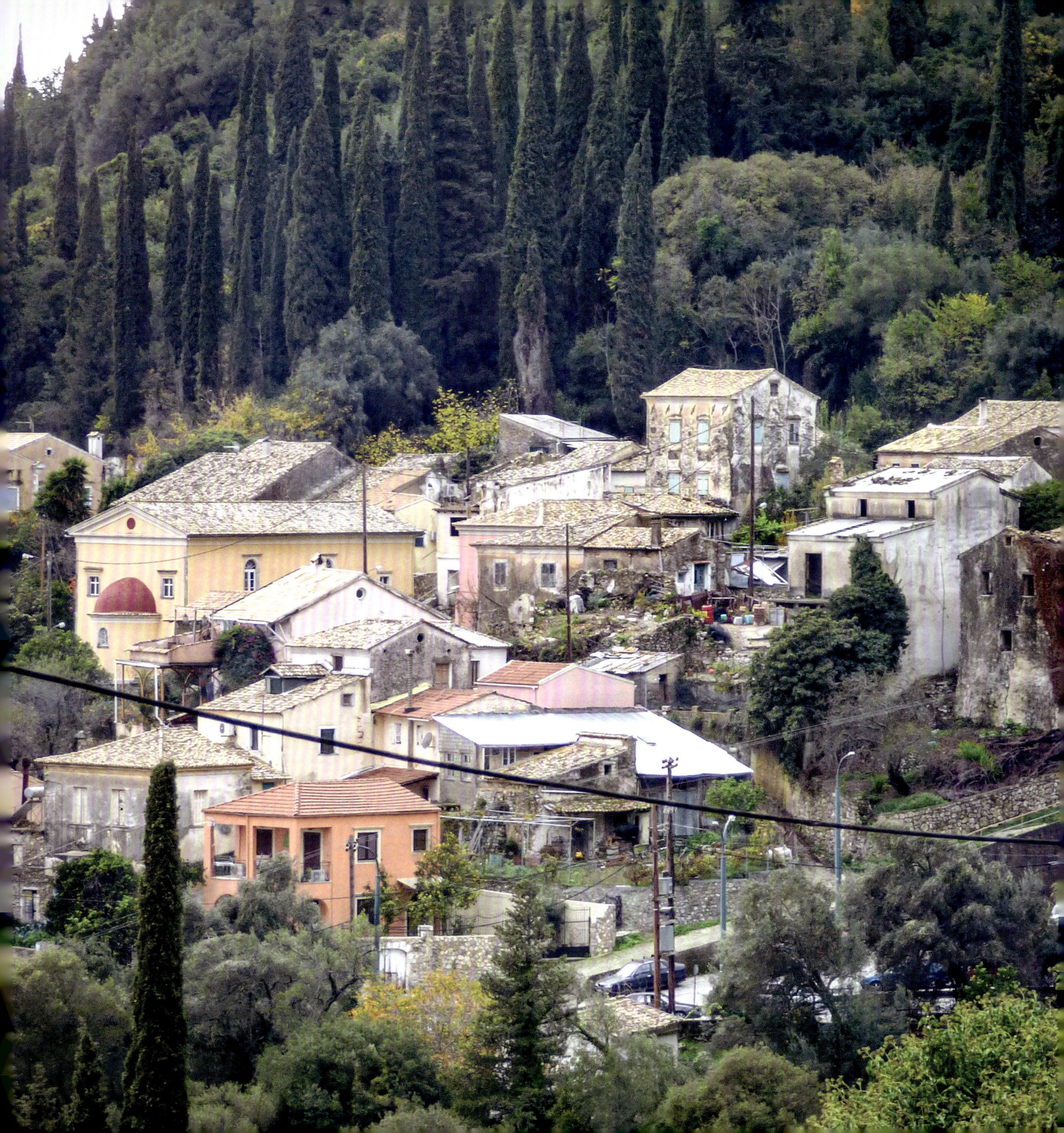

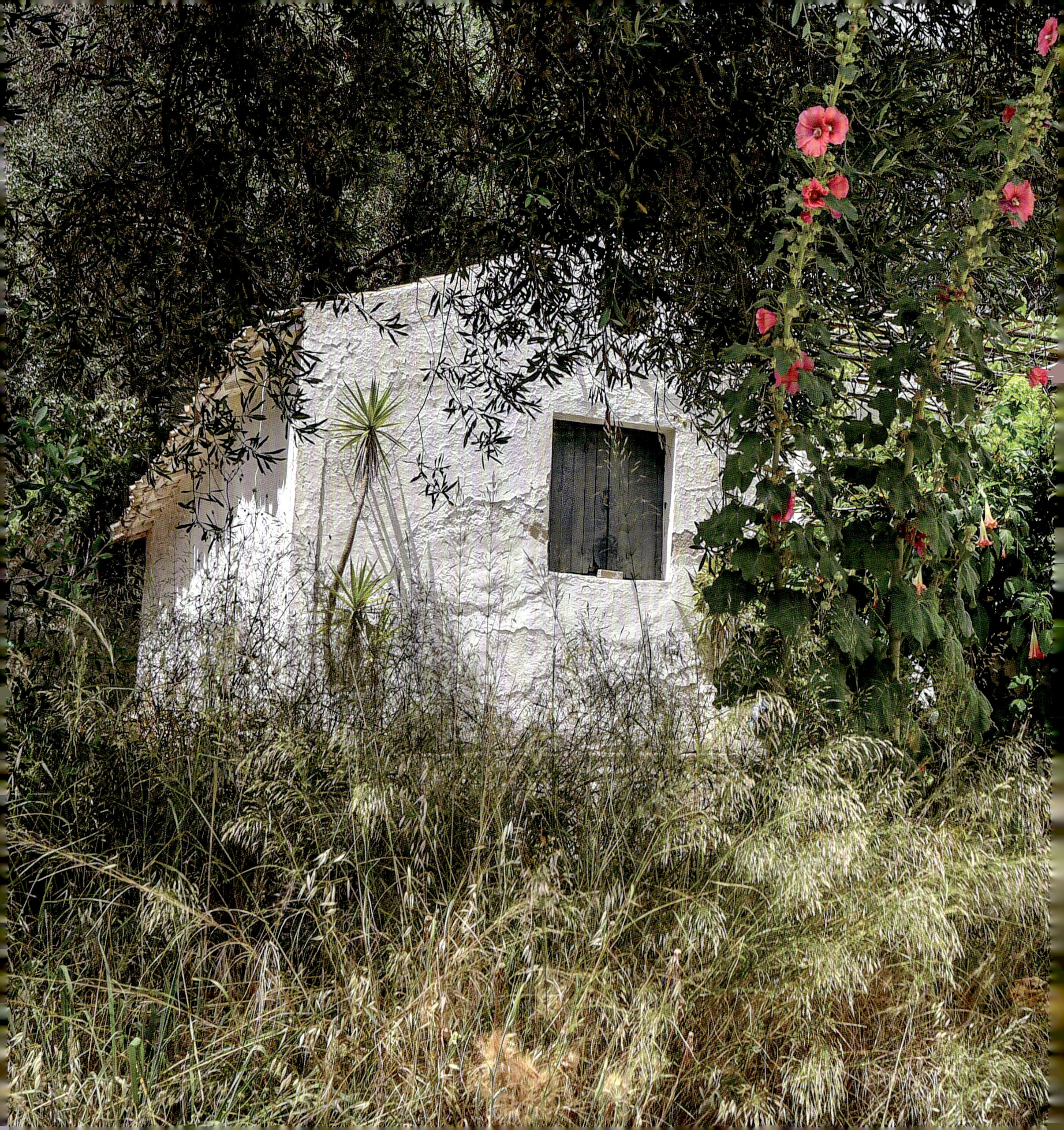

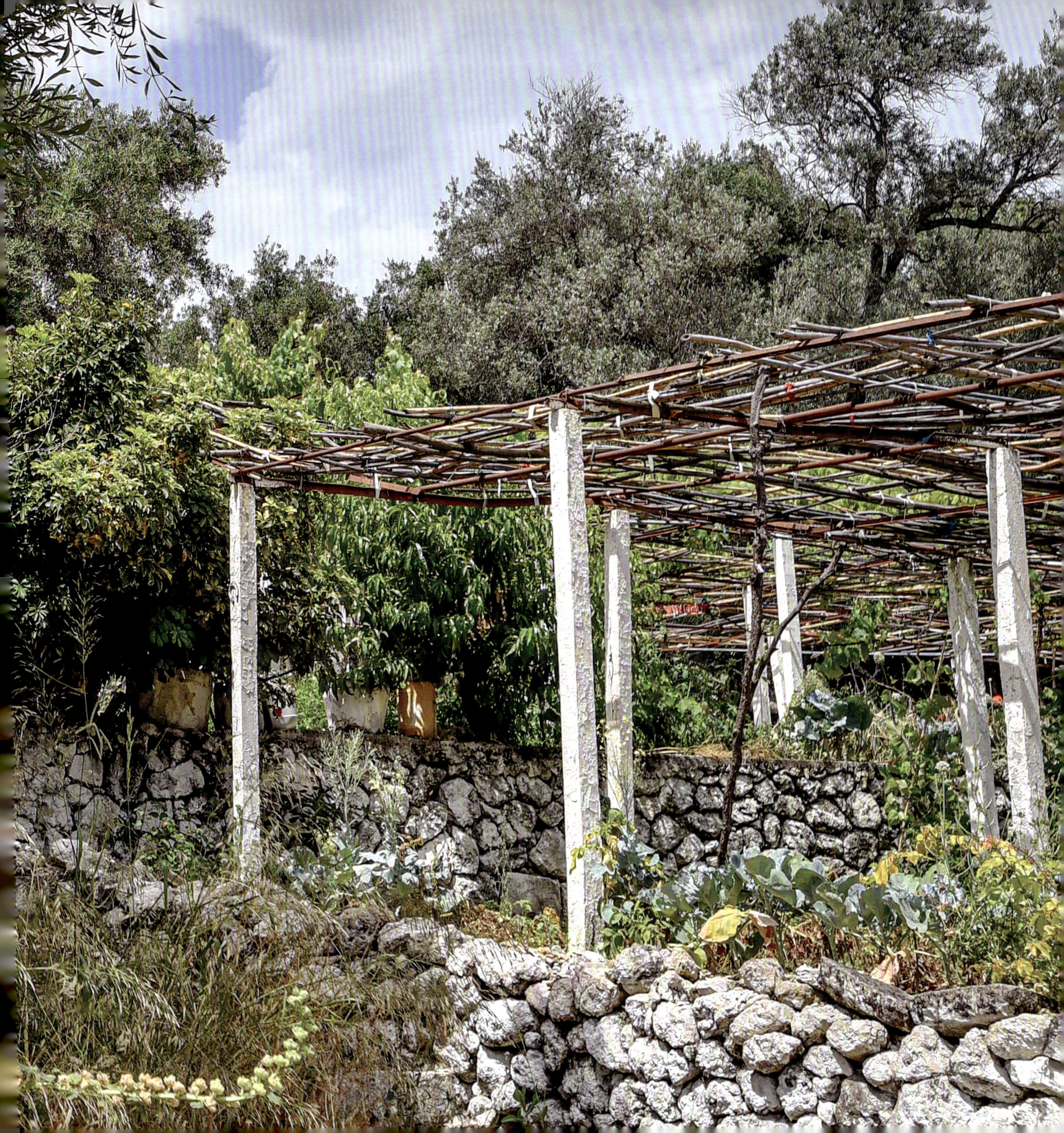

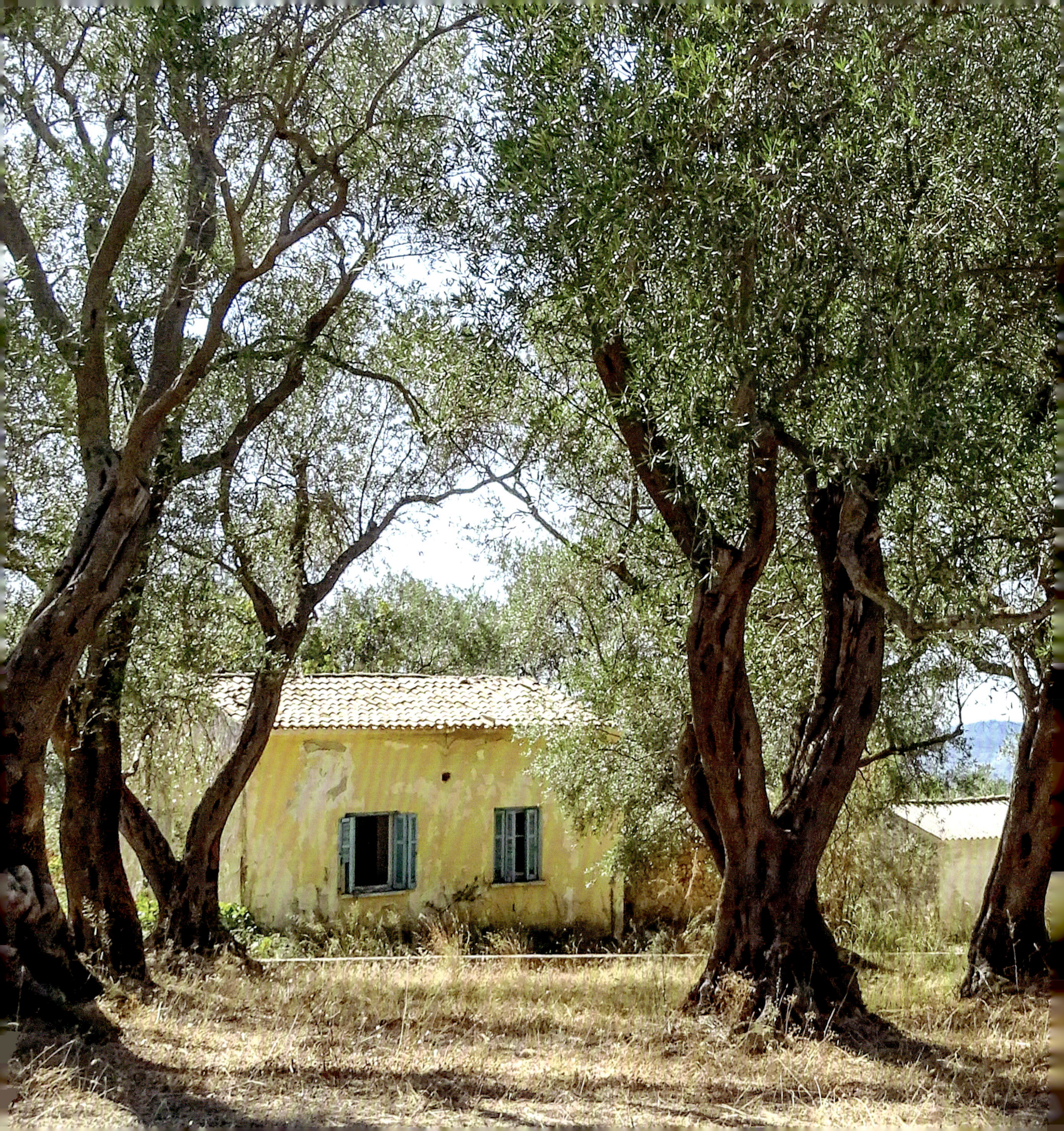

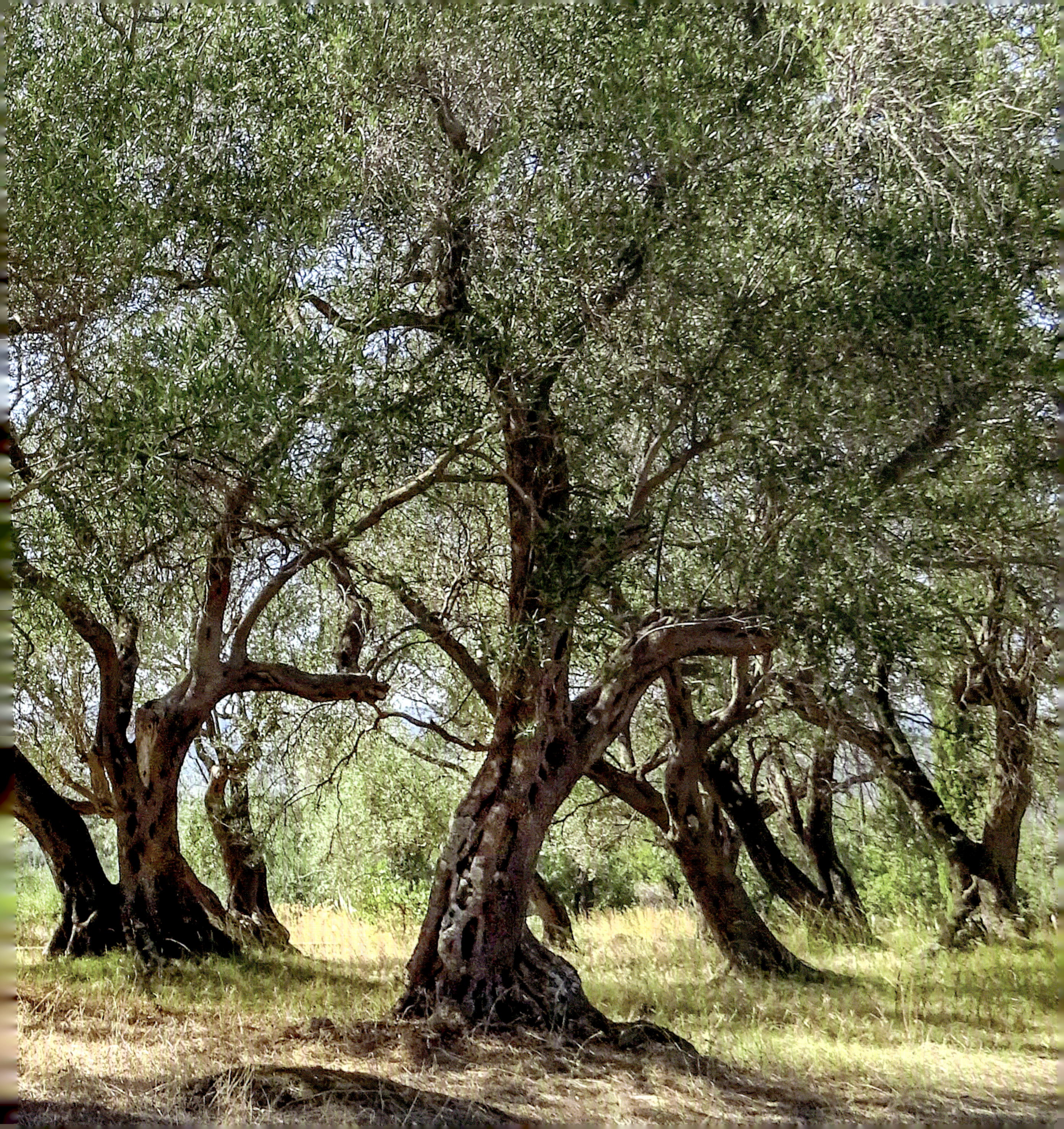

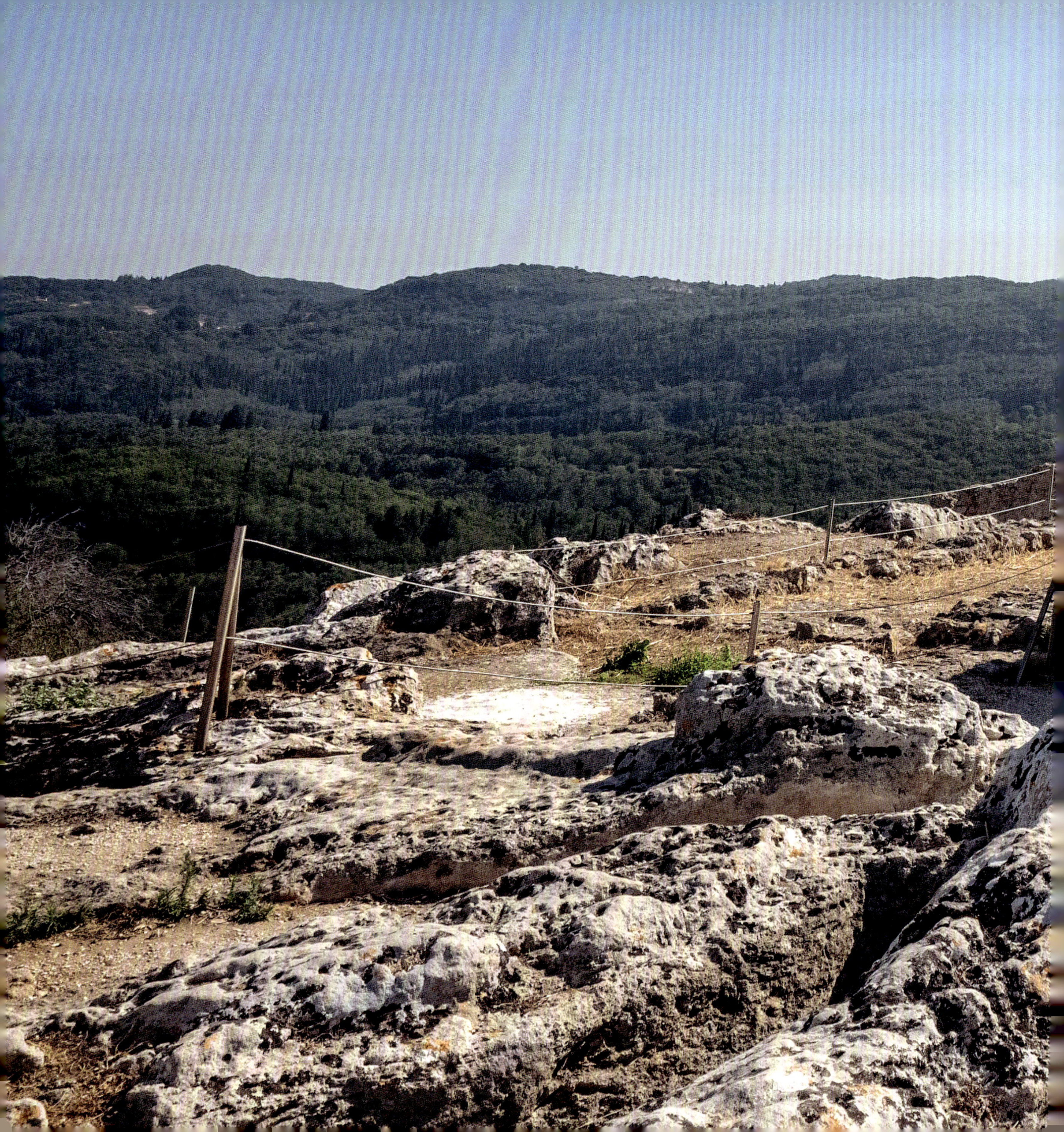

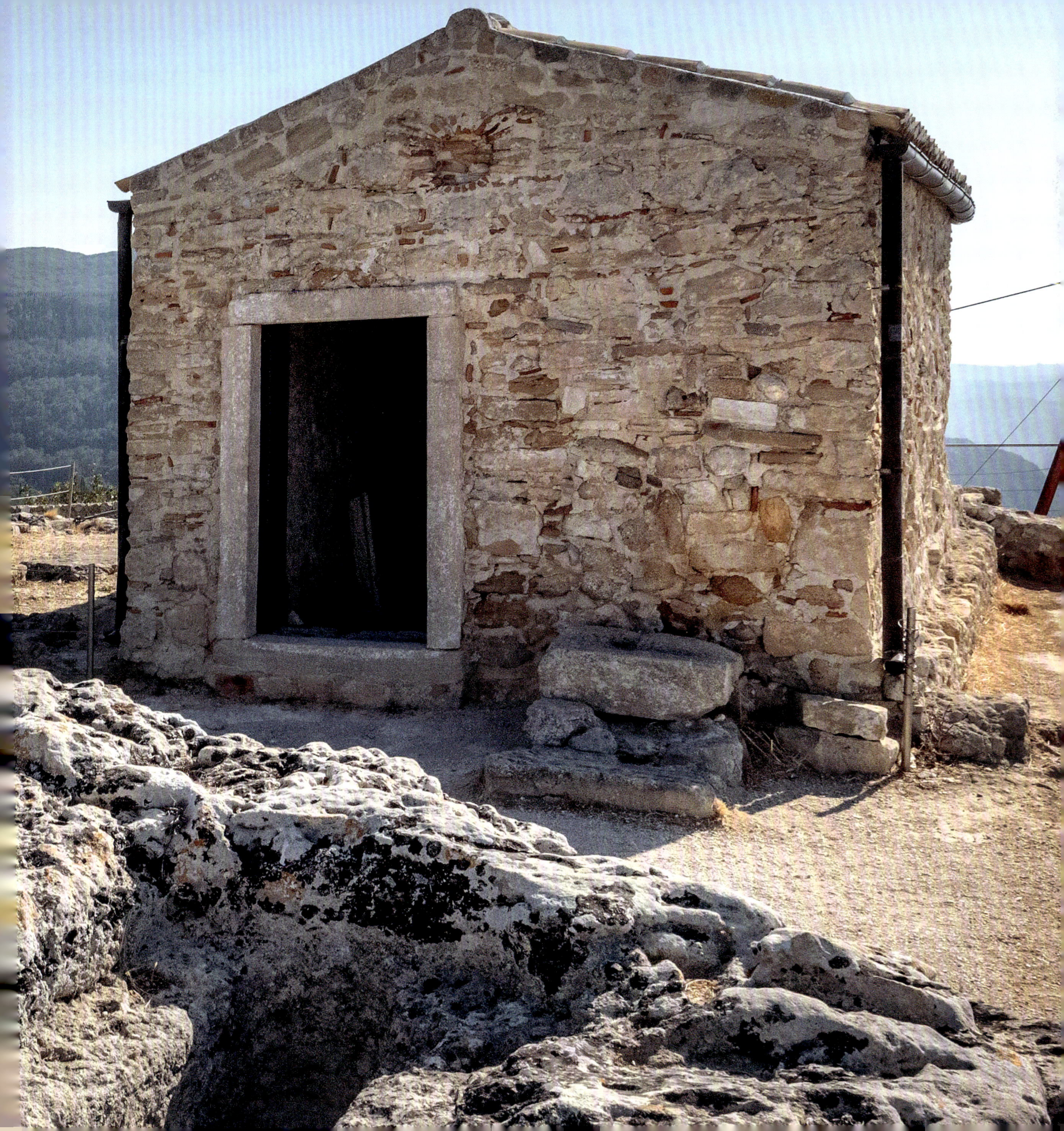

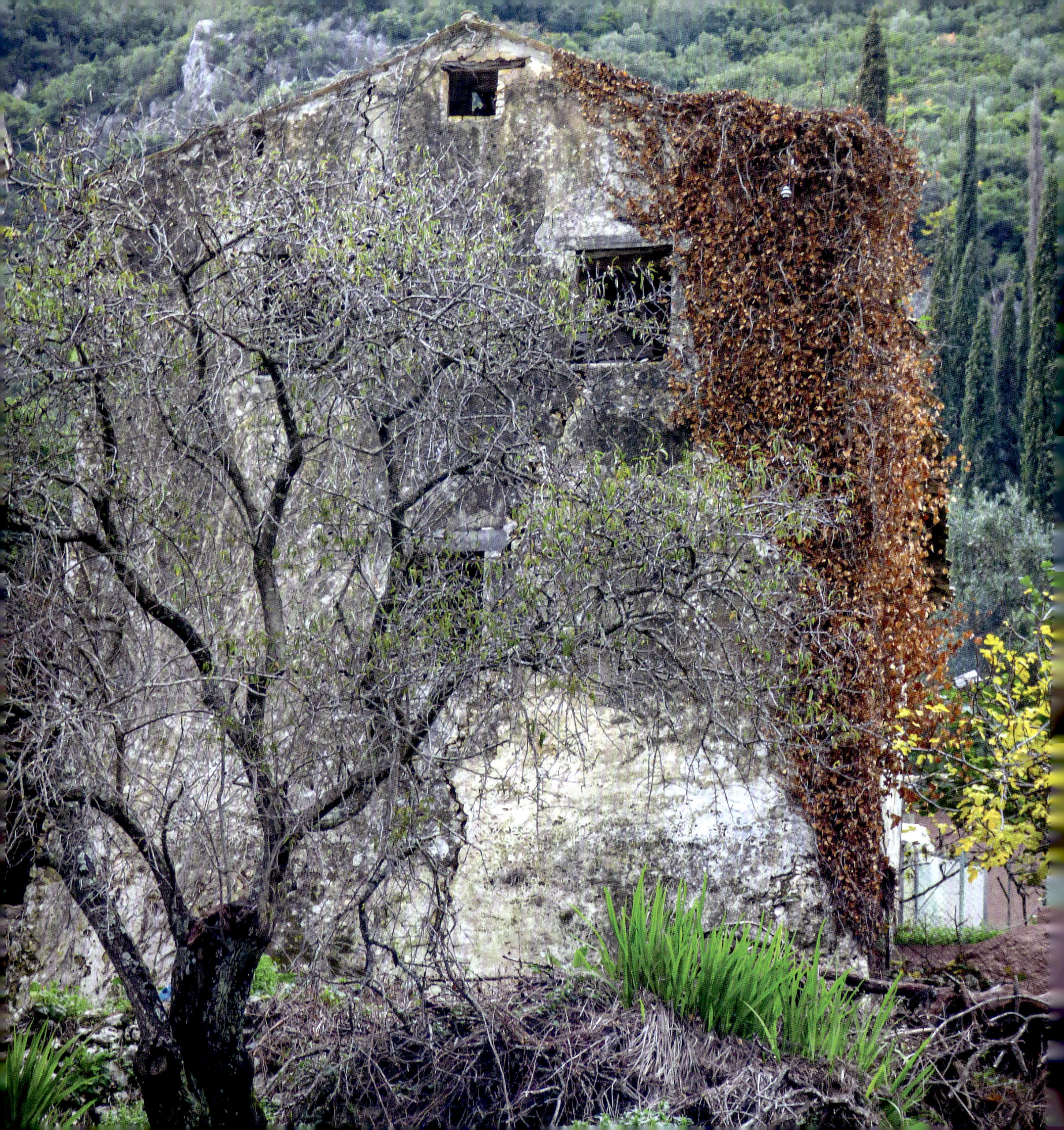

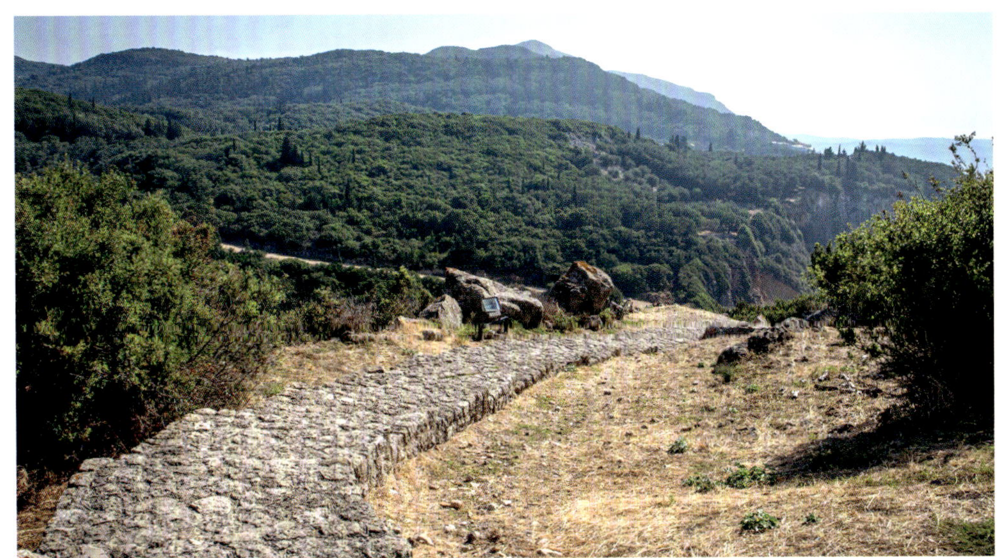

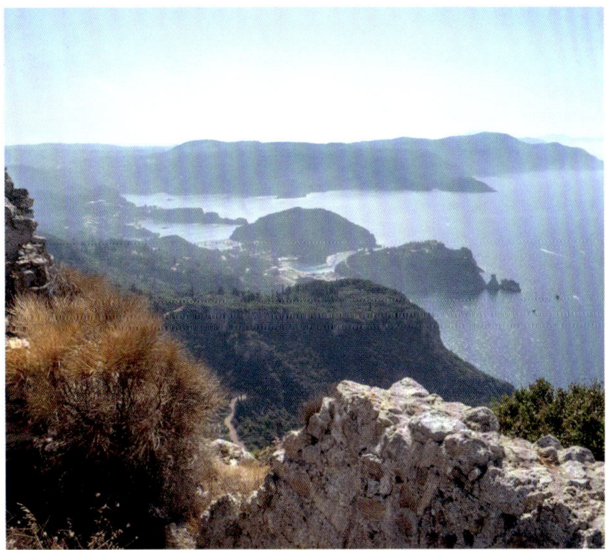

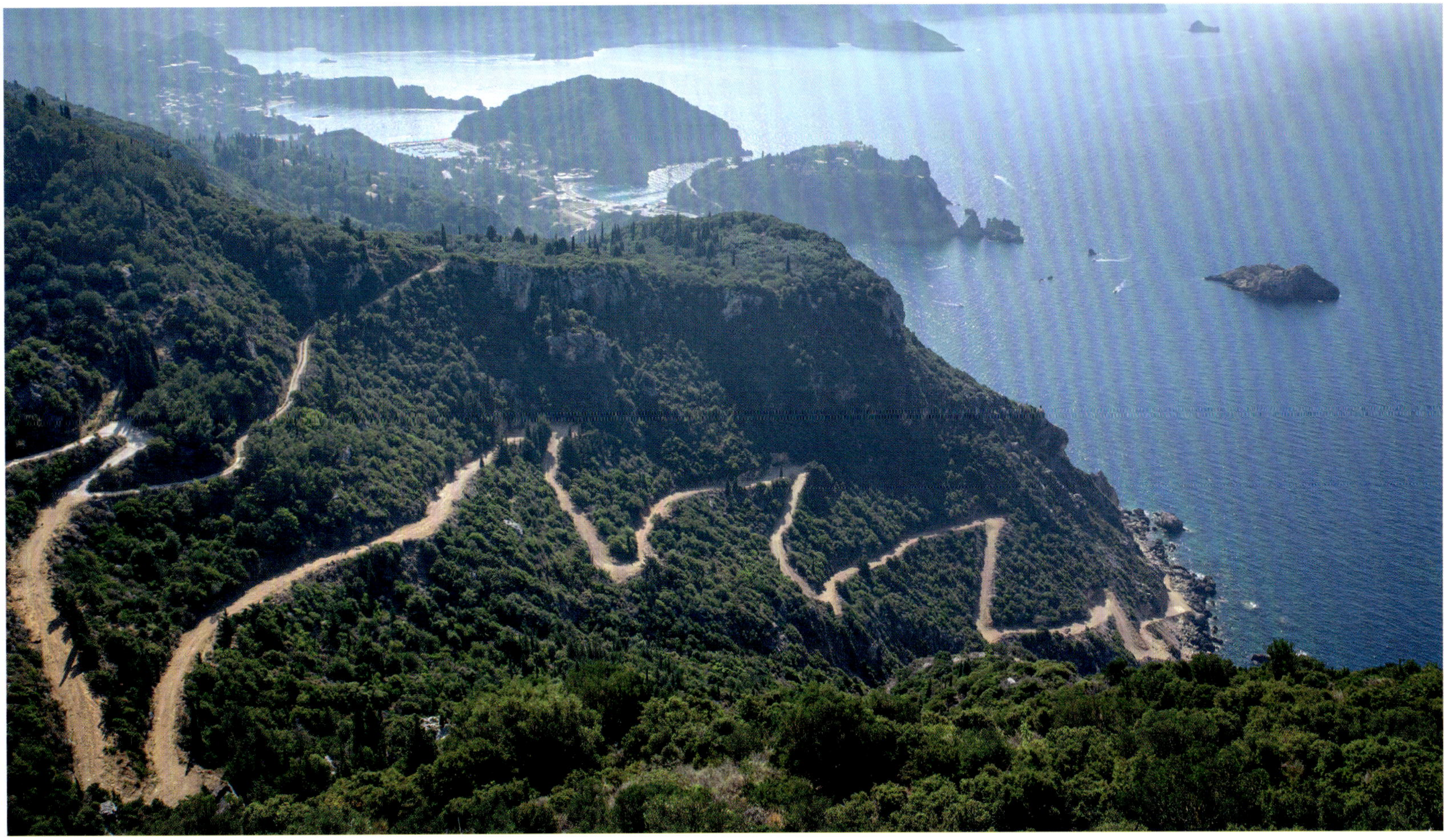

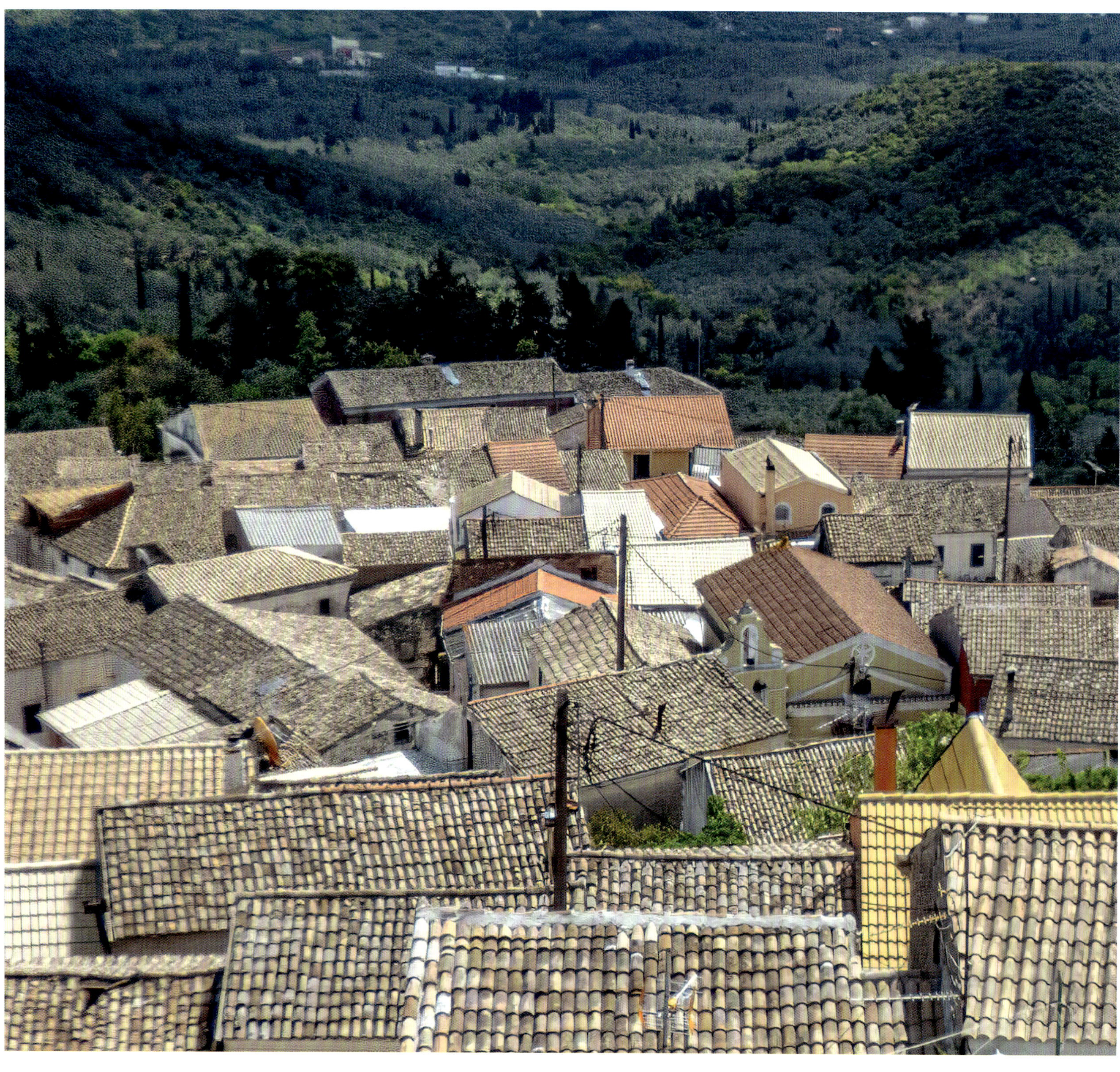

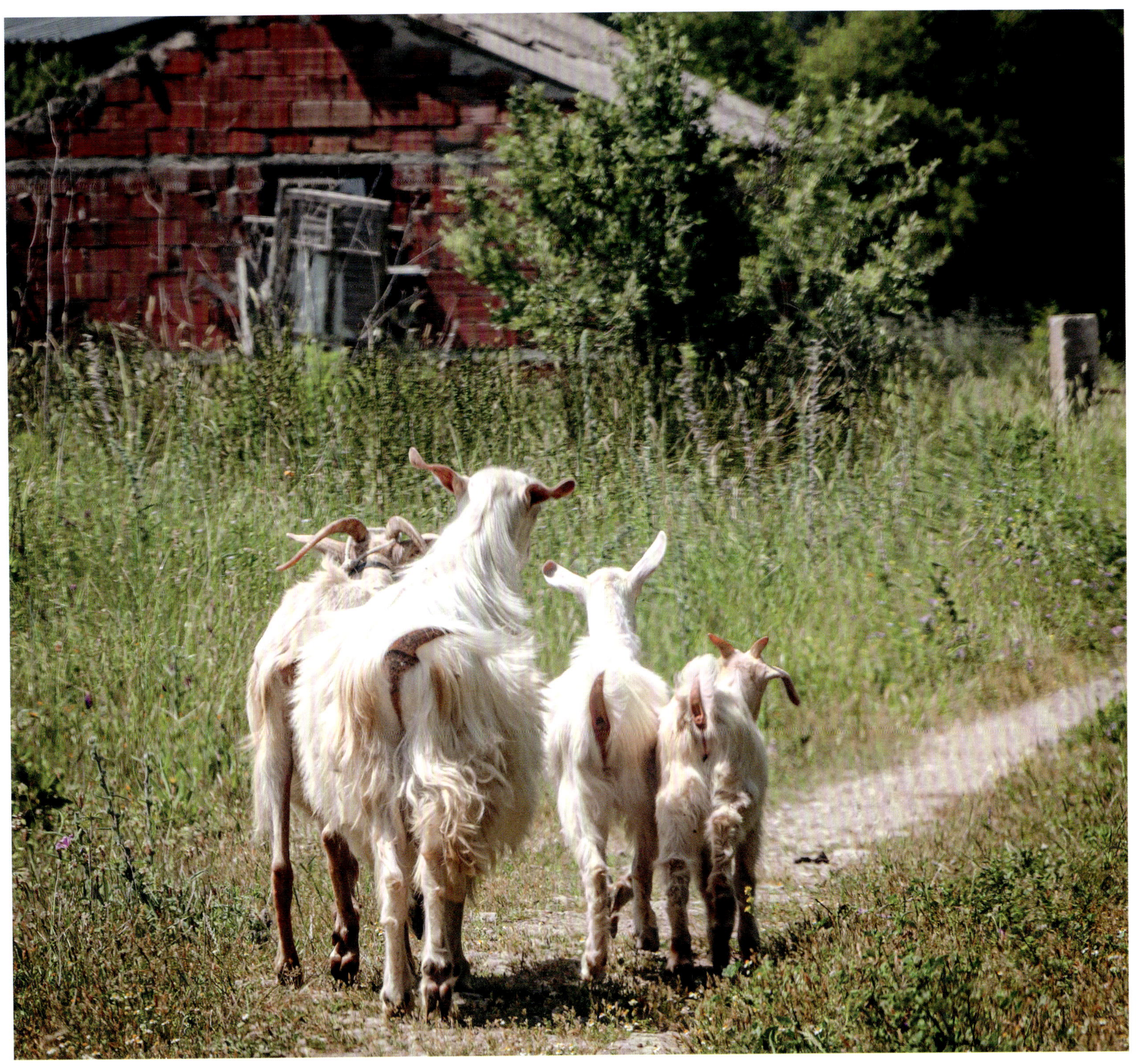

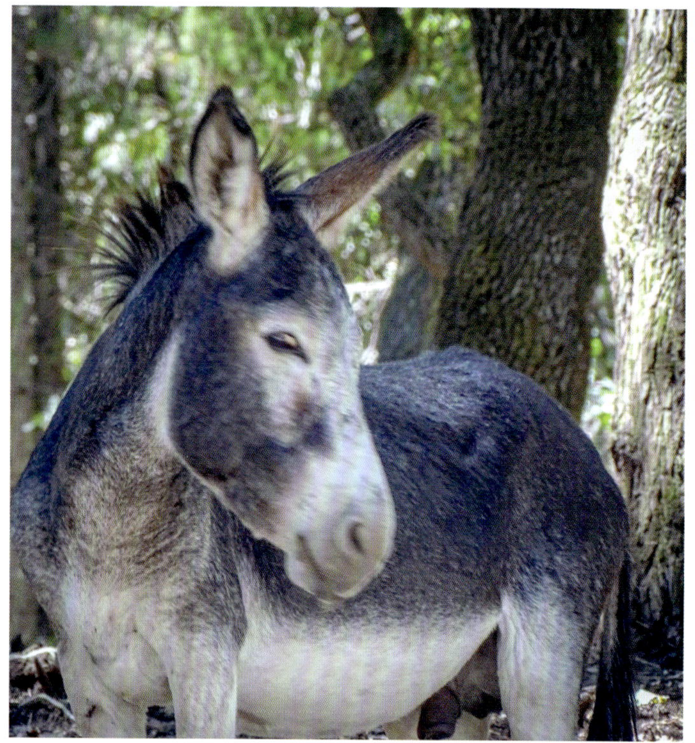

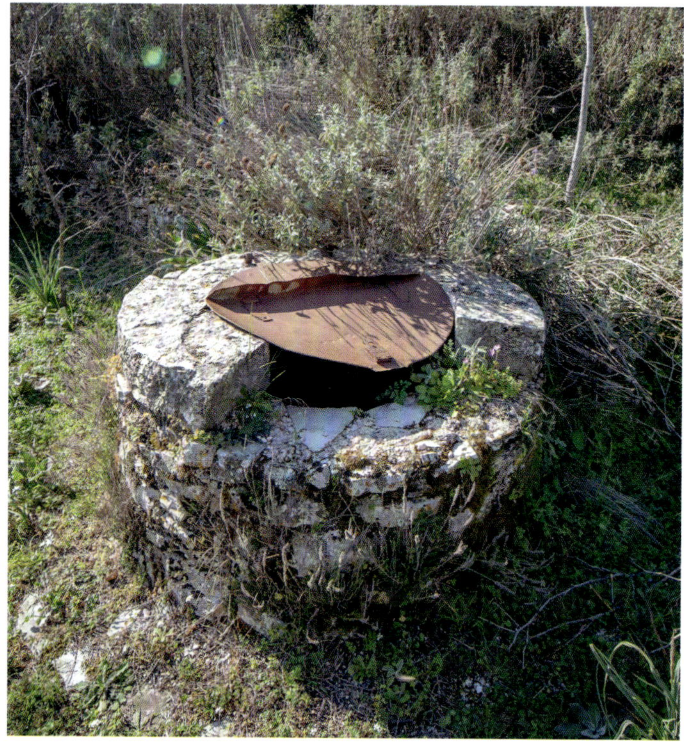

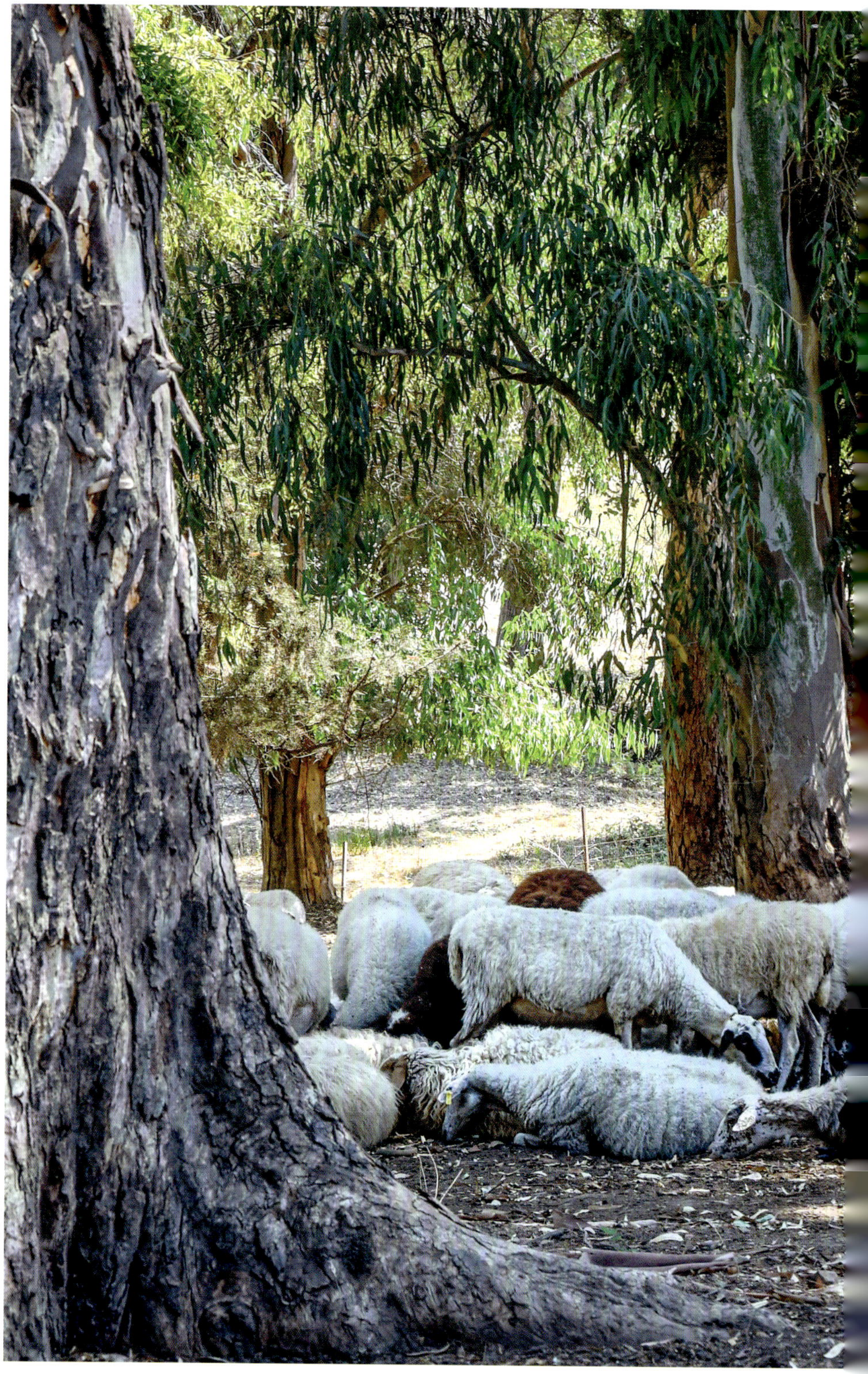

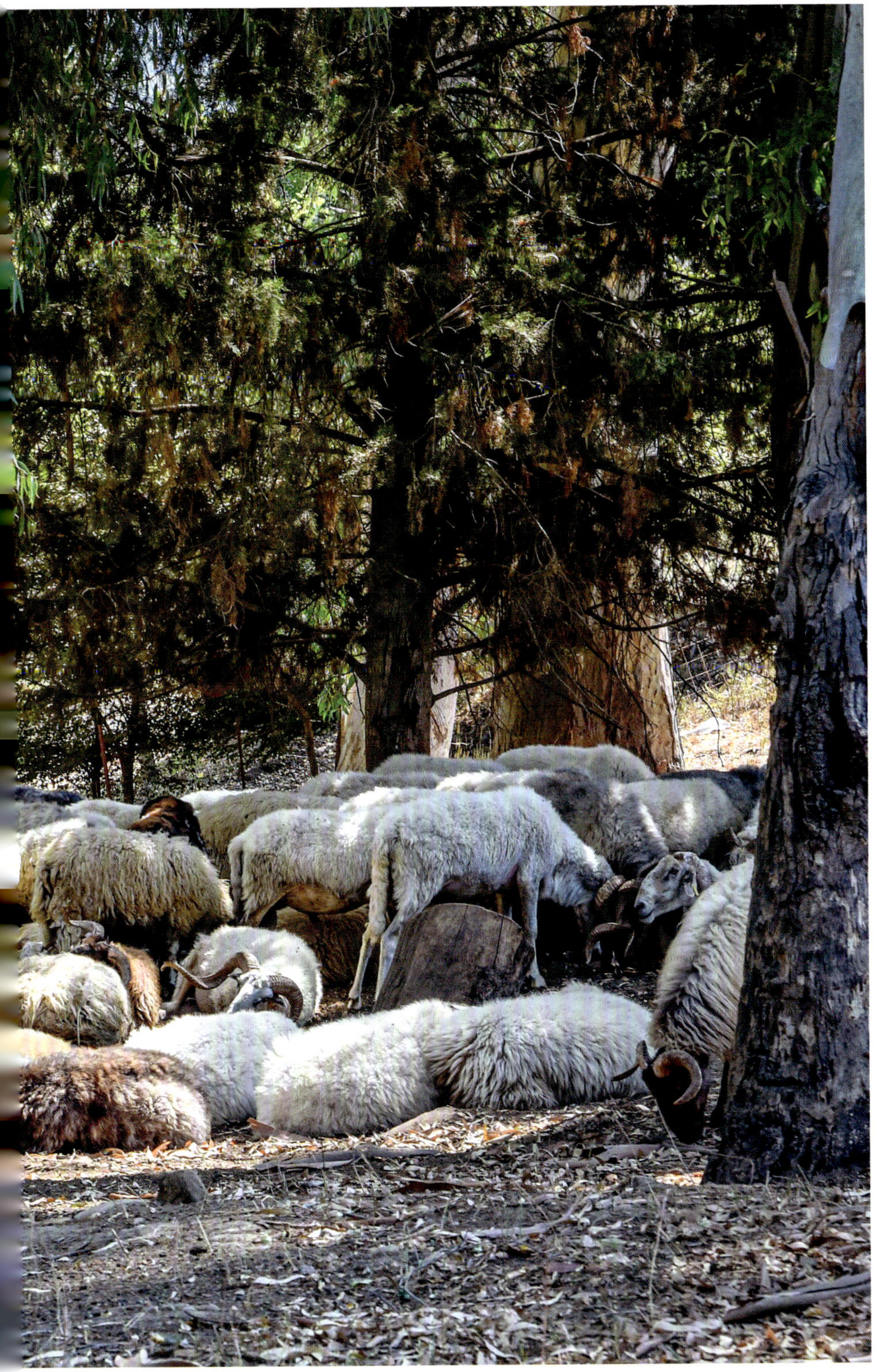

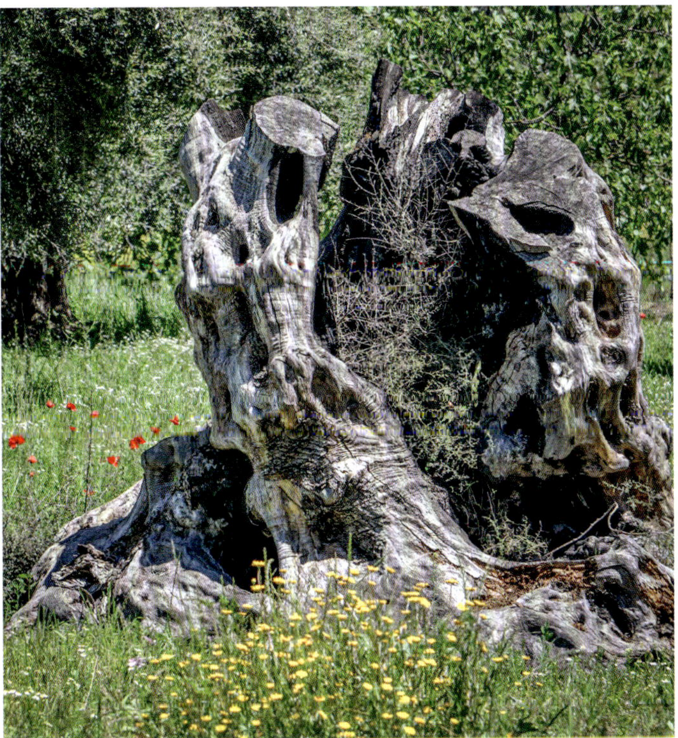

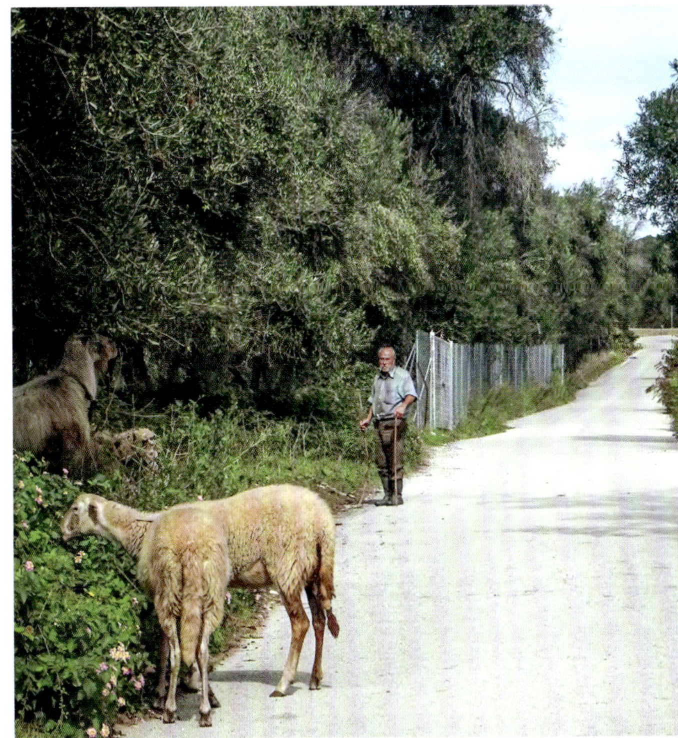

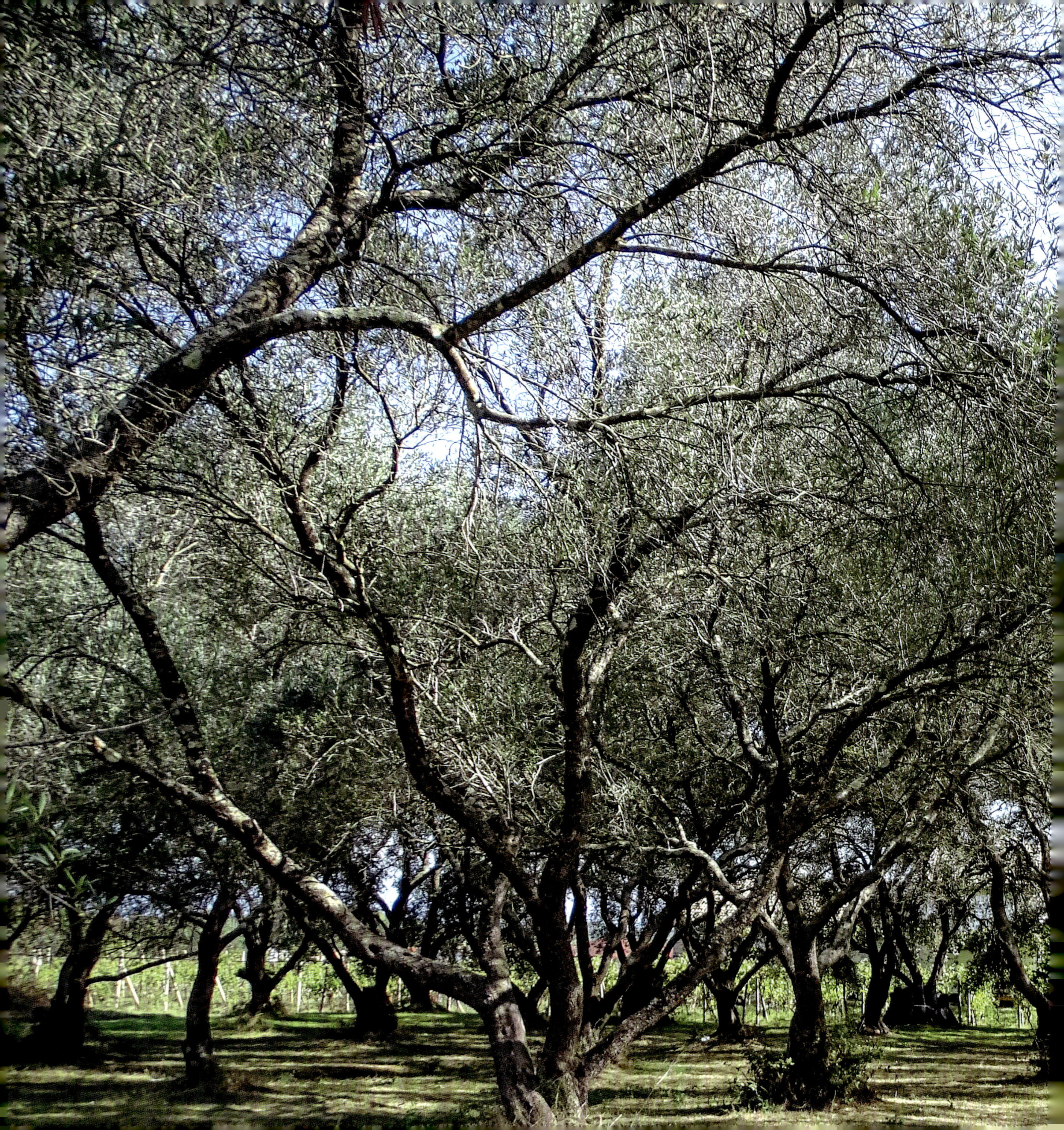

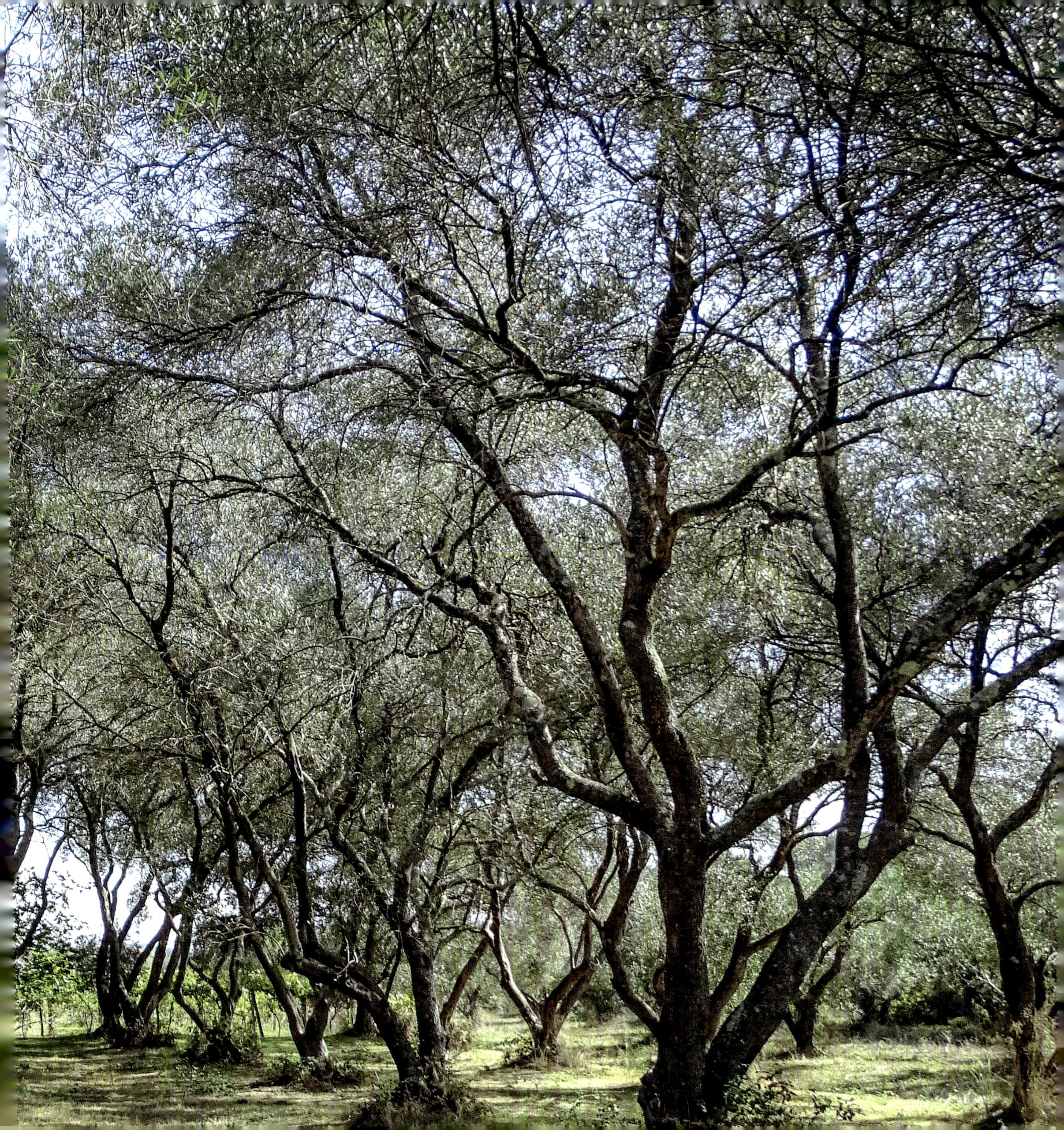

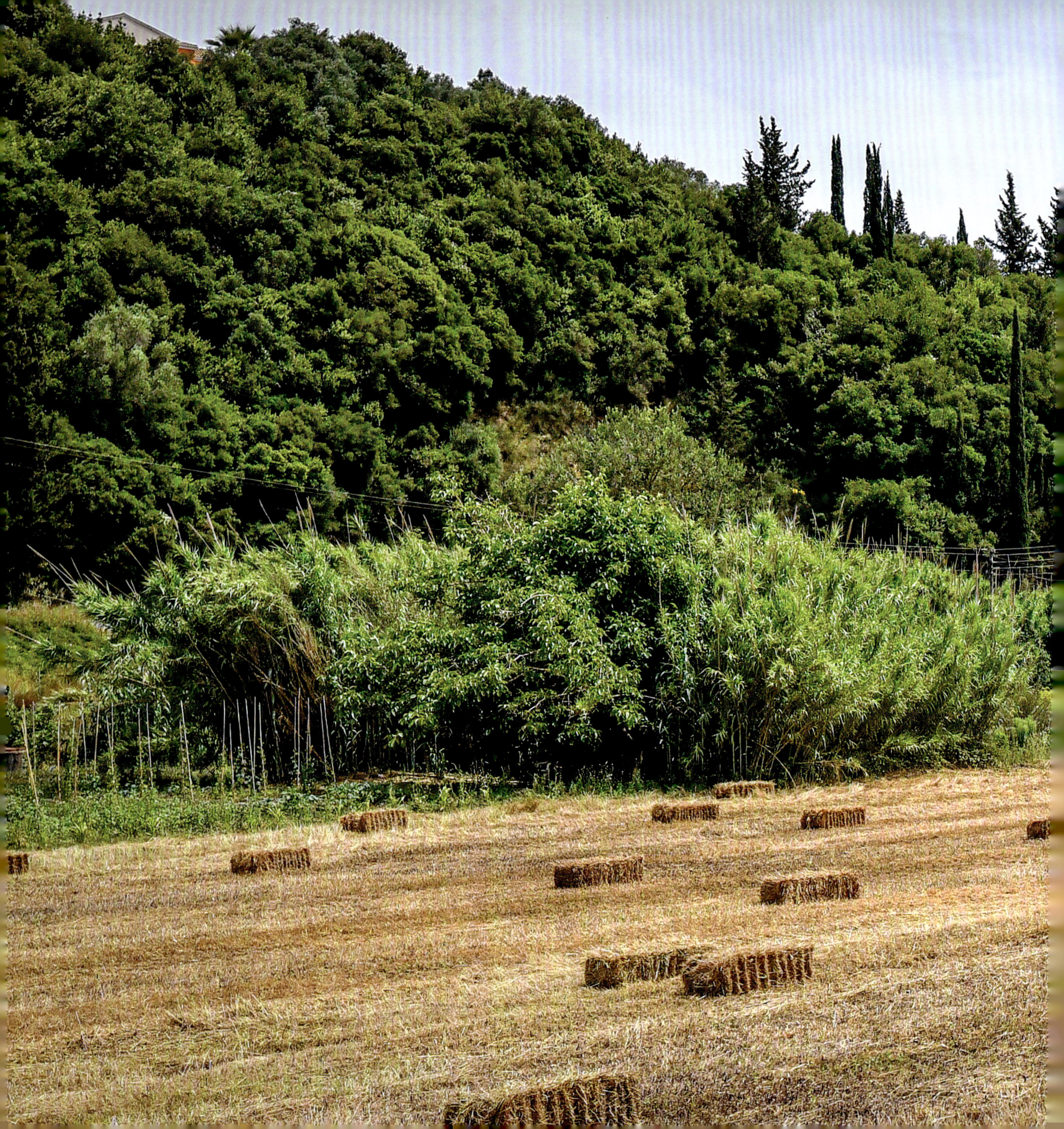

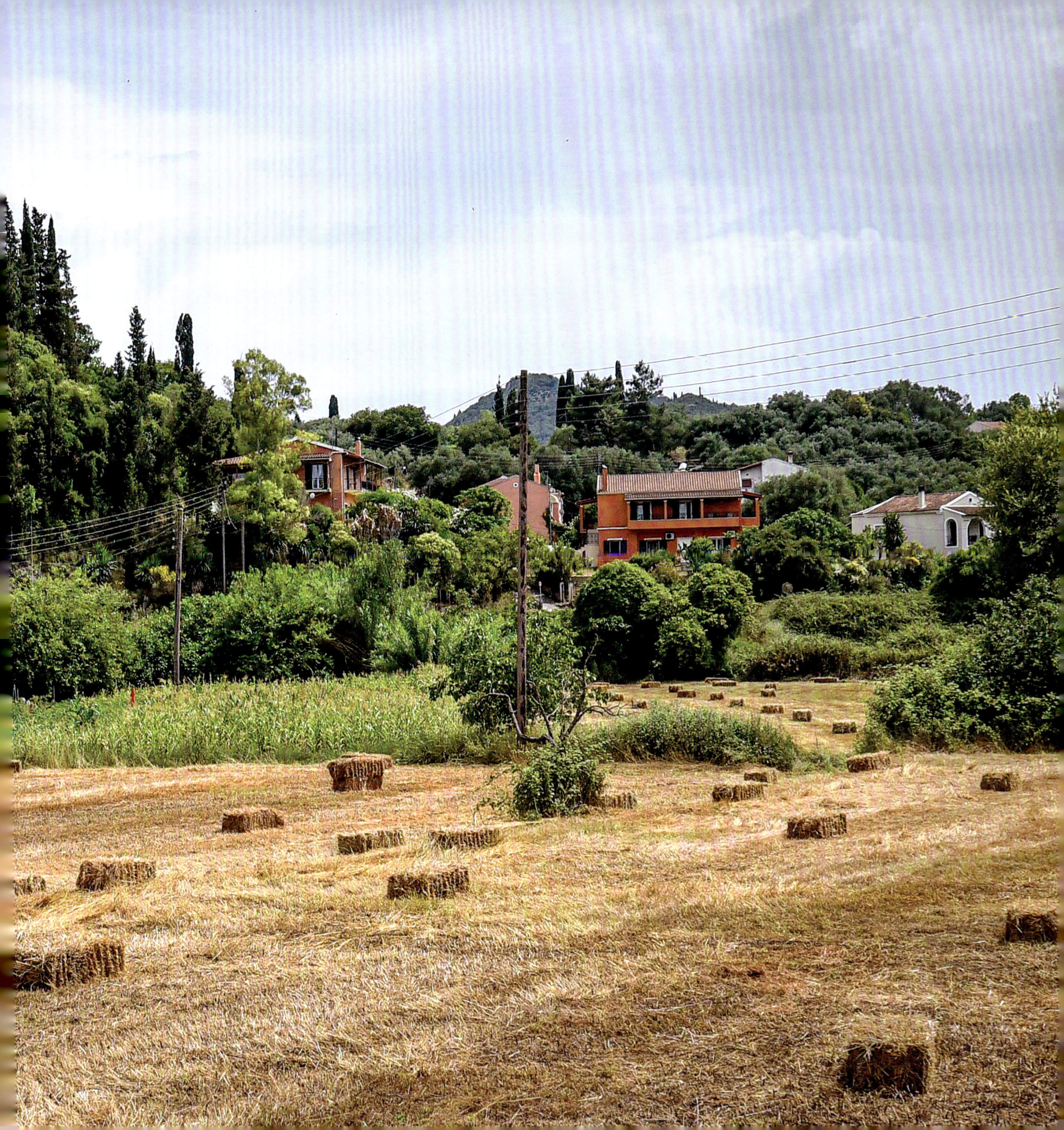

TOOLS & TRADES
ΣΥΝΕΡΓΑ & ΤΕΧΝΕΣ

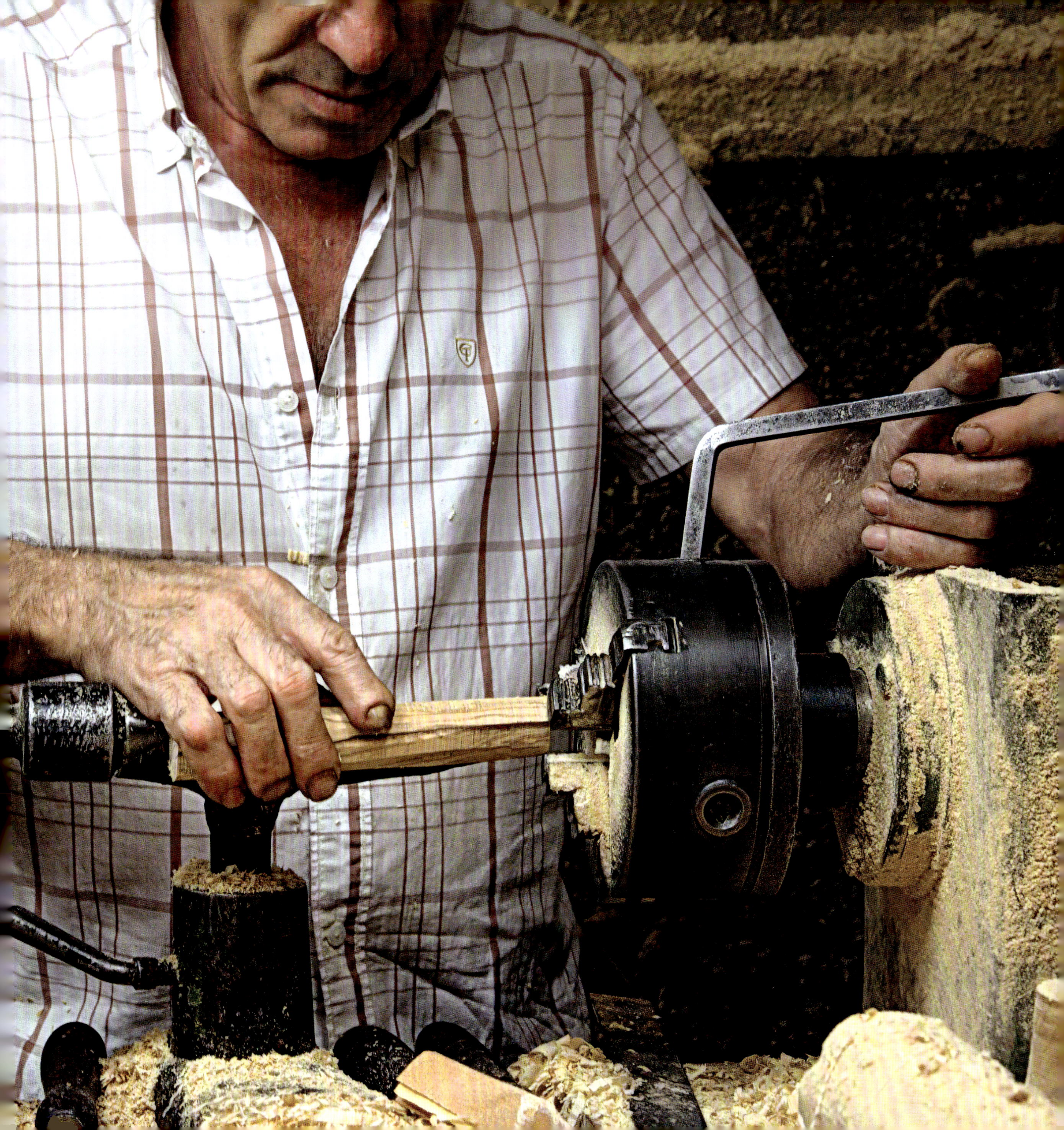

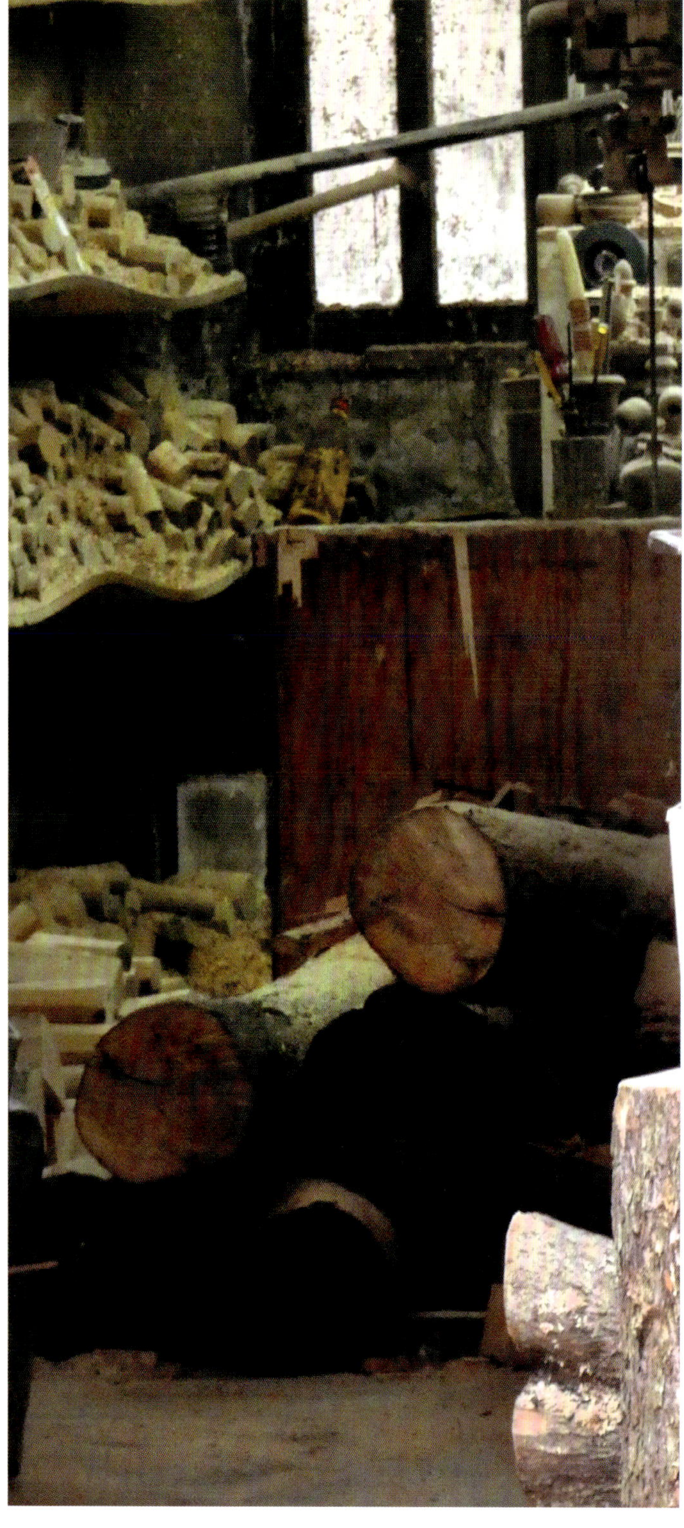

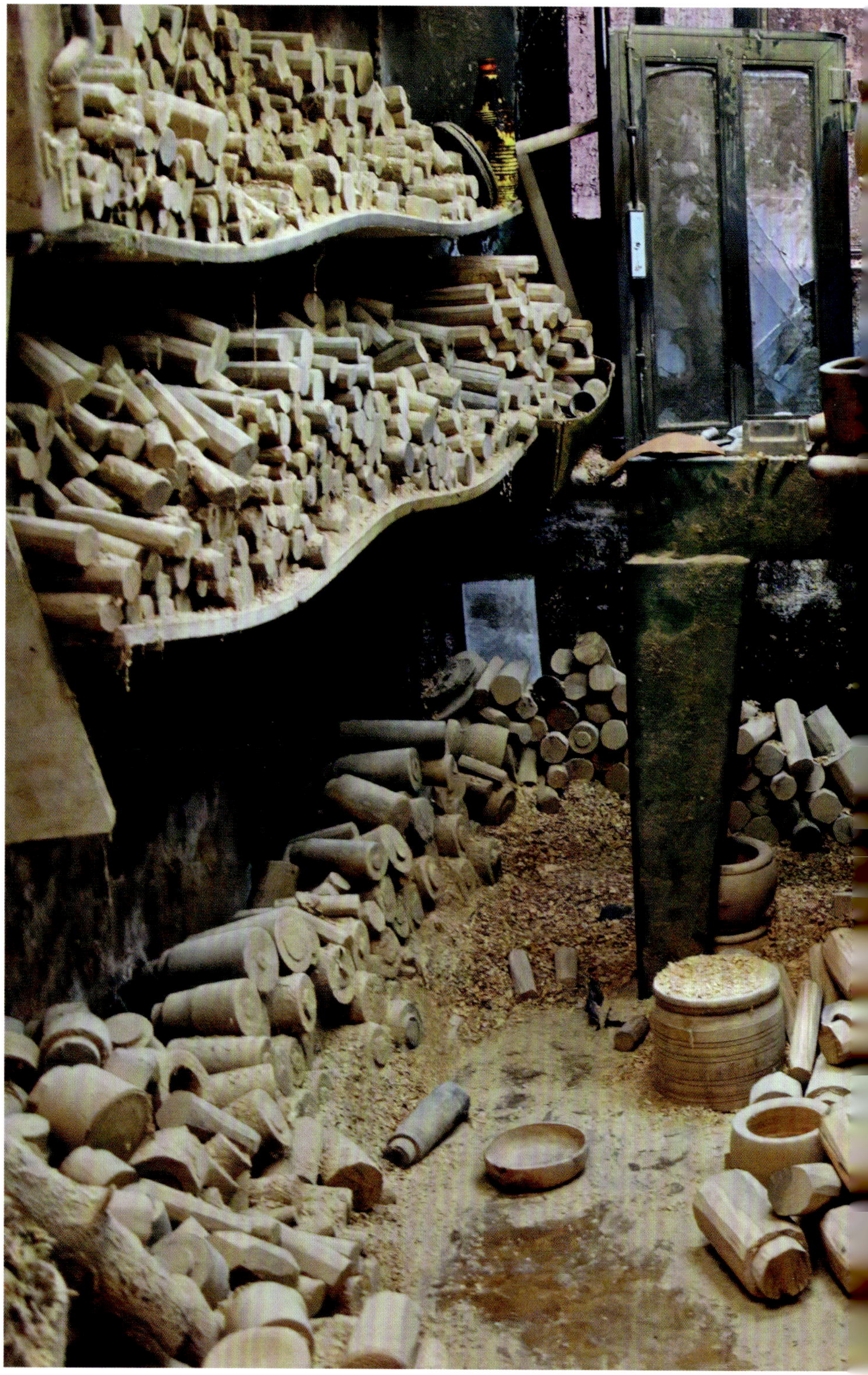

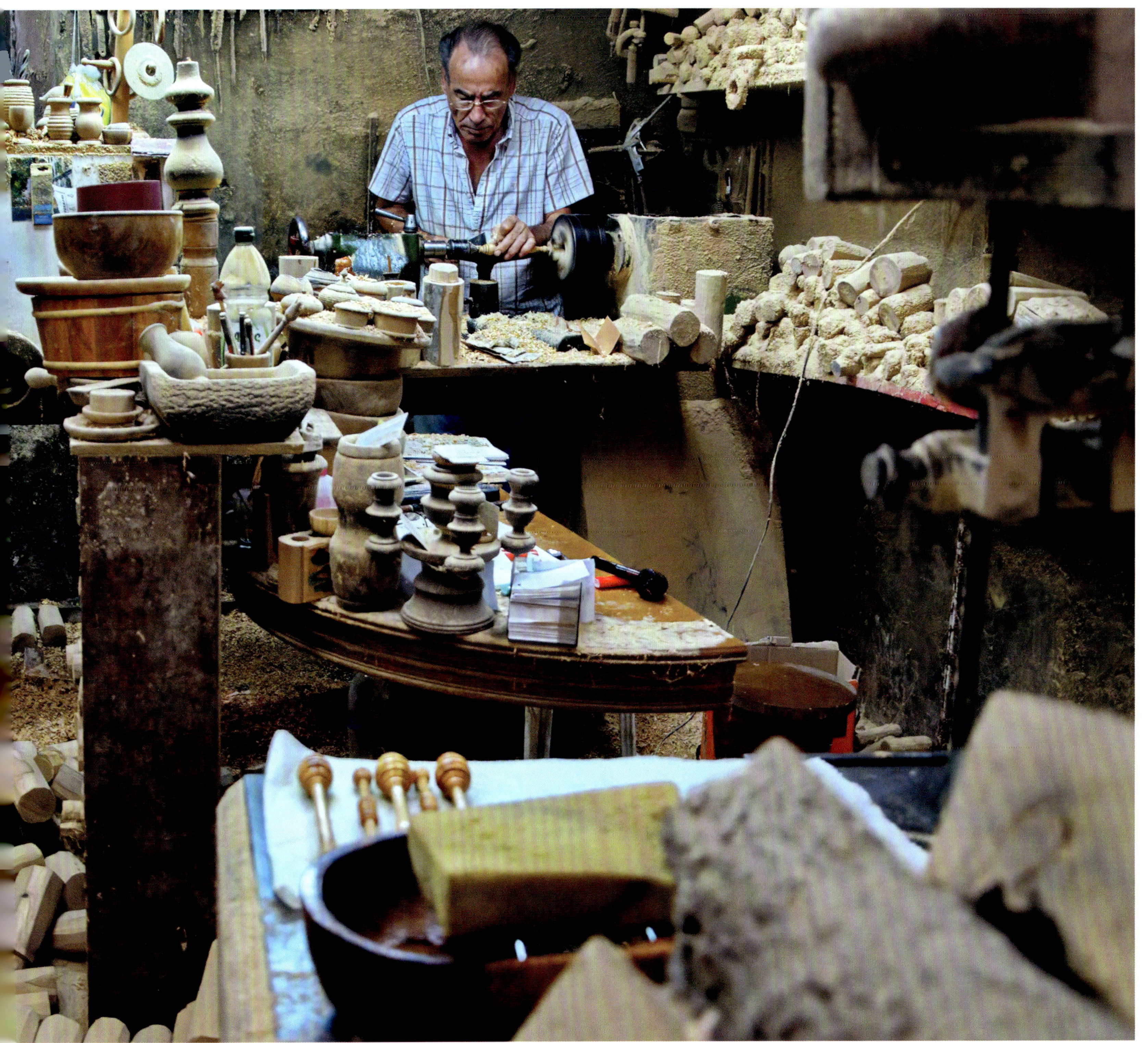

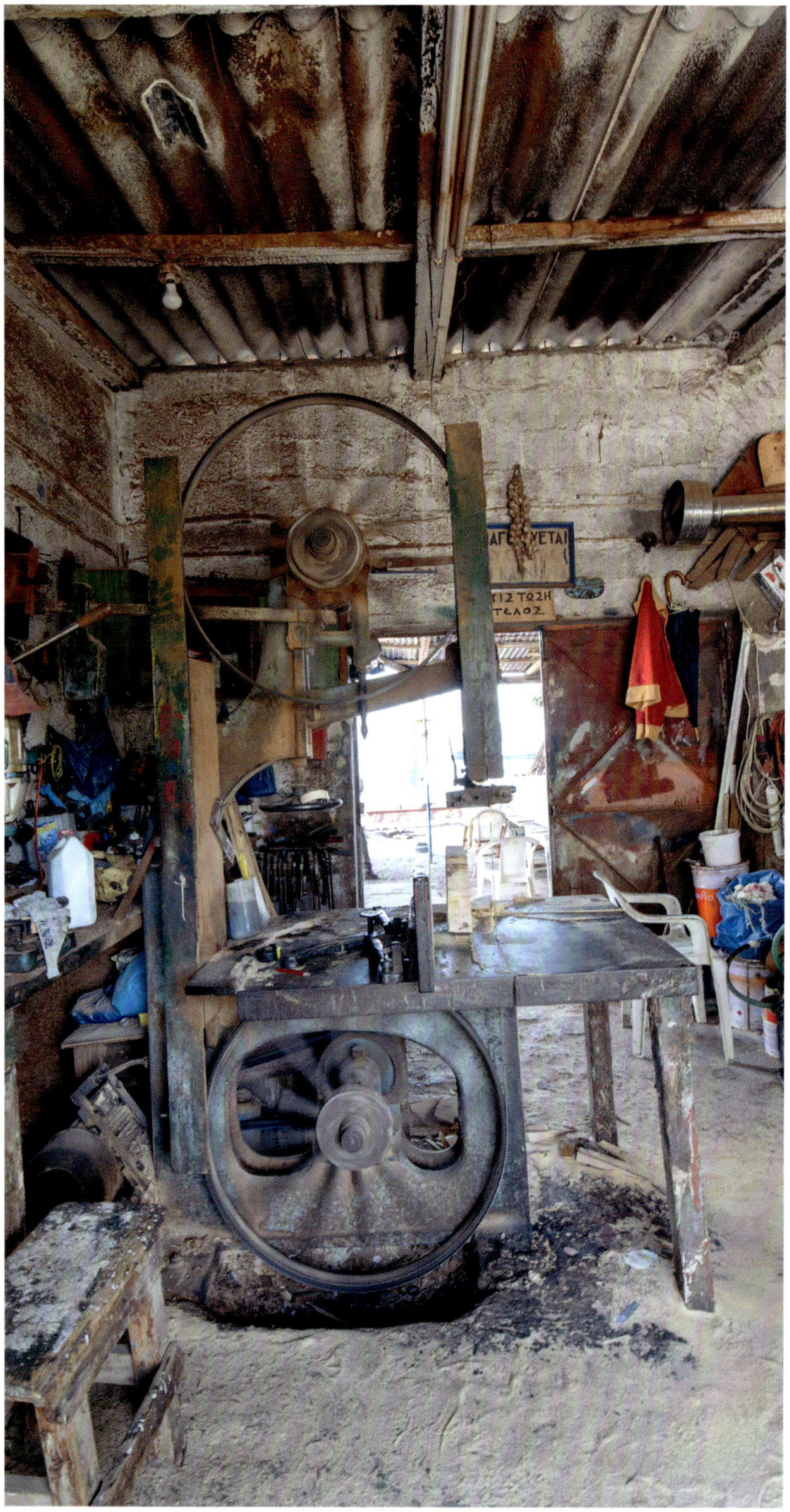

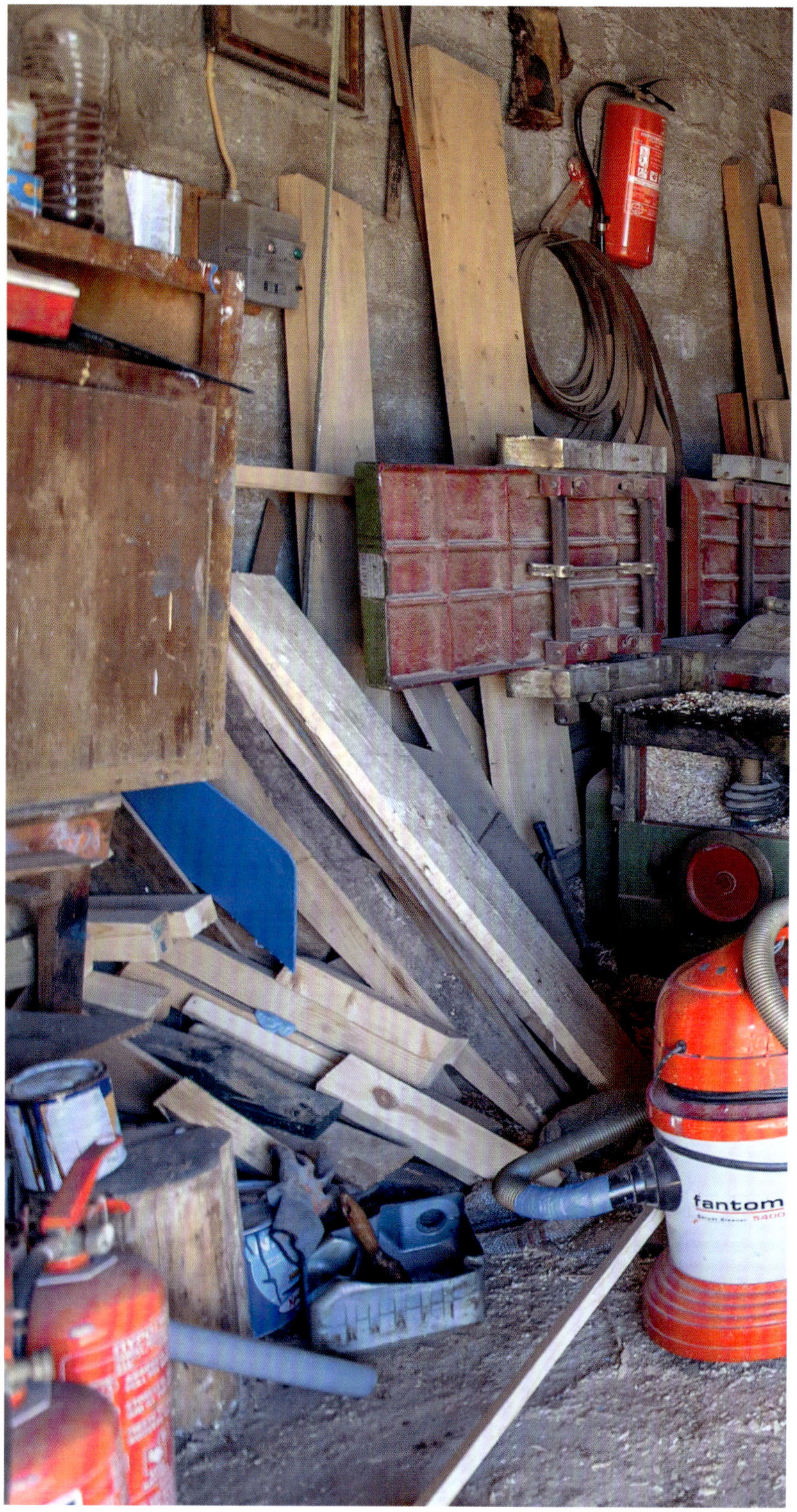

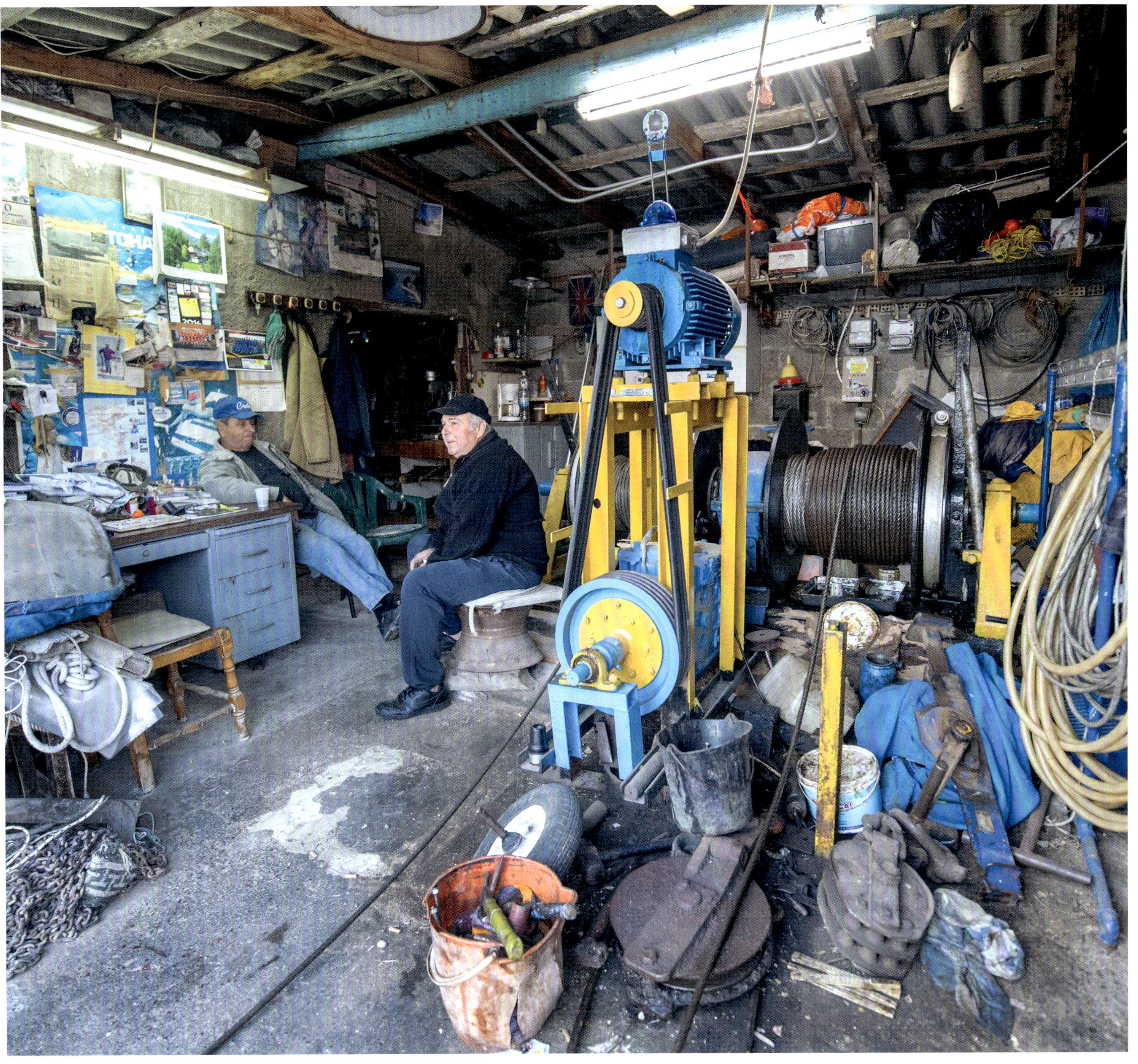

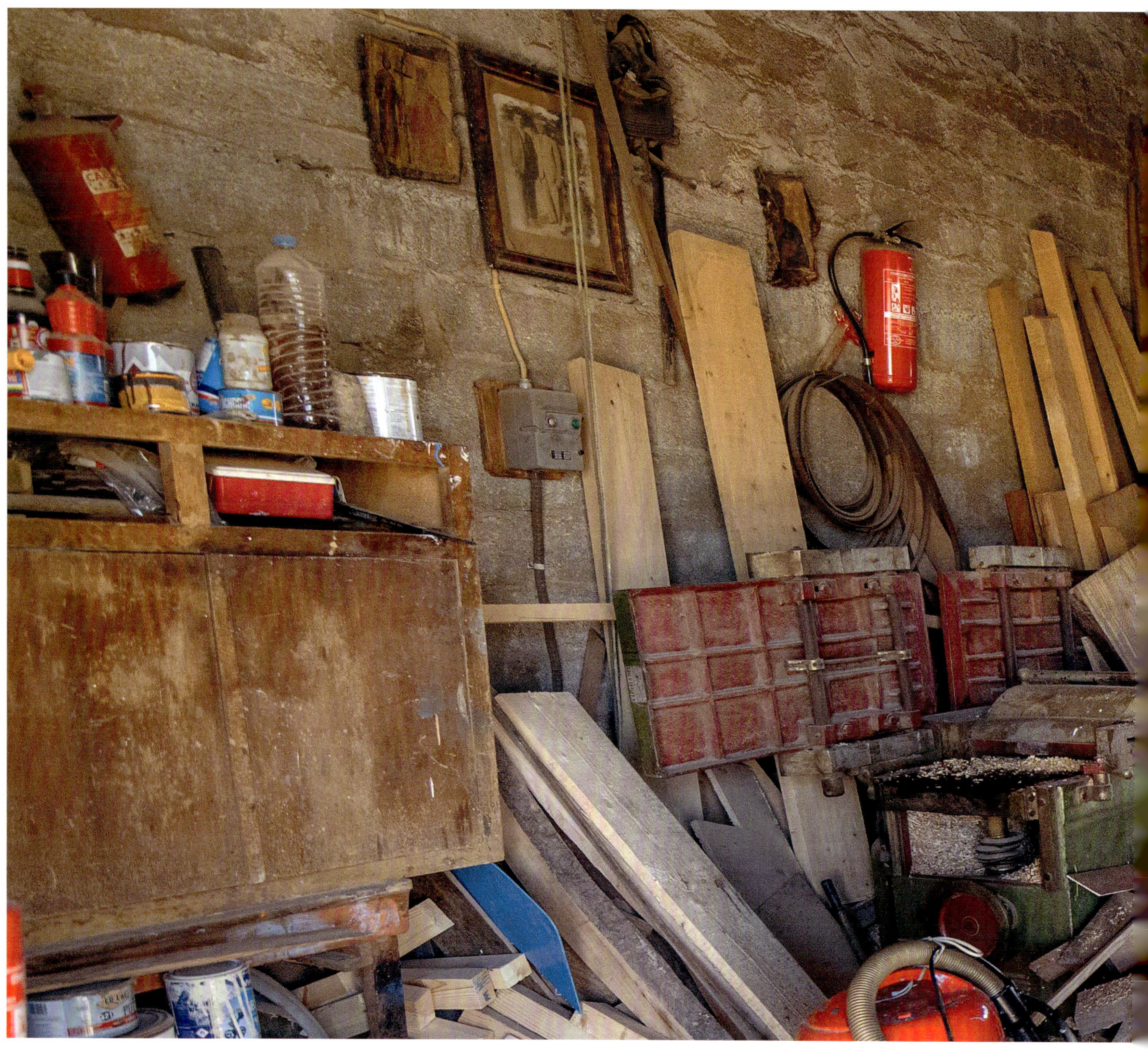

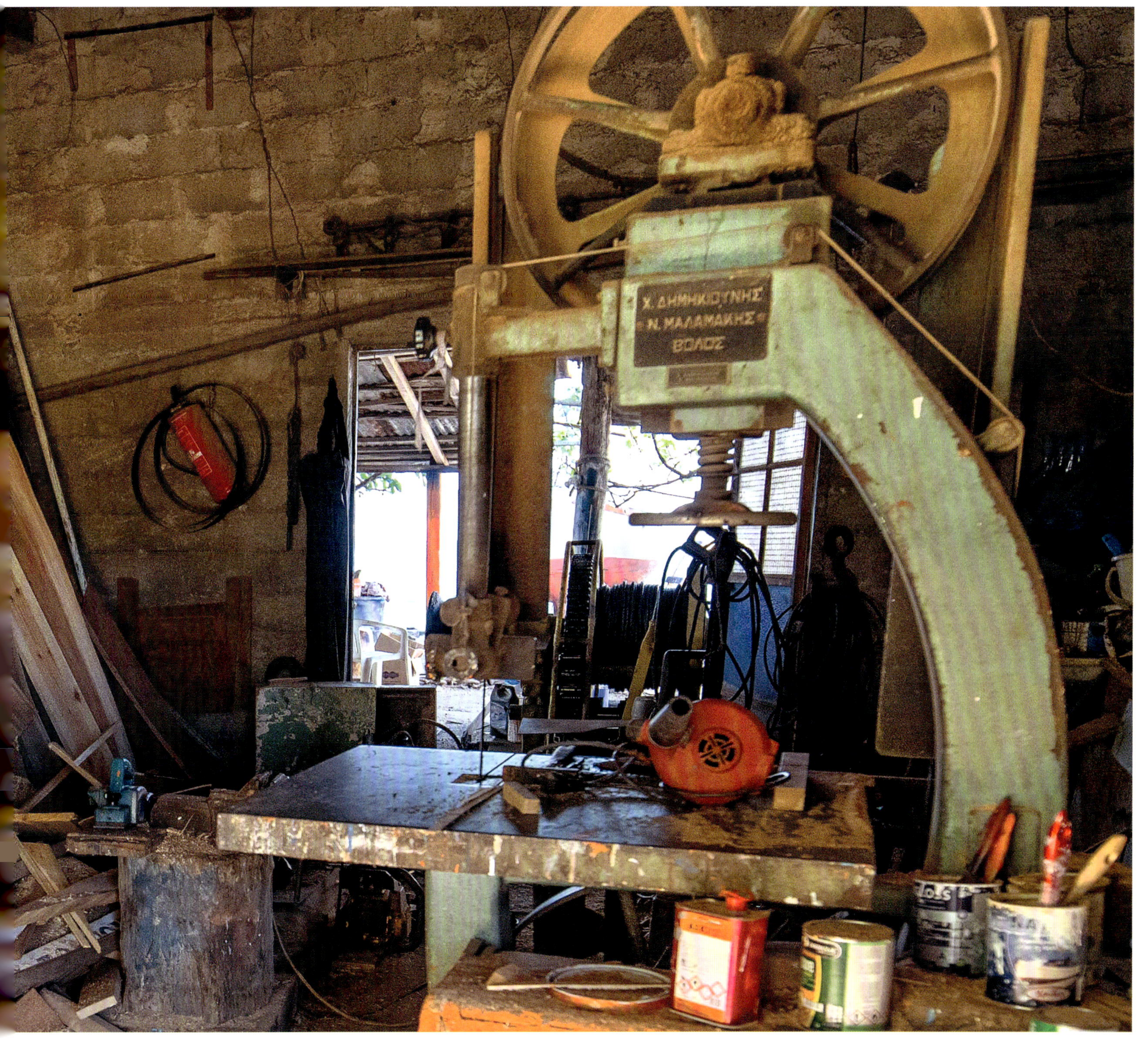
Ν. ΜΑΛΑΜΑΚΗΣ
ΒΟΛΟΣ

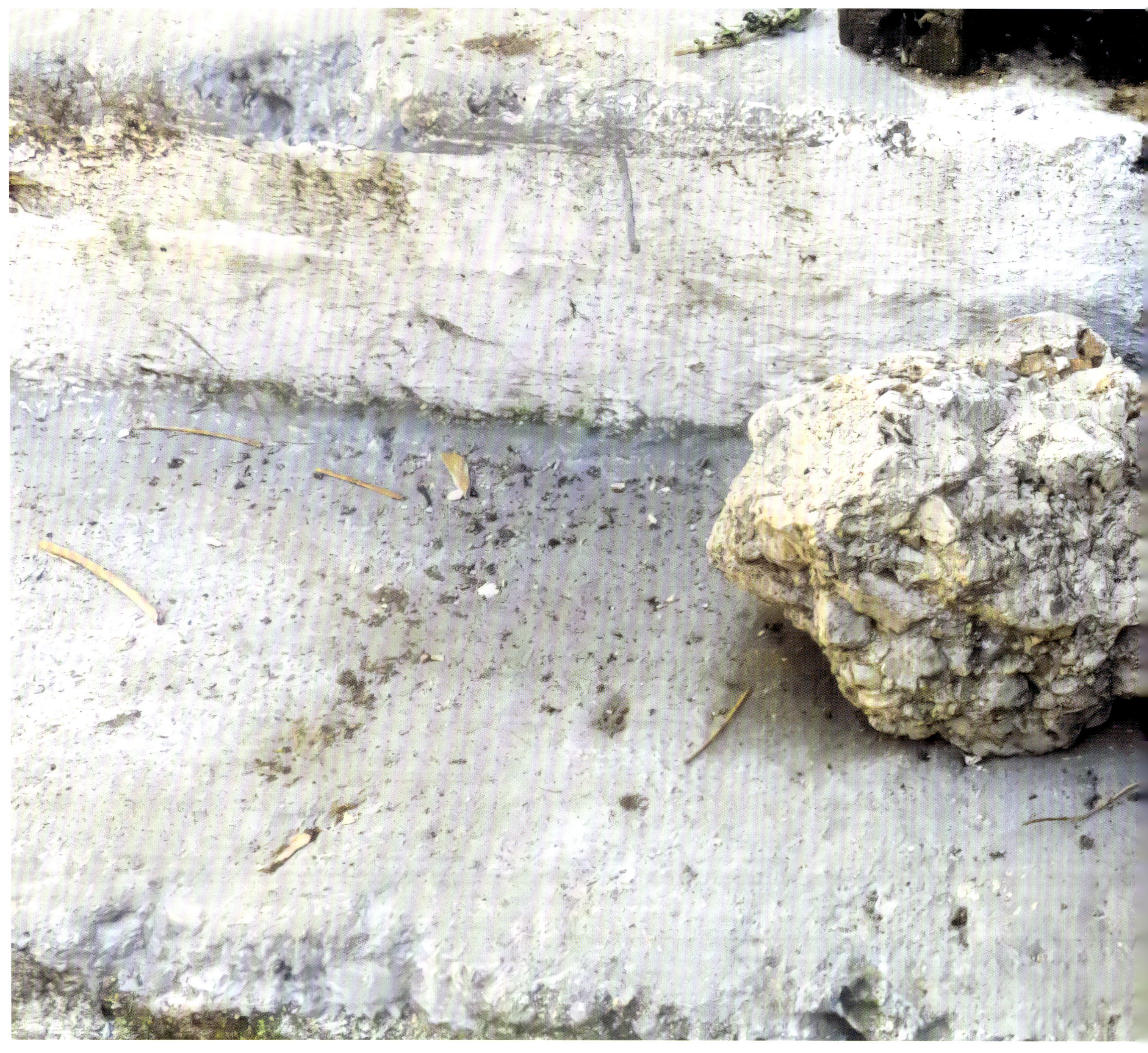

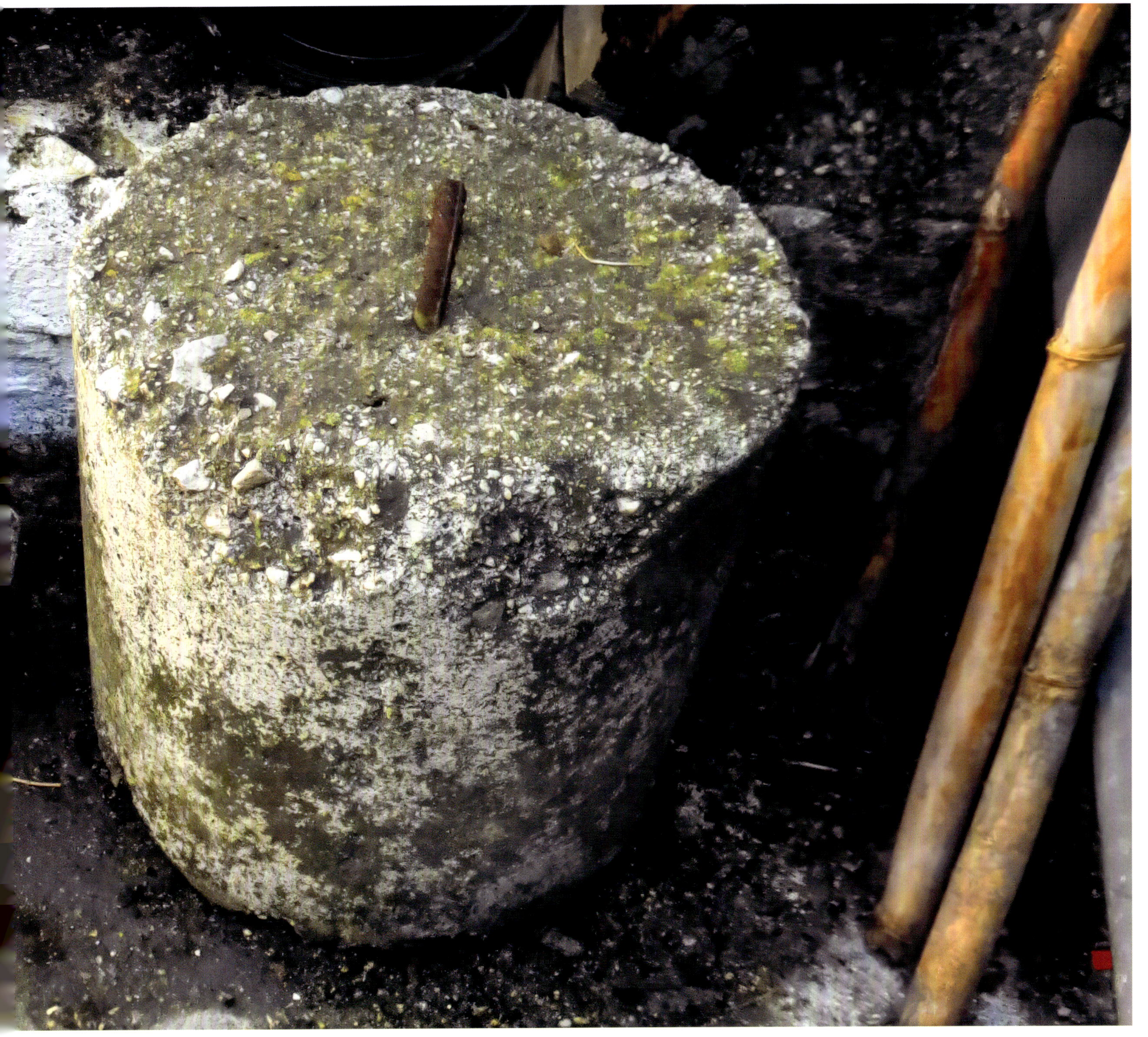

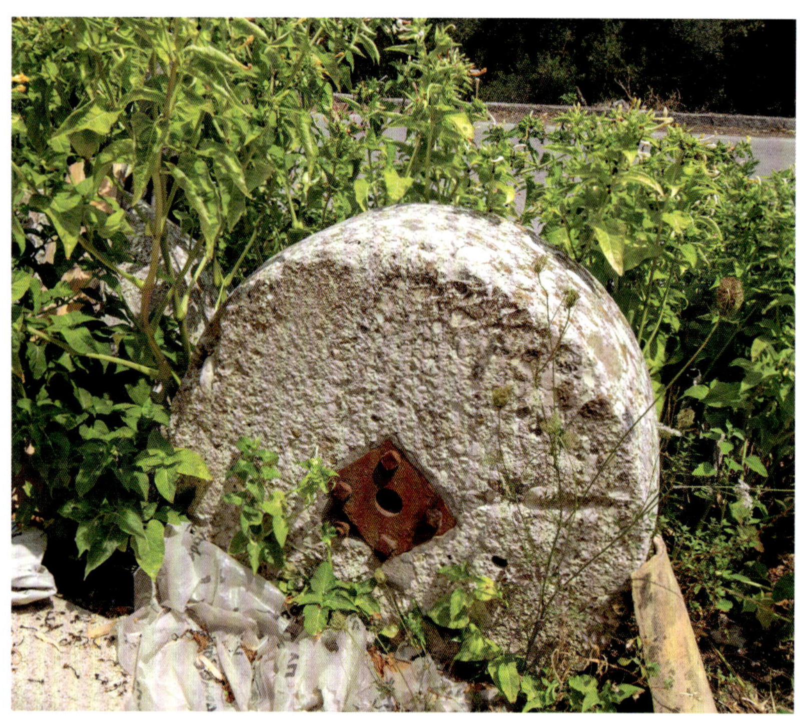

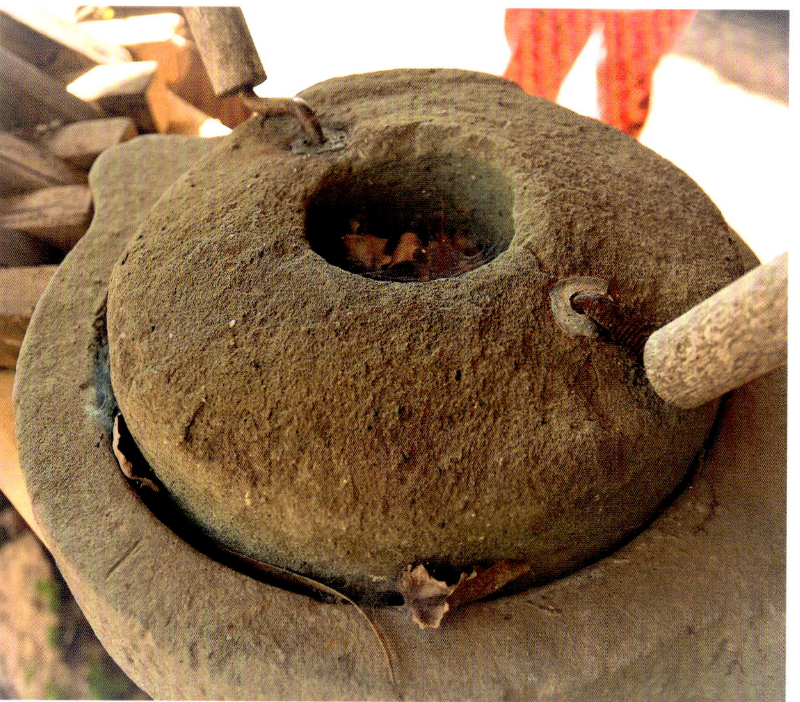

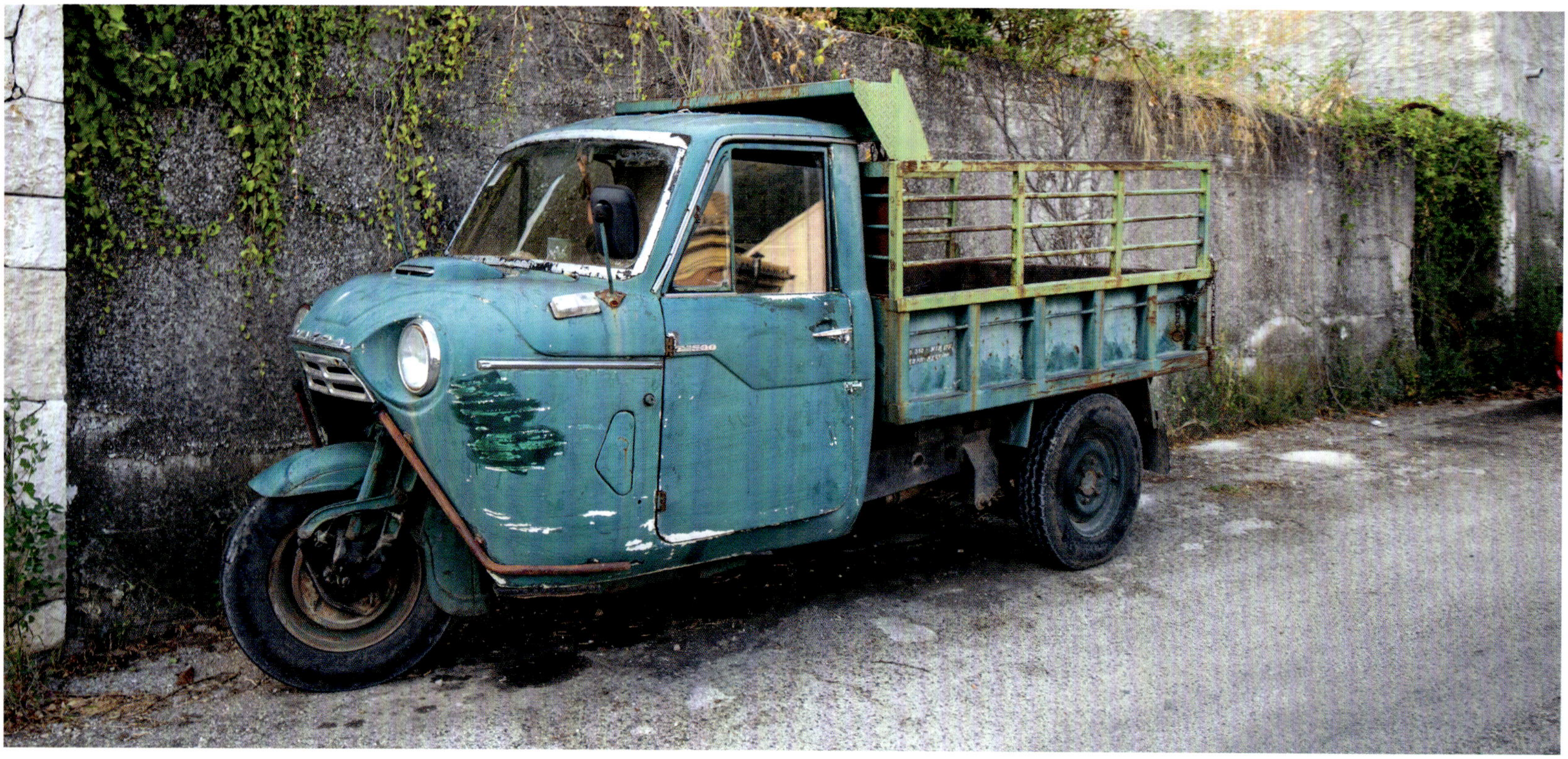

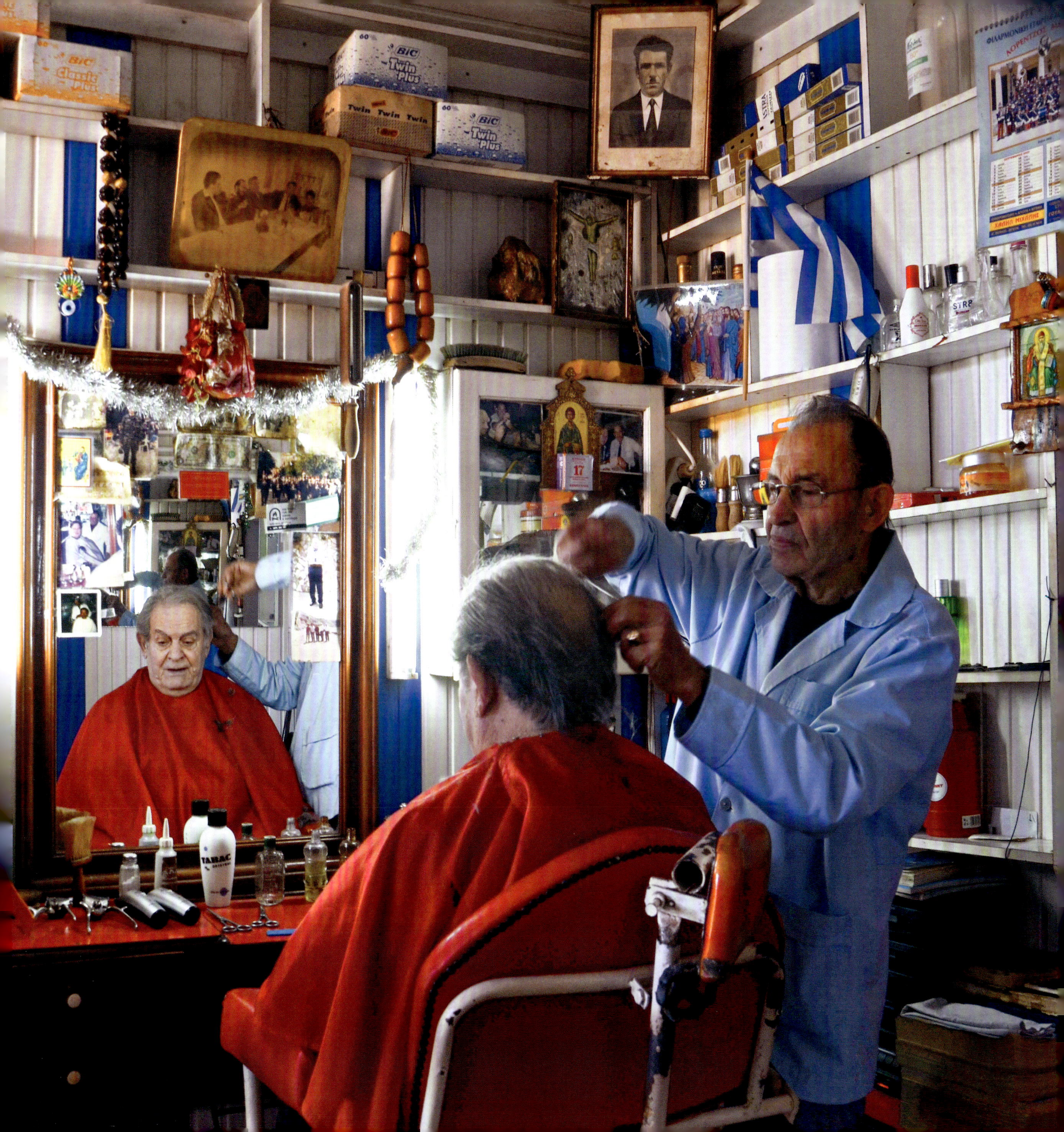
BIC
Classic plus
BIC
Twin Plus
Twin Twin Twin
BIC
Twin Plus
ASTRA
TABAC

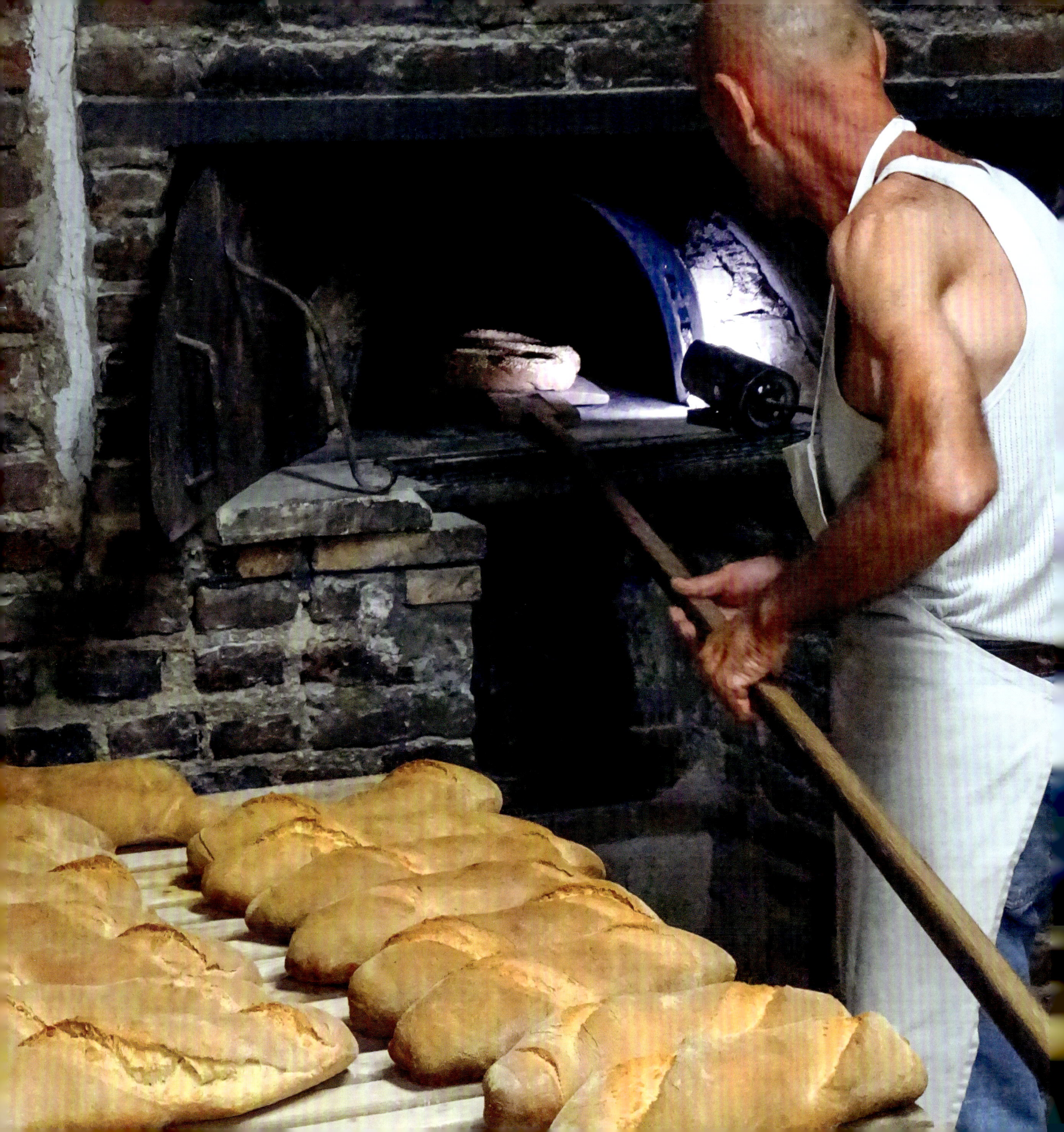

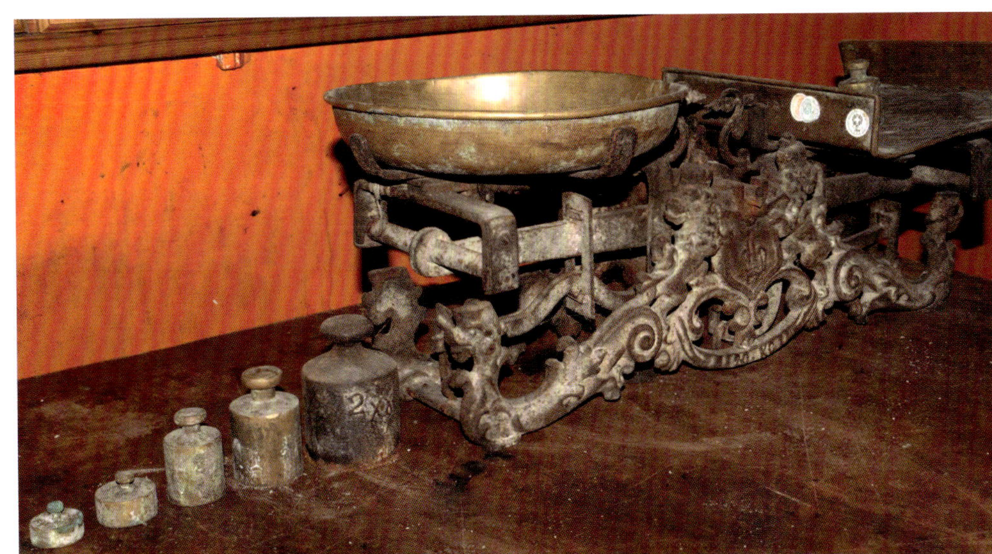

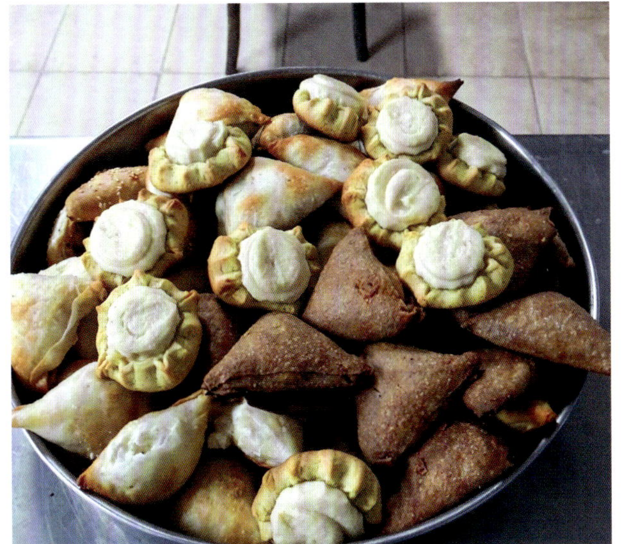

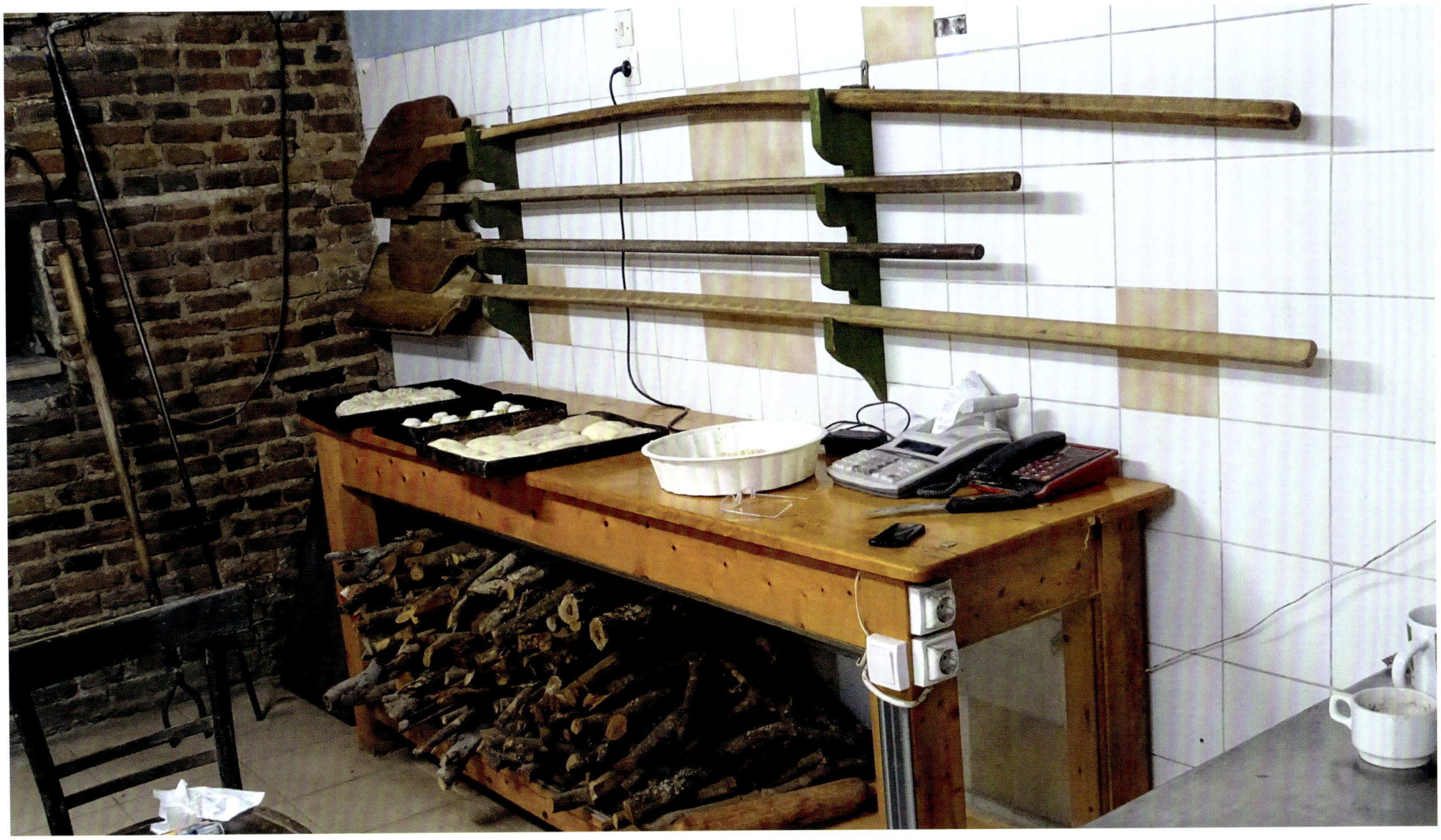

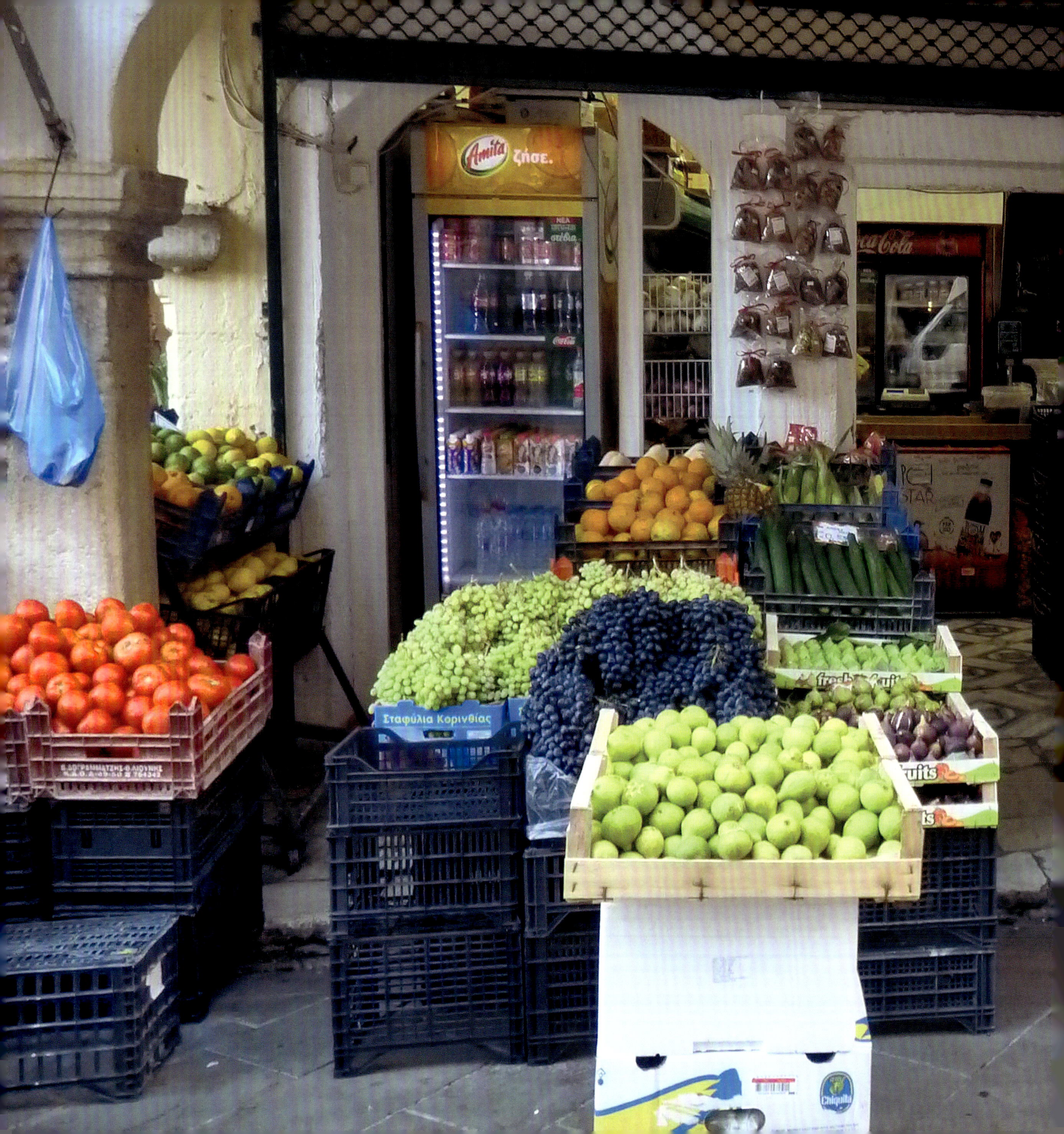
Amita ζήσε.
Coca-Cola
Σταφύλια Κορινθίας

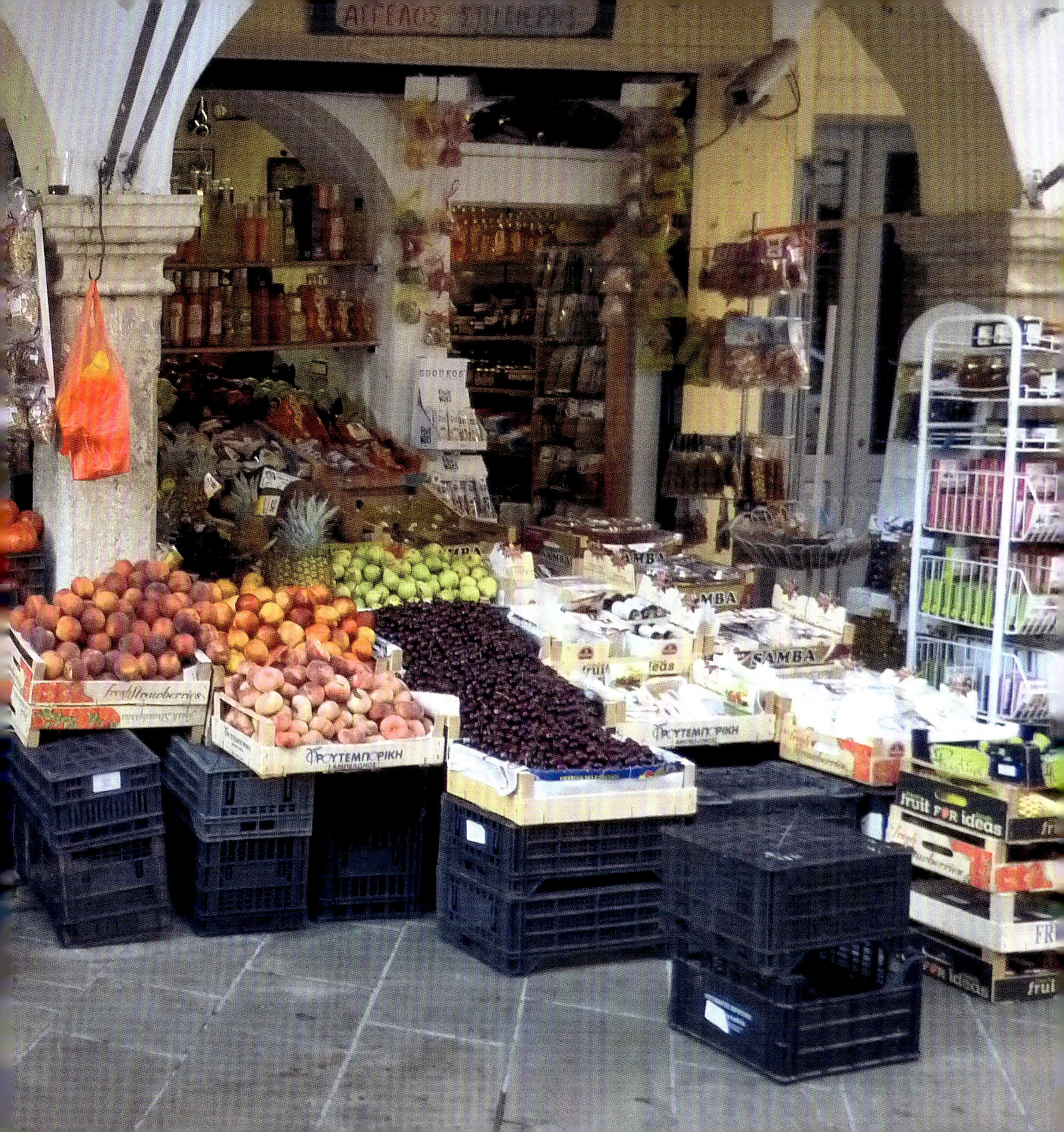
ΑΓΓΕΛΟΣ
SDOUKOS
SAMBA
fresh Strawberries
ΦΡΟΥΤΕΜΠΟΡΙΚΗ
fruit FOR ideas

SIGNAGE
ΤΑΜΠΕΛΕΣ

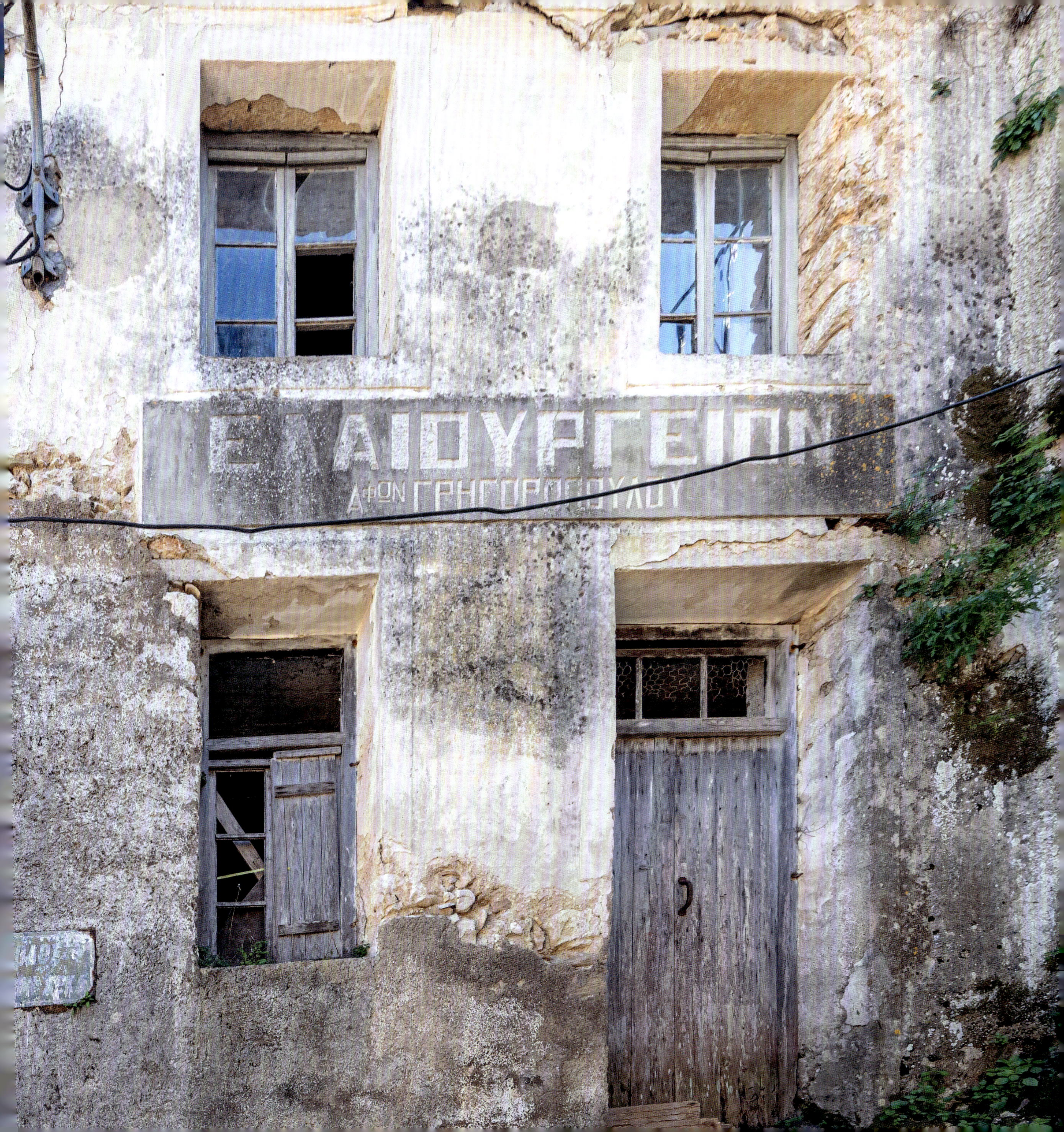
ΕΛΑΙΟΥΡΓΕΙΟΝ
ΑΦΩΝ ΓΡΗΓΟΡΟΠΟΥΛΟΥ

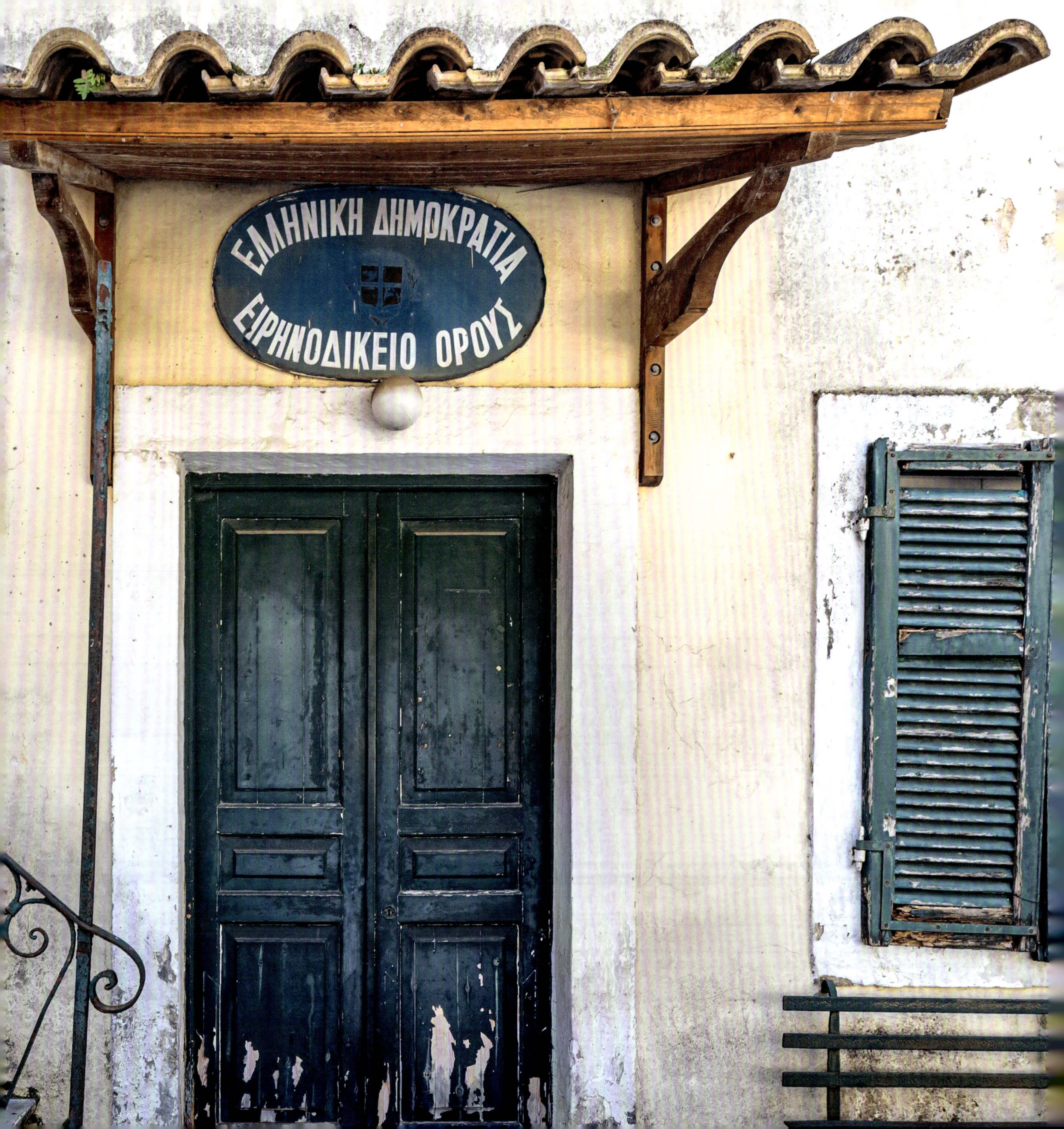
ΕΛΛΗΝΙΚΗ ΔΗΜΟΚΡΑΤΙΑ
ΕΙΡΗΝΟΔΙΚΕΙΟ ΟΡΟΥΣ

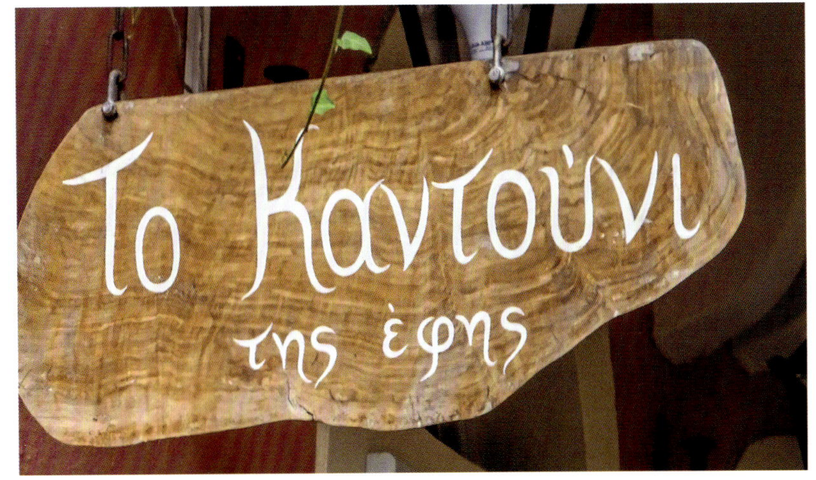
Το Καντούνι
της έφης

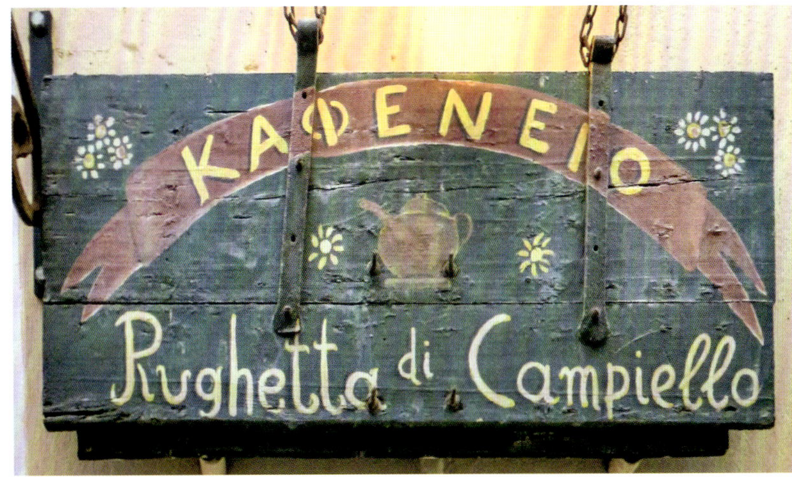
ΚΑΦΕΝΕΙΟ
Rughetta di Campiello

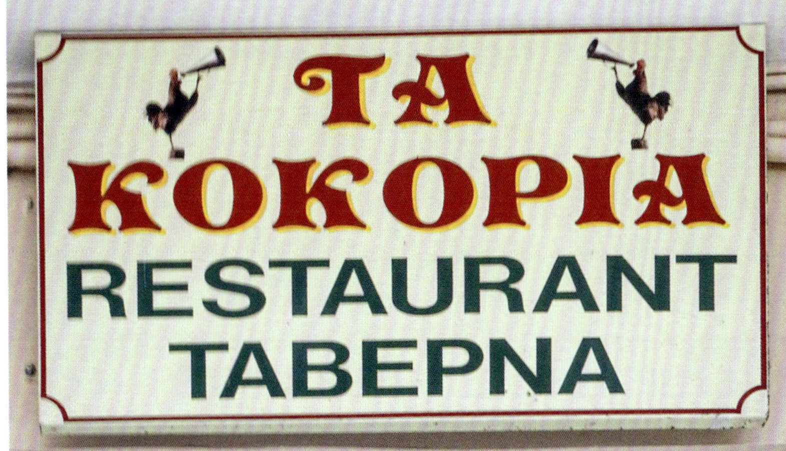
ΤΑ
ΚΟΚΟΡΙΑ
RESTAURANT
ΤΑΒΕΡΝΑ

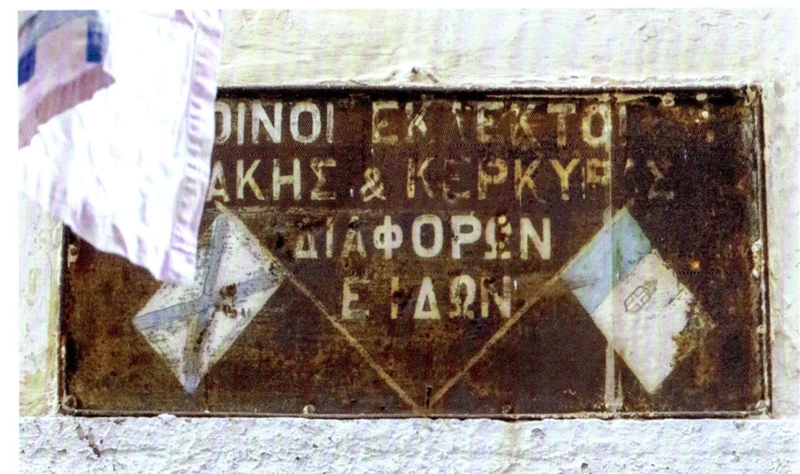
ΟΙΝΟΙ
ΔΙΑΦΟΡΩΝ
ΕΙΔΩΝ

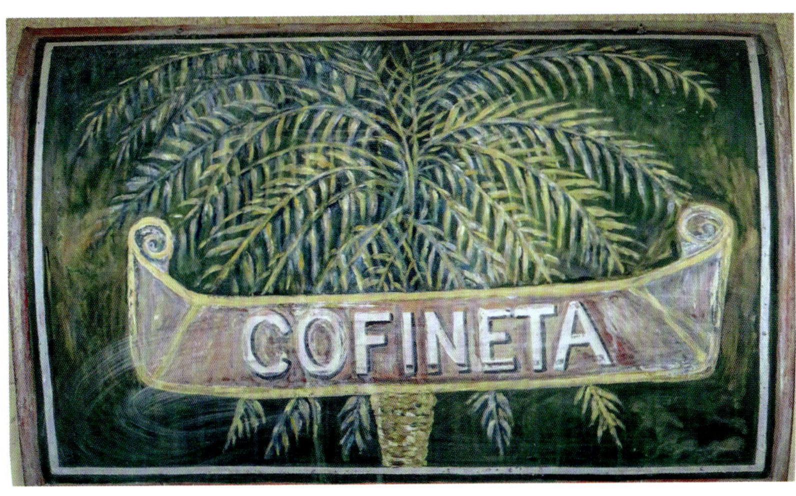
COFINETA

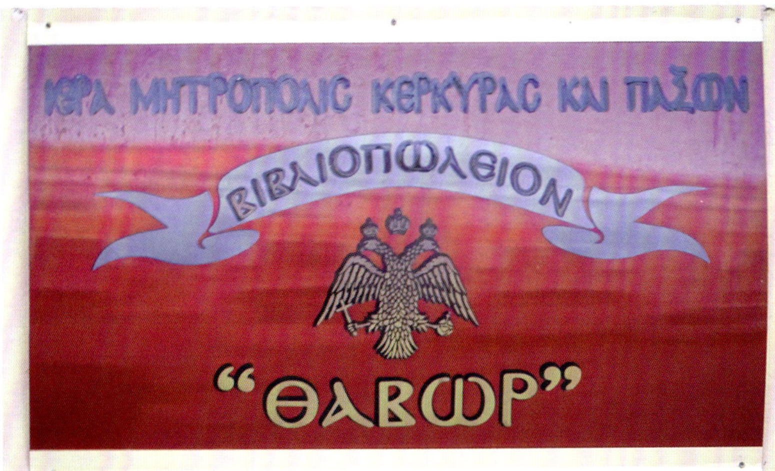
ΙΕΡΑ ΜΗΤΡΟΠΟΛΙΣ ΚΕΡΚΥΡΑΣ ΚΑΙ ΠΑΞΩΝ
ΒΙΒΛΙΟΠΩΛΕΙΟΝ
“ΘΑΒΩΡ”

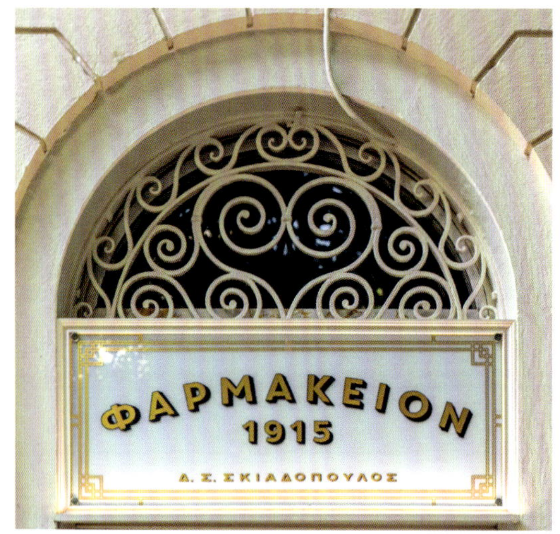
ΦΑΡΜΑΚΕΙΟΝ
1915
Δ. Σ. ΣΚΙΑΔΟΠΟΥΛΟΣ

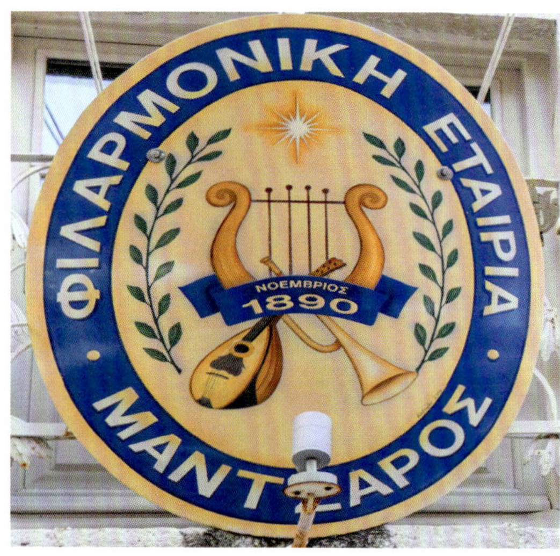
ΦΙΛΑΡΜΟΝΙΚΗ ΕΤΑΙΡΙΑ
ΝΟΕΜΒΡΙΟΣ
1890
ΜΑΝΤΖΑΡΟΣ

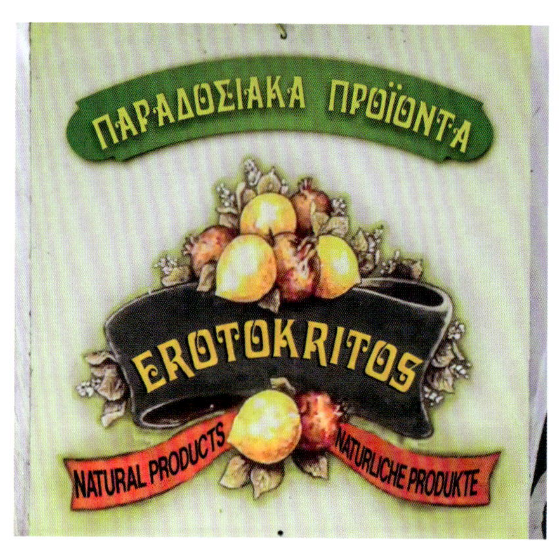
ΠΑΡΑΔΟΣΙΑΚΑ ΠΡΟΪΟΝΤΑ
EROTOKRITOS
NATURAL PRODUCTS
NATURLICHE PRODUKTE

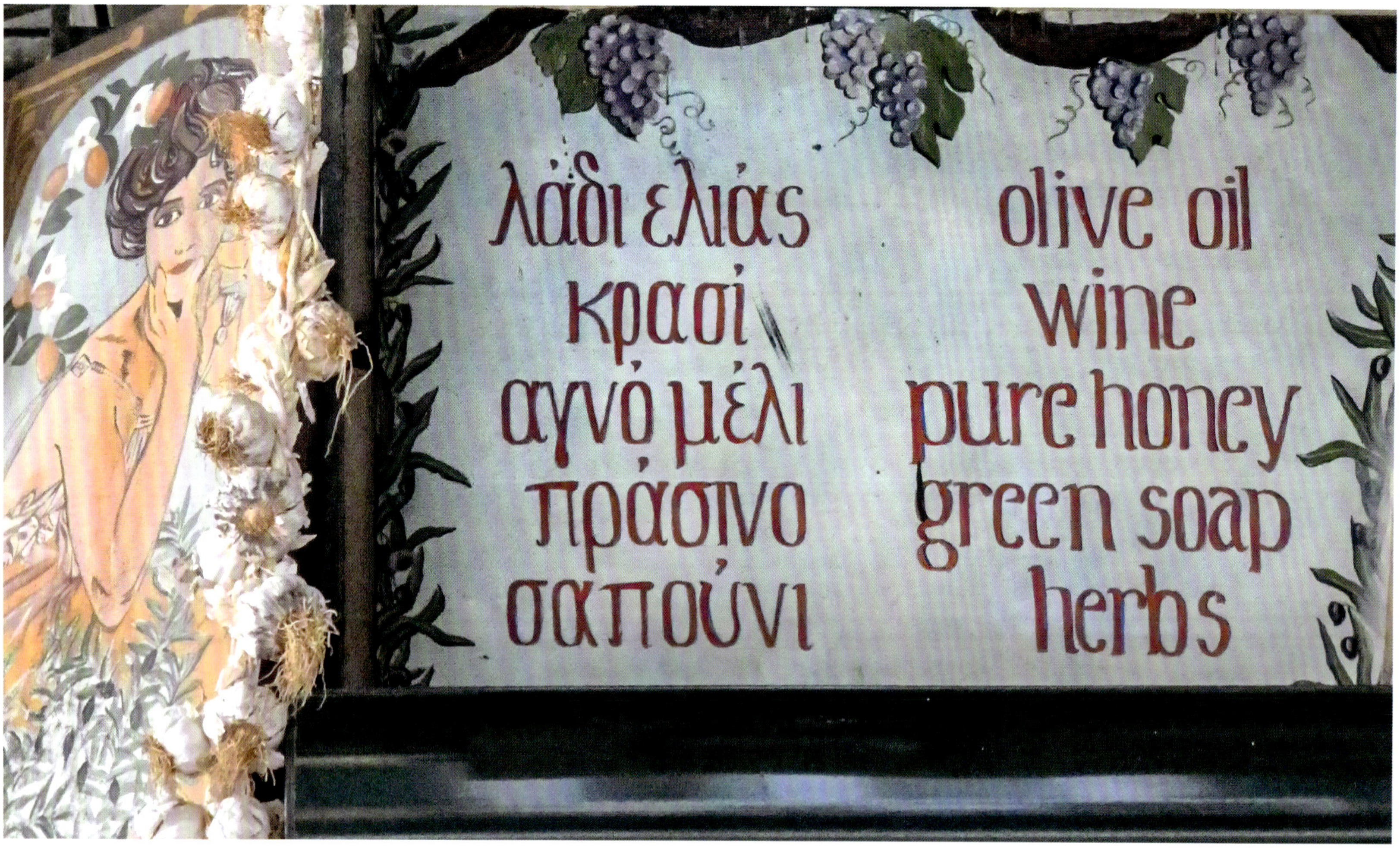

λάδι ελιάς
κρασί
αγνό μέλι
πράσινο
σαπούνι
olive oil
wine
pure honey
green soap
herbs

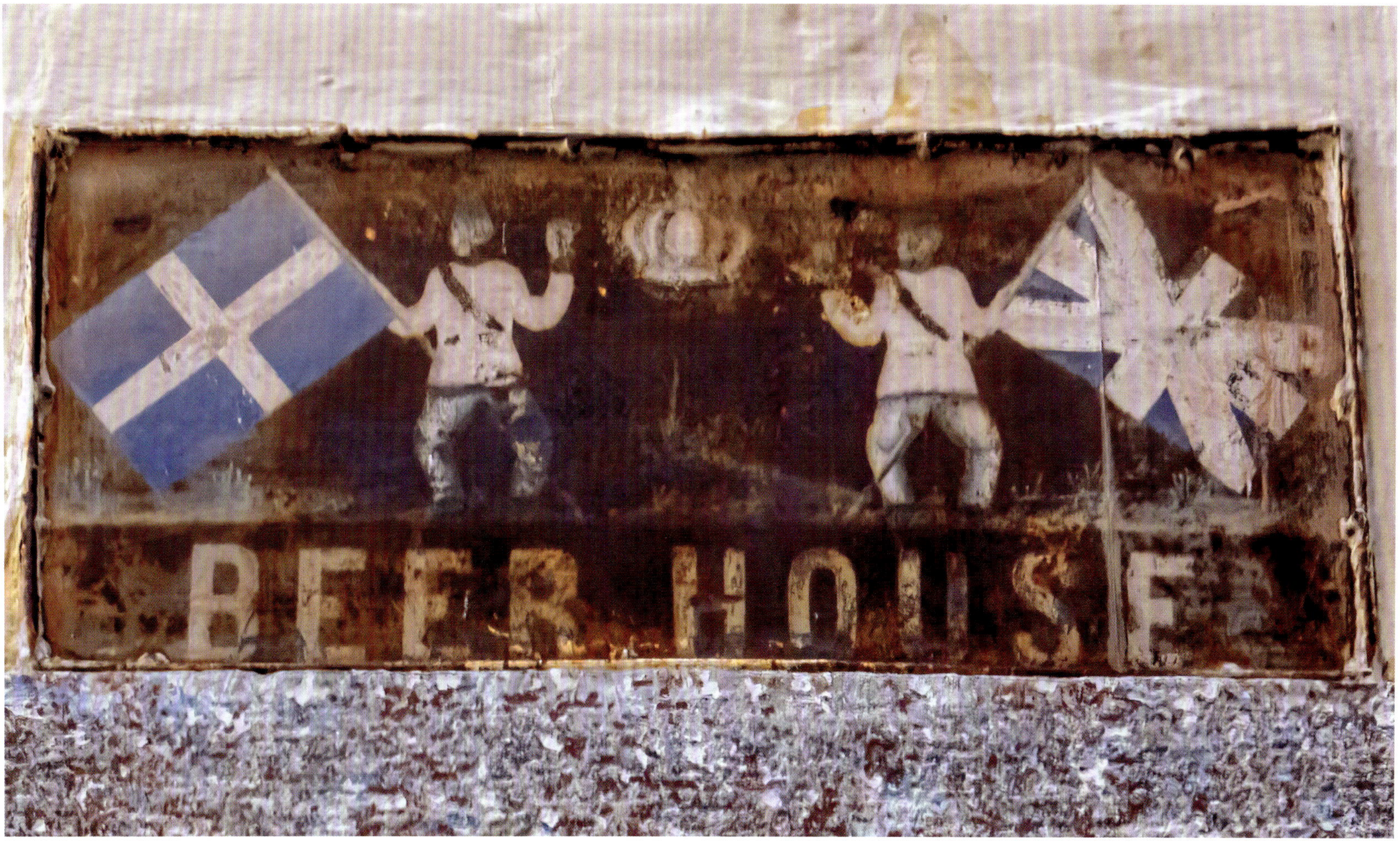

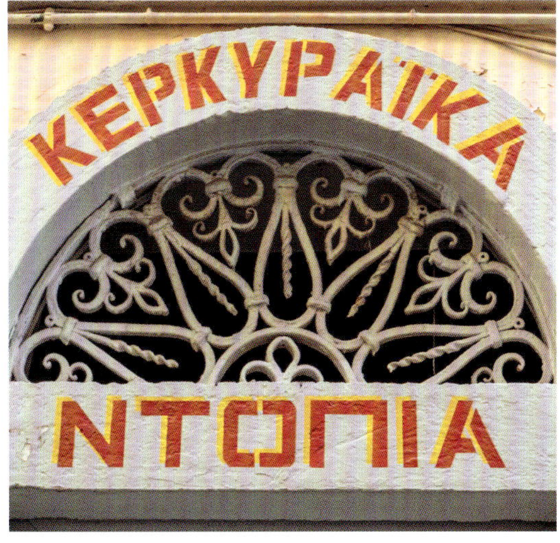
ΚΕΡΚΥΡΑΪΚΑ
ΝΤΟΠΙΑ

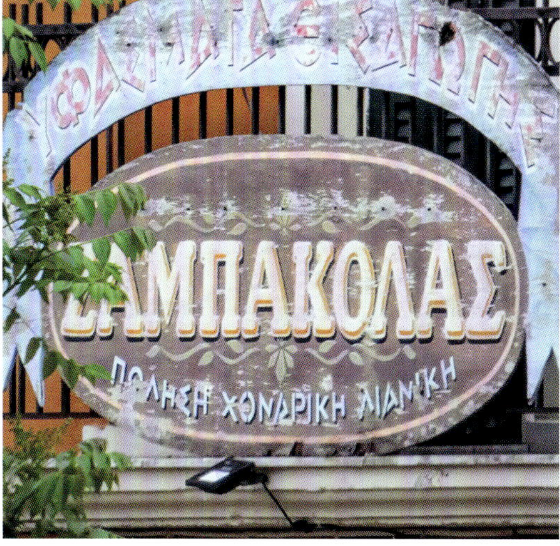
ΣΑΜΠΑΚΟΛΑΣ
ΠΩΛΗΣΗ ΧΟΝΔΡΙΚΗ ΛΙΑΝΙΚΗ

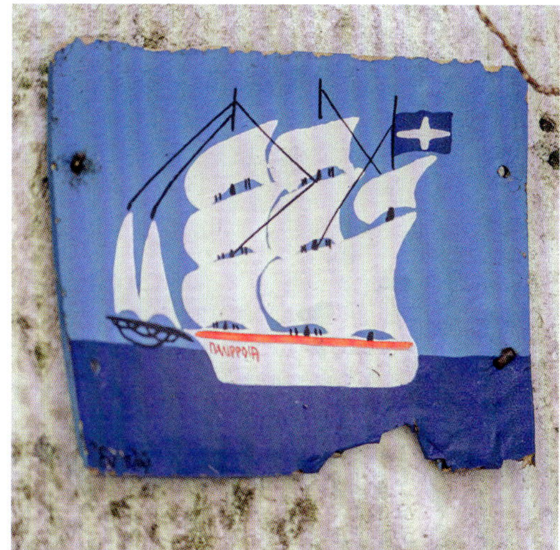

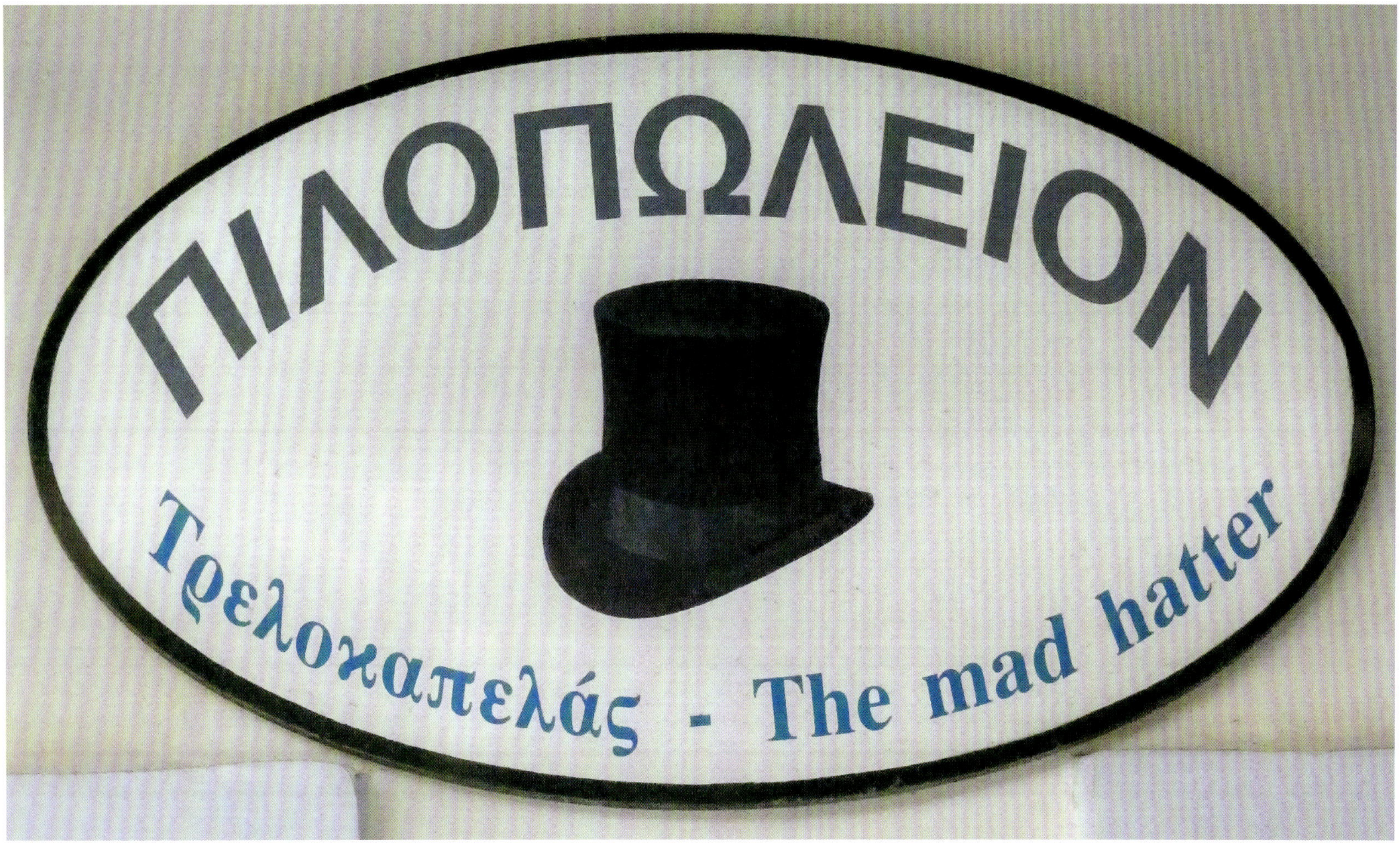

ΠΙΛΟΠΩΛΕΙΟΝ
Τρελοκαπελάς - The mad hatter

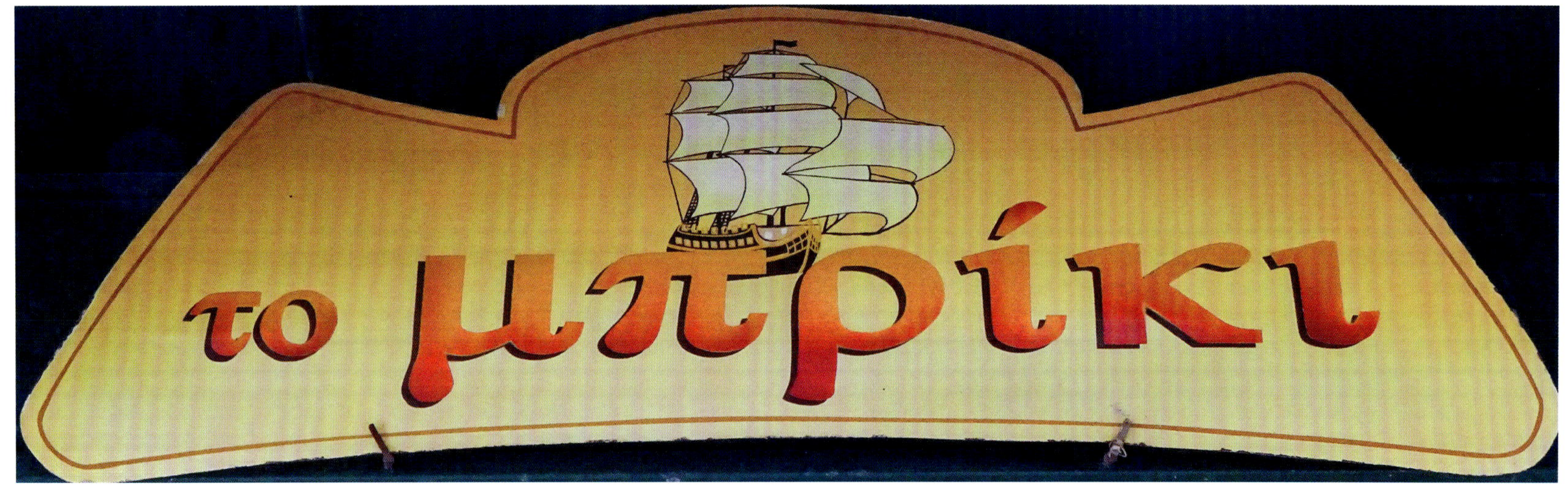
το μπρίκι

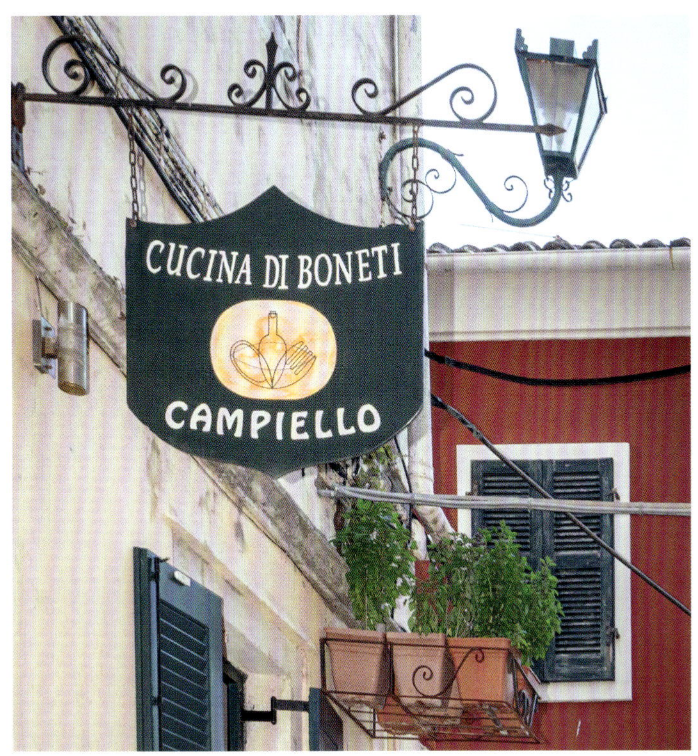
CUCINA DI BONETI
CAMPIELLO

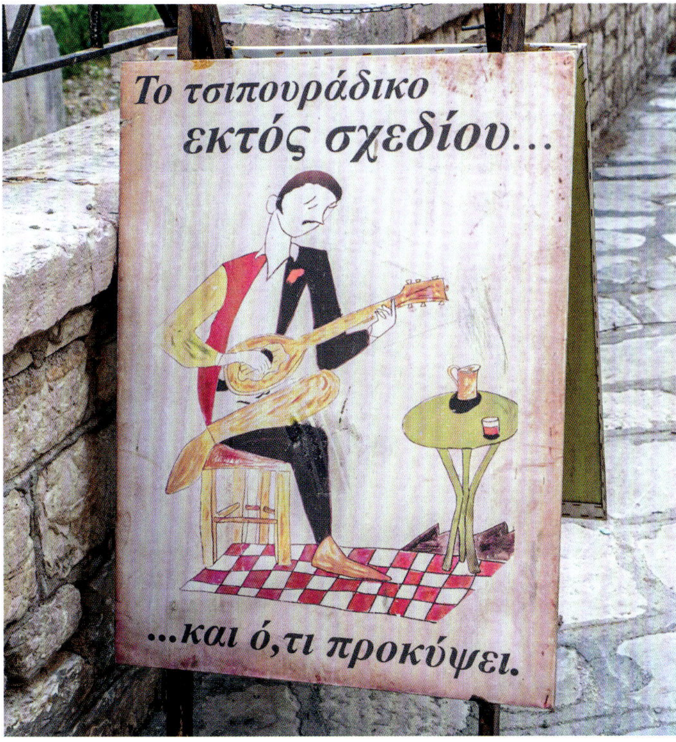
Το τσιπουράδικο
εκτός σχεδίου...
...και ό,τι προκύψει.

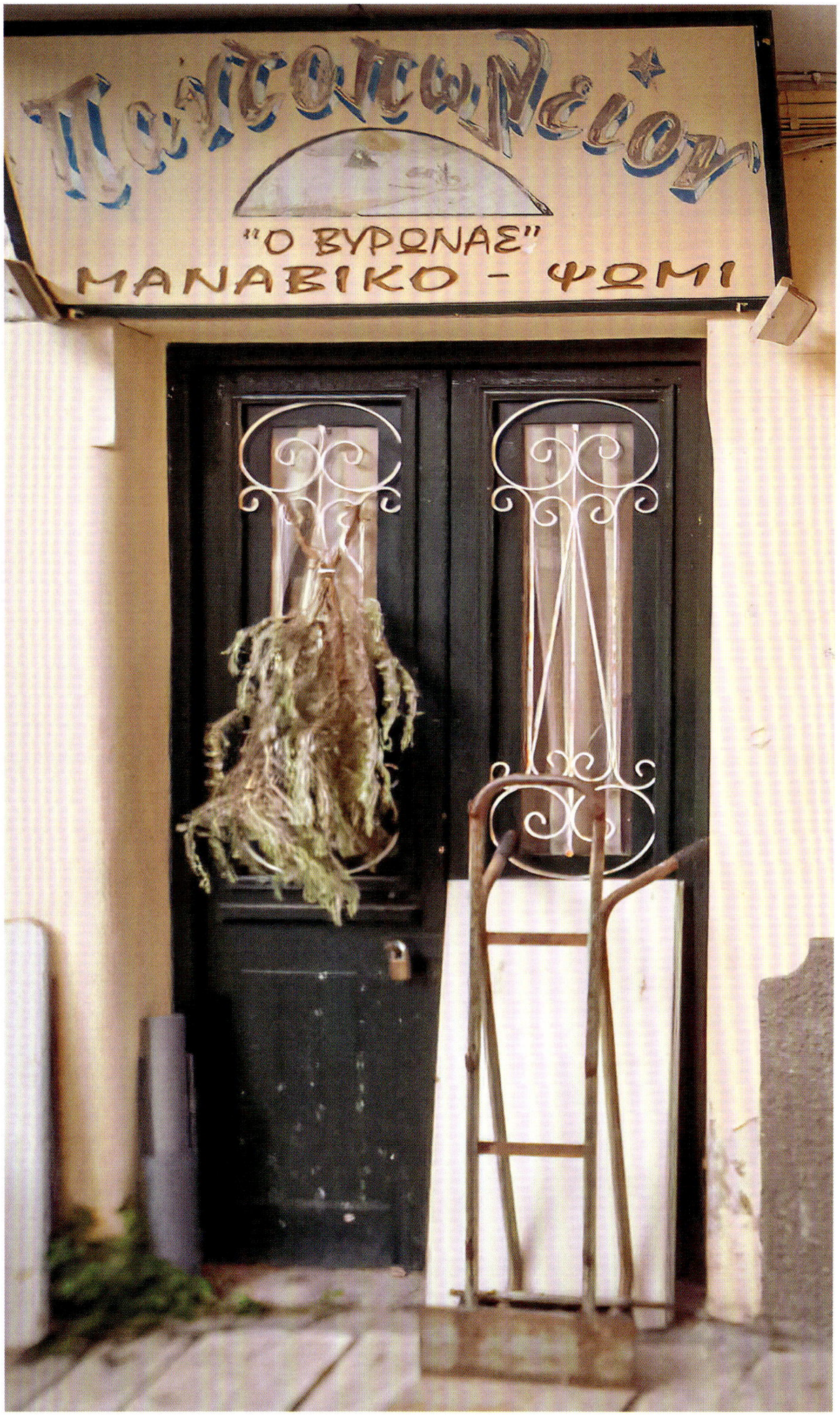

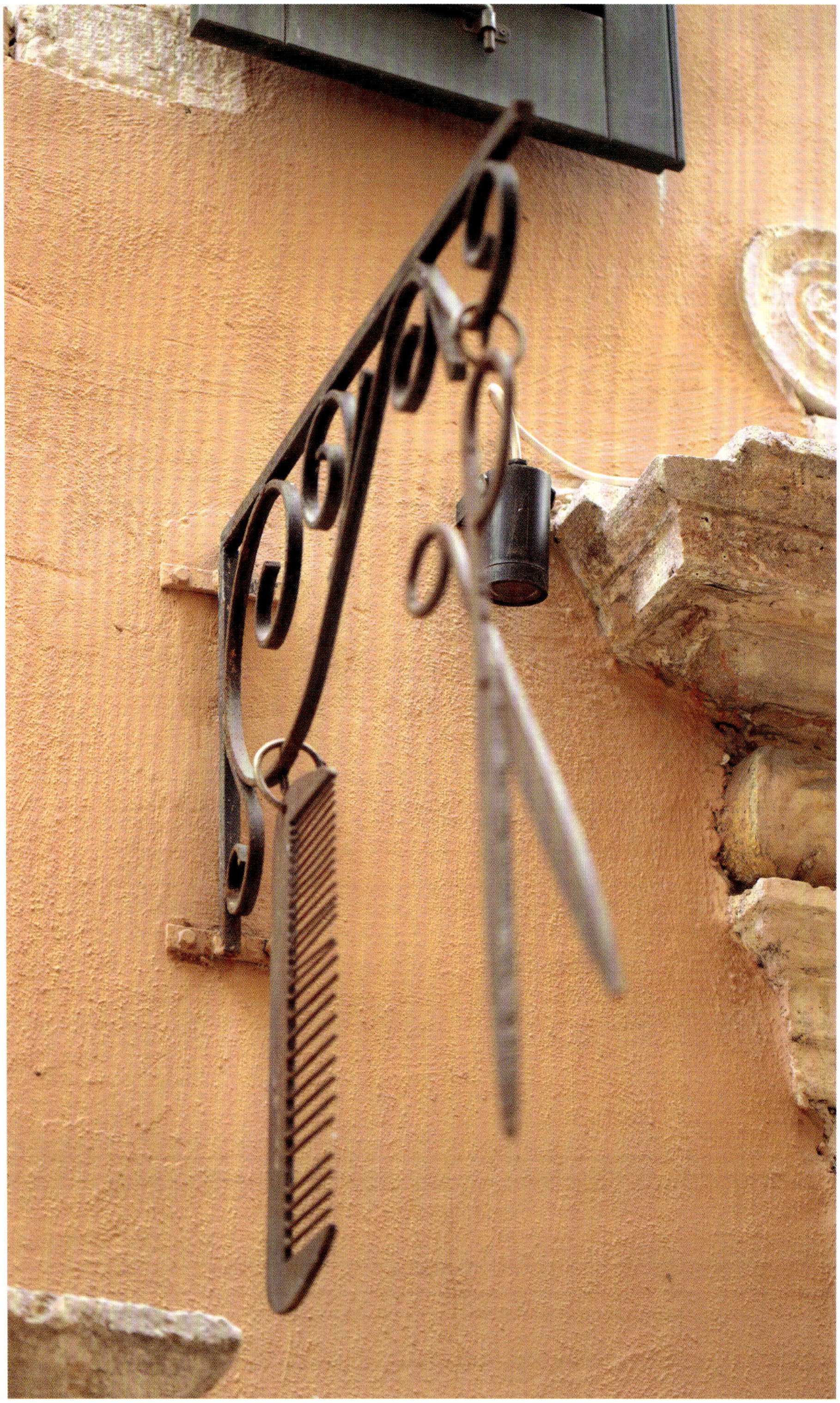

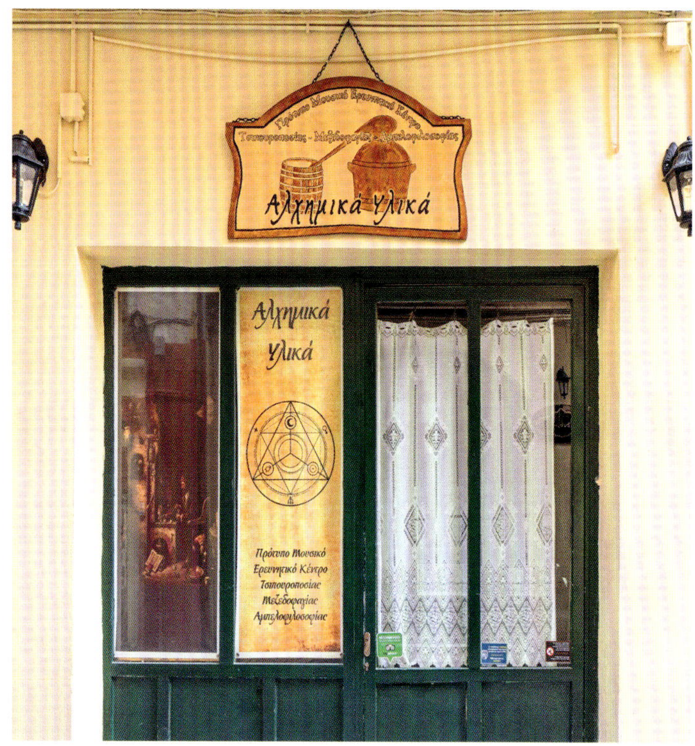
Αλχημικά Υλικά
Αλχημικά Υλικά

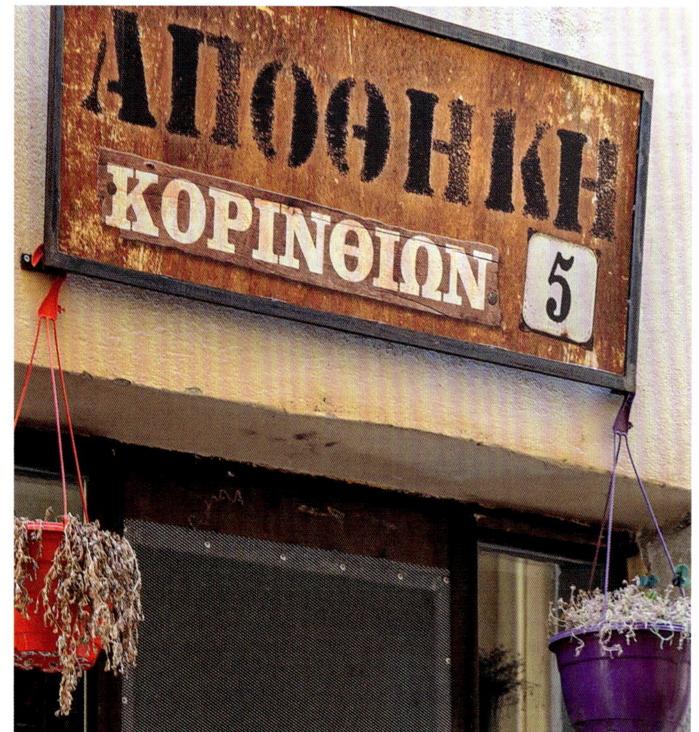
ΑΠΟΘΗΚΗ
ΚΟΡΙΝΘΙΩΝ
5

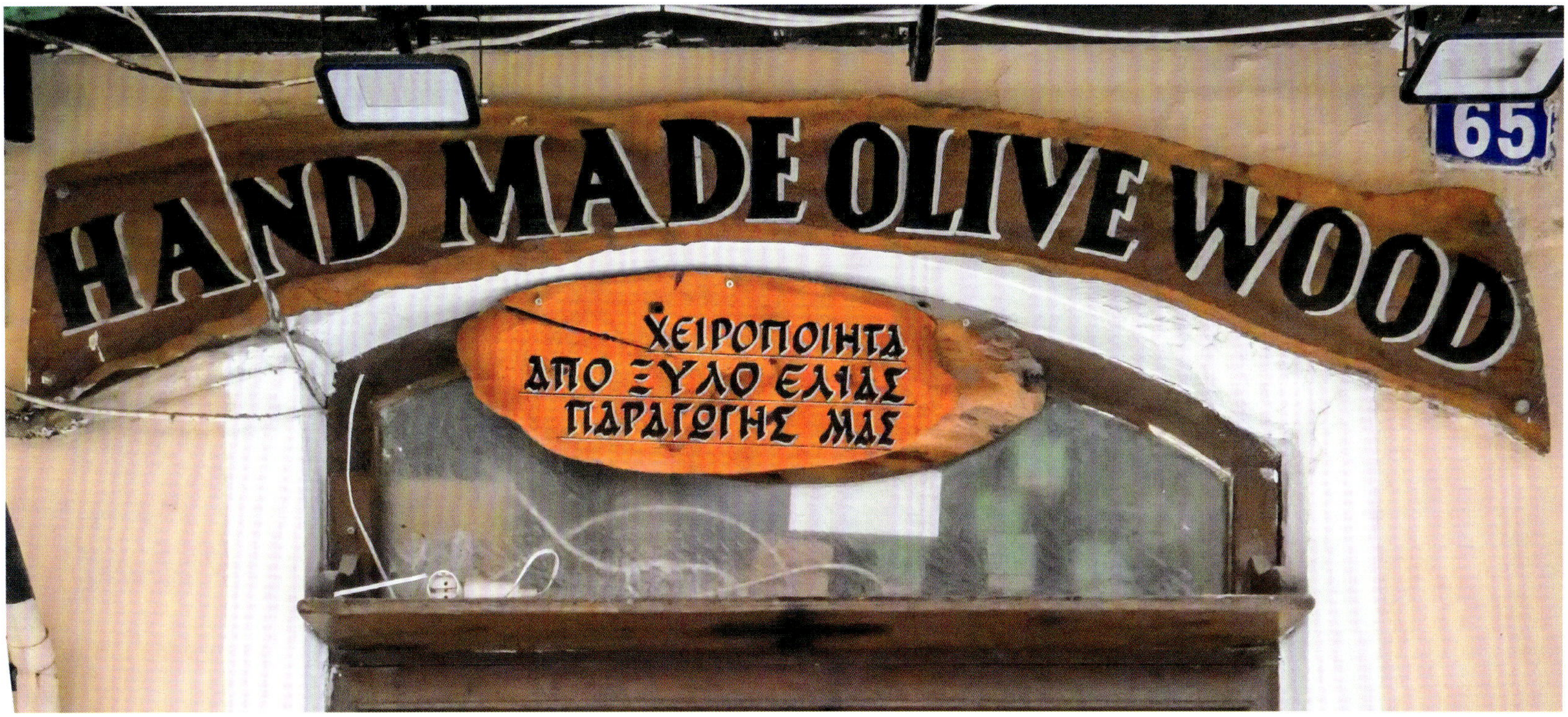

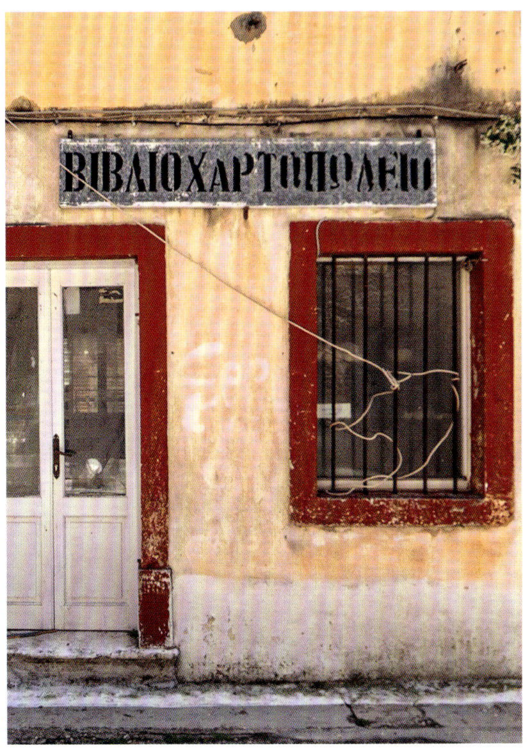
ΒΙΒΛΙΟΧΑΡΤΟΠΩΛΕΙΟ

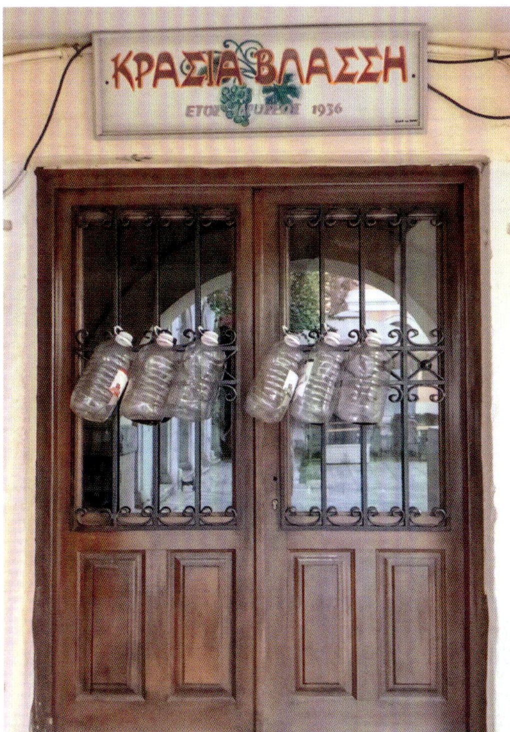
ΚΡΑΣΙΑ ΒΛΑΣΣΗ
1936

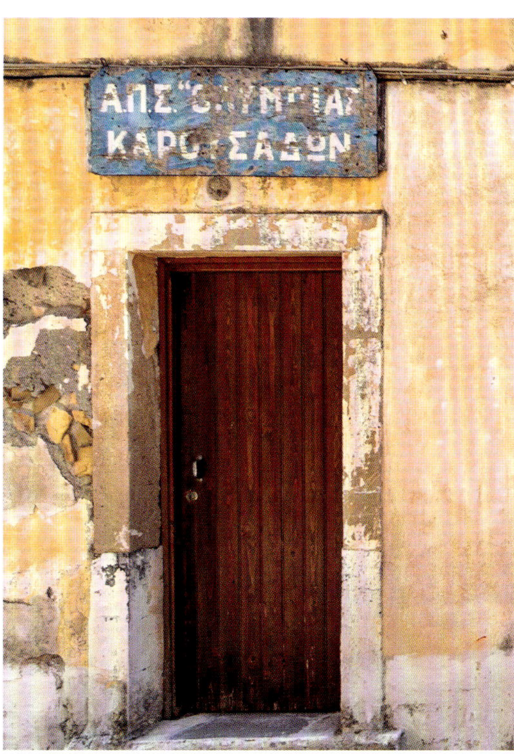

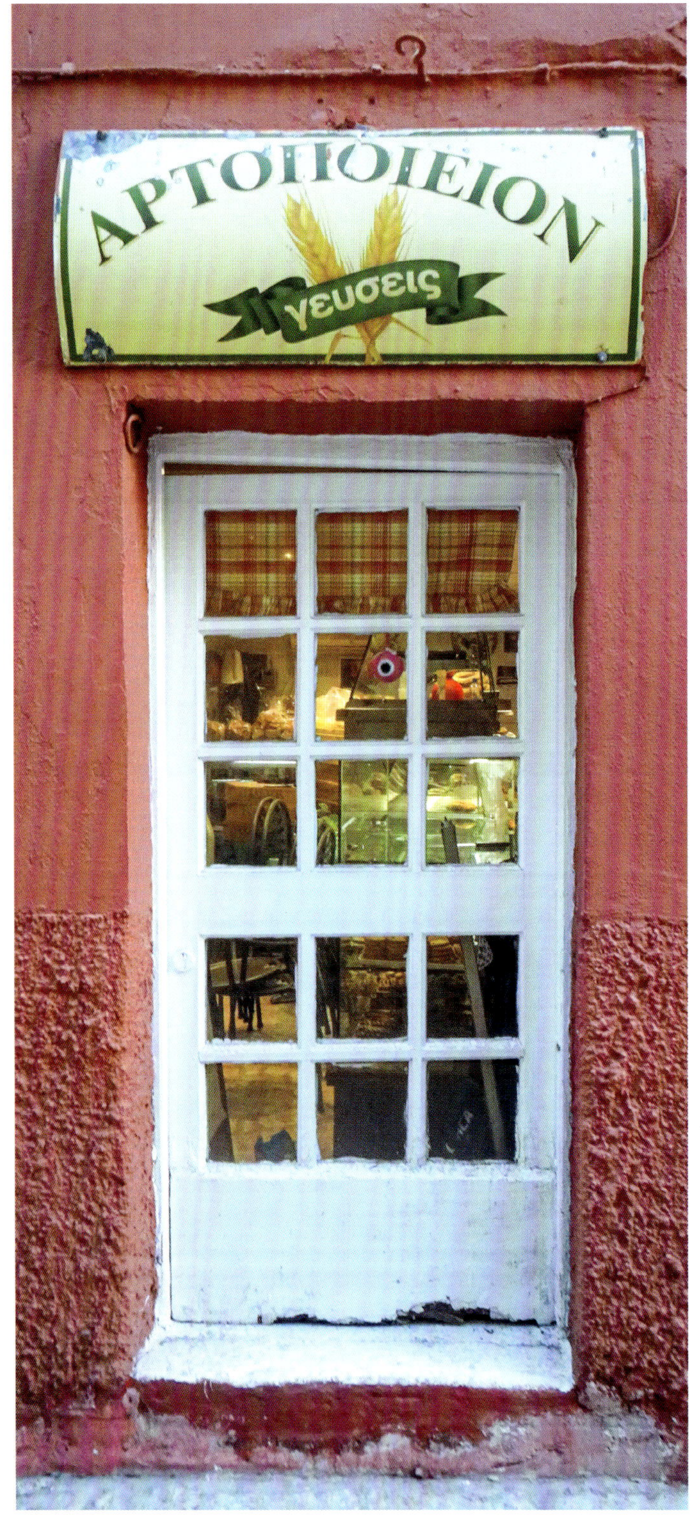
ΑΡΤΟΠΟΙΕΙΟΝ
γευσεις

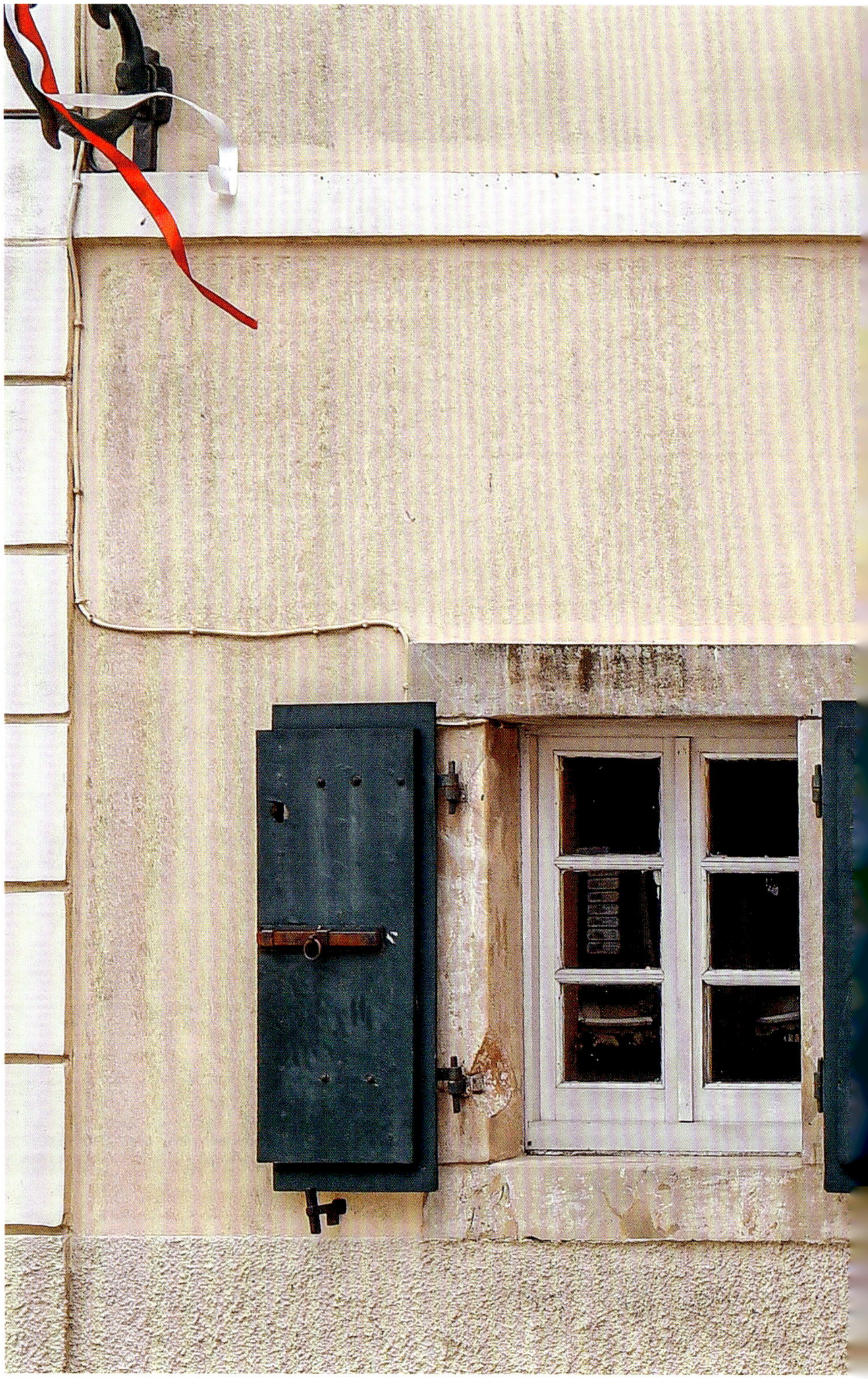

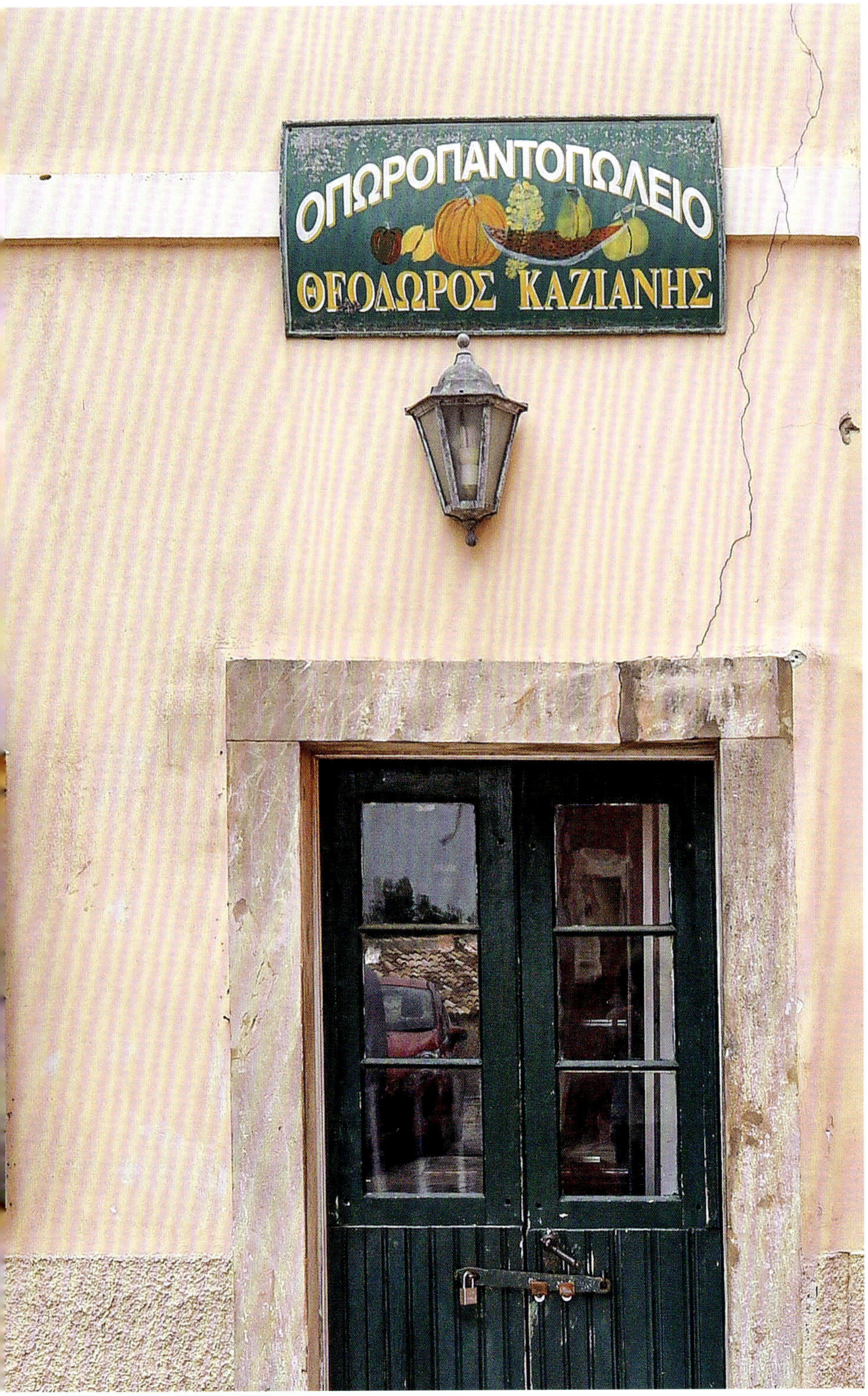

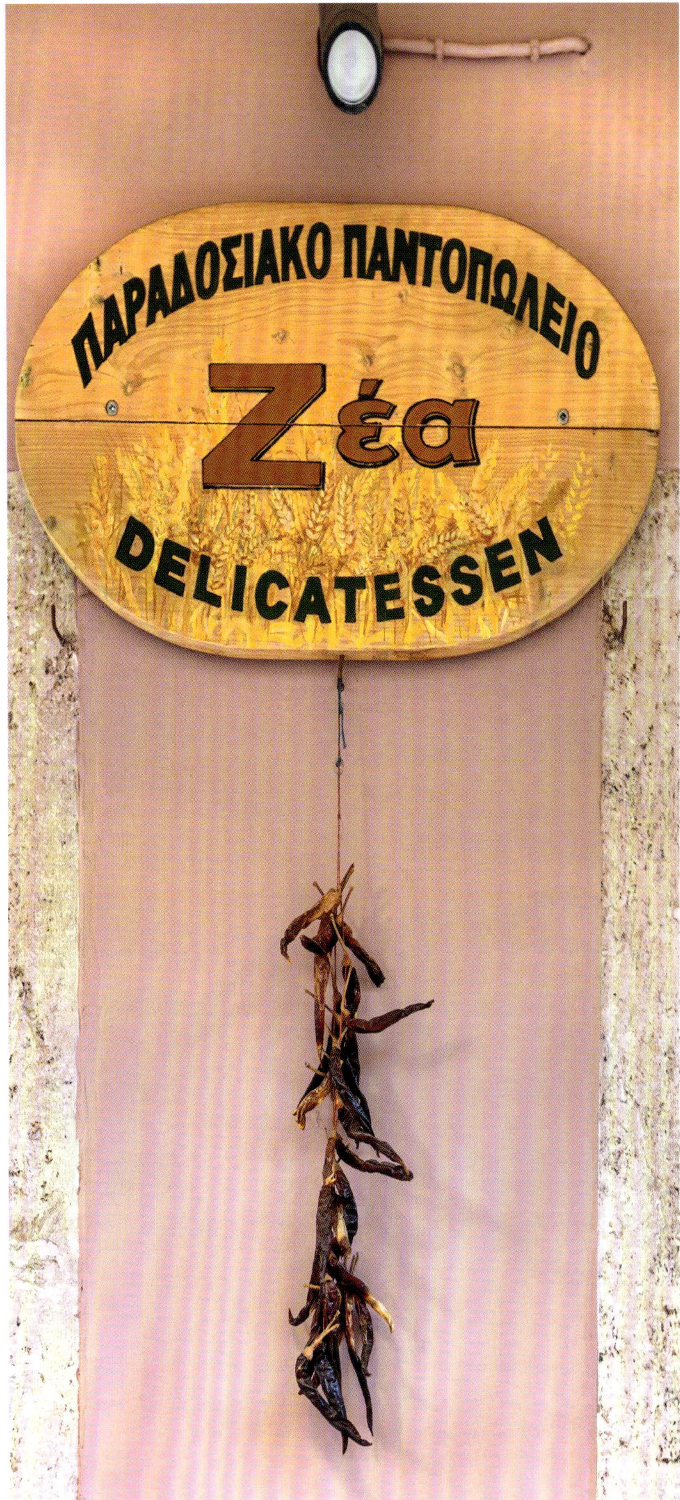
ΠΑΡΑΔΟΣΙΑΚΟ ΠΑΝΤΟΠΩΛΕΙΟ
Ζέα
DELICATESSEN

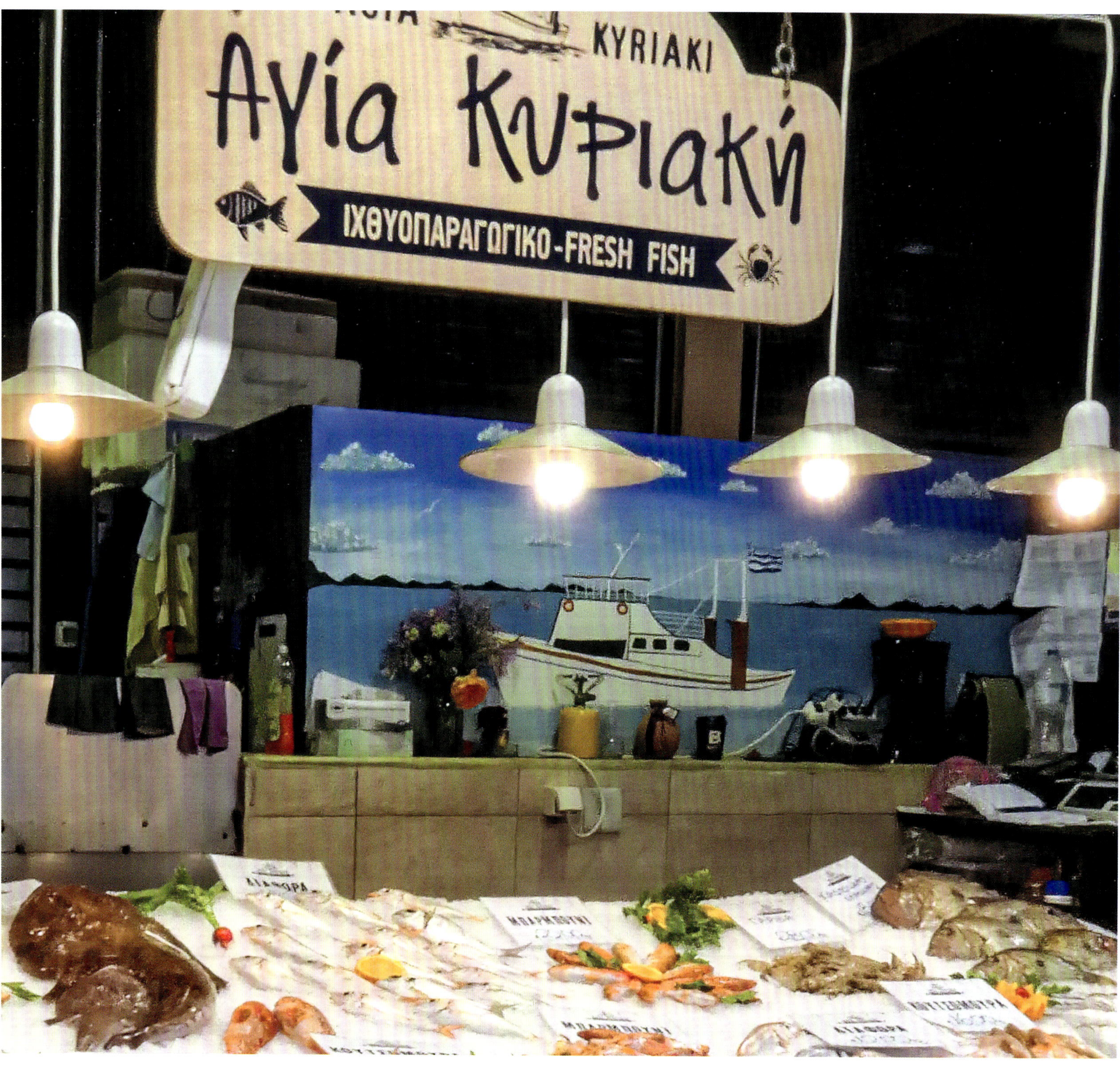
KYRIAKI
Αγία Κυριακή
ΙΧΘΥΟΠΑΡΑΓΩΓΙΚΟ-FRESH FISH

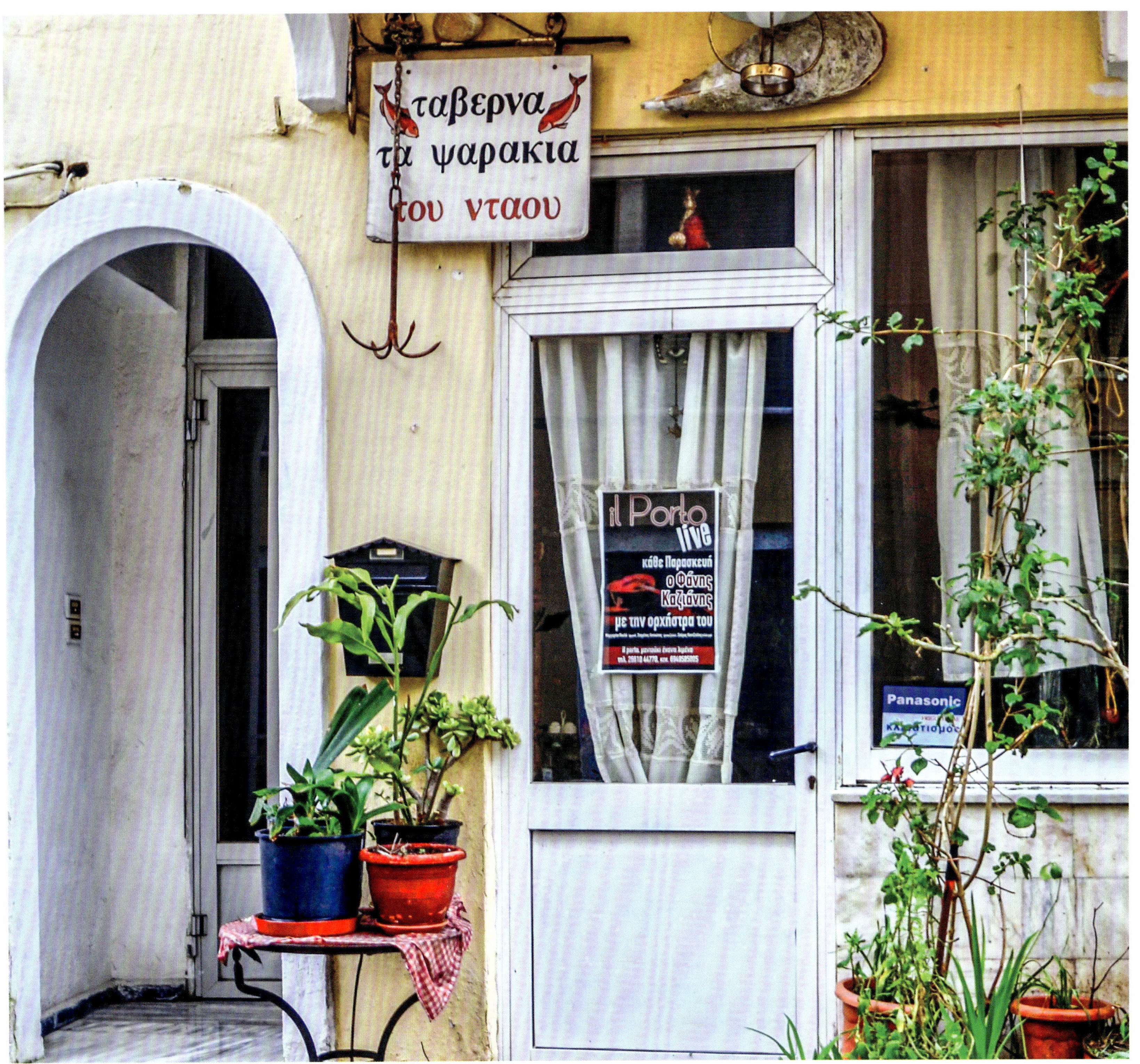
ταβερνα
τα ψαρακια
του νταου
il Porto
live
κάθε Παρασκευή
ο Φάνης
Καζιάνης
με την ορχήστρα του
Panasonic

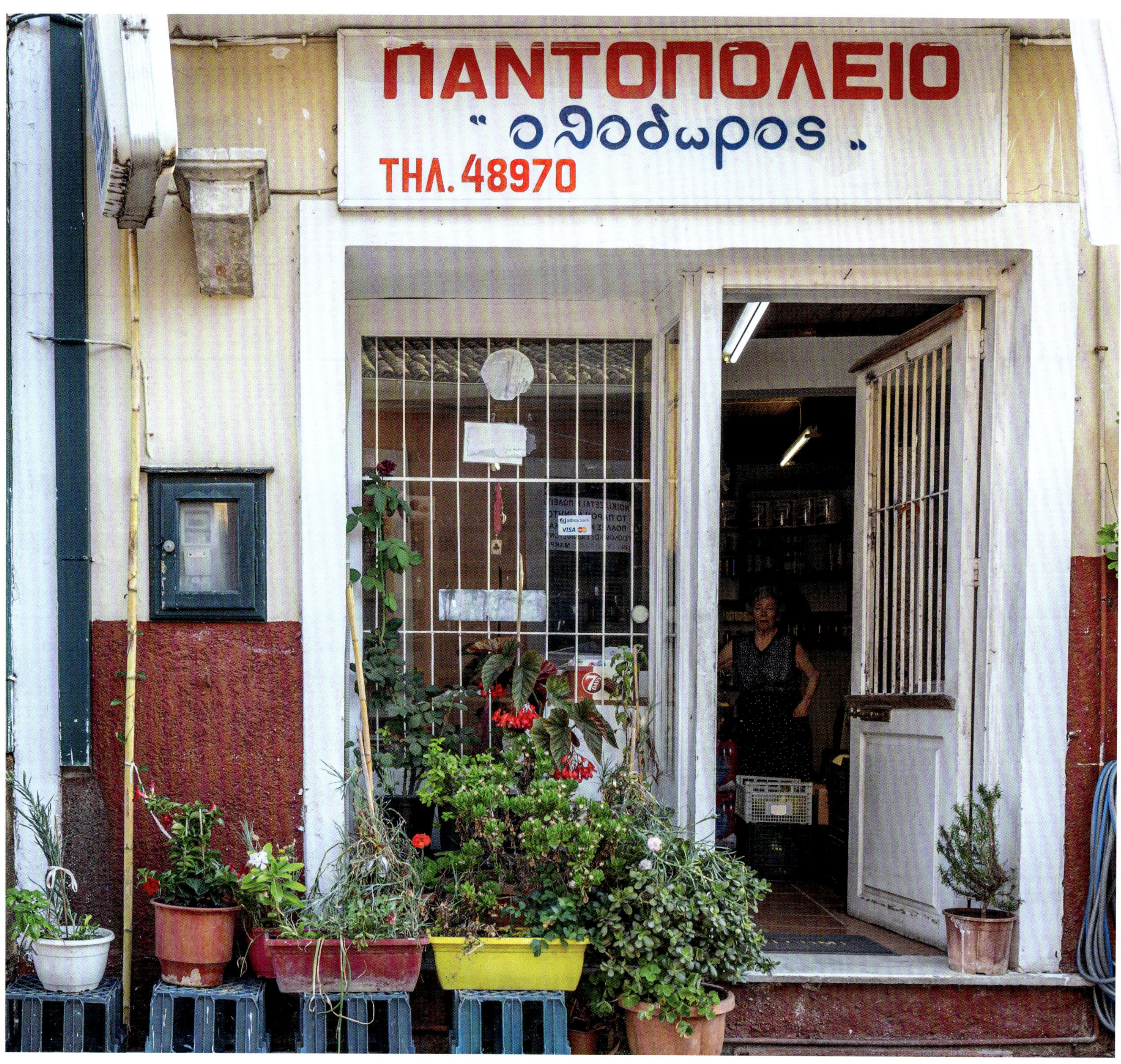
ΠΑΝΤΟΠΟΛΕΙΟ
ΤΗΛ. 48970

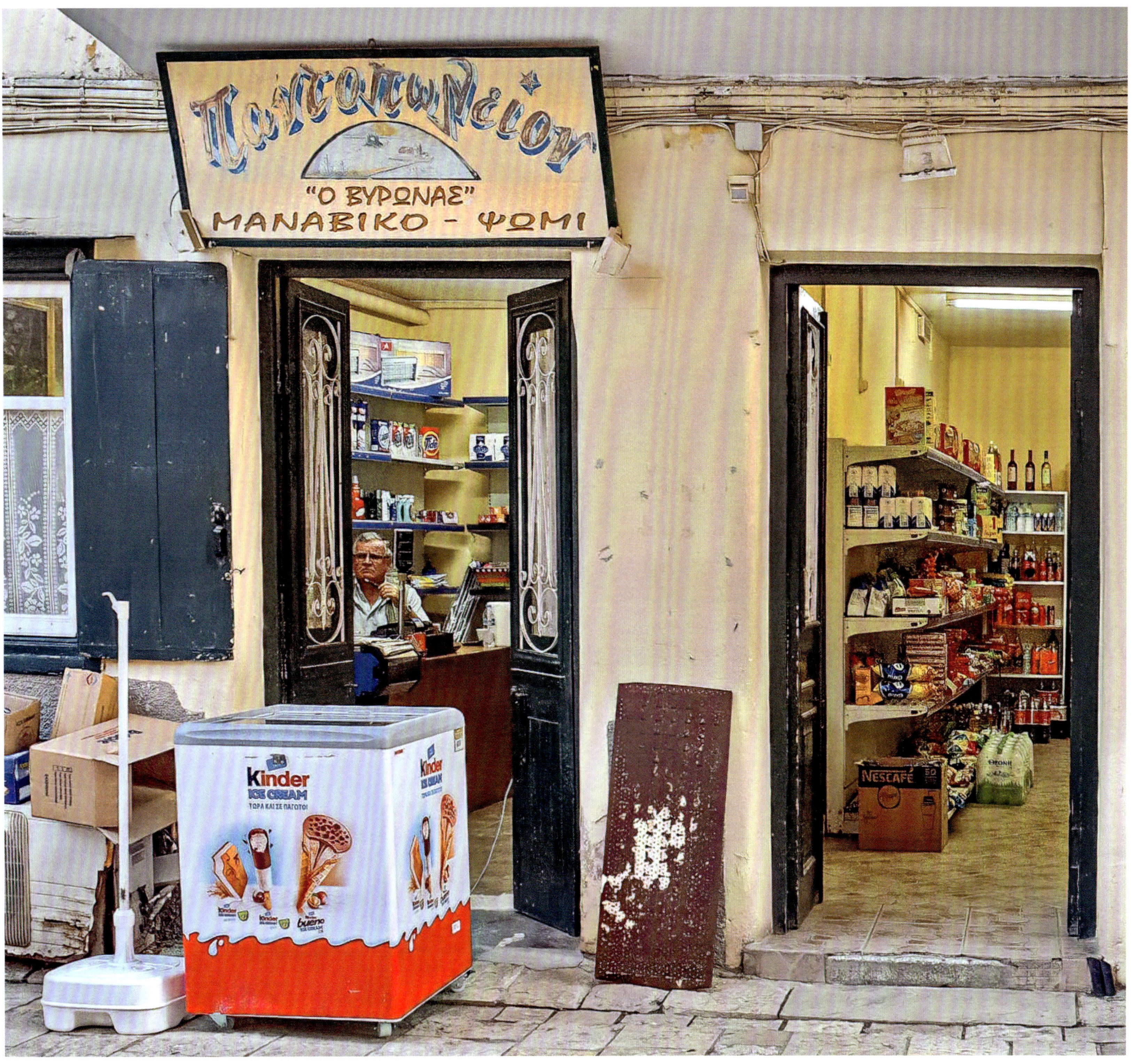
Παντοπωλείον
"Ο ΒΥΡΩΝΑΣ"
ΜΑΝΑΒΙΚΟ - ΨΩΜΙ
Kinder
ICE CREAM
ΤΩΡΑ ΚΑΙ ΣΕ ΠΑΓΩΤΟ!
NESCAFÉ

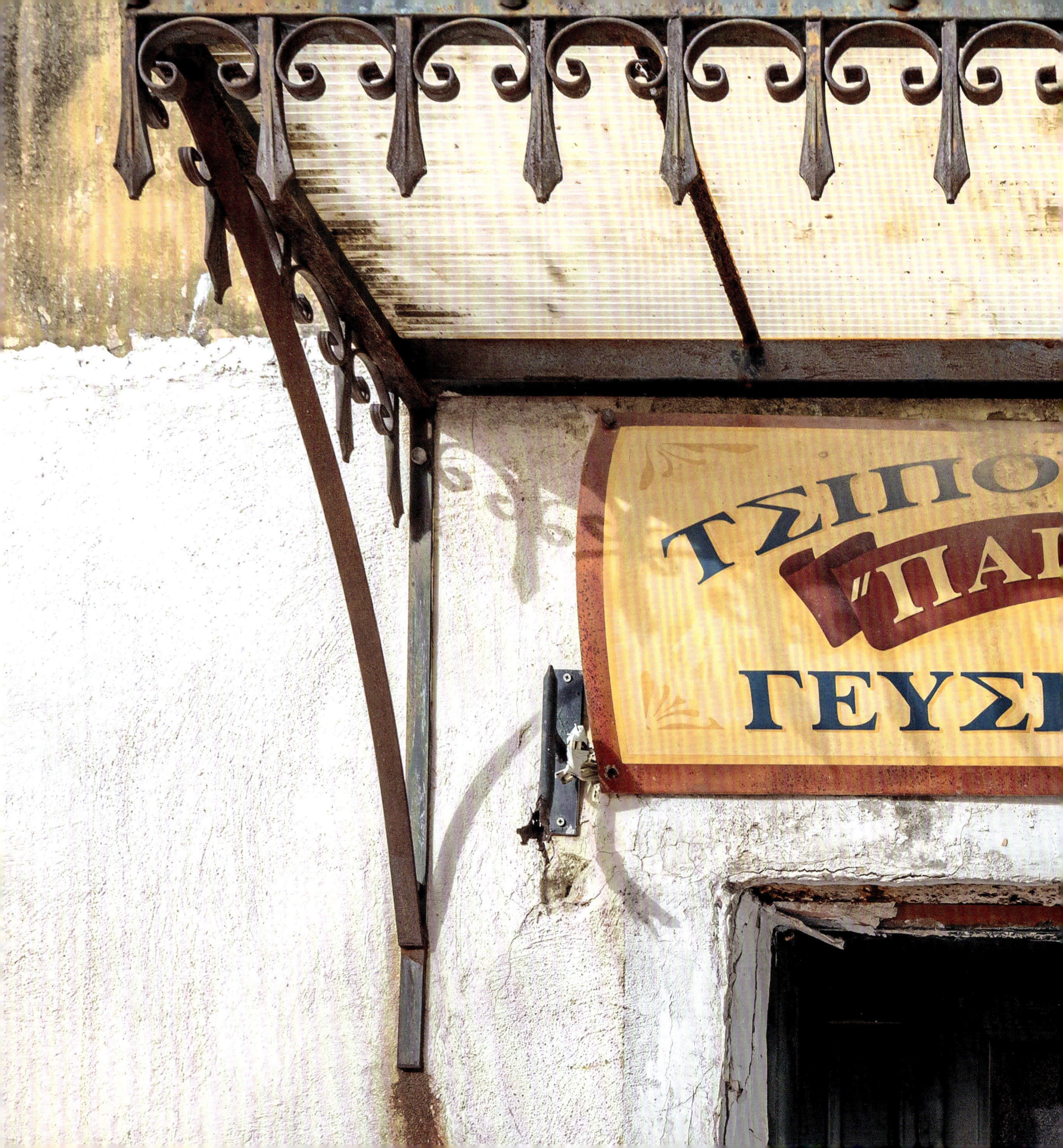
ΤΣΙΠΟ
"ΠΑ
ΓΕΥΣ

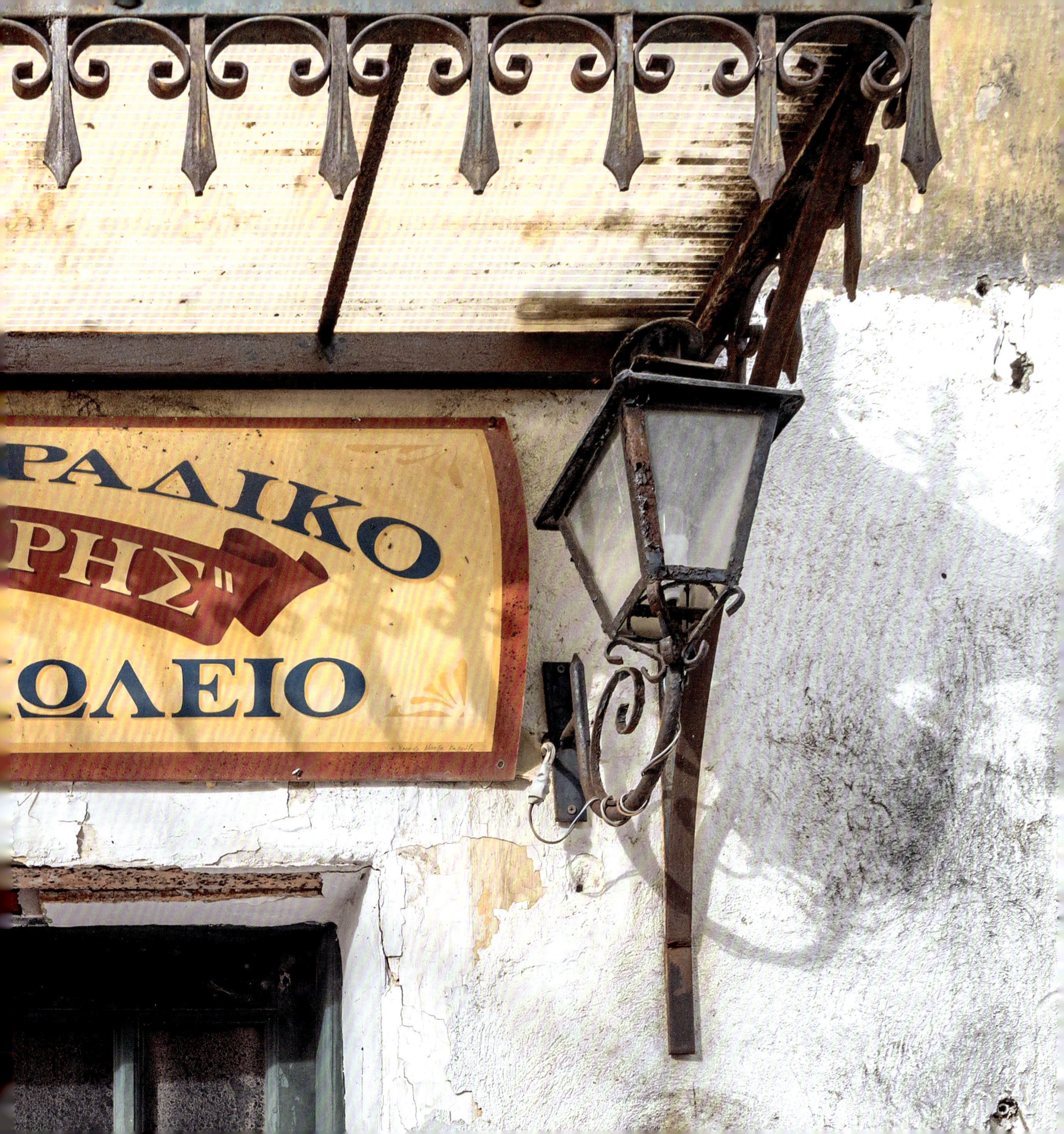

ΡΑΔΙΚΟ
ΡΗΣ"
ΩΛΕΙΟ

Maria Victoria would like to extend her special thanks to her friends Stella Marinaazzo and Alexandra Metallinos for photographic excursions in the villages of Corfu.

Fritz Maytag wishes to acknowledge his special gratitude to the following:

George Hellyer
Giorgos & Paraskevie Moumouris
Haralambos Moumouris
Angeliki & Elias Roussinos
Bernadette Berecz
John Grammatikos & family
Winnie Skouras
Yuri Kalogeropoulos
Mike Avgerinos
Avril Wigham
Marios Paipetis
Elena Katsarou

Carlos Mandelaveitia
Kirkman Amyx
Sotiris Kitrilakis

ISBN: 978 1 78884 256 3

A CIP record for this book is available from the British Library

Photographs by Maria Victoria Douka
Designed by Carlos Mandelaveitia and Craig Holden
Project Editor: Stewart Norvill

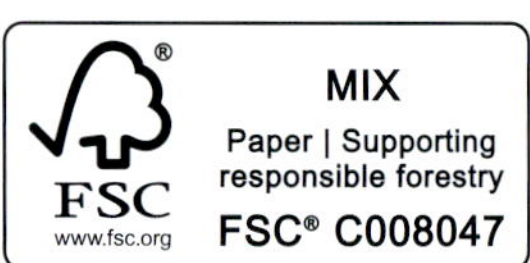

Printed in China
For ACC Art Books Ltd., Woodbridge, Suffolk, England
www.accartbooks.com

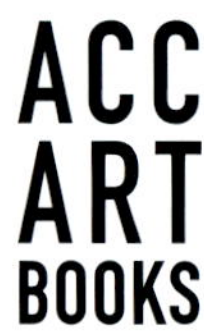

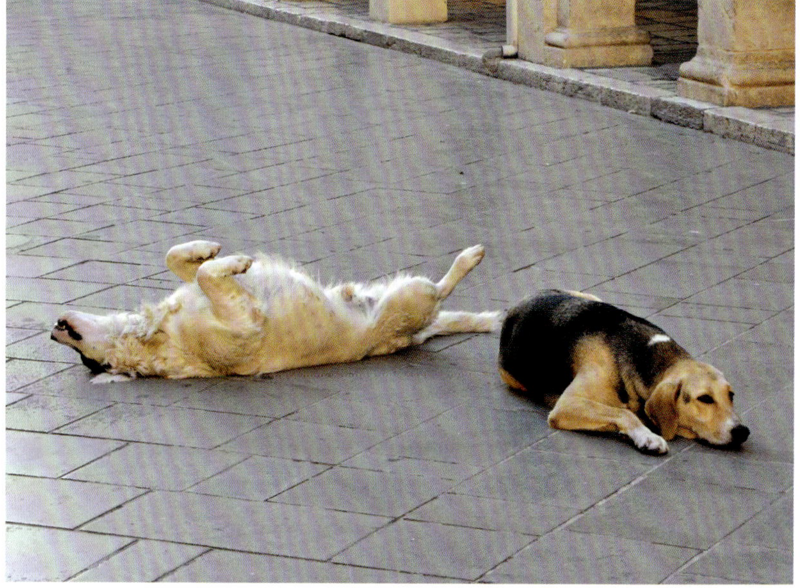